일본의 동남아시아 점령과 지배

동북아역사 자료총서 74

일본의 동남아시아 점령과 지배

김영숙 편

동북아역사재단
NORTHEAST ASIAN HISTORY FOUNDATION

책머리에

　동북아역사재단은 일본의 침략과 지배에 대한 역사 인식을 동남아시아 국가들과 공유하고 한국 학계의 저변을 넓히고자 '일본의 동남아시아 침략'에 관한 다양한 연구를 진행해 왔다. 『일본의 동남아시아 점령과 지배』 자료집은 이러한 연구 성과 중 하나이다.
　오늘날 동남아시아는 인도차이나반도와 말레이제도로 구성되며, 동티모르를 포함한 11개국으로 이루어져 있다. 이 책에서는 일본의 점령을 경험한 프랑스령 인도차이나(베트남, 라오스, 캄보디아), 네덜란드령 동인도(인도네시아), 미얀마, 말레이시아, 싱가포르, 필리핀, 그리고 일본과 협력했던 태국을 중심으로 사료를 수집했다. 또한 제2차 세계대전 당시 영국령이었던 인도 관련 사료도 포함했는데, 이는 자유인도 임시정부 등 인도 독립운동 단체들이 동남아시아에서 활동했고, 인도국민군이 일본군과 함께 임팔작전을 추진했기 때문이다. 한편, 국제연맹이 제1차 세계대전 후 일본에 독일 식민지였던 남양군도를 위임통치하게 한 지역은 지면 관계상 제외했다. 시기적으로는 실질적인 침략의 시작인 1940년 프랑스령 인도차이나 진주부터 패전이 임박한 임팔전쟁, 인도네시아 독립 문제까지를 다루었다.
　일본의 동남아시아 지배정책은 각국의 지리적 위치, 경제적 가치, 정치적 위상에 따라 달랐다. 태국과는 동맹을 맺고, 프랑스령 인도차이나와 동티모르는 구 종주국과 공동 지배했으며, 버마, 필리핀, 인도네시아, 말레이시아, 싱가포르 등에는 직접 군정을 실시했다. 군정지역에서도 버마와 필리핀에는 '독립'을 부여하고, 인도네시아에는 독립을 약속했으며, 말레이시아와 싱가포르는 계속 지배했다. 그러나 '독립'을 부여한 지역도 일본의 필요에 따라 군정 기간이 연장되는 등 정책이 변화했다. 또한, 일본의 지배정책은 점령지의 민심, 구 종주국과의 관계, 전쟁 상황에 따라 달라졌으며, 서구 열강과도 밀접히 연결되어 있었다. 미국과 영국에는 강경한 태도를 보인 반면, 유럽에서 패배해 지배력이 약화된 네덜란드·프랑스와는 타협하며 기존 지배기관을 유지하는 방식으로 통치했다.
　일본의 동남아시아 군정은 불과 3년여였지만, 각국에 남긴 피해와 상처는 컸다. 1955년 버마와의 배상협정을 시작으로 필리핀, 인도네시아, 남베트남 등과 차례로 협정을 체결했으며, 동원, 자원 약탈, 학살의 정도에 따라 배상액도 달랐다. 그러나 일본의 배상은 단순한 전쟁 보상을 넘어 전후 동남아시아를 일본의 상품시장으로 재편하려는 목적도 포함하고 있었다. 한편, 전후 동남아시아는 서구 열강의 재식민화 시도 속에서 독립을 쟁취했으며, 그 뿌리는 일본 점령기부터 이어졌다.

일본의 동남아시아 점령과 지배는 서구 제국주의의 지배와 맞물려 이루어졌으며, 프랑스령 인도차이나, 네덜란드령 동인도, 구 영국령 등 서구 열강과의 대립과 협조를 바탕으로 전개되었다. 국가별로 군정의 주체가 달랐고, 정치·군사·경제·문화적 지배 방식 또한 다양해 동남아시아 전체를 하나의 자료집으로 묶는 데 어려움이 있었다.

이 자료집에서는 일본의 동남아시아 점령과 지배를 다양한 시각에서 조명하는 여러 자료를 소개하고자 했다. 이를 통해 다음과 같은 점을 이해할 수 있도록 구성했다.

첫째, 일본의 동남아시아 침략이 경제적·군사적 필요에 의해 이루어졌음을 밝히고, 각국이 지닌 경제적·군사적 이용 가치를 이해하도록 했다. 둘째, 일본의 점령정책이 동남아시아 각국에서 어떻게 차이를 보였는지 분석할 수 있도록 했다. 셋째, 자료를 시간순으로 정리하여, 아시아·태평양전쟁 개전 이전 일본의 동남아시아에 대한 관심과 필요성을 살펴보고, 개전 직후와 패전이 임박한 시기의 정책 변화를 비교할 수 있도록 했다. 넷째, 국가별 점령정책의 차이를 대비할 수 있는 사료를 선정했으며, 특히 제3장과 제4장이 이러한 비교에 적합하도록 구성했다. 다섯째, 일본의 동남아시아 지배에서 중요한 특징인 '독립 부여'와 대동아회의, 패전 처리 등의 내용을 포함했다. 여섯째, 점령과 지배의 주체인 일본이 아닌 피지배국의 입장을 파악하기 위해 동남아시아 정치가들의 회고록도 번역하여 수록했다.

각기 다른 종류의 사료를 수집하고 정리하는 데 많은 시간이 소요되었으며, 일부 사료는 번역하지 못했거나 최종 단계에서 제외되기도 했다. 그러나 일본의 동남아시아 점령과 지배의 특성을 이해하는 데 핵심적인 사료들을 엄선했음을 밝혀둔다.

동남아시아의 낯선 지명과 인명으로 인해 번역에 많은 어려움이 있었는데, 이를 맡아주신 박양신, 안재익, 양두영 선생님, 그리고 고(故) 류미나 선생님께 깊은 감사의 뜻을 전한다.

2024년 12월
김영숙

차례

책머리에 / 4
일러두기 / 10
전체 해제 / 11

제1장 프랑스령 인도차이나와 일본

해제 / 16

1. 마쓰오카 대신(松岡大臣), 앙리대사 간 정식 교섭 개시 이전의 경위 / 18

2. 프랑스령 인도차이나, 태국에 대한 시책 요강 1941년 1월 30일 대본영정부연락회의 의사록 / 35
   1) 프랑스령 인도차이나, 태국에 대한 시책 요강 / 37
   2) 프랑스령 인도차이나, 태국에 대한 시책 요강에 관한 주상(奏上) / 39
   3) 내각 총리대신 소요 사항 설명 / 40
   4) 참모총장 소요 사항 설명 / 42

3. 일본의 북부 프랑스령 인도차이나 및 남부 프랑스령 인도차이나 침략에 관한 사료 / 45
   1) 제1. 군사상 관점에서 절대적으로 필요한 이유에 대해 / 45
   2) 제2. 경제상의 관점에서 절대 필요한 이유에 관해(별지 제4 참조) / 49
   3) 제3. 정치상의 관점에서 절대 필요한 이유에 대해(별지 제5 참조) / 51

제2장 개전 준비와 동남아시아 대책

해제 / 62

1. 개전 결정 과정 / 63
   1) 제국 국책 수행요령(어전회의 의제) / 63
   2) 참모총장 설명 / 66
   3) 1941년 11월 5일 어전회의 결정 '제국 국책 수행요령'에 관한 대외 조치 / 70
   4) 영·미·네덜란드에 대한 무력 발동 이유 및 전쟁상태 발생에 관한 선언(남양국)(안) / 73

2. 동남아시아 점령지 군정 계획안 / 75
   1) 남방점령지 행정 실시 요령 대본영-정부 연락회의 결정 / 75
   2) 남방작전에 따른 점령지 통치 요강 1941년 11월 25일 / 77
   3) 1941년 11월 26일 결정 점령지 군정 실시에 관한 육해군 중앙협정 / 81
   4) 남방점령지 군정 실시의 대요 / 84

3. 동남아시아 화교 대책 / 110
   1) 화교대책요강에 관한 건 / 110
   2) 1942년 2월 14일 화교대책요강 / 115

제3장 동남아시아에 대한 일본의 군사적, 경제적 침략

해제 / 118

1. 동남아시아에 대한 일본의 군사적 침략 / 119
   1) 타이완군사령관에게 부여하는 훈련 별책 1941년도 제국육군작전계획 요령 / 119
   2) 데라우치 히사이치(寺內壽一)와 남방군의 활동 / 122

2. 동남아시아에 대한 일본의 경제적 침략 / 149
   1) 남방 여러 지역에 대한 통화금융제도의 기본방침, 그리고 태국 및 프랑스령 인도차이나에 대한 당면의 조치에 관한 건 / 149
   2) 남방 갑(甲)지역 경제대책 요강 / 153
   3) 남방자원 / 164

제4장 일본의 동남아시아 지배와 '독립' 부여

해제 / 178

1. 버마 공작 / 179
   1) 버마 공작에 관한 건 / 179
   2) 하야시집단 군정업무 개황 / 203

3) 하야시집단 군정 실시 요령 / 224
4) 태면(泰緬)연접철도 건설에 따른 포로 사용 상황 조서 / 244

2. '버마국' 독립 과정 / 279
1) 버마 중앙행정기관 설립준비 및 행정부 설립에 관한 자료 / 279
2) 버마 독립지도 요강 / 287
3) 도조(東條) 내각총리대신 '바모' 버마 행정부 장관 / 291
4) 일본 '버마' 간 동맹조약안 / 299
5) 바모 회고록 / 300

3. 필리핀 지배와 '독립' 부여 / 313
1) 필리핀 독립 지도 요강 / 313
2) 일본국·필리핀국 동맹조약안 / 316
3) 일본국·필리핀국 동맹조약 부속 양해 사항안, 자유인도 임시정부 승인에 관한 건 / 318
4) 호세 라우렐 대통령 회고록 / 319

4. 태국과 일본의 관계 / 331
1) 영토 문제에 관한 일본 태국 간 교환 공문 / 331

5. 인도에 대한 정책 / 334
1) 대동아전쟁 관계 1건: 인도 문제 〈'수바스 찬드라 보스'의 인도 임시정부 수립 관계〉 / 334
2) 제2차 세계대전 중 우리의 인도 시책 경위 개요 / 353

제5장 대동아회의

해제 / 366

1. 대동아회의 개최 결정과 그 성격 / 367
1) 제10회 어전회의에서 내각총리대신 설명 1943년 5월 31일 / 367
2) 대동아정략지도대강(1943.5.29 연락회의 결정, 1943.5.31 어전회의 결정) / 372

2. 대동아회의의 내용 / 375
   1) 1943년 10월 2일 대동아회의에 관한 건 / 375
   2) 대동아공동선언 / 377

제6장 일본의 종전 전략과 동남아시아

해제 / 380

1. 일본의 세계 정세 판단 / 381
   1) 1943년 9월 25일 세계 정세 판단 / 381
   2) 1944년 8월 19일 세계정세 판단 / 398

2. 일본의 동남아시아 대책 / 407
   1) 1945년 2월 1일 정세의 변화에 대응하는 프랑스령 인도차이나 처리에 관한 건 / 407
   2) 1945년 2월 2일 내각 총리대신 상주문 / 409
   3) 1945년 2월 26일 인도차이나 정무 처리 요령 / 411
   4) 동인도 독립 설치에 관한 건 / 414
   5) 인도네시아 독립 / 417

3. 임팔작전 / 447

일러두기

1. 인명과 지명
   - 인명과 지명은 중국어는 중국어 발음대로, 일본어는 일본어 발음대로 표기하고, 처음 나올 때만 한자를 ( ) 안에 표기했다.
   - 당시의 시대적 용어는 그대로 뒀다.
   - 중국, 중국인을 의미하는 지나(支那), 지나인(支那人)은 중국, 중국인으로 바꾸되, 지나방면군 등은 군대 조직 용어이므로 그대로 두었다.
2. 번호 표기
   - 사료 안에 표기된 번호는 사료 원문을 따르되, 한자나 일본어 번호는 1-1)-① 순으로 정리했다.
3. 원문 자체의 오류
   - 원문 자체에 한자 등 오류가 있는 경우는 ( ) 안에 (원문 그대로) 라고 표기했다.
   - 본문 중에 (?)가 나오는 경우는 원문 그대로이다.
4. 사료 중 판독 불가 문자
   - 사료 중 원문이 잘 보이지 않거나 판독이 불가한 경우에는 □□로 입력했다.
5. 표 누락
   - 본문에서 언급된 표가 빠진 경우가 있는데, 이는 원 사료에 없기 때문이다.

전체 해제

『일본의 동남아시아 점령과 지배』의 내용과 특성을 살펴보기 위해 이 책에서는 다양한 종류의 사료를 수집하여 번역했다. 기본적으로 일본의 국립공문서관, 방위연구소 자료실, 외무성 외교사료관, 국회도서관 등에서 일본어 사료를 중심으로 수집했다. 일부는 일본 출장을 통해 직접 복사하거나 촬영한 것이며, 아시아역사자료센터에서 열람할 수 있는 사료도 포함되었다. 수집된 사료는 손으로 작성된 문서나 타자로 정리된 문서가 대부분이지만, 손글씨 원본에는 교정 및 가필된 부분이 많아 읽기 어려운 경우가 많았다.

한편, 판독이 어려운 글자는 □□으로 표기했는데, 글자를 해독하지 못한 경우보다 원문이 뭉개져서 판독이 불가능한 경우가 더 많았다. 그리고 본문에서 언급된 표가 빠진 경우가 많은데 이는 번역에서 누락된 것이 아니라 원사료에 없기 때문이라는 점도 밝혀둔다. 원문 사료가 단편적이고 일회적인 성격을 띠는 반면, 문헌자료는 정책이나 전쟁의 전반적인 흐름을 이해하는 데는 더 효과적인데 이런 전반적 설명에 필요한 문헌자료도 조사하여 일부를 번역해 포함시켰다.

한편, 일본의 관점과 논리에 치우치지 않도록 하기 위해 동남아시아 지도자의 입장에서 일본 지배에 대한 대응과 독립운동을 분석하고자 지도자의 회고록을 번역했다. 원문은 영어 자료이며, 저자의 변명이나 정당화에 대한 경계를 위해 해제에서 저자 소개와 집필 당시의 상황을 설명했다.

이 책은 총 6개 장으로 구성되며, 각 장마다 해제를 수록하고 개별 사료에 대해서도 세부적인 해제를 덧붙였다.

일본군은 1941년 12월 8일, 진주만 기습 1시간 전에 말레이반도 코타바루에 상륙하며 동남아시아 침략을 본격적으로 시작했다. 그러나 아시아·태평양전쟁 개전 이전부터 프랑스령 인도차이나에 군대를 주둔시킨 점을 고려하면, 이때부터를 동남아시아 점령의 시작으로 보는 것이 타당하다. 따라서 제1장은 아시아·태평양전쟁 개전 이전 일본의 동남아시아 외교와 정책에 관한 사료를 수록했다.

제2장은 아시아·태평양전쟁 개전 준비와 개전 이후 동남아시아 점령지에서의 군정 실시 계획, 화교 대책 등에 관한 사료를 정리했다.

제3장은 일본이 동남아시아를 점령한 주요 이유인 군사적·경제적 측면을 중심으로, 침략 과정과 경제적 점령정책에 관한 사료를 번역해 수록했다.

제4장은 일본이 동남아시아 각국을 지배하면서 서구 열강이 약속하거나 추진하려 했던 '독립'을 부여하여 정치가를 회유하고 민심을 수습하는 과정을 다루었다. 먼저, 버마의 경우 특무기관과 군정기관의 활동부터 독립 과정, 바모의 회고록을 정리했다. 이어 필리핀의 독립 과정과 라우렐의 회고를 수록했으며, 일본과 동맹 관계였던 태국, 인도, 인도네시아에 대한 정책을 비교할 수 있도록 관련 사료를 선별해 포함했다.

제5장은 1943년 11월 개최된 대동아회의에 관한 사료를 수록했다.

제6장은 일본의 패전이 임박한 시점에서의 정세 판단과 패전 과정에서 동남아시아에 대한 대책을 정리했다.

지면 관계상 많은 사료를 비교하여 핵심적인 것만 선별하고, 일본의 동남아시아 점령과 지배의 특성을 지역별·국가별로 균형 있게 보여줄 수 있도록 배치했다.

시기적으로는 1945년 이후까지 다루고 싶었으나, 전후 동남아시아의 상황은 서구 열강의 이해관계 속에서 매우 복잡해서 간단히 다루기가 어려웠다. 미국이 필리핀을 독립시킨 것과 달리, 프랑스와 네덜란드는 구 식민지를 쉽게 포기하지 않았기 때문에 독립전쟁을 거쳤다. 또한, 영국은 인도와 파키스탄을 분리하는 등 전후 동남아시아 각국의 상황은 다양했다. 이에 따라, 각국의 독립 과정, 일본에 대한 전범 재판, 전후 보상 문제 등은 향후 다시 정리할 기회가 있기를 바란다.

일본의 동남아시아 침략과 지배를 국가별로, 그리고 군사·정치·경제·문화적 측면에서 다양하게 고찰하고자 했으나, 한 권의 책으로 엮고 보니 아쉬움이 남는다. 그러나 국내 학계에서 처음으로 관련 사료를 정리했다는 점에서 큰 의의를 두고자 하며, 이 자료들이 관련 연구에 널리 활용되기를 기대한다.

제1장

프랑스령 인도차이나와 일본

해제

1937년 7월에 국지전으로 발발한 중일전쟁은 예상 이상으로 장기화되었고, 일본은 장제스(蔣介石)가 이끄는 국민정부를 굴복시키기 위해 충칭(重慶)에 무차별 폭격을 퍼붓는 한편, '화평공작'이라는 명분으로 국민당을 분열시키려 했다. 그런데 영국이나 미국 등의 중국에 대한 군사원조는 이른바 '장제스 원조 루트'를 통해 이루어지고 있었으며, 특히 프랑스령 인도차이나를 경유하는 루트가 그중 가장 중요했다.

일본 육군은 동남아시아에서 중국 남부에 이르는 영국과 미국의 장제스정권 지원 루트를 봉쇄하기 위해 북부 프랑스령 인도차이나 주둔을 검토하기 시작했다. 1939년 11월 24일 일본군은 프랑스령 인도차이나와 중국 국경에 가까운 난닝(南寧)을 공격하고 국경 봉쇄와 난닝의 일본군에 대한 보급을 요구했으나 프랑스령 인도차이나정부는 거절했다. 이에 대해 일본은 뎬웨철도(滇越鉄道)를 집중 폭격하여 많은 사상자를 냈다.

1940년 6월에 프랑스 파리가 독일에 함락된 후 7월에 온천 휴양지 비시(Vichy)에 수도를 둔 비시정권이 출범하자 일본은 프랑스령 인도차이나에 대해 장제스 원조 루트의 통관을 차단하고 그곳을 감시할 군사감시단 입국 허가를 요구했다. 일본 도쿄에서 앙리 대사와 마쓰오카 요스케(松岡洋右) 외무대신과의 사이에서 8월 말 마쓰오카·앙리협정을 체결하여 극동에서 일본과 프랑스의 이익을 상호 존중하고 프랑스 측의 원조, 일본과 프랑스령 인도차이나의 경제관계 강화가 합의되었다. 대본영은 프랑스령 인도차이나 감시단장 니시하라 잇사쿠(西原一策)에게 협상의 조율과 조정을 맡겼고, 참모본부 제1부장 도미나가 교지(富永恭次)도 현지에서 이를 지원했다. 프랑스령 인도차이나 정부는 프랑스 본국의 승인이 없다는 이유로 교섭에 소극적이었으나, 9월 3일 일본군의 최후통첩에 대해 입장을 표명했다. 이후 9월 4일, 현지 사령관 앙리 마르탱과 니시하라 간에 니시하라·마르탱 협정이 체결되었다.

그러나 추가 협상이 지연되자, 도미나가는 9월 17일 마르탱과 직접 면담하여 진주 병력 증강과 비행장 추가 사용을 요구했다. 결국 니시하라·마르탱 협정이 재체결되었으나, 도미나가의 지시에 따라 제5사단이 진격을 강행하며 9월 23일 동당(Dong Dang) 요새의 프랑스군이 항복했다. 9월 25일 정전이 이루어졌고, 일본군은 하노이를 비롯한 주요 거점에 진주하게 되었다. 일본은 인도차이나에서 프랑스 식민 통치를 대체할 인력이 부족했고, 동맹국 독일이 프랑스와 체결한 정전 협정을 존중할 필요가 있었기 때문에, 프랑스 식민 정부를 1945년 3월 초까지 그대로 유지했다.

1940년 9월 23일, 미국 국무장관 헐은 일본군의 프랑스령 인도차이나 진주가 현상유지 위반이므로 승인하지 않겠다는 성명을 발표했으며, 일본·독일·이탈리아(日獨伊) 삼국동맹 체결에 대응하여 미국은 10월 16일 설철의 일본 수출을 금지했다. 또한 영국령 버마의 항공로 등을 이용하여 장제스정권에 대한 원조를 계속했다.

주요 자원 공급처였던 미국과 영국의 수출 규제로 자원 확보가 시급해지자, 일본 육해군 수뇌부는 자원을 획득하기 위해 남부 프랑스령 인도차이나에 진주할 것을 주장했다. 이 지역은 경제적 효과뿐만 아니라 태국, 영국령 식민지, 네덜란드령 동인도에 군사적 압박을 가할 수 있는 전략적 요지였으며, 장제스에 대한 원조 루트를 차단하는 효과도 기대되었다.

1941년 6월 25일, 대본영정부연락회의에서 남부 프랑스령 인도차이나 진주가 결정되었고, 7월 21일 어전회의에서 이를 정식으로 승인했다. 군사적으로 열세였던 비시정부는 7월 14일에 진주 허가 요청을 받자 프랑스의 다른 식민지와 위임통치령을 잃을 위험도 있었기에 수용할 수밖에 없었다.

일본군은 마침내 7월 28일 남부 프랑스령 인도차이나에 진주했으나, 이 행동은 삼국동맹 체결과 마찬가지로 미국과의 관계를 악화시키는 요인이 되었다.

프랑스는 이미 독일에 패배하면서 식민지 유지가 어려워졌고, 많은 식민지가 비시정부보다 자유프랑스를 지지했다. 이에 비시정부와 식민지 정부는 일본과 협력하는 길을 선택했으며, 일본 역시 비시정부를 통한 식민지 통치를 인정하고 군사적으로 공동 경비 체제를 구축했다. 또한 프랑스령 인도차이나 정부는 일본군의 주둔 비용을 부담했다.

대부분의 수출입을 프랑스 본국에 의존하고 있었던 프랑스령 인도차이나는 제2차 세계대전 발발 이후 프랑스와의 연락이 끊어졌고 영국이 자국 식민지와 프랑스령 인도차이나 간의 무역을 금지하면서 경제적 위기에 처했다. 이러한 상황에서 일본은 프랑스령 인도차이나와의 무역으로 수출입의 50~60%를 충당하며 흑자를 기록했지만, 미국의 통상 공격이 격화되면서 인도차이나에서 일본으로 물자를 운송하는 일이 점점 어려워졌다.

1. 마쓰오카 대신(松岡大臣), 앙리대사 간 정식 교섭 개시 이전의 경위

이 사료는 1940년 도쿄에서 프랑스 앙리 대사와 일본의 마쓰오카 요스케(松岡洋右) 외무대신 사이에서 이루어진 외교 교섭의 경과를 서술한 문서이다. 프랑스령 인도차이나와 니시하라 잇사쿠(西原一策)의 교섭 내용에 대한 외무성 보고 등이 포함되었다. 7월 2일부터 14일에 이르는 자세한 경과를 보고한 내용이다.

일본 외무성의 외무대신에게 보내는 베트남 현지의 총영사 및 영국 주재 대사의 전보 등도 포함되어 있어 당시 국제정세와 프랑스 및 영국의 동향을 파악하면서 일본이 프랑스령 인도차이나와 교섭하고 있었음을 알 수 있다.

비밀, 시급
〈마쓰오카 대신(松岡大臣), 앙리대사 간 정식 교섭 개시 이전의 경위〉
(7월 2일)

오늘 프랑스령 인도차이나 총독 체재 중의 양국 소장과 회담하여 참모본부에 보낸 전보에 따르면, 프랑스령 인도차이나 총독과 동 소장과 회담할 때 다음과 같은 취지로 이야기했다.

(1)
일본이 프랑스령 인도차이나 영토 보존을 약속함에 있어서는 일본의 프랑스령 인도차이나에 대한 기업적 업무에 대해 호의적으로 조처해야 할 것이다.

(2)
'도쿠' 새 총독은 프랑스령 인도차이나로 부임하는 것을 주저하고 있어 귀관(니시하라 西原)과의 교섭은 당분간 자기가('가토르')가 계속해서 담당할 것이다.

> 극비 친전
> 본 전보 및 내용 취급은 특히 유의했으면 한다.
> 전보
> 1940년 7월 6일
> 하노이 니시하라(西原) 기관

프랑스령 인도차이나 총독으로부터 다음과 같은 요청이 있었다.

일본 정부로부터 프랑스령 인도차이나의 영토를 인정받는 것에 대해 프랑스령 인도차이나는 일본과 방수(防守?) 동맹을 체결하고 장제스에 대해서 협동전선을 펼 용의가 있다.

위와 같은 동맹이 성립되면 현재 문제가 되는 구구한 사항은 신속하게 해결해야 할 것이다.

속히 일본 정부의 제의가 오기를 바란다.

(끝)

> 극비. 전신 복사
> 1940년 20219 암호
> 하노이 7월 9일 오후 발신
> 본성 7월 9일 밤에 도착
> 아리타(有田) 외무대신 스즈키(鈴木)총영사
> 제123호의 1
> 요사노(與謝野)로부터

조사원 일행이 현지에 도착한 이래의 교섭 상황. 현지의 분위기 또는 니시하라 위원장의 의향 등 대본영의 전보만으로는 내용이 너무 간략해서 이해하기에 어려운 점도 있겠지만 보수(補修?)에 참고하도록 다음과 같은 내용을 보낸다.(군측에는 아직 보고하지 않은 것도 있어 본 전보 취급에 유의해 주시길 바란다)

(1)

프랑스령 인도차이나 측은 총독, 군사령관 등으로부터 반복해서 성의를 갖고 중국에 대한 수출 차단을 실행해야 한다는 뜻을 확인했으며, 각 감시소에 감시원을 파견하는 데도 모든 편의를 제공하며(Tien Yen과 같은 것은 중국인이 알게 된다면 경영상 곤란한 점이 많아 상대방 측이 매우 난색을 표했다), 그 외 진남관(鎭南關) 국경에 도달한 우리 측 부대와 상대방 연락이 어려운 것을 인내하고 참모장교의 국경 횡단 내왕, 현지와 난닝(南寧?) 간 비행기 왕복 위문품 명의에 의한 국경 부대로의 물자 보급 등을 허용하고 오로지 성의를 보이는 데 힘쓰고 있어 위원장으로서도 상대방측의 호의에 감동하고 있다. 상대 측이 싫어하는 것을 밀어붙이는 것은 되도록 피하려는 의향인 듯하다.

(2)

또한 감시소에서 오는 보고는 모두 수송이 차단되고 있다는 것을 전하고 있다. 한편, 위원장으로부터 각 구성원에 대해 행동에 신중을 기하라는 엄중한 훈달이 있어 예상치 못한 사태를 야기시킬 염려는 조사단에 관한 한 대체적으로 없다고 단언할 수 있는 상황이다.

(3)

주지하는 바와 같이 프랑스령 인도차이나 측은 일단 한 달간 중국에서 수입하는 것에 대해서도 국경을 폐쇄해야 한다고 요청하고 있으므로, 이를 반드시 액면대로 받아들여야 하는가 하는 의문이 있지만, 프랑스령 인도차이나 측이 중국측 소유의 '텅스텐', '안티모니(antimony)' 등 화물이 미국 측에 매각되는 것을 방지하기 위해 그 대가로 우리 측에 보여준 '제스추어'일 것이다. 그리고 프랑스령 인도차이나 측이 수입을 중지해도 중국측이 어떠한 조치를 취할지 알 수 없지만 앞서의 요청에 대해 총독은 본관(本官)에게 일단 한 달이라는 기한을 정한 이유를 여러 번 설명함과 동시에 일본과 프랑스령 인도차이나 사이에 동맹관계가 설정된다면 영구적 폐쇄를 하는 게 당연하다고 말했다.

그 밖에 상대 측과 현재 교섭 중이지만, 1) 광둥(廣東)과 이곳 사이의 군용기에 의한 연락은 일본과 프랑스 비행기를 서로 사용(니시하라 소장의 부하가 광둥에 부임할 때 프랑스 비행기를 사용)하는 데 이의가 없으며, 2) 광둥과 하이퐁(Haiphong) 사이에 해저전선 부설도 주의(主義)

상 또는, 3) 일본과 태국 연락 항공기가 이곳을 통과하는 데도 각각 이의가 없다는 성명(聲明)할 것. 결국 앞으로의 중요한 문제는 프랑스령 인도차이나에 있는 중국행 화물의 구매문제가 될 것이다. (계속)

> 극비, 전신 복사
> 1940년 20213 암호
> 하노이 7월 9일 오후 발신
> 본성   7월 9일 밤 도착
> 아리타(有田) 외무대신 스즈키(鈴木) 총영사
> 제123호의 2

프랑스령 인도차이나 측이 장제스에 대한 방수동맹을 제의해 온 것은 아시겠지만, 나아가 6일 총독은 본관 등에 대해 중국측 화물을 징발하여 일본 측에 매각하기 위해서는 일본 측에서도 프랑스령 인도차이나가 안심하도록 보장해 주기 바란다고 했다.

위의 협정은 원래 양국 정부 사이의 외교적 절충에 의한 것이지만 일본 측으로부터 프랑스령 인도차이나의 영토 보전을 보장받는 것은 저로서도 모든 것이 일본 측에 원조하기 주기 쉽다는 점을 양해하고 있다고 말하며 위의 사항을 각서로 위원장에 수교(手交)할 방법을 의뢰했다.

당초부터 프랑스령 인도차이나의 진의는 일본 측 요청에 대해 되도록이면 실행하는 것이었지만 일본 측으로부터 아무런 보장도 없어서 불안한 상황이 되지 않도록, 일본 측으로부터 어떠한 형식이로든 프랑스령 인도차이나의 영토권을 침해할 의향이 없다는 언질을 받고 싶은 듯하다. 이런 경우에는 장제스 측에 대한 방수동맹(우리 측 군대가 통과하는 것도 실현시켜야 함)을 맺는 것도 가능하다고 여기는 듯하다.

이상과 같은 프랑스령 인도차이나의 요청에 대해 니시하라 위원장은 중앙에서 긍정적인 답변이 올 것을 기다리는 모양이지만, 종래의 독일과 이탈리아에 대한 요청의 경위, 최근의 국제정세 및 지난달 29일 귀국한 대신의 성명, 장래의 우리 남방정책 등을 고려할 때, 오늘날 프랑스령 인도차이나의 영토 존중을 약속하는 것은 바람직하지 않을 뿐 아니라 사실상 국내 강경론 등 때문에 매우 곤란하다고 여겨진다. 그러나 한편으로 이곳의 상황은 상대방으로부터 "할 수 있는 것은 하겠지만, 일본 측도 영토를 얻으려고 해서는 안 된다"라고 강경하게 말하는 상황이므로, 일단 상대를 납득시키는 동시에 장제스에 대한 원조 중단에 군사적 편의를 제공하는 데 그치지 말고 우리 측과의 경제 제휴 증진에도 공헌하며, 다른 한편으로 우리 쪽이 장래에 진출하는 것도 구속하지 않는 그런 입맛에 맞는 '공식'이 있다면 반드시 불가능하지만은 않다고 생각한다.

고려하고 계시겠지만, 만일을 위해 보내드린다. (끝)

> 극비, 전신 복사
> 1940년 20387 암호
> 하노이 7월 10일 오후 발송
> 본성   7월 10일 밤 도착
> 아리타(有田) 외무대신 스즈키(鈴木)총영사
> 제124호
> 요사노로부터

지난 번 받은 제123호 전보에 관해

(1)

9일 위원장과 함께 총독과 회견하고 방수동맹에 관한 상대 측의 의향을 확인할 수 있었는데, 상대방 측은 군대가 프랑스령 인도차이나 안을 통과하는 것은 반영구적 점령의 형식이 되므로 절대 승낙할 수 없다고 하므로 앞의 전보 내용 중 4. 괄호 안의 내용을 정정한다.

(2)

애당초 동맹문제가 어느 쪽에서 나왔는지는 불분명하거나 혹은 뻔한 수법이 아닐까 하는 생각도 들어서 본관이 귀국해서 만나서 할 이야기가 매우 많다. 후임 물색 중이시겠지만 되

도록 신속하게 결정해 주시길 간절히 바란다. (끝)

> 군 극비
> 일본과 프랑스령 인도차이나 관계
> 1940년 7월 13일
> 다이카이(大海) 프랑스령 인도차이나 파견위원장 발신
> 차장 받음

7월 6일 이후 같은 달 12일에 이르는 교섭의 종합적 경과 개요는 다음과 같다.

(1)
중국 화물의 프랑스령 인도차이나 입국은 7월 7일 이후 일단 한달 간 전면적으로 금지하게 되었다.

(2)
방수동맹에 관해서 프랑스령 인도차이나를 통과하는 군수품 보급, 부상병 수용, 룽윈(龍雲)에 대한 운남 공작 등에는 충분히 협력하지만 프랑스령 인도차이나 내의 군사시설 사용, 군대의 진주는 총독의 권한 밖의 일이기도 해서 동의할 수 없다. 나아가 공작 중이지만 본건은 중앙에 교섭할 필요가 있다고 생각한다.

(3)
하노이에서 위원용 무선 통신기 사용은 동의했다.

(4)
그 외 프랑스 해파(海派) 기밀 제3번 전보는 이전 보고의 범위를 넘어서지 않는다.

> 극비
> 전보
> 1940년 7월 13일
> 차장 앞 니시하라기(西原) 기관

12일부터의 회견에서 프랑스령 인도차이나 총독은 다음과 같이 간청했다.

아리타 외무대신이 다음과 같은 성명, 또는 서명이 있는 기밀 편지를 총독에게 교부한 것은 총독의 권한 안에서 일본에 대해 모든 군사 및 경제 협력을 해야 한다.

이하

일본 감시위원 및 광둥군 대표[사토(佐藤) 대좌] 및 프랑스령 인도차이나 당국은 의견을 교환한 결과, 프랑스령 인도차이나의 현재 상황을 유지하고 또한 유럽의 전쟁이 동아시아에 파급되는 것을 방지하며, 동아시아의 신속한 평화 회복에 협력한다. (끝)

> 전신과장
> 전신계
> 주관 구아국장(歐亞局長) 주임 제3 과장
> 1940년 7월 13일 오후 10시 30분 발신
> 하노이 스즈키 총영사 앞
> 아리타 대신 발신
> 건명 프랑스령 인도차이나 문제에 관한 건
> 암호 제123호 극비 긴급

최근 수차에 걸쳐 니시하라 소장으로부터 참모본부에 대해 프랑스령 인도차이나 영토 보전 및 방수동맹 문제에 관해 총독과의 회담 결과를 전보로 보고받은 바, 우리 측에서는 그 실정을 극히 판명하기 어려우므로 위의 회담에 입회한 귀관 또는 요사노로부터 본건의 당초부터의 경위, 특히 프랑스령 인도차이나 측이 표명한 의향(귀관이 본 바를 기탄없이)을 회답해 주길 바란다(군측과 협의 끝남).

> (오른쪽)극비
> (위)개안(改案)

이하 성안(成案)에 이르는 경위 등을 나중에 남겨 두도록 한다. 정안 또는 수정안도 순서에 따라 엮어 넣기로 한다. 또한 확정안은 나중에 있다. 붉은 표시가 있는 것이다.

(1) 근본 방침

프랑스령 인도차이나의 목숨을 제어할 수 있는 지위에 있으므로 이번에 우리는 중일전쟁 처리의 촉진 및 경제적 발전을 목표로 하는 우리 요구를 프랑스령 인도차이나에 대해 솔직하게 제시함과 동시에 프랑스령 인도차이나가 위의 요구를 수용하면 우리도 프랑스령 인도차이나 영토 보전을 보장하겠다고 약속할 용의가 있음을 제의하고 상대 측으로 하여금 위의 취지의 협정 체결을 승낙하도록 노력하고, 상대 측이 어떻게 나오는지를 본다. 이는 육해군 측과도 의견 일치를 보았다. 따라서 니시하라 소장 및 귀관이 서둘러 프랑스령 인도차이나 총독에 대해 이와 같은 취지의 정치 및 군사협정 및 경제협정 체결 방법을 제안하도록 한다.

> 극비
> 하노이 행 전보
> 구아국장 제2과장
> 대신 차관 개안(改案)
> 결정안은 나중에 있음. 매우 시급
> (붉은 표찰 물건) 시급

1.

귀관과 총독 간에 직접 교섭하여 약속을 정하지 않기를 바란다.

정부의 훈령에 기반하여 귀관은 위의 내용을 포함하여 시급히 프랑스령 인도차이나 총독에게 다음과 같은 취지를 요청하고 결과를 회신하기 바란다.

무엇보다 본건의 약속은 협정문을 결정하고 우리 측에서 바로 추밀원의 양해를 구할 필요가 있다. 이상과 같은 내용에 대해 미리 상대 측에 양해를 구하고 조치하고자 한다.

정부의 훈령에 기반하여 귀관은 위의 내용을 포함하여 시급히 프랑스령 인도차이나 총독에게 다음과 같은 취지를 요청하고 결과를 회신하기 바란다.

무엇보다 본건의 약속은 중요한 정치 협정이면서 그 안에 대해서는 추밀원의 양해를 구해야 할 필요가 있다.

記

우리 제국 정책의 근본 방침은 수차례 외무대신이 성명한 대로 중일전쟁을 처리하고 공존공영의 정신에 따라 동아 및 남양을 포함한 신질서를 건설하며, 위의 지역에서 통상의 증진 및 자원의 공동 개발을 도모하고 이로써 동양 및 남양의 제국 제령에 평화 안정 번영을 펼치고 나아가 세계 인류의 복지에 기여하는 데 있다. 따라서 유럽 전쟁의 추이가 어찌 되든 유럽 내 사태 그 자체에 대해서는 우리 측에서 아무런 간섭의 의도가 없지만 유럽 제국이 동아 남양의 신질서권에 간섭하는 태도를 보이거나 또는 유럽 전쟁에 관련하여 위의 신질서권의 평화 안정을 교란하는 조치를 취하는 행위를 극력히 배제하는 방침을 견지할 것이다.

이번에 귀 총독은 일본이 프랑스령 인도차이나 영토 보전, 존중을 약속하는 데 있어서 프랑스령 인도차이나는 일본과의 사이에 동맹을 체결하고 장정권에 대해 공동노선을 결성할 용의가 있고 또한 □익에 동맹 성립하면 이 안도 신속하게 해결할 의사를 표시하게 될 것이나 위의 것은 앞에서 서술한 제국 정부의 근본 방침에 합치하는 것으로 인정되는 바 우리 측으로서는 위의 '라인'에 따라서 프랑스령 인도차이나와 대화를 시작하는 것에 동의한다.

현 국제 정세에서 프랑스 본국과 협의하는 것은 서구 열강 간의 갈등이 동아시아로 확산되는 결과를 초래할 수 있다. 이에 따라 제국 정부는 본건에 대해 하노이 총영사가 프랑스 본국과의 협의를 배제하고, 프랑스령 인도차이나 총독과 직접 논의하도록 지시한다. 총영사는 아래의 취지를 바탕으로 협정 체결 방안을 총독에게 제안하도록 훈령한다.

① 일본은 프랑스령 인도차이나 영토 보전을 보장한다.
② 일본과 프랑스령 인도차이나 사이에 군사 동맹을 체결한다.
③ 일본과 프랑스령 인도차이나 사이에 경제 제휴를 도모한다.
이상

극비 하노이로 전보 (별전)
구아국장 제2과장
대신 차관 개안(改案)
결정안은 나중에 있음 매우 시급

1)
　우리 측은 다만 본 전보의 (1)에 의해 프랑스령 인도차이나 영토 보전을 약속하는 데 그치지 않는다.
　(2)의 동맹에 의해 중국 그 외의 제3국의 공격에 대해 자력으로 영토를 방위할 능력 없어 프랑스령 인도차이나의 영토 보호를 위해 군사적 원조를 제공하는 것으로서 이는 우리 측에 대해 큰 부담을 지우는 것이며, (2)의 동맹에 의한 프랑스령 인도차이나 측 부담의 대가로 충분할 것이다. 따라서 (1)과 (2)의 결속을 조합하면 하나의 정치 군사협정이라는 일본과 프랑스령 인도차이나 간의 경제 그 자체로 쌍방의 이익에 공헌하며 이에 대해서는 별개의 협정을 체결하도록 한다.

3)
　본 전보의 군사동맹 내용은 대개 다음과 같다.
(1) 프랑스령 인도차이나 측은 소련 중국 작전을 위해 파견해야 할 일본 군대의 프랑스령 인도차이나의 통과를 인정하고 위의 군대용 무기 탄약, 그 외의 물자 수송을 각종 편

의를 공여할 것을 약속한다.

(2) 위의 결과 장제스가 프랑스령 인도차이나에 대해 공격을 시도할 경우 일본군은 프랑스령 인도차이나 영토 방위를 위해 이에 반격할 것을 약속한다. 이러한 목적을 위해 프랑스령 인도차이나 측은 일본군대가 상당기간 프랑스령 인도차이나 내에 필요한 곳에 주병(駐兵)할 것을 승인하고, 이와 같은 반격 작전을 함에 있어서 일본 군에 대해 원조 및 협력할 것을 약속한다.

(3) 중국 이외에 제3국으로부터 프랑스령 인도차이나가 공격을 받을 경우, 영불관계 악화로 영국 함대가 프랑스령 인도차이나에 대해 공격할 경우를 예상하여, 일본군은 프랑스령 인도차이나의 영토 방위를 위해 프랑스령 인도차이나 군에 대해 원조할 것을 약속한다. 이러한 목적을 위해서도 프랑스령 인도차이나 측은 일본군대 또는 함대가 필요한 기간에 프랑스령 인도차이나 요소에 주둔하고 또는 정박해야 한다는 것을 승인한다. 그리고 항공기 기지를 제공하는 등 각종 편의를 공여할 것을 약속한다.

2)

일본이 제3국과 전쟁 상태에 이를 경우, 프랑스령 인도차이나 측은 해당하는 제3국을 원조하지 않고, 필요에 응해 일본을 도울 것을 약속한다.

4)

3)은 일본과 프랑스령 인도차이나 간의 경제제휴를 강화하기 위해 우리 측으로부터 프랑스령 인도차이나 측에 대해 희망하는 사항이다. 우리 측에 있어서 프랑스인의 이익을 무시하고 프랑스령 인도차이나에 관한 경제적 이익을 독점하는 의도가 없으며, ① 우리 측에 필요한 프랑스령 인도차이나의 산물을 우리나라에 수출하는 것에 지장이 없게 하도록 약속한다. ② 그 대신 지불 방법 등의 상세한 것은 협조하며 되도록 엔으로 지불하는 것을 희망한다. 일본 프랑스 쌍방으로부터 자본, 기술, 노동력을 제공하고 프랑스령 인도차이나의 자원개발에 협력하는 것을 목적으로 한다(무엇보다 사업의 성격에 따라서는 일본인만의 영업 또는 기업으로 하는 것이 적당하다고 하는 것도 있을 수 있다).

이상

1940.7.13
프랑스령 인도차이나와의 군사협정 및 경제협정 체결 방법에 관한 재 하노이 스즈키 총영사 앞으로 보낸 훈령
개안(改案)

(1) 프랑스령 인도차이나는 일본군이 중국 반일 정권에 대한 군사행동에 필요한 편의를 공여할 것.
(2) 일본은 중국 반일 정권의 공격에 대해 방위에 있어서 프랑스령 인도차이나를 원조할 것이다.
(3) 일본과 프랑스령 인도차이나와는 경제제휴를 도모한다.

1. 설명

앞으로 국제정세 변화 여하에 따라 신속하게 유단하기 어려울 것을 감안하여 우리 측이 자진해서 영토 보전의 존중을 약속하고 자승자박에 떨어지는 것과 같은 것은 극력 피하고 싶다. 현재 프랑스령 인도차이나 측이 내려고 하는 정도의 대가에 대해서는 국내 여론도 이를 용인하지 않을 것이다.

그리고 현재 프랑스령 인도차이나 자신의 입장을 생각해도 그 영토 방위를 위해 본국의 원조를 받기 어렵고, 그리고 생활 필수품의 구입 및 자원 개발 및 그 처분에 대해서도 우리 측에 의존하는 정도가 많아지고 우리 측은 군사적, 정치적으로 프랑스령 인도차이나의 생사여탈권을 파악하고 있는 바, 우리 측은 잃을 것이 없어, 프랑스령 인도차이나 측에 대해 요구를 제시하고 상대 측으로 하여금 이를 승낙하게 하도록 노력함과 동시에 상대 측이 어떻게 나올지 주의해야 한다.

만약 프랑스령 인도차이나 측이 일본에 대한 공포심으로 특히 영토 보전 존중 문제를 들고 나올 때에는 상대 측이 어떻게 나오는지, 특히 상대가 치러야 할 대가 등을 고려해서 위 문제에 대해 깊이 생각해야 한다. 무엇보다 해남도 철병 문제와 같이 직접 본건과 관계없는 문제를 제시해 올 경우, 이를 일축해야 한다.

만약 프랑스령 인도차이나가 우리의 제안을 전면적으로 거부할 경우, 우리로서는 프랑스령 인도차이나에 대해 압력을 가하는 것도 생각할 수 있는 바, 이와 같은 경우 취할 수 있는 우리 측의 태도는 상대 측을 봐서 결정하도록 할 것.

2.

본건 교섭의 상대와 관련해서 프랑스 본국 정부가 이미 독일에 굴복했으며, 향후 정책 방향이 불분명하여 이를 협상 대상으로 삼는 것은 불안하다. 또한 유럽의 갈등이 동아시아로 확산될 우려도 있다. 따라서 이번 협정에 관한 협상은 현지에서 진행하고, 지역적 합의의 형태로 성립시키고자 한다. 이에 따라 귀하가 협상을 마친 후 프랑스 본국의 반대 등으로 협상이 무산되지 않도록, 귀하의 협상이 종료되는 시점을 프랑스 측의 최종 입장으로 간주할 것임을 미리 총독에게 확인받고자 한다.

3.

군사협정 내용은 대체로 다음과 같다.

(1) 프랑스령 인도차이나 측은 중국에 대한 작전을 위해 파견될 일본 군대의 프랑스령 인도차이나 통과 및 대일본군대용 무기 탄약 그 외 물자의 프랑스령 인도차이나 경유 수송을 용인함과 동시에 프랑스령 인도차이나 내의 항공기지를 일시적으로 일본군에 이용하도록 제공하고 이와 같은 기지 이용을 위해 필요한 일본병의 파견을 용인하며 앞에서 말한 일본 군대에 대해 필요한 편의를 공여할 것을 약속한다.

(2) 중국 반일 정권이 프랑스령 인도차이나를 공격하거나 공격할 위협이 있을 경우, 일본은 프랑스령 인도차이나에 대해 이를 반격하기 위해 필요한 군사적, 그 외 원조를 공여할 것을 약속한다.

이와 같은 목적을 위해 요컨대 프랑스령 인도차이나는 일본군대 또는 함대가 필요로 하는 기간 프랑스령 인도차이나 요소에 주둔 또는 정박할 것을 용인하며, 일본군대 또는 함대에 대해 항공 기지 등의 군사시설을 일시적으로 이용하게 하고 그 외 필요한 편의일체를 제공할 것을 약속한다.

4.

경제 협정의 내용으로 우리로서는 프랑스령 인도차이나가 통상, 입국, 거주, 여행, 선박, 각종 영업 및 기업 등에 관한 사항에 대해 일본 및 일본인에 대해 각각 프랑스 본국 및 프랑스인과 균등한 대우를 공여할 것을 요망하는 바, 우리 측에 있어서는 프랑스인의 이익을 전혀 무시하고 프랑스령 인도차이나에 관한 경제적 이익을 독점하려 하는 의사가 없으며 우리 측은 본건 경제협정에 의해 (1)일본 상품이 프랑스령 인도차이나에 있어서 프랑스 본국 품과 균등한 대우를 받고 더불어 우리 측이 필요한 프랑스령 인도차이나 산물의 본국으로의 수출에 지장이 없도록 하며, (2)일본과 프랑스 쌍방으로부터 자본, 기술, 노동력을 제공하고 프랑스령 인도차이나의 자원 개발을 위한 협력을 촉진하는 것을 목적으로 한다.(무엇보다 사업의 성질에 따라서는 일본인만의 영업 또는 기업이 하는 것을 적당하다고 보기도 한다.)

이상

> 극비⟨1940년 7월 5일 오후 발신⟩
> 7월 6일 외무성 착신
> 런던 시게미쓰 대사
> 아리타 외무대신

작금의 형세에 의하면 프랑스의 향배는 앞을 내다볼 수 없다. 만약 대영 선전포고까지 행해진다면 중국에서의 프랑스 권익 및 인도 중국의 지위는 매우 복잡하게 될 것이다. 먼저 이를 방지하는 수단이 필요하므로 이전 전보 제1180호의 수단을 취할 필요가 있다고 생각되는 바, 나아가 인도차이나 자체도 적당한 명목(또는 장래의 독립 등을 생각하여)으로 일본에 '보호를 맡기'게 되는 것이 어쩔 수 없는 상황이라는 판단이며 또는 지체없이 어떤 수단이라도 강구해야 할 필요가 있다.

다음으로 제국의 행동은 대미관계(및 대소관계)까지도 고려하여 별도의 외교작전이 필요할 것이다. 현재의 기민한 형세에서 일시적으로 영국, 미국 및 그 외의 나라를 적으로 하는 위험을 극력히 피하고 홍콩을 압박하는 등은 다음으로 미루고 먼저 중국 및 인도차이나에 있어서 프랑스 세력을 쫓아내는 것에 집중하고, 그 사이에는 대영 대미 관계 불똥이 튀지 않게 하며 잠시 유럽의 전쟁 상황 및 일반 형세의 추이를 지켜보는 것이 좋을듯 하다. 무엇보다 영국에 대한 기회도 오도록 외무성으로서는 영국과의 관계는 물론 네덜란드령 인도차이나 문제도 철저하게 고려할 필요가 있음은 말할 필요도 없다.

1940.7.13
프랑스령 인도차이나와의 군사협정 및 경제협정 체결 방안에 관한 하노이 주재 스즈키 총영사 앞으로 보내는 훈령
(안)

1. 방침

지난 6일 니시하라 소장으로부터 참모본부에 전보가 왔다. 일본에 의한 프랑스령 인도차이나 영토 보전의 존중 및 일본과 프랑스령 인도차이나와의 공동 방위를 내용으로 하는 협정 체결 방법에 관한 프랑스령 인도차이나 총독의 제의에 대해 육해군 당국과 협의한 결과, 니시하라 소장 및 귀관으로부터 프랑스령 인도차이나 총독에 대해 군사협정에 관한 교섭은 동 소장 및 귀관과 프랑스령 인도차이나 총독과의 사이에 행하고 교섭 성립 후에는 귀관과 동 총독과의 양해 사항으로서 조인하며, 경제협정에 관한 교섭은 귀관과 프랑스령 인도차이나 총독과의 사이에 행하여 교섭 성립 후에는 귀관과 동 총독 사이의 양해사항으로 조인하기 바란다.

(1) 프랑스령 인도차이나는 일본군이 중국 반일 정권에 대해 취할 군사행동에 필요한 편의를 공여할 것.
(2) 일본은 중국 반일 정권의 공격에 대해 방위에 있어서 프랑스령 인도차이나를 원조 할 것이다.
(3) 일본과 프랑스령 인도차이나와는 경제 제휴를 도모한다.

2. 설명

앞으로 국제정세 변화의 여하에 따라 신속하게 유단하기 어려운 것을 감안하여 우리 측으로부터 자진하여 영토 보전의 존중을 약속하고 자승자박에 떨어지는 것은 극력 피하고 싶다. 현재 프랑스령 인도차이나 측이 내려고 하는 정도의 대가에 대해서는 국내 여론도 이를 용인하지 않을 것이다.

그리고 현재 프랑스령 인도차이나 자신의 입장을 생각해도 그 영토 방위를 위해 본국의 원조를 받기 어렵고, 그리고 생활필수품의 구입, 자원 개발 및 그 처분에 대해서도 우리 측에 의존하는 정도가 많아지고 우리 측은 군사적, 정치적으로 프랑스령 인도차이나의 생사여탈권을 파악하고 있는 바, 우리 측은 아무것도 잃을 것이 없다. 프랑스령 인도차이나 측에 대해 요구를 제시하고 상대 측으로 하여금 이를 승낙하게 하도록 노력함과 동시에 상대 측이 어떻게 나올지를 보도록 한다.

만약 프랑스령 인도차이나 측이 일본에 대한 공포심으로 특히 영토 보전 존중 문제를 들고 나올 때에는 상대 측의 반응, 특히 상대가 내야 할 대가 등과 조회하여 위의 문제에 대해 깊이 고려할 것. 무엇보다 하이난(海南)섬 철병 문제와 같이 직접 본건과 관계없는 문제를 제시해 올 경우, 이를 일축하고자 한다.

만약 프랑스령 인도차이나가 우리의 제안을 전면적으로 거부하는 일이 생길 경우, 우리로서는 프랑스령 인도차이나에 대해 압력을 가하는 것도 생각할 수 있는 바, 이와 같은 경우 취할 수 있는 우리 측 태도는 상대 측을 봐서 결정하도록 한다.

(2)

본건 교섭 상대와 관련해서 프랑스 본국 정부는 이미 독일에 굴복하여 앞으로 그 지위와 정책 여하가 불분명하므로 이를 상대로 교섭하는 것은 불안할 뿐 아니라 이에 대한 유럽의 갈등을 동아시아에 파급시키는 면이 없지 않아 본건 협정에 관한 교섭은 현지에서 실행하고 이를 지방적 양해로써 성립시키고 싶으니 그곳의 교섭 완료 후 프랑스 본국의 반대 등에 의해 교섭이 성립되지 않는 일이 없도록 하기 위해 그곳 교섭 종료로 프랑스 측의 의사는 확정하는 것으로 미리 총독에게 확인하여 언질을 해 두고자 한다.

(3)

군사협정 내용은 대체로 다음과 같다.

① 프랑스령 인도차이나 측은 대 중국 작전을 위해 파견될 일본 군대의 프랑스령 인도차이나 통과 및 대일본군대용 무기 탄약 그 외 물자의 프랑스령 인도차이나 경유 수송을 용인함과 동시에 프랑스령 인도차이나 내의 항공기지를 일시적으로 일본군에 이용하도록 제공하고 이와 같은 기지 이용을 위해 필요한 일본병의 파견을 용인하고 그리고 앞에서 말한 일본 군대에 대해 필요한 편의를 공여할 것을 약속한다.
② 중국 반일 정권이 프랑스령 인도차이나를 공격하고 또는 공격할 위협이 있을 경우, 일본은 프랑스령 인도차이나에 대해 이를 반격하기 위해 필요한 군사적, 그 외 원조를 공여할 것을 약속한다.

이와 같은 목적을 위해 요컨대 프랑스령 인도차이나는 일본군대 또는 함대가 필요로 하는 기간 프랑스령 인도차이나 요소에 주둔하고 또는 정박할 것을 용인하며 그리고 일본군대 또는 함대에 대해 항공 기지 등의 군사시설을 일시적으로 이용하게 하고 그 외 필요한 편의 일체를 제공할 것을 약속한다.

(4)

경제 협정의 내용으로 우리로서는 프랑스령 인도차이나가 통상, 입국, 거주, 여행, 선박, 각종 영업 및 기업 등에 관한 사항에 대해 일본 및 일본인에 대해 각각 프랑스 본국 및 프랑스인과 균등한 대우를 공여할 것을 요망하는 바, 우리 측에 있어서는 프랑스인의 이익을 전혀 무시하고 프랑스령 인도차이나에 관한 경제적 이익을 독점하려 하는 의사가 없으며 우리 측은 본건 경제협정에 의해 (1)일본 상품이 프랑스령 인도차이나에 있어서 프랑스 본국품과 균등한 대우를 받고 더불어 우리 측이 필요한 프랑스령 인도차이나 산물의 본국으로의 수출에 지장이 없도록 할 것. (2)일본과 프랑스 쌍방으로부터 자본, 기술, 노동력을 제공하고 프랑스령 인도차이나의 자원 개발을 위한 협력을 촉진할 것을 목적으로 한다.(무엇보다 사업의 성질에 따라서는 일본인만의 영업 또는 기업으로 운영하는 것도 있을 것이다.)

이상

2. 프랑스령 인도차이나, 태국에 대한 시책 요강 1941년 1월 30일 대본영정부연락회의 의사록

다음에서 소개할 4개의 사료는 모두 프랑스령 인도차이나와 태국에 대한 시책 요강에 관하여 1941년 1월 30일 대본영정부연락회의 의사록에 기록된 내용들이다. 모두 연결되는 사료이므로 종합적으로 살펴보고자 한다.

제2차 세계대전이 일어나기 직전인 1938년 8월에 프랑스는 프랑스령 인도차이나의 안전을 도모하기 위해 태국에 불가침조약 체결을 요청했으며, 그 결과 태국은 1940년 6월 12일 방콕에서 프랑스와 불가침조약에 조인했다. 그런데 불가침조약을 비준하기 전인 6월 17일 프랑스가 독일에 점령되자, 태국은 프랑스령 인도차이나를 상대로 옛 영토를 회복하려 했다. 태국은 프랑스 비시정권에 대해 1893년 전쟁에서 태국이 할양한 메콩강 서안까지의 프랑스 보호령 라오스 영토와 주권, 프랑스보호령 캄보디아 바탐방(Battambang)과 시엠리아프(Siem Reap)의 반환을 요구했다. 프랑스가 이를 거절하면서 9월경부터 태국과 프랑스령 인도차이나 사이에서 군사적 충돌이 일어났다. 태국의 승리로 프랑스령 인도차이나가 영토 반환을 인정했지만, 프랑스가 나중에 이를 번복하여 분쟁이 이어졌다.

육상 전투는 태국이 우세하고 해상 전투에서는 프랑스가 승리하는 등 우열을 가리지 못하는 상황에서 양국은 제3국의 중재를 요청했지만 미국이나 독일은 이에 응하지 않았다. 1941년 1월 21일에 태국으로부터 공식적으로 조정의뢰문서를 받은 일본은 프랑스령 인도차이나와 태국 사이를 중재함으로써 동아시아 맹주로서의 위상을 과시하고자 했다. 프랑스 측이 비공식적으로 일본의 조정을 수락함에 따라 1월 28일에 프랑스군과 태국군은 휴전했으며, 1월 29일부터 사이공에 정박한 일본 해군 함선에서 정전교섭회의가 열려 1월 31일에 정식으로 조인되었다.

그런데 이후로도 양국의 구체적인 교섭에서 무리한 요구를 하는 태국에 대해 전황에서 유리한 고지를 점하는 프랑스 측이 교섭안을 거부하는 등 합의에 이르지 못했다. 일본이 강경하게 압력을 가하자 3월 11일에 조정이 이루어졌고 마침내 5월 9일 양국이 도쿄에서 조약에 조인했다. 이에 따라 태국은 1904년 프랑스에 할양한 메콩강 오른쪽 지역과 참파사크 지방, 1907년에 할양한 캄보디아 서북부 지역을 프랑스로부터 반환받았다. 이후 태국은 일본과의 협력을 더욱 강화하여 제2차 세계대전에서 일본의 동맹국으로서 영국과 미국에 선전을 포고했다.

다음 사료들은 1941년 1월 29일부터 사이공에 정박한 일본 해군 함선에서 열린 정전 교섭회의를 1월 30일 시점에서 정리한 내용들이다. 프랑스령 인도차이나와 태국에 대한 기본 시책을 정하는 내용들이다.

① 프랑스령 인도차이나, 태국에 대한 시책 요강은 거중조정(居中調停: 제삼자가 국제 분쟁을 일으킨 당사국 사이에 끼어 분쟁을 평화적으로 해결하는 일)을 통해 일본이 지도적 위치를 차지해야 한다는 기본 입장을 천명하는 동시에 태국이 영국과 미국 편에 서지 않도록 단속하되, 영국 및 미국과의 마찰이 생기지 않도록 유의한다는 방침을 담았다.

② 프랑스령 인도차이나, 태국에 대한 시책 요강에 관한 주상(奏上)은 천황에 대하여 해군 군령부 후시미노미야 히로야스(伏見宮博恭) 총장이 프랑스령 인도차이나 및 태국이 대동아공영권의 동맹으로서 주요한 일익임을 설명하는 내용이다.

③ 내각 총리대신 소요 사항 설명은 수상이 천황에게 상주하는 내용으로서, 일본이 기선을 제압해서 신속히 두 지역에 대해 지도적 지위를 확립하고, 일본이 필요로 하는 자원을 확보하겠다는 목적 달성을 기하고자 하는 목적을 설명했다. 또한 거중조정을 통해 동아시아를 안정시키고 분쟁을 방지하고자 하는 일본의 입장을 설명하는 내용이다.

④ 참모총장 소요 사항 설명은 분쟁을 조정하는 동시에 일본-프랑스령 인도차이나협정을 통해 프랑스령 인도차이나와 태국 간의 분쟁을 방지하고, 일본-프랑스령 인도차이나 간 통상, 교통을 확보하며 일본이 필요로 하는 군사 기지, 즉 항공 기지 및 항만 시설의 설정 및 사용을 충족시키고자 했다. 이를 위해 무력 충돌을 피하되, 미리 대비할 필요성을 역설했다.

1) 프랑스령 인도차이나, 태국에 대한 시책 요강

> 2월 1일 어윤재(御允裁)
> 대 프랑스령 인도차이나, 태국 시책 요강
> 1941년 1월 30일 대본영 정부 연락회의 결정

제1 목적

대동아공영권 건설의 도상에서 제국이 당면한 프랑스령 인도차이나, 태국에 대한 시책의 목적은, 제국의 자존자위를 위해 프랑스령 인도차이나 및 태국에 대해 군사, 정치, 경제에 걸쳐 긴밀하고 확실한 결합을 설정하는 데 있다.

제2 방침

1. 제국은 신속히 프랑스령 인도차이나 및 태국에 대해서 시책을 강화하고, 목적을 관철하는 것을 기한다. 이를 위해 필요한 위압을 가하고, 어쩔 수 없는 경우에는 프랑스령 인도차이나에 대해 무력을 행사한다.

2. 본 시책은 영국, 미국의 책모(策謀)를 물리치고 민첩하고 신속하게 이를 강행해서, 가능한 한 빠르게 목적의 개략을 달성한다.

제3 요령

1. 제국은 실지(失地) 문제 처리를 목표로 하는 프랑스령 인도차이나, 태국 간 분쟁의 거중 조정(居中調停)을 강행하고, 이를 계기로 해서 제국이 프랑스령 인도차이나, 태국 양 지역에 대해 지도적 지위를 확립하도록 시책한다.

2. 태국에 대해서는 가능한 한 신속히 일본-태국 협정을 체결하고, 프랑스에 대해서는 경제 교섭의 속결(速決)을 꾀하는 동시에 기회를 엿봐서 일본-프랑스령 인도차이나 간 결합관

계를 증진시킬 일반적 협력과 프랑스령 인도차이나. 태국간 분쟁 방지의 보장 및 일본-프랑스령 인도차이나 간 통상 교통 옹호를 목적으로 하는 군사적 협력에 관한 협정을 체결한다.

위 협정에서 충족시켜야 할 제국의 정치적 및 군사적 요구는 다음과 같다.
가. 프랑스로 하여금 프랑스령 인도차이나에 관해 제3국과 모든 형태의 정치적, 군사적 협력을 하지 않을 것을 약속하게 한다.
나. 프랑스령 인도차이나 특정 지역에서 항공기지 및 항만시설의 설정 또는 사용, 그리고 이를 유지하기 위해 필요한 기관 설치
다. 제국 군대의 거주, 행동에 관한 특별한 편의 제공

3. 정략(政略), 전략(戰略)을 적절하게 구사하기 위해 신속히 필요한 작전 준비를 갖추고, 동시에 무력 사용의 시기는 미리 때를 놓지지 않고 정한다.

4. 교섭 경과에 따라 적당한 때 위압을 증대시켜, 목적 달성에 노력한다.
위 위압행동에 대해 프랑스령 인도차이나가 무력으로 저항한다면, 해당 부대는 무력을 사용하더라도 이를 강행한다.

5. 프랑스가 분쟁 해결에 응하지 않을 경우에는, 프랑스에 대해 무력 행동을 예정하고, 그 발동은 따로 결정하기로 한다.
협정 체결을 거부할 경우에 대한 무력행사를 미리 준비해 두고, 발동은 그때의 정세에 따라 결정한다.
위 무력행사는 프랑스로 하여금 우리 요구에 따르게 만드는 것으로 제한하고, 무력행사 후에도 프랑스령 인도차이나의 치안 유지, 정치 경제 등은 프랑스령 인도차이나 당국이 담당하게 하도록 극력 노력한다.

6. 태국이 우리의 요구를 거부하는 경우에는, 일본-태국 협력의 내용을 변경하고, 또는 위압을 가하는 등 우리 요구를 용인하게 하도록 극력 노력하고, 어떠한 경우에도 태국이 영국,

미국 편으로 돌아서지 않도록 시책한다.

7. 본 시책에 따르도록 제국의 여론을 통일함과 함께, 쓸데없이 영국, 미국을 대상으로 하는 남방문제를 격화시켜, 불필요한 마찰이 생기게 하지 않도록 유의한다.

2) 프랑스령 인도차이나, 태국에 대한 시책 요강에 관한 주상(奏上)

> 대 프랑스령 인도차이나, 태국 시책 요강에 관한 주상(奏上)
> 군령부 총장 공동 상주의 취지 설명
> 삼가 대본영과 정부를 대표해서 상주합니다.

제국은 이전 1940년 7월 대본영정부연락회의에서 '세계 정세의 추이에 따른 시국 처리 요강'을 결정했고, 제국을 중핵으로 하는 대동아공영권의 건설을 향해 착착 노력해 왔습니다.

생각건대 프랑스령 인도차이나 및 태국은 대동아공영권의 유력한 일익(一翼)으로서, 이 두 지역에 대한 제국의 시책은 현재 국제 정세에서 제국에게 있어 극히 중요한 사항입니다.

오늘날까지 이 두 지역에 대한 시책에 관해서는 각각의 문제에 대해 대본영 정부간에 그때마다 일치한 의견에 바탕을 두고 시책을 진행해 왔습니다만, 프랑스령 인도차이나 및 태국 내외의 정세로부터 판단할 때, 혹은 제국 사방 주위의 정세로부터 판단하더라도, 제국이 본 시책을 실행하는 것은 정략과 전략이 각각이 아니라 하나가 한 몸이 되어 민첩하고 신속한 행동을 필요로 하는 것임을 통감하게 되었습니다.

따라서 제국은 신속히 명확 부동한 국책을 결정해서, 시책의 통합 추진을 꾀할 필요가 있으므로, 1월 30일 대본영정부연락회의에서 신중하게 심의한 결과 완전한 의견 일치하에 본 요강을 결정했고, 이에 대본영 정부 공동으로 상주하는 바입니다.

3) 내각 총리대신 소요 사항 설명

> 내각 총리대신 소요 사항 설명
> 삼가 상주합니다.

지금 군령부 총장 전하[후시미노미야 히로야스(伏見宮博恭)]께서 상주하신 것처럼, 본 요강은 대본영과 정부간에 충분한 연락을 마치고, 완전한 의견 일치를 본 사항입니다.

이하 본 요강 중 소요 사항의 설명을 말씀드리겠습니다.

1. 본 시책의 목적 및 방침에 대해서

대동아공영권 건설 도중인 현 단계에서, 중일전쟁 처리를 중심으로 하는 외곽적(外廓的) 시책, 뿐만 아니라 제국의 필수자원 확보라는 관점에서, 프랑스령 인도차이나 및 태국과 제국 사이에 군사, 정치, 경제에 걸친 긴밀한 결합 관계를 설정하는 것은, 제국의 자존자위(自存自衛)상 긴급하고 또한 중요한 조치입니다.

요즈음, 프랑스령 인도차이나, 태국과 같이 강국에 의존하고, 그래서 끊임없이 변절하는 나라에 대해서는, 의연한 결의로 임하고, 필요하다면 요청되는 만큼 위압을 가해, 특히 프랑스령 인도차이나에 대해서는 어쩔 수 없는 경우에는 무력을 행사하더라도, 목적을 관철하겠다는 결의가 필요하다고 생각합니다.

현재 프랑스령 인도차이나, 태국 두 지역에 불안정 상태가 존재하는 것은, 이미 열국의 책모(策謀)를 유발하고 있는 바, 날이 갈수록 이러한 경향이 격화되고 있는 점에 비추어 보더라도, 제국이 기선을 제압해서 신속히 두 지역에 대해 지도적 지위를 확립하고, 목적 달성을 기하는 것이 필요하다고 생각합니다. 특히 유럽 방면 전쟁의 국면이 발전함에 따라, 국제 정세의 격변을 예측하기 어려운 부분이 있으므로, 이 시기에 정략과 전략의 완전한 일치 아래 가능한 한 신속히 본 시책의 목적 달성에 힘써야만 한다고 생각합니다.

2. 외교 시책에 대해서

프랑스령 인도차이나 및 태국의 분쟁은 일본이 바라는 극동의 안정에 중대한 관계가 있으므로, 일본은 단연코 묵시할 수 없는 태도를 취하며, 거중조정(居中調停)을 강행중에 있습니다.

위 거중조정만을 가지고 행한다면, 일본이 프랑스령 인도차이나와 태국에 대해 지도적 지위를 확립하기는 어려우므로, 이를 계기로 해서 일본과의 결합관계를 더욱 확정적으로 하는 조치를 취할 필요가 있습니다.

위의 조치와 관련해서 태국에 대해서 미리 외무대신이 상주한 바에 따라 새로운 협정을 체결하고, 또 프랑스령 인도차이나에 대해서도 거의 같은 취지의 협정을 체결하고자 합니다.

단, 프랑스령 인도차이나에 대한 신협정을 체결할 시기는 지금 프랑스가 우리의 거중조정을 원칙적으로 용인하고 현지에서 교섭이 진행되고 있는 것과 이후에 대 프랑스령 인도차이나 시책의 추이 등을 감안해서, 충분히 신중한 태도를 취해야 할 필요가 있으므로 호기(好機)를 노려 진행하도록 하겠습니다.

프랑스령 인도차이나와 새롭게 체결할 신협정의 내용은

(가) 저들과 우리의 우호관계를 지속할 것, 그리고 저들과 우리의 경제협력을 실행 보장하는 데 관한 상호협력
(나) 프랑스령 인도차이나와 태국 사이의 분쟁 방지를 보장하고, 또한 일본-프랑스령 인도차이나 간 통상 교통 옹호를 목적으로 하는 군사상의 상호 협력

등으로, 그중에서도 프랑스로 하여금 프랑스령 인도차이나에 대해, 제3국과 어떠한 형태의 정치 및 군사 협정을 약속하지 않게 하는 것은, 제국으로서는 제반 정세상 반드시 충족시킬 것을 요구하는 사항입니다.

또한 군사적 사항에 대해서는 참모총장이 말씀드리도록 하겠습니다.

그리고 제국으로서는 일본-태국 협정은 가능한 한 그 체결을 희망하고 있으므로, 태국이 응하지 않을 경우에는, 협정의 내용을 완화하고, 또는 정세에 따라 일반적 방수동맹(防守同

盟: 제삼국의 공격을 공동으로 막으려고 맺은 두 나라 이상의 동맹-역주)의 형식을 취하는 등, 그 내용을 변경하고, 또 프랑스령 인도차이나 시책의 진전, 태국 국 연안에 대한 제국 함정의 순항 등에 의해 직접, 간접의 위압을 가해서, 어떠한 경우에도 태국으로 하여금 영국, 미국 쪽으로 돌아서지 않도록, 주도면밀한 시책을 기하고 있습니다.

또한 종래 제국의 여론은, 걸핏하면 쓸 데 없이 프랑스령 인도차이나, '싱가포르' 등의 문제를 언급해서, 불필요하게 영국과 미국을 자극하는 경향이 없지 않았는데, 본 시책은 특히 그 목적에 즉응(卽應)할 수 있도록 여론을 통일시켜 지도해 가고자 합니다.

4) 참모총장 소요 사항 설명

극비 30부 내 제 25호
참모총장이 필요한 사항 설명
삼가 지금 총리대신 설명에 이어, 군사에 관해 필요한 사항을 설명드리겠습니다.

1. 일본-프랑스령 인도차이나 협정 가운데 군사적 사항에 관해서

일본-프랑스령 인도차이나 협정에 포함된 군사적 사항으로는, 프랑스령 인도차이나, 태국 간 분쟁 방지를 보장하는 것과 함께 일본-프랑스령 인도차이나 간 통상, 교통의 옹호를 목적으로 하고, 더불어 장래 정세에 따라 혹은 야기될지도 모르는 남방문제도 고려해서 이 지역에 필요한 군사기지, 즉 항공기지 및 항만시설을 설정하고 이를 사용할 수 있게 하는 것입니다. 따라서 남부 프랑스령 인도차이나에 병력을 주둔시키는 것이 목적은 아닙니다. 프랑스가 우리 요구를 받아들일 경우에는 평화적으로 위 군사기지를 유지하기 위해 필요한 최소한의 기관을 상주시키는 것에 지나지 않습니다. 그 이외 현지 실정에 비추어보아, 니시하라(西原)-마르탱 현지 협정을 실질적으로 수정할 것을 요구, 곧 주로 일본 군대의 거주 행동에 관해 특별한 편의를 제공하는 것도 이 사항에 포함시키고자 합니다.

2. 본 시책 수행을 위해 필요로 하는 작전 준비와 무력 행사에 대해

프랑스령 인도차이나와 태국에 관한 시책의 목적으로 보아 실시하는 데 있어서는 정전(政戰) 전략을 일체화시켜 변통하고 임기응변하면서 적절히 운용하는 것이 특히 필요합니다. 나아가 위압을 강화하거나 새로이 파병하거나 무력을 행사하는 것 등을 위해서는 부대의 정비, 선박 준비 등 각종 이유로 상당한 시일이 필요하게 되므로, 이 기회에 신속하게 필요 최소한도의 작전 준비를 갖출 필요가 있습니다.

또한 어느 정도의 준비를 하더라도 부대가 목적지에서 행동할 수 있게 되기까지는 상당한 시일이 필요하므로, 어쩔 수 없이 무력을 행사할 시기에 대해서는 정략 전략의 두 방면에서 예견하고 통찰하는 것을 통해, 적절한 시기에 묘의(廟議: 조정의 회의를 가리키는 말, 여기서는 대본영정부연락회의 등 군부와 정부 관계자가 모두 참여하는 회의를 말하는 듯-역주)를 거쳐 이를 결정하고, 그를 통해 외교 행위와 무력 발동 사이의 간극(間隙)을 없애서, 정략 전략이 둘이 아니라 일체적 관계를 완성하는 것이 절실히 필요하다는 것을 통감하는 바입니다.

본 시책을 수행하는 데 있어서 가능한 한 무력 행사를 피하고, 위압 행동의 범위 안에서 목적 관철을 기하고자 하는 것은 말씀드릴 것도 없습니다. 따라서 우리 위압 행동은 프랑스령 인도차이나 측과 충돌을 피하도록 극력 노력할 것입니다. 만약 프랑스령 인도차이나 군대가 우리에게 도전할 경우에는, 자위(自衛)를 위해 무력을 행사하더라도, 물론 프랑스령 인도차이나에 대해 전면적으로 전투를 실행할 일은 없고, 국지적으로 해결할 수 있도록 노력하는 것을 근본 취지로 삼겠습니다.

프랑스령 인도차이나에 대해 어쩔 수 없이 무력을 행사하게 될 때, 무력 행사의 원래 의미를 선명히 하기 위해 무력을 행사하는 경우 및 그 한계를 밝혀둘 필요가 있다고 생각합니다. 프랑스령 인도차이나에 대해서 무력을 행사하는 것은, 프랑스가 분쟁 해결에 응하지 않는 경우이며, 예를 들면 정전(停戰) 실행의 약속을 확실히 지키지 않거나, 또는 태국 측이 잃어버린 땅을 반환하지 않는 경우 등을 가리키는 것입니다.

또 협정 체결에 응하지 않는 경우 무력을 행사할 것인지 아닌지는, 정세(情勢)에 따라 결정되어야 할 것입니다만, 이 준비는 미리 해 두어서 임기응변을 제대로 발휘하는 데 지장이 없도록 했으면 합니다.

다음으로 무력 행사의 한계는 프랑스로 하여금 우리 요구를 듣고 따르게 만드는 것을 한도로 삼습니다. 따라서 프랑스령 인도차이나 전 지역을 석권 점령하고자 하는 것은 아니며, 그 범위는 중남부 프랑스령 인도차이나의 요충지에 한정되고, 또한 이 무력 행사 발동에 관해서는 따로 정해야 한다고 생각합니다.

또한 무력 행사 후에도, 프랑스령 인도차이나의 현 군사, 정치, 경제 조직은 가능한 한 그대로 이용하도록 하며 만약 현재 프랑스령 인도차이나 정권이 궤멸하고 치안이 교란될 경우에는, 어쩔 수 없이 프랑스령 인도차이나의 요충 지역에 대해 점령 통치를 행해야만 하겠지만, 이러한 사태가 회피할 수 있도록 힘써야 한다고 생각합니다.

3. 일본의 북부 프랑스령 인도차이나 및 남부 프랑스령 인도차이나 침략에 관한 사료

여기서는 일본이 프랑스령 인도차이나에 진주해야 할 필요성을 군사, 경제, 정치적 관점에서 강조한 문서 3개를 소개한다. 육군이 대외적으로 그 필요성을 설득하고 정당화하기 위해 만든 문서로서 1941년 6월 25일 대본영 정부 연락회의 회의록의 내용이다.

첫째, 군사적으로는 중국에 타격을 가해 영미중 및 네덜란드의 공동 포위 전략에 대응하고 남부 프랑스령 인도차이나에 주둔하여 군사 거점을 확보하려 하였다.

둘째, 경제적으로는 프랑스령 인도차이나 및 태국과 경제적 결합관계를 설정하여 쌀과 고무 등의 자원문제를 해결하고자 했다.

셋째, 정치적으로는 프랑스령 인도차이나 및 태국에 대한 영미중 및 네덜란드의 이간책과 남진저지책을 해결하기 위해 과감한 행동이 필요하다고 보았다.

1) 제1. 군사상 관점에서 절대적으로 필요한 이유에 대해

제국의 생명권인 남방 여러 지역에서, 최근 미국을 중심으로 하는 영국-미국-네덜란드-중국이 전략적 태세를 강화하고, 대일 공동 전선을 결성하는 경향이 증진되어 가고 있는 실정은, 별지 제1, 제2와 같은 실정이고, 또한 남방 여러 나라 및 충칭(重慶) 정권의 영미 의존 태도가 더욱 강화되어 가는 현황에 비추어 볼 때, 만약 일본이 신속히 이에 대응하는 조치를 취하지 않고, 계속 세월을 보내게 되면, 충칭 정권은 계속 영미 의존에 희망을 걸게 되고, 중일전쟁의 해결은 더욱 지연될 것이다. 또한 일본의 대 남방 전략 태세는 나날이 불리해질 것이며, 그를 위한 남방 여러 나라에 대한 제국의 정치 위력은 상대적으로 약화될 것이다. 나아가서는 제국 국력 유지상 필수적인 물자조차 그 취득이 곤란해질 것이다.

(최근의 일본-네덜란드 교섭의 실제 사례도 있다) 따라서 중일전쟁의 수행 내지는 기존에 정해 둔 군비 계획의 수행도 불가능해질 것이다.

이러한 정세가 계속돼 간다면 아마도 반년을 지나지 않아 제국의 군비 및 전략 태세는 영미의 압박에 대항하지 못할 정도로 상대적인 후퇴를 강요받게 될 것이며, 중일전쟁 수행에 대한 영향 또한 등한시할 수 없는 것이다.(별지 제3 참조)

이러한 정세는 통수부로서는 일찍부터 예측하고 있던 바로서, 예전에 북부 프랑스령 인도차이나를 무력으로 차단하고, 또 프랑스령 인도차이나와 태국의 분쟁 조정에서 제국이 시책했거나 시책하도록 결정된 바도 모두 위에 서술한 대로 불리한 상태에 빠지지 않도록 자위적 조치의 일부로서 실시된 것에 지나지 않는다.

세계 정세의 움직임이 참으로 내일의 일도 미리 내다보기 어려운 상황이며, 네덜란드령 동인도조차도 노골적으로 일본의 요청에 협력할 것을 거절한 오늘날의 정세에 있어서 일본으로서는 지금 프랑스령 인도차이나와 태국 전역에 걸쳐 제국의 군사적 발판을 선제적으로 확보할 필요가 있다.

하지만 단번에 태국 시책까지도 강행하려고 하는 것은 영미의 격렬한 반발과 대응을 초래해서 일을 크게 만들지 않으리라는 보장이 없으므로, 그 실행은 신중하고 점진적이어야 할 필요가 있다. 이를 위해 먼저 프랑스령 인도차이나 전역에 군사적 발판을 굳히고, 다음으로 이 여세를 교묘히 활용해 기회를 놓치지 말고 태국에 시책을 해서 그들과 군사 제휴를 공고히 하고 군사기지 설치를 추진해서, 남서 중국에서 태국, 버마 및 말레이반도 방면에 이르는 대전략상 요충지에 대해 차단 혹은 확보할 소지를 획득하는 것은 최소한도의 요구이다. 이에 의해 충칭 국민정부 측이 받을 충격도 클 것이고, 또 필요에 따라 영국-미국-중국을 차단하는 것도 가능하다. 이렇게 해서 일본으로서는 영국-미국-네덜란드-중국 공동의 전략 포위 태세에 대항할 태세를 강화할 수 있고, 끝내는 영국-미국-네덜란드-중국 등으로 하여금 그 꾀하는 바를 포기 혹은 완화하게 만드는 요인도 될 수 있으며, 또한 만일의 경우 일본은 자존자위(自存自衛)를 위해 단호한 일전을 벌일 수 있는 자신을 얻을 것이고, 그에 더하여 충칭 정권의 영미에 의존하고 일본에 항전하는 의도도 파괴할 수 있고, 이로써 중일전쟁을 처리하는 데 기여하는 결과를 불러올 것이다.

이리하여 이상의 조치는 그 시기가 빠를수록 더욱 유리하고 쉽게 수행할 수 있을 것이며, 그 효과 또한 커질 것이다.

만약 지금 이대로 시간만 보내다 늦어지게 되면 더욱 곤란해질 것이고, 또한 대 영미 전쟁이 야기될 위험에 봉착할 것이다.

　2. 일본이 남부 프랑스령 인도차이나에 병력을 진주(進駐)시키면, 영국, 미국, 네덜란드를 자극해서 그 전략 태세를 강화시키는 결과가 될 것이므로, 적이 준비하지 못한 때에 공격한다는 관점에서 본다면, 지금 남부 프랑스령 인도차이나에 병력을 진주시키는 것보다는 오히려 유사시 필요한 때에 전격적으로 진주하는 것이 더욱 유리하지 않은가 하는 관점도 있을 수 있지만, 일본이 단호하게 전략적 선제 조치를 취해 우선 전략상 결정적인 시기인 지금 남부 프랑스령 인도차이나에 발판을 확보하고, 태국을 일본 산하에 포용해 끌어들인다면, 저들로 하여금 명백히 승산 없는 대일 대항책을 단념하게 만들 수 있고, 이것이 곧 싸우지 않고 이기는 상책이다.

　또한 만약 저들이 또다시 다음 전략상의 대항책을 마련하기 위해 광분한다고 하더라도, 일본으로서는 심각하게 고려할 필요가 없고, 오히려 유사시 매우 바쁜 와중에 남부 프랑스령 인도차이나라는 요충지 획득을 위해 애써 작전을 펴는 것과 비교하면 유리하다.

　3. 4개국 공동 대일 포위 압박 태세의 진의가 제1 항목에서 서술한 것처럼 대일 무력 압박의 전제가 아니며,

- (가) 일본의 적극적 결의를 견제하고 방해하려는 모략적 의도하에서 일본의 남방 진출에 큰 장애 요인과 곤란이 있을 것이라는 인상을 주려는 것이다.
- (나) 일본의 남방 무력 진출을 경계하며 이에 대한 걱정과 두려움으로부터 나온 단순한 방위적 성격이다.

라는 관찰이 이뤄질 수도 있으나, 이것을 방치할 때는 이후 더욱 미국의 군비와 전쟁 준비가 증강됨과 동시에 점차 대일 태도의 강경책으로 일본을 길들일 위험이 있을 것이다. 이것을 막아 내기 위해서도 일본으로서는 지금 적당한 조치를 취할 필요가 있다.

　4. 영국, 미국 및 네덜란드령 동인도의 일본에 대한 경제적 압박은 그들의 전략적 압박 태

세 강화와 병행해서 매우 교묘하게 가중되어, 한 발 한 발 우리의 경제력을 약화시키려고 획책하고 있으므로, 이러한 상황이 진행된다면 제국은 중일전쟁을 수행하는 것은 물론, 예정된 군비 계획 수행에도 뚜렷한 지장을 초래할 뿐만 아니라, 저들의 군비 확장과 대조할 때 가까운 장래 제국 국방상 극히 불리한 상태에 빠질 것이다.

그래서 제국으로서는 이 궁지를 타개하기 위해 결국 자위상 남방 여러 지역을 실력으로 장악하지 않으면 안 될 상황에 내몰리게 될 것이고, 또 일본-네덜란드 경제 교섭의 결말이 오늘날과 같은 상황이 된 것도, 네덜란드가 영미의 지원에 기대고 있다는 증거이며, 이 명확한 사실에 대해서도 일본은 신속히 남부 프랑스령 인도차이나에 필요한 병력을 진주시킴과 동시에 우리 군사 거점을 획득하는 것이 절대적으로 필요하다.

하물며 제국의 남부 프랑스령 인도차이나 진출에 의해 일본-네덜란드간 이후의 교섭 타개에 기여할 전망이 있다는 점을 생각한다면 더욱 그러하지 않겠는가.

5. 제국에 대한 전략 포위 태세가 대일 공격 의도에 기반한 것인가, 또는 대일 방위라는 의도에 기반한 것인가 하는 질문과 상관없이, 위와 같은 판단처럼, 일본으로서는 이에 대응할 전략 태세를 급속히 확립할 필요가 있으며, 이러한 대응이 하루가 늦어지면 그만큼 불리해지므로, 즉각 외교 교섭을 개시해서 그 목적을 달성할 필요가 있다.

(주) 목적 달성의 시기는 파병 준비 기간 관계상 7월 하순을 목표로 한다.

2) 제2. 경제상의 관점에서 절대 필요한 이유에 관해(별지 제4 참조)

종래 십 수년간 오랜 기간에 걸쳐 영미 의존 경제를 주류로 해 온 일본이 작년 가을 삼국 동맹 성립을 계기로 해서 일대 결의를 통해 영미 의존을 벗어나 자존자주(自存自主) 태세를 향한 여러 가지 전환을 기약한 지 이미 1년이 지났고, 이 사이 물질적, 경제상의 많은 어려움은 아직 해결 방도를 찾지 못했다. 더욱이 유일한 활로인 네덜란드령 동인도 교섭 또한 제대로 이루어지지 않은 오늘날, 일본-만주-중국 결합의 경제 개발은 물론 촉진하겠지만 일본은 자존자위(自存自衛)를 위해 일본과 적어도 프랑스령 인도차이나 및 태국 사이에 밀접한 경제적 결합관계를 설정할 필요가 있다는 것은 이미 대 프랑스령 인도차이나 태국 시책 요강에서 밝힌 바이다.

그중에서도 일본 식량 문제의 중심인 쌀은 부족분 900만 석을 모두 프랑스령 인도차이나와 태국에 의존해야만 하고, 만약 이조차 확보하지 못한다면, 일본은 싸우기도 전에 식량 문제로 인해 일대 국내적 위기를 초래하게 될 것이다. 그런데 일본-프랑스령 인도차이나 경제 협정이 성립한 지 아직 1개월이 지나지 않았는데 프랑스령 인도차이나는 협정에 기반한 쌀의 대일 공급에 관해 집하(集荷) 불량을 이유로 협정을 무시하고 6월분(10만 톤)의 감액을 요청했다. 일본은 할 수 없이 5만 톤으로 반감을 승인했는데, 다시 7, 8월분도 계약량의 반감을 요청해 오는 등 그 비협조적 태도는 명백히 프랑스령 인도차이나 내부에 대한 영미의 강력한 책동에 의한 것임을 의심할 여지가 없는 것이다.

더욱이 영국 측은 작년 말부터 이미 태국 '라이스' 회사에 대해 싱가포르로 향하는 태국 쌀 60만 톤을 발주해서 일본행 태국 쌀 수출을 봉쇄하려는 한편, 온갖 수단을 다하여 영미 합작에 의한 대 태국 경제 압박을 획책해 왔지만, 일본이 올해 3월 프랑스령 인도차이나와 태국 사이의 분쟁 조정을 성공시키자, 종래의 태국 경제를 압박하는 태도를 표변해서, 태국에 대해 석유와 그 밖의 부족 물자 공급을 제시하는 좋은 미끼를 던져, 태국의 대일 의존도를 낮추려고 노력하는 등 그 항일적 태도는 점차 노골화되고 있다.

또한 일본은 국방상 필수 불가결한 물자인 '고무'를 모두 남방에 의존하고 있는데, 일본-프랑스령 인도차이나 경제협정에 의하면, 프랑스령 인도차이나의 연간 생산량 6만 톤 가운데 독일 프랑스간 협정에 의해 2만 5천 톤을 독일에 보내고, 1만 8천 톤을 프랑스 본국으로,

1만 톤을 미국에 공급하고, 일본 나머지 1만 5천 톤을, 그것도 미국 달러로 지불해서 입수할 수 있는 데 지나지 않는다.

그런데 이 1만 5천 톤의 '고무'를 입수하는 것조차 영미 측의 책모에 의해 어려움이 예상되고 있다. 즉, 미 국무부는 6월 13일 하노이 미국 영사에 대해 프랑스령 인도차이나에서 생산하는 '고무'를 최대한 사들이기 위해 그 조사를 명령했다. [단, 6월 17일 '비시 정부'는 프랑스령 인도차이나 '고무'를 미국에 매도(賣渡)하는 어떠한 교섭에도 응할 수 없다는 뜻을 통고했다.] 한편 영국 정부는 5월 16일 말레이로부터 미국 및 엔 '블록'으로 향하는 전면적 '고무' 수출 금지를 결정하고, 이를 말레이 및 호주 정부에 전달했다. 또 이번 일본-네덜란드령 동인도 경제 교섭에서는 네덜란드령 동인도를 사주(使嗾)하여 대일 '고무' 수출을 예약량 이하로 감액시키고, 마침내 교섭 결렬과 대표의 철수를 초래하였다.

이상의 사실을 통해 추론하자면, 먼저 '와니트'-미즈노 사이에 성립한 태국 산 '고무', 주석의 대일 공급에 관한 양해 사항 등도 마침내 영미의 책모에 휘둘려 그 실현이 불투명해질 것이다.

이상 단순히 쌀과 '고무'의 문제만 살펴보더라도 지금 일본이 대 프랑스령 인도차이나 태국 시책을 강력히 발동하지 않으면, 일본은 경제적으로 자존의 길을 상실할 것이다. 하물며 영미와 일체화된 네덜란드령 동인도에 대해서 일본이 실력을 배경으로 하는 공고한 결의에 바탕을 두고 시책을 펼치지 않으면 이미 얻은 계약량을 취득하는 것조차 곤란해질 것이다.

3) 제3. 정치상의 관점에서 절대 필요한 이유에 대해(별지 제5 참조)

제국은 국책의 동향이 남진인가, 북진인가, 현상 유지인가, 그 중 어느 것이든 관계 없이, 대동아 신질서 건설의 도상에서 프랑스령 인도차이나 및 태국을 제국의 산하에 확실히 장악하고, 이로써 국시(國是)를 수행하는 기초적 태세를 확립해야 하는 것은 명백하다. 특히 세계 정세가 핍박해 오는 오늘날 하루라도 빨리 완수해서, 일본이 행동의 자유를 확립할 필요가 있는 것은 누구라도 이론의 여지가 없을 것이다.

그런데 올해 3월, 일본이 프랑스령 인도차이나와 태국 사이의 분쟁 조정에 성공한 시기를 전후해서 영국-미국-네덜란드-중국 등이 일체적으로 결합해서 일본의 대 프랑스령 인도차이나와 태국 시책을 방해하려는 정치적, 모략적 활동이 더욱 격화되었고, 특히 분쟁 조정 시 극동 위기설을 유포함으로써 일본의 조야를 교란시키는 따위의 행동을 했으며, 혹은 '워싱턴'에서 영국, 네덜란드, 호주의 주미 사절이 2월 하순 '루스벨트' 대통령과 만나 제국의 남진을 저지하는 것을 협의하는 등 그들의 대일 정치경제적 협동전선은 더욱 격화되었다.

한편 영국과 미국의 프랑스령 인도차이나 및 태국에 대해 일본을 대상으로 한 이간책은 점차 노골화되어, 프랑스령 인도차이나, 태국도 겉으로는 일본과 악수하면서도 뒤에서는 영미와의 합작을 꾀하고 있던 것이 명백했다. 즉, 지난해 연말 이래 프랑스령 인도차이나 관방장(官房長) '주앙' 대령은, 싱가포르에서 이 지역 영국 당국과 선박 수송 문제에 관해 절충 중이었는데 올해 1월 중순 마침내 영국-프랑스령 인도차이나 간 항해통상조약의 체결에 성공해서 그리스 선박을 통해 영국 물자를 공급받기에 이르렀다. 그리고 5월에 일본-프랑스령 인도차이나 경제 협정 체결에 성공하자, 이 시기를 전후해 도망친 프랑스령 인도차이나 군인의 체포 문제를 구실로 또다시 싱가포르에서 일본-프랑스령 인도차이나 경제 협정의 비밀 약정 사항 전부를 영국 측에 폭로하고, 영국 측의 대일 경제 압박, 특히 일본-네덜란드령 동인도 교섭에 대한 영국 측의 책동을 격화시키는 요인을 제공하는 등 프랑스령 인도차이나의 태도도 문제지만, 영미의 대 프랑스령 인도차이나 공작이 뿌리깊다는 것을 잘 알 수 있다.

태국에 대해서는 특히 태국 국내의 항일 화교, 친영 인사들을 사주해서 태국 내부를 교란시키고, 이를 통해 '피분' 정권의 전복을 꾀하는 등 태국을 일본과 갈라놓는 반일 공작이 상당히 악랄하다. 최근 현지 무관의 전보에 따르면, 당연히 태국 자체를 위해 필요한 일남태(一

南泰) 비행장의 신설 수리를 '피분' 수상조차 의심하고 망설이는 정황으로, 이대로 방치하면 태국에서 '피분' 수상이 지니는 지위가 동요하는 것을 초래할 수도 있는 정세에 있다.

충칭(重慶) 측의 남부 프랑스령 인도차이나 및 태국에 대한 화교 공작은 지금 더욱 집요해져서 그 세력이 아직 뿌리깊다. 이들이 충칭 측의 항전력 유지에 적지 않게 공헌하고 있음은 경시할 수 없는 바이며, 무력적 배경 없이 일본의 화교 공작이 지지부진하고 있는 현상을 깊이 생각할 필요가 있다.

다른 한편, 영국-미국-중국의 정치적 합작도 또한 점차 구체화되어, 최근 영국 대사로부터 충칭의 새 외교부장으로 귀국길에 오른 궈타이치(郭泰祺)는 워싱턴에서, 그리고 다음 6월 10일부터는 싱가포르에서 각각 영국 미국 수뇌부와 회견하여 영국-미국-중국 합작 문제에 관해 협의중이며, 또 그 전에 올해 3월 하순, 영국-중국 사이의 뎬미엔철도[滇緬鐵道: 중국 윈난성 쿤밍(昆明)에서 버마까지를 잇는 철도-역주] 부설에 관한 협정은, 현재 착착 그 세부사항을 구체화하는 중이다.

미국의 대일 정치적 압박은 N공작[주미 대사 노무라 기치사부로(野村吉三郎)에 의한 미일교섭]과의 관계 등도 있어, 5월 초순 영국 측 제안에 의해, 영국-미국-네덜란드의 공동 대일 성명 발표를 주저하는 등의 사례가 있어서 표면상 대일 정치적 압박은 구체화하고 있지 않은 듯하나, N공작의 부진, 혹은 미국의 대 독일 참전이 어떻게 되느냐에 따라서는 미국의 급격한 대일 압박 표현이 없을 것이라고는 할 수 없다. 특히 영국-미국-네덜란드-중국 등의 합작에 의한 일본의 남진저지책, 그중에서도 특히 태국과 프랑스령 인도차이나에 대한 반일 이간책은 경제적 군사적 공작과 맞물려 더욱 격화될 것이다. 유동적이고 이반할 우려가 큰 프랑스령 인도차이나와 태국에 대해 신속히 과감한 행동에 나설 것을 요청하는 이유는 바로 이 때문이며, 특히 최근 프랑스령 인도차이나가 난징정부 대표의 한방변사소(漢防辨事所)의 즉각 폐쇄를 요구하는 것 따위는, 명백히 프랑스령 인도차이나 내부의 밑바닥에서 흐르는 반일의 표현이라고 할 수 있으므로 간과할 수 없는 것이다.

별지 제1. 군사상으로부터 본 영미의 대일 압박(삭제선)

일시	사항
1월	올해 초까지 극동에 잠수함 20척 증강
1월	태평양함대를 하와이에 집중
2월	아시아함대를 작전부 직속으로 하여 전시 편제 체제를 취함.
2월	홍콩에 미국 전차 26대가 도착했다고 함.
2월 3일	영국 미국 호주 사이에 태평양 협동 방위에 관한 양해 성립.
2월 6일	작년 10월 말레이, 호주, 뉴질랜드, 인도, 버마의 각 대표 및 극동 방위 사령관들이, 싱가포르에서 회동하고 방위 계획을 책정함.
	작년 11월 싱가포르에서 네덜란드령 동인도군 장교와 함께 참모 회의 개최, 그리고 싱가포르 및 바타비아는 연락장교를 교환함.
	말레이의 방비 증강은 특히 올해 초부터 활발해졌다. 인도, 호주로부터 이미 3개 사단 내외의 육군 및 상당수의 미군기(機)를 증강하고, 유력한 일부를 태국 국경 방면에 집결시켜 둠.
2월 7일	태국 주재 영국 공사는 태국 수상에 대해 '영국은 일본-태국 군사 동맹, 경제 협정에는 절대 반대'한다는 의사를 전달함.
2월 17일	태평양 협동 방위에 관해 워싱턴에서 영국, 미국, 호주, 네덜란드 회의
2월 18일	호주는 육, 해, 공 삼군 사령관 및 '포츠밤' 영국 극동사령관을 불러서 호주 방위 계획을 심의함.
2월 22일	작년 11월 미국으로부터 네덜란드령 동인도에 육군 비행 교관으로서 15명을 파견 중이며, 해군 비행 교관으로서 또다시 12명을 파견함.
2월 23일	호주, 뉴질랜드, 네덜란드령 인도네시아 각 대표자가 싱가포르에서 회동했고, 행동 계획을 협의함(태국 주재 미국 무관도 출석)
3월 3일	영국-중국 합변(合辦) 항공회사는 버마에 항공기 조립용 격납고를 설립하기로 결정함.
3월 12일	4월 10일, 5월 23일 - 영국은 중국군의 '게릴라' 부대를 지도할 뿐 아니라, 랑군에 그 지도자 양성학교를 설립하고, 또한 영국 스스로도 일본-영국 전쟁이 일어날 경우 중국측과 제휴할 영국 유격대를 편성하고자 함.
3월 17일	미 함대가 호주, 뉴질랜드를 방문함.

일시	사항
3월 19일	영국-중국 군사 협정 조인, 영국의 중국에 대한 원조 및 버마의 협동 방위 의정
3월	미국은 해군 고문을 '오클랜드', '캔버라', '싱가포르', '바타비아'에 배치함.
3월	필리핀에 구축기 2개 중대(54기)를 증강할 건을 육군성이 발표함(육군기 합계 185).
4월 10일	마닐라에서 '세이어' 고등변무관, 육해군 장관, 영국 극동총사령관 '보팜' 및 네덜란드 외식민상 회담
4월 19일	마닐라회담에서 영국, 미국, 네덜란드령 동인도 3개국의 군사 협정 체결, 싱가포르의 공동 사용 및 영국-중국(중국) 협동작전 등에 관한 미국의 협력을 촉구
5월 21일	미국은 '누메아'에 항공 기지 건설을 계획하고, 현재 준비를 진행하는 중
5월 24일	영국은 싱가포르에서 상전(商震: 중국 국민당군 장군)과 협동작전을 논의.
5월	종래 중령이 지휘관이었으나 준장으로 승격된 미 육군 '그라겟' 공군 사령관을 '마닐라'에 파견함.
5월	중순 '그라겟' 준장이 충칭에 도착해 대일 항공작전에 관한 협의와 조사를 행함.
5월	상순까지 필리핀에 육군 병력 2,000명을 증강. 하순 비행정 합계 30기를 필리핀에 도착시킴.
6월 7일	미국은 신분을 숨긴 해군 사관을 네덜란드령 동인도 각 영사관에 선박 고문으로서 배치함.
6월 17일	미 공군 '콘로' 소좌 이하 10명이 충칭 공군 원조를 위한 선발대로서 마닐라에서 홍콩으로 향함.
	올봄 이래 중국의 비행기 공장을 인도 안으로 이전함.
	누차 버마의 반도부에는 종래 병력을 주둔시키지 않았으나, 올해 초 이래 점차 병력 이동을 개시해서, 현재 그 병력은 12,000~13,000에 달한다.

별지 제2. 남방 각국 육해공군 병력표 (*순-순양함, 구-구축함)

육해공군 시기 국가별	육군병력			해군병력			공군병력			비고
	작년 7월경	현재	증가량	작년7월경	현재	증가량	작년 7월경	현재	증가량	
프랑스령 인도차이나	30,000	45,000	15,000	순양함 이하21	순양함 이하 23	2	150기	150		1.현재는 6월 초순을 말함. 2.합계란 중 괄호안은 프랑스령 인도차이나 및 태국을 제외한 수를 가리킴.
태국	30,000	5/60,000	30,000	포함 이하 46	포함 이하 43		150	200	50	
영국령 말레이	25,000	43/48,000	23,000	구축3 향구(嚮驅)2 항모1 소해(掃海)12 기타3 계21	구2/3 순1/2·포2 소해7 기타3 계14/15		100/150	250	100	
영국령 버마	20,000	35,000	15,000	없음	없음		10	50	40	
네덜란드령 동인도	60,000	70,000	10,000	순양2·구축8 잠수16·포2 기타11 계47	순3·포2 구8·잠15 기타26 계55	8	260	500	240	
영국령 인도	270,000	390,000 (해외 90,000)	120,000	슬루프 6	순6·구6 수모(水母)1 기타10 계23	17	200	200		
호주	78,000	350,000 (해외 100,000)	272,000	순양6·구축4 기타5 계 15	순2·기타6 계8	8	200	400 (해외150)	200	
뉴질랜드	15,000	32,000 (해외 21,000)	17,000	순양2·기타6 계8	순2·기타6 계8		90	100	10	
필리핀	11,000	17,000	6,000	순양2·구축13 잠수12 정모(艇母)2· 소해2 구모(驅母)1 계33	순3·구13 잠12 항모3·소2 구모(驅母)1· 잠모(潛母)1 계37	4	120	166 (우수기 100)	46	
합계	537,000 (479,000)	1,047,000 (937,000)	508,000	203척(134)	234척(168)	39	1280/1330 (1030)	2016 (1666)	686	

별지 제3.

1. 필리핀

(가) 미국은 현재 필리핀에 있는 항공 기지를 확장 공사하는 중이며, 3, 4월 후에는 그 수용 능력이 현재의 1.5배 내지 2배에 달할 것이다.

미국이 필리핀에 파견해 둔 제1선 항공병력은 아래와 같다.

전투기	80기
공격 겸 정찰기	13기
비행정	26기
정찰기	13기
계	132기

(나) 미국은 아시아함대를 점차 증강해 왔는데, 지금 이후에도 잠수함 및 구축함은 마닐라의 함정에 대한 보급 수리 시설의 증설에 따라 증가하는 경향에 있다.

그래서 극동에 있는 미국 소형 함정의 증가는 대미 작전 실행을 명백히 어렵게 하고 있다.

2. 영국령 말레이

(가) 싱가포르를 중심으로 하는 영국령 말레이에 있는 항공 세력은, 날이 갈수록 증가하여 이미 올해 초와 비교해서 2배로 증강되었다. 위와 같은 증강의 경향은 지금도 계속되고 있으며, 3개월 후에는 현재의 1.5배가 될 전망이다.

현재 보유한 공군세력은 다음과 같다.

폭격기	68기
뇌격기	28기
전투기	56기
비행정	10기
육상정찰기	86기
합계	248기

(나) 영국은 유럽 전쟁 개시 이래 영국령 말레이의 항공 기지, 해안 방어를 강화해서, 교량 파괴 준비를 완비하고 있으며, 시일의 경과에 따라 싱가포르를 난공불락의 요새로 만들고자 노력하고 있다.

3. 네덜란드령 동인도

(가) 네덜란드령 동인도는 미국 항공기를 구입해서 항공 세력(육, 해군별)을 증강중이며, 이후 3개월간 약 100기를 수입할 것이다.

위와 같은 증가에 대응하도록 항공 기지를 확장하고, 탑승원 양성을 실시중이다.

현재 보유중인 비행기는 다음과 같다.

폭격기	81기
뇌격기	12기
전투기	66기
비행정	30기
정찰기	60기
계	249기

(나) 네덜란드령 동인도의 육상 수비 병력 및 함정의 증가는 비교적 완만하다.

4. 판결

대 영미 전쟁에서는 전쟁 초기, 필리핀, 영국령 말레이, 네덜란드령 동인도를 공격해서 제국의 전략태세를 강화함과 동시에 군수 자원 획득의 바탕을 완성해서 지구전 태세를 갖추어야만 한다.

그래서 위 공략 작전과 병행해서 태평양 작전이 생기게 되면 현 상태로 보더라도, 제국이 현재 보유하고 있는 항공기만으로는 상당한 고전이 예상된다.

그런데 공략 예정지의 방위력은 앞서 서술한 바와 같이 날로 증진되고 있으므로, 약 반년 후에는 공략 작전이 극히 곤란해질 것이다. 따라서 영미 전쟁에 대한 확실한 승산이 서기 어렵다. 그래서 위와 같은 정세가 되어서는 미국의 대일 전면 금수조치, 영국의 태국 압박 등의 사태가 생기더라도 제국으로서는 반격할 수 없고, 결국 영미 앞에 굴복할 수밖에 없게 될 것이다.

위와 달리 만약 오늘날 남부 프랑스령 인도차이나에 군사 기지를 획득하고, 필요 병력을 여기에 진주(進駐)시켜 둔다면, 작전상 가장 곤란한 싱가포르 작전 실행이 비교적 쉬워진다. 따라서 제1단 작전은 순조롭게 진척될 것으로 예상된다.

즉, 제국이 남부 프랑스령 인도차이나로 진주하는 것은 영미 등이 남방 지역에 대해 전략적 태세를 강화하는 것에 대응하는 유일한 평화적 대항책이며, 여기에서 비로소 제국은 정세의 변화에 응할 수 있는 자세를 갖출 수 있는 것이다.

별지 제4. 경제상에서 본 영미의 대일 책동

1. 쌀
- 영국은 태국 쌀의 대일 수출을 봉쇄하기 위해 작년말 태국 '라이스'회사에 대해 태국 쌀 60만 톤을 말레이로 수입할 것을 발주했다.
- 프랑스령 인도차이나는 쌀의 대일 수출에 관해 집하 불량을 이유로 해서 협정량을 감액하려 했고, 이미 6월분 10만 톤을 반감하였고, 또한 최근 7, 8월 분에 대해서도 계약량을 반감하도록 신청했다.

2. 철, 기타 일반
- 영국의 책동으로 '뉴 칼레도니아'는 작년 말 '니켈', '크롬'의 대일 수출을 금지했다. 호주 또한 그 직후 일본으로 향하는 고철 수출을 금지했다.
- 1월 상순 홍콩은 '도금' 부스러기, 고철, 마대자루 등의 대일 수출을 제한했고, 또한 6월 3일 '월프람', 몰식자산(没食子酸, gallic acid)을 제한 품목에 추가했다.
- 5월 30일 필리핀에서도 미국 수출 통제법을 적용할 뜻을 발표하고, 금수 품목은 최근 동광석까지 확대되었다.

3. 석유
- 영국은 2월 상순 미국에tj 태국으로 향하는 석유의 수출을 제한하도록 했고, 이를 통해 태국의 대영 협조를 강요하고 있다.

4. 고무
- 프랑스령 인도차이나 당국은 일본으로 향하는 '고무'의 수출량을 일본 국내 소비의 최소한으로 제한할 수 있도록 3월 상순경 네덜란드령 동인도 및 말레이와 협정 체결을 획책하였으나, 그 이면에는 영국 측의 책동이 당연히 있었을 것이다.
- 영국은 프랑스령 인도차이나의 대일 '고무' 수출에 따라 말레이로부터 수입량을 감소시키고자 했고, 마침내 5월 16일 일본 및 엔 '블록'으로 향하는 수출을 전면적으로 금지했다.
- 미국 또한 프랑스령 인도차이나산 '고무'의 최대량을 사들임으로써 대일 압박을 강화하기 위해 6월 상순 조사에 착수했다.

별지 제5. 정치상에서 본 영미의 대일 책동

1. 영국 미국 네덜란드령 인도네시아의 협동 대일 책모
- 영국, 네덜란드령 동인도, 호주의 주미 사절은 2월 하순 '루스벨트' 대통령과 만나 제국의 남진 저지책에 관해 협의했다.
- 주일 영국 대사는 제국의 남진에 대한 대항수단에 관해 2월 하순 의견을 요청했고, 특히 영국령 말레이 및 버마에 대한 병력의 증강, 대일 무역 제한 강화와 같은 경제 제재의 수단을 역설했고, 이를 위해서는 미국 정부의 정책에 협조할 필요가 있다고 진언했다.

2. 영미의 대 프랑스령 인도차이나 책모
- 지난 연말 이래 프랑스령 인도차이나 관방장 '주아스' 대령이 몰래 싱가포르에 가서 싱가포르 영국 당국과 선박 수송 문제에 관해 절충하고 있었는데, 올해 1월 중순 양국간

에는 항해통상조약이 성립했다.

이를 위해 프랑스령 인도차이나는 영국 측으로부터 매년 한 척의 그리스선을 통해 물자를 공급받게 되었다.

- 영국 측은 예전부터 프랑스령 인도차이나에서 '드골'파에 대해서 책동을 행하고 있었는데, 주일 영국 대사는 재일 '드골'파를 지도하고 원조하는 것에 관해서도 4월 하순 본국 정부에 대해 의견을 요청했다.

3. 영미의 대 태국 책모

- 영미의 일본-태국 이간책은 일본이 태국과 프랑스령 인도차이나 사이의 국경 조정에 나선 이래 활발하게 이루어지고 있었는데, 특히 항일 및 공산 화교, 주요 친영 인사들을 매수해서 태국 내부의 소란을 기획하고, 혹은 말레이를 근거로 하는 '피분' 정권의 분열을 꾀하는 등 상당히 악랄한 수단을 사용하고 있다.
- 영국은 근래 태국에 대한 극단적인 경제 압박은 오히려 이 나라를 이반시킬 것이라 여기고, 회유책의 한 방편으로서 말레이로부터 약간의 석유를 공급할 수 있도록, 6월 상순 영국-태국 간 양해가 성립했다.

단, 한편으로는 여전히 국경 방면에서 병력을 동원하여 위협을 계속하고 있다.

4. 영국-중국합작

- 충칭 신 외교부장 궈타이치(郭泰祺)는 영국으로부터 돌아가는 길인 워싱턴에서, 또 6월 중순에는 싱가포르에서 각각 미국과 영국 수뇌부와 회견하고, 합작 문제에 관한 협의를 했다.
- 뎬미엔철도(滇緬鐵道) 부설에 관해서는 올해 3월 하순 영국과 중국(중국) 간에 협정이 성립했고, 현재 이를 촉진하기 위한 세부적 사항에 관해 절충 중이다.

제2장
개전 준비와 동남아시아 대책

해제

　일본이 실질적으로 개전을 결의한 것은 1941년 11월 5일의 어전회의에서였는데, 이 내용은 당시 제3차 고노에(近衛) 내각의 9월 6일 어전회의 결정사항을 재확인한 것이다.

　1941년 8월에 미국이 일본에 대해 석유수출 전면 금지 조치를 취하자 미국과 영국에 대한 최저한의 요구 내용을 정해서 10월 상순까지 외교 교섭을 하되, 그 요구가 받아들여지지 않을 경우에 대비해 미국, 영국, 네덜란드에 대한 개전 방침을 정했다. 그런데 9월 6일 어전회의에서 천황은 개전에 반대하여 이 결정을 거부하고 외교 교섭에 의한 해결을 명했다.

　이후 고노에 후미마로(近衛文麿) 수상이 사임하고 10월 17일 도조 히데키(東條英機) 내각이 성립되었는데 이는 대미 개전 강경파 도조를 통해 육군을 억제하고 천황의 뜻을 받들어 전쟁을 회피하게 하려는 의도에서였다. 천황은 도조를 수상으로 임명하면서 전쟁 회피에 최선을 다하도록 당부하였고, 9월 6일 어전회의 결정은 백지로 돌렸다. 그러나 미국과의 교섭은 벽에 부딪혔고, 도조 내각은 미국과의 교섭을 중단하고 미국에 대한 개전을 결의하게 되었다.

　한편, 개전 이전에 동남아시아에 대해 점령지 군정 계획을 구체적으로 결정했다는 점에 주목할 필요가 있다. 내용에서는 행정은 물론 경제적 내용, 자원 획득, 교통, 민족, 종교에 이르기까지 구체적인 면을 상정했다. 또한 군정 지역을 육해군이 협의하여 분할했으며, 현지 기구의 활용, 치안 확보 등에 관해 자세히 설정했다.

1. 개전 결정 과정

1) 제국 국책 수행요령(어전회의 의제)

> 이 사료는 1941년 9월 6일 어전회의 의사록으로 어전회의 의제로서 '제국 국책 수행요령(帝國國策隨行要領)'을 결정하는 내용이다. 일본이 '자존자위'를 실행하기 위해 미국(영국, 네덜란드)과의 전쟁을 각오하여 10월 하순까지 전쟁준비를 갖춘다는 내용이지만, 구체적으로는 미국과 영국에 대한 교섭에서 일본이 받아들일 수 있는 최소한도의 요구사항과 일본이 상대방에게 관철시키고자 하는 내용을 결정한 것이다. 별지에서 그 내용을 정리했고, 부록에서 미국이 유럽전쟁에 참전할 경우 삼국동맹에 대한 내용을 일본이 자주적으로 결행할 것을 밝혔다.

1941년 9월 6일 어전회의 결정
제국 국책 수행요령
제국 국책 수행요령 (어전회의 의제)

제국은 현재 급박한 정세, 특히 미국, 영국, 네덜란드 등 각국이 취하고 있는 대일공세, 소련의 정세 및 제국 국력의 탄발성(彈撥性) 등을 감안하여 '정세의 추이에 따른 제국국책요강' 중 남방에 대한 시책을 다음에 의거하여 수행한다.

1. 제국은 자존자위(自存自衛)를 완수하기 위해 대미(영국, 네덜란드) 전쟁에서 물러나지 않을 결의 아래 대략 10월 하순을 목표로 전쟁준비를 완전히 갖춘다.
2. 제국은 다음을 병행하여 미국, 영국에 대한 외교 수단에 진력하여 제국의 요구를 관철시키는 데 힘쓴다.

대미(영) 교섭에서 제국이 달성해야 할 최소한도의 요구사항과 더불어 이와 관련된 제국이 승낙하여 받아들일 수 있는 한도는 별지와 같다.
3. 전호(前號) 외교 교섭에 따라 10월 상순경에 이르러도 우리 요구를 관철시킬 수 있는 전망이 없는 경우에는 곧바로 대미(영국, 네덜란드) 개전을 결의한다.

대남방 이외의 시책은 기정 국책에 기초하여 이를 행하고 특히 미(소)가 대일 연합전선을 결성하지 못하도록 힘쓴다.

별지

대미(영)교섭에서 제국은 달성할 수 있는 최소한도의 요구사항과 더불어 이와 관련하여 제국이 승낙하여 받아들일 수 있는 한도

제1. 대미(영)교섭에서 제국이 달성할 수 있는 최소한도의 요구사항

1. 미국, 영국은 제국의 중일전쟁 처리에 간섭하거나 방해하지 않을 것.
   (가) 제국이 일중기본조약 및 일·만·중 3국 공동선언에 준거하여 중일전쟁을 해결하려는 것을 방해하지 않을 것.
   (나) 버마 공로(公路)를 폐쇄하거나 장제스 정권에 대한 군사적·정치적·경제적 원조를 행하지 않을 것.

> (주) 이는 N공작에서 중일전쟁 처리에 관한 제국 종래의 주장에 저촉되지 않으며 특히 일·중간 새로운 조약에 의한 일본 군대 주둔과 관련해서는 이를 고수한다.
> 다만 중일전쟁 해결과 더불어 중일전쟁 수행을 위해 중국에 파견된 위 군대 이외의 군대는 원칙으로 철퇴할 의사가 있음을 확인하여도 무방하다.
> 중국에서 미·영의 경제활동은 공정한 기초에서 행해지는 한 제한을 두지 않겠다고 확언하여도 무방하다.

2. 미·영은 극동에서 제국의 국방을 위협하는 행위를 하지 않도록 할 것.

(가) 태국, 네덜란드령 동인도, 중국 및 극동(소) 영내에 군사적 권익을 설정하지 않을 것.
(나) 극동에서는 병비를 현상 이상으로 증강시키지 않을 것.

(주) 일·프 간의 조약에 기초하여 일·프랑스령 인도차이나 간의 특수 관계 해소를 요구하는 경우 이를 용인하지 않을 것.

3. 미·영은 제국이 필요로 하는 물자 획득에 협력할 것.
    (가) 제국과의 통상을 회복하고 남·서태평양에서의 양국 영토에서 제국의 자존 상 중요한 물자를 제국에 공급할 것.
    (나) 제국과 태국 및 네덜란드령 동인도와의 경제 제휴에 대해 우호적으로 협력할 것.

제2. 제국이 승낙하여 받아들일 수 있는 한도
제1에 나타난 제국의 요구를 받아들이는 경우에는
1. 제국은 프랑스령 인도차이나를 기지로 하여 중국을 제외한 근접 지역에서 무력 진출을 하지 않을 것.

(주) 소련에 대한 제국의 태도에 관하여 질문해 오는 경우 소련 측에서 일소중립조약을 준수하고 또한 일·만에 대한 위협을 가하는 등 동 조약의 정신에 반하는 행동이 없는 한 우리 측에서 먼저 무력행동을 행하지 않겠다고 응수한다.

2. 제국은 공정한 극동평화 확립 후 프랑스령 인도차이나로부터 철병할 의사가 있다.

3. 제국은 필리핀의 중립을 보장할 의사가 있다.

부록
일·미의 대유럽전쟁 태도는 방호와 자위의 관념에 의해 다뤄져야 하며, 또한 미국이 유럽전쟁에 참전할 경우에는 삼국조약에 대한 일본의 해석 및 이에 동반하는 행동은 전부 자주적으로 이행할 것이다.

(주) 위 삼국조약에 기초한 제국의 의무를 변경하려는 것은 아니다.

2) 참모총장 설명

11월 5일 어전회의에 앞서 천황은 육해군에 대해 전쟁을 수행할 준비에 관해 물었고, 이에 대해 참모총장이 설명한 내용이다. 먼저 남방 여러 나라의 육군 군비에 관해 설명하고, 개전하게 될 경우 그 개전 시기와 남방작전의 전망, 그에 따른 북방 정세를 설명했다.
이 내용은 방위연구소에 C12120186700, C12120205600의 두 개 문서가 있다. 내용이 거의 같으나 C12120186700 문서에는 '4 작전과 외교의 관계'가 있다. 본서에서 번역한 것은 C12120205600 문서임을 밝혀둔다.

참모총장 설명
삼가 필요한 사항을 설명드리겠습니다.

먼저 남방 여러 나라의 육군 군비에 관해 말씀드리겠습니다.
제2차 유럽전쟁의 발발, 일독이(日獨伊) 삼국동맹의 체결, 특히 제국 육해군의 남부 프랑스령 인도차이나 진주 등에 따라, 남방 여러 나라의 육군 군비는 점차 증강되고 있는 중이며, 그 개요를 말씀드리면 말레이는 육군 병력 약 6~7만, 비행기 약 320기, 필리핀은 육군 병력 약 4만 2천, 비행기 약 170기, 네덜란드령 동인도는 육군 병력 약 8만 5천, 비행기 약 300기, 버마는 육군 병력 약 3만 5천, 비행기 약 60기를 보유하고 있으며, 이를 유럽 전쟁 개시 이전과 비교할 때 육군 병력의 경우 말레이는 약 8배, 필리핀은 약 4배, 네덜란드령 동인도는 약 2.5배, 버마는 약 5배로 각각 증가하였고, 현재 이들 여러 나라를 합해서 약 20만입니다. 앞으로 정세에 따라 그 증가율은 더욱 증대될 것으로 예상합니다.

그래서 결국 개전하게 될 경우에는 인도, 호주, 뉴질랜드 등으로부터 증원 병력이 전장에 보내질 것이라고 생각합니다만, 이들 지역에서 현재 보유하고 있는 병력은 인도가 육군 병력이 적어도 약 30만, 비행기 약 200기, 호주가 육군 병력 약 25만, 비행기 약 300기, 뉴질랜드가 육군 병력 약 7만, 비행기 약 150기로 판단하고 있습니다. 이들 각 지역의 군사 부대는 지역에 따라 차이가 있습니다만, 3할 내외의 백인 본국병을 기간(基幹)으로 삼는 토착민 부대로서, 교육 훈련이 충분하지 않고 그 전투 능력은 일반적으로 저열합니다. 단, 열대의 기후 풍토에 익숙해져 있는 것은 고려할 필요가 있습니다. 또 비행기의 전투 능력은 비행기의 성능이 우수하고, 조종사도 비교적 양호하므로, 지상 부대와 달리 가볍게 볼 수 없다고 생각합니다.

다음으로 제국 육군의 현황에 대해 개략적으로 말씀드리겠습니다.

제국 육군은 51사단을 기간(基幹)으로 삼고, 총 병력 약 200만입니다. 그리고 약 15사단은 대 북방병력으로서 관동군 사령관 통솔하에 만주 조선에, 약 24사단은 대 중국 병력으로서 지나파견군 총사령관 통솔하에 중국에 있습니다.

남방작전 병력으로는, 프랑스령 인도차이나에 있는 1사단, 내지와 타이완에서 대기 훈련 중인 약 5사단, 그리고 중국으로부터 전용될 5사단을 합쳐서 약 11사단으로 예정되고, 대명(大命)이 일단 내려지면 즉시 행동에 나설 수 있는 태세에 있습니다.

또한 아래 사항에 대해 설명드리겠습니다.

1. 개전 시기
2. 남방작전의 전망
3. 남방작전에 따른 북방의 정세

1. 개전 시기에 대해

내년 봄이 되면, 소련 국내의 동요는 증대하고, 국력은 더욱 약체화될 뿐 아니라, 극동 소련군이 서쪽으로 움직일 것도 어느 정도 예상되며, 또 독일군의 근동 및 중동 방면 및 영국 본토에 대한 압력 강화도 동반되어, 영국의 동아시아에 대한 지위가 자연스레 약화되고, 또한 미국이 내년 봄까지 독일에 대해 참전하지 않더라도 참전 하는 듯한 태도가 더욱 촉진되는 것 등 독일이 수행하게 될 역할이 동아시아에 미칠 효과는 현재보다도 증대될 것이라고 예상됩니다. 따라서 제국의 미국, 영국, 네덜란드에 대한 개전 시기는 내년 봄까지 연기해도 문제없다고 생각되기도 하지만 작전 측면에서는 매우 불이익이 있으므로, 적극적 작전은 불가능하게 됩니다. 즉, 시일의 경과와 더불어 첫째, 미일 군비의 비율은 점점 불리해지고 특히 항공 군비의 현격한 차이가 급속히 커질 것입니다. 둘째, 필리핀의 방비, 기타 미국의 전비는 급속히 진척될 것이고, 셋째, 미국·영국·네덜란드의 공동 방위 관계는 더욱 긴밀해져서 남방 여러 지역의 종합적 방위력은 급속히 강화될 것입니다. 예를 들면 필리핀, 말레이, 네덜란드령 동인도의 항공 병력은 종합해서 종래 2개월간 1할 이상의 비율로 증가되고 있을 뿐만 아니라, 항공기지 건설도 최근 필리핀에서는 5개소, 말레이에서는 5개소를 정비 중이며, 올해 말까지는 대략 완성될 것이라고 생각됩니다. 또한 필리핀, 말레이의 육군 병력은 점차 증대되고 있고, 특히 말레이에서는 1개월당 4천 명의 비율로 증가하고 있습니다. 넷째, 내년 봄 이후가 되면 계절상 북방에서의 작전 행동이 가능해지므로 일본은 남북 양 방면 동시 전쟁에 직면하게 될 가능성이 커지는 등 매우 불리한 점이 있습니다.

이상의 이유 외에 작전 지역 부근의 기상 관계상 시일을 지연시키는 것이 용납되지 않는 사정도 있으므로 개전 시기는 가능한 한 신속하게 할 필요가 있고, 앞으로 진행시킬 작전 준비가 완료되는대로 신속히 무력을 발동하기 위해 그 시기는 12월 초순으로 정하고자 하는 바입니다.

2. 남방작전의 전망

육군은 남방군 총사령관이 통솔하는 남방군[약 9사단을 기간(基幹)으로 함]을 연합함대와 협동해서, 필리핀 및 말레이에 대한 선제 급습 작전을 동시에 개시하고 신속히 남방 주요 지역을 공략할 것이며, 공략 범위는 필리핀, 영국령 말레이, 버마, 네덜란드령 동인도, 티모르 등입니다.

또한 별도로 지나파견군 일부로 홍콩을 공략합니다.

이상 초기 육군 작전 개요입니다만, 그 주체는 물론 상륙작전이며, 그것도 중국에 대해 행했던 것과는 달리, 적의 잠수함 비행기의 공격을 배제하면서 매우 더운 날씨 아래서 멀리 바다를 건너가서 적이 방비하고 있는 근거지에 대해 행하는 상륙작전이므로 상당한 어려움이 예상됩니다. 하지만 대국적 관점에서 볼 때, 적 측의 전력이 넓은 지역에 걸쳐 바다를 사이에 두고 분산되어 있어서 서로 협동하고 연계하기 어려운 점과, 우리가 급습하는 것에 대해 인도, 호주 등으로부터 신속하게 병력을 증원하기가 상당히 어렵다는 것과 상대적으로 우리는 집결한 전력으로 급습해서 적을 각개 격파하는 것이 가능하므로 예전부터 창의 개선(創意改善)을 더해온 편제 장비, 자재, 전투법 등을 유감없이 활용하고 육해군의 긴밀한 협동을 통해 반드시 성공할 것을 확신하고 있습니다. 상륙 후의 작전은 적과 아군의 편제 장비, 소질, 병력 등으로 볼 때 우리에게 절대적으로 유리하다는 확실한 계산이 나옵니다.

남방 중요 지역에 대한 공략 작전이 일단락된 이후에는 정략과 전략을 활용하여 적의 전의를 상실시키고, 전쟁을 단기간에 종결시키도록 힘쓰겠지만, 전쟁은 아마도 장기간에 걸쳐 진행될 것이라고 예상됩니다. 하지만 적의 군사 근거지, 혹은 항공기지 등을 점령해서 끝까지 확보하고, 해상교통을 확보하는 것과 맞물려 전략상 유리한 태세를 점할 수 있으므로, 여러 가지 수단을 다해서 적이 꾀하는 바를 좌절시킬 수 있다고 생각합니다.

남방작전과 동반한 대소 방위 및 대중국 작전은 대개 현재 태세를 견지함으로써 북방에 대해 불패의 태세를 강화하고, 중국에 대해서는 의연하게 그 목적을 수행하는 데 지장이 없을 것이라고 생각합니다.

3. 남방작전에 따른 북방의 정세

소련 야전군은 독일군에 의해 크고 많은 피해를 입었고, 그 군수 공업 생산력은 볼가강 이서(以西) 지역을 상실하게 되면, 전체 소련 생산력의 24% 정도로 저하될 뿐 아니라, 극동 소련군은 유럽 소련군 증원을 위해 올해 봄 이래 저격 13사단에 상당하는 병력, 전차 약 1,300대, 비행기가 적어도 1,300기 이상 유럽 소련 방면으로 운송되었고, 그 전력은 물심양면으로 저하되고 있습니다. 따라서 관동군이 엄존하고 있는 한 소련이 먼저 적극적으로 공세를 취하는 일은 가능성이 매우 낮다고 생각합니다. 단, 만주와 중국에서 공산당을 이용한 파괴적 공작, 혹은 사상 선전 등의 모략적 공작을 통해 우리를 견제하는 정도의 책동을 할 수는 있다고 봅니다. 하지만 미국이 극동 소련 영토의 일부를 북방에서 일본을 향해 공격하는 거점으로 삼아 비행기지 또는 잠수함 기지로 이용하는 것을 소련에 강요할 수 있는데, 소련으로서는 이를 거부할 수 없으므로 북방으로부터 일부 잠수함 및 비행기 등에 의한 책동을 당할 가능성을 예측해야만 합니다. 따라서 이러한 연유로 상황 추이에 따라서는 일본-소련 사이에 개전이 일어날 가능성이 없다고는 할 수 없습니다. 특히 우리 남방작전이 장기전에 들어가거나 소련의 내부적 안정상태가 회복될 경우에는 극동 소련군이 점차 공세적 자세로 전환해 올 가능성이 있으므로, 일본으로서는 가능한 한 신속하게 남방작전을 해결하고 이에 대처할 만반의 준비를 해야 할 것입니다.

3) 1941년 11월 5일 어전회의 결정 '제국 국책 수행요령'에 관한 대외 조치

> 1941년 11월 5일 어전회의 결의를 통해 일본은 '제국 국책 수행요령'을 결정하고, 무력 발동 시기를 12월 초로 정했다. 다만, 대미 협상이 12월 1일 자정까지 성공할 경우 무력 발동을 중단한다는 조건을 달았다. 그러나 일본은 무력 발동 시기를 정하면서도 외교 교섭을 계속하겠다는 입장을 유지했으며, 이는 전쟁 결의를 감추기 위한 위장전술로도 해석될 수 있다.

국가기밀
1941. 11. 13 어전회의 결정

제국은 현재의 위기를 타개하고 자존자위를 완료하고 대동아의 신질서를 건설하기 위해 미국·영국·네덜란드에 대한 전쟁을 결의하고 다음 조치를 취한다.

    1. 무력 발동 시기를 12월 초로 정하고 육해군은 작전 준비를 완료한다.

2. 대미 교섭은 별지(갑안, 을안)에 따라 이를 실시한다.
3. 독일 및 이탈리아와의 제휴 강화를 꾀한다.
4. 무력 발동 직전 태국과의 사이에 군사적 긴밀 관계를 수립한다.
5. 대미 협상이 12월 1일 자정까지 성공하면 무력 발동을 중단한다.

별지

갑안(甲案)
9월 25일 우리 제안을 다음과 같이 완화한다.

1. 통상 무차별 문제
9월 25일안에서 도저히 타결의 가망이 없을 때에는 '일본국 정부는 무차별 원칙이 전 세계에 적용되는 것에 있어서는 태평양 전 지역 즉 중국에서도 본 원칙이 행해지는 것을 승인한다'고 수정한다.

2. 삼국조약의 해석 및 이행 문제
우리 측에서 자위권의 해석을 남발적으로 확대할 의도가 없음을 더욱 명료하게 하고, 삼국조약의 해석 및 이행에 관해서는 종래 자주 설명하듯이 제국정부가 스스로 결정하는 바에 따라 행동함에 따라 이 점은 이미 미국 측의 양해를 얻은 것으로 생각한다는 취지로 응수한다.

3. 철병문제
본건은 다음과 같이 완화한다.

A. 중국에서의 주병 및 철군
중일전쟁 때문에 중국에 파견된 일본 군대는 중국 북부 및 몽골과 신장의 일정지역 및 하이난도(海南)섬에 관해서는 중일간 평화성립 후 필요기간 주둔할 수 있도록 군대는 평화성립과 동시에 중일간에 따로 정해진 바에 따라 철거를 개시, 치안확립과 함께 2년 이내에 이를 완료해야 한다.

> (주) 필요한 기간에 대해 미국 측에서 질문이 있는 경우는 대략 25년을 목표로 하는 취지로 응수한다.

B. 프랑스령 인도차이나의 군대 주둔 및 철군

일본 정부는 프랑스령 인도차이나의 영토 주권을 존중한다, 실제로 프랑스령 인도차이나도 중국에 파견되어 있는 일본군은 중일전쟁을 해결하거나 공정한 극동평화의 확립에 있어서는 바로 이를 철거해야 하며, 아울러 4원칙에 있어서는 이를 미일간의 정식 타결사항(양해안이나 그 밖의 성명이나 그 밖의 성명이나 불문하고) 안에 포함시키는 것은 최대한 회피한다.

을안(乙案)

1. 미일 양국 정부는 어느 쪽이든 프랑스령 인도차이나 이외의 남동 아세아 및 남태평양 지역에 무력 진출을 하지 않을 것을 다짐한다.
2. 미일 양국 정부는 네덜란드령 동인도에서 필요한 물자의 획득을 보장할 수 있도록 상호 협력한다.
3. 미일 양국 정부는 상호 통상 관계를 자산 동결 전 상태로 복귀해야 하며 미국 정부는 필요한 석유의 대일 공급을 약속한다.
4. 미국 정부는 일지 양국의 평화 노력에 지장을 줄 만한 행동을 취해야 한다.

> [비고]
> 1. 필요에 따라 본 결정이 성립하면 남부 프랑스령 인도차이나에 주둔 중인 일본군은 북부에 이주할 용의와 마찬가지로 중일 간 평화가 성립하거나 태평양 지역에서의 공정한 평화 확립에 있어서는 상기 일본군을 철수해야 한다는 취지를 약속하고 차질 없이 한다.
> 2. 필요에 따라 갑안 안에 포함되는 통상 무차별 대우에 관한 규정 및 삼국 조약의 해석 및 이행에 관한 규정을 추가로 삽입한다.

4) 영·미·네덜란드에 대한 무력 발동 이유 및 전쟁상태 발생에 관한 선언(남양국)(안)

> 이 자료는 외무성 남양국이 개전에 앞서 왜 영국, 미국, 네덜란드와 전쟁을 하는가에 대해 작성한 문서이다. 정확한 작성일자는 알 수 없지만 바로 앞의 문서가 1941년 11월 12일 대본영 정부 연락회의에서 결정되었으므로 이 문서도 그즈음에 작성된 것으로 보인다.
> 전쟁의 이유를 장제스 정권을 지원하는 연합국에 돌리면서 자존자위를 위해 개전하지 않을 수 없다고 밝히고 있다.

영·미·네덜란드 무력 발동의 이유 및 전쟁상태 발생에 관한 선언 (안)

영·미·네덜란드에 대한 무력 발동 후 적당한 시기(예를 들면 우리 군의 필리핀 및 말레이 상륙 또는 네덜란드령 동인도에 대한 무력이 발동될 때)에 다음 요령의 선언을 국내외에 대하여 행할 것임과 더불어 주요국에 대하여 이를 통고하기로 한다.

제국의 생존을 보전하고 대동아의 흥륭을 도모하여 세계 영구 평화 확립에 협력하는 것은 제국 부동의 국책이다.

그런데 중일전쟁이 발발한 이래 영·미외 여러 나라는 온갖 수단을 동원하여 장제스 정권을 원조하여 제국 국책의 수행을 방해할 뿐만 아니라 군사적으로는 일본을 압박하는 태세를 취하고 경제적으로는 일본이 필요로 하는 중요물자의 공급을 저해했다. 특히 이러한 위협에 대한 일본의 방어적 조치인 황군의 남부 프랑스령 인도차이나 진주 이후에는 상호 협동하여 점차 일본에 대한 도발적 태도로 군사적 포위진을 점점 강화함과 동시에 마침내 거의 전면적 경제봉쇄를 실시하기에 이르렀다.

일본은 동아시아 평화유지에 대한 열의에서 평화적 수단에 의해 일본의 생존 및 동아의 안정, 평화에 대한 위협을 제거하기 위해 은인자중하며 긴 시간에 걸쳐 외교 교섭에서 시종 일관 도리를 지켜 이들 여러 나라의 반성을 촉구하고 그 잘못된 길을 시정하고 절충하는 데 힘썼으나 영·미·네덜란드 각국은 동아시아 영구 평화유지에 관한 투철한 인식도 없고 혹은 편견에서 혹은 소승적인 이해타산에서 일본의 진의와 진정한 태도를 이해하지 못하고 제국의 공정한 방책에 협력하는 방도를 취하지 않는다. 도리어 점점 서로 책략을 꾸며 제국의 생존·안전 및 동아의 안정, 정밀, 평화를 위협하는 조치를 강화하기에 이르렀다. 이들 여러 나라에는 세계의 평화 및 인류의 복지를 도모할 성의가 전혀 없음이 명백하였다.

따라서 일본은 자존자위의 필요상 마침내 본의는 아니지만 실력으로 이들 적성국가의 포위진을 돌파하기로 결정하여 영·미에 대하여는 ○월 ○일(아직 미정), 네덜란드에 대해서는 ○월 ○일(아직 미정) 무력을 발동하는 바, 그 병력의 저항에 따라 제국과 영·미와는 ○월 □일 ○시부터 네덜란드와는 ○월 ○일 ○시부터 전쟁상태에 들어가게 된다.

이상과 같이 이번 남방에 대한 무력발동의 목적은 다름 아닌 일본의 생존권 옹호가 그 첫째이다. 적성국가에 의한 장제스 원조 행위를 발본색원하는 것이 두 번째이다. 동아시아 전반의 영구한 평화·안정 및 흥륭이 그 셋째이다. 이처럼 일본은 개국 이후 다년간 돈독하고 화목한 국교를 지켜온 영·미·네덜란드 등과 부득이하게 교전하게 되었으나 이들 각국이 번연히 그 잘못을 고치고 일본의 공정한 주장을 전면적으로 받아들인다면 언제라도 무기를 거둘 의사가 있음을 여기에 선언한다.

2. 동남아시아 점령지 군정 계획안

1) 남방점령지 행정 실시 요령 대본영-정부 연락회의 결정

이 문서는 방위연구소 소장 자료로서 '점령지 행정에 관한 결정철'에 묶여 있던 내용이다. 1941년 11월 20일에 대본영정부연락회의에서 결정한 '남방점령지 행정 실시 요령'은 동남아시아를 점령한 후 그 지역에 어떻게 군정을 실시할지에 대한 기본 골격을 결정했다는 점에서 의의가 있는 문서이다. 이 결정을 토대로 11월 26일에 세부적 계획이 작성되었음을 알 수 있다.

남방점령지 행정 실시 요령
11월 20일 대본영정부연락회의 결정

제1. 방침

점령지에 대해서는 당분간 군정을 실시하여 치안의 회복, 중요국방자원의 신속한 획득 및 작전군의 자활 확보에 공헌한다.

점령지 영역의 최종적 귀속 및 장래 처리에 관해서는 별도로 정하도록 한다.

제2. 요령

1. 군정을 실시할 때는 기존 통치기구를 이용하고 종래의 조직과 민족적 관행을 존중한다.
2. 작전에 지장이 없는 한 점령군은 중요 국방자원의 획득 및 개발을 보존하는 조치를 강구하도록 한다.

   점령지에서 개발 및 취득한 중요 국방자원은 이를 중앙 물동계획에 반영하도록 한다.
   작전군의 현지 자활에 필요한 것은 위 배분계획에 따라 현지에 충당하는 것을 원칙으로 한다.

3. 물자를 일본으로 수송하는 것은 육해군이 원조하고 또 육해군은 그 징용선(徵傭船)을 전폭 활용하도록 힘쓴다.

4. 철도, 선박, 항만, 항공, 통신 및 우편은 점령군에서 관리한다.

5. 점령군은 무역 및 외환 관리를 시행하고 특히 석유, 고무, 주석, '팅스텐', '키나' 등 특수 중요자원이 적에게 유출되는 것을 방지한다.

6. 통화는 가능한 한 종래의 현지 통화를 활용·유통하는 것을 원칙으로 한다. 부득이한 경우에는 외화 표시 군표를 사용한다.

7. 국방자원 취득과 점령군의 현지 자활을 위해 민생에 영향을 미칠 정도의 중압은 이를 숨기도록 하고, 선무상 필요한 요구는 위 목적에 반하지 않는 정도로 한다.

8. 미국, 영국, 네덜란드인에 대한 취급은 군정 실시에 협력하도록 지도하며, 이에 응하지 않는 자는 퇴거 등 기타 적절한 조치를 강구한다.

   추축국인의 현존 권익은 존중하되, 이후 확장하는 것은 되도록 제한한다.

   화교에 대해서는 장제스 정권을 멀리하고 우리 시책에 협력·동조하도록 한다.

   원주민에 대해서는 황군을 믿고 의지하는 관념을 갖도록 지도하며, 조기에 독립하려는 운동을 유발하지 않도록 주의한다.

9. 작전 개시 이후에 새로 진출하는 일본인은 사전에 자질을 엄선하되, 일찍이 이들 지역에 거주했다가 귀국한 사람들이 다시 건너가는 경우를 우선적으로 고려한다.

10. 군정 실시와 관련하여 조치해야 할 사항은 다음과 같다.

(가) 현지 군정에 관한 중요사항은 대본영정부연락회의의 논의를 거쳐 결정한다.

　　　중앙의 결정사항은 육해군에서 각각 현지군에 지시하도록 한다.

(나) 자원의 취득 및 개발에 관한 기획 및 통제는 당분간 기획원을 중심으로 하는 중앙 기관에서 행하도록 한다.

　　　위 결정사항의 실행은 (가)항에 의거하도록 한다.

(다) 프랑스령 인도차이나 및 태국에 대해서는 기정방침에 의거하여 시책한다. 군정을 시행하지 않고 상황이 격변하는 경우의 처치는 별도로 정한다.

[비고]
1. 점령지에 대한 제국시책이 진보하게 되면 군정운영기구를 차차 정부가 설치할 새로운 기구에 통합·조정 또는 이관하도록 한다.

2) 남방작전에 따른 점령지 통치 요강 1941년 11월 25일

개전에 앞서 남방작전의 기본 골격을 정한 사료이다. 전체 8개 항목에 걸쳐 구체적인 내용을 명시했다. 행정에서 경제, 자원, 교통, 원주민 대책에 이르기까지 다양한 내용을 자세하게 지시하는 한편, 표를 통해 동남아시아 각 지역 중요자원의 개발과 취득에 대해 정리했다.

남방작전에 따른 점령지 통치 요강

제1장 총칙

1. 육해작전군 최고지휘관은 상호 긴밀한 연락 아래 각각 그 점령지에 대한 군정을 실시하여 서로 협력하면서 전쟁 목적을 달성하도록 한다.
   점령지 군정 실시에 관한 육해군 중앙협정은 별책과 같다.
2. 군정은 치안의 회복, 중요 국방자원의 신속한 취득을 도모함과 동시에 군 자활의 길을 확보하여 전쟁 목적 달성에 이바지하는 것을 당면 목적으로 한다.
3. 군정 시행에서는 기존의 통치기구를 이용하고, 종래의 조직 및 민족적 관행을 존중하여 운영을 도모하며 군의 부담을 경감시키면서 목적 달성을 도모하도록 한다.
4. 군정에 관한 대강은 작전군 최고지휘관이 통할하여 군사령관은 □작전지역에서 군정의 구체적 실행에 임한다.
5. 군정 시행 대강에 관한 사항은 군 참모부에서 관장하며 이에 기초하여 실시 계획 및 현

지행정기관의 지도에 관한 사항은 군정부가 담당한다.

6. 점령지의 주요 지역에는 특무기관을 배치한다.

특무기관장은 군정부장의 지도를 받아 현지 군정 시행에 임한다.

단 치안 경비에 관해서는 관련 병단장의 지휘를 받도록 한다.

제2장 행정

7. 군정 시행에서는 대강을 파악하여 재래 조직, 관행을 존중하여 민정의 세부에까지 미치는 간섭은 가능한 한 이를 피한다.

8. 전쟁 수행 동안 국방자원 취득과 군의 현지 자활을 위해 민생에 미칠 중압은 최대한도로 이를 숨겨 선무상의 요구에는 이러한 목적에 반하지 않는 한도에 그치도록 한다.

9. 미·영·네덜란드인의 취급은 제국의 시책에 동조하고 군정 실시에 협력하도록 지도하되 이에 응하지 않는 자는 퇴거하거나 기타 적절한 조치를 강구한다.

추축국인의 현존 권익을 존중하되 이후 확장하는 것은 되도록 제한한다.

10. 치안 유지는 군의 지원과 후원 아래 가능한 한 종래의 경찰 및 원주민 군대가 맡도록 지도한다.

11. 민사에 관한 재판은 지방 관헌에 위임하고 군사에 관한 것은 군법으로 다룬다.

제3장 재정, 금융, 통화, 무역

12. 재정·금융 정책은 남방 경략에 의한 제국의 부담을 힘써 경감하고 나아가 경제 전력의 배양에 이바지하는 것을 주안으로 한다.

13. 군 유지에 필요한 경비는 장래 현지에서 조달하는 것을 원칙으로 하도록 지도한다.

14. 재정과 관련해서는 당분간 가능한 한 종래의 제도를 활용·강화하여 세입의 증가를 도모하고 세출은 군의 요구를 절대 우선적으로 고려하도록 한다.

15. 통화는 가능한 한 종래의 현지 통화를 활용 유통시키는 것을 원칙으로 하고, 부득이한 경우에는 외화 표시 군표를 사용한다.

16. 군정 시행 당초부터 무역 및 외환 관리를 실시하며, 특히 석유, 텅스텐, 키나 등 특수 중요자원이 적에게 유출되는 것을 방지하고 경제전 수행을 용이하도록 한다.

제4장 자원의 개발·취득

17. 전쟁 수행에 필요한 중요국방자원의 개발·취득을 촉진할 수 있는 조치를 강구하여 제국의 전쟁 수행 능력 배양을 도모하는 것을 주안으로 한다.
18. 중요자원 취득은 군의 지도 아래 민간업자가 담당하도록 한다.
    이 민간업자의 선정은 중앙에서 관계부서가 협의하여 결정하도록 한다.
19. 압수된 공장, 사업장 중 필요한 것은 당분간 군에서 관리하되 가능한 한 신속하게 민간업자 경영에 위임하도록 한다.
20. 중요자원의 지역별 개발 취득 규모 기준은 별지와 같다.
21. 작전군이 현지에서 개발 또는 취득한 중요국방자원은 중앙 물동계획에 반영하도록 하고, 작전군의 현지 자활에 필요한 것도 위 배분계획에 기초하여 현지에서 충당하는 것을 원칙으로 한다.
22. 물자를 일본에 수송하는 것은 군이 원조하고, 군은 그 징용선을 전폭 활용하도록 힘쓴다.

제5장 교통

23. 철도·선박·항만·항공·통신 및 우정(郵政)은 당분간 군에서 관리한다.

제6장 민족

24. 각지에 이미 거주하는 일본인은 군의 통제하에 통치 및 개발지도에 협력하도록 한다.
    개전 후 새로이 진출할 일본인은 사전에 그 소질을 엄선하되, 일찍이 이들 지방에 거주하다가 귀국한 자들이 재도항하는 데 관해서는 우선적으로 고려한다.
25. 재주 화교에 대해서는 장제스 정권을 멀리하고 우리 시책에 협력·동조하도록 지도하되 이에 응하지 않는 자는 신속히 퇴거시킨다.
26. 원주민의 독립운동을 너무 일찍 유발하지 않도록 하고 각지의 특성에 맞추다가 차츰 우리의 일관된 방침 아래에 통제 지도한다.

제7장 종교

27. 기존 종교는 이를 보호하고 신앙에 기초한 풍습은 가능한 한 존중하며 민심의 안정을

도모하여 우리 시책 교화에 협력하도록 한다.

제8장 선전

28. 원주민족에 대해서는 먼저 황군에 대한 신의(信倚) 관념을 조장하도록 힘써 차차 동아 해방의 진의를 □□하여 우리 작전시책에 협력하도록 하여 자원의 확보, 적대적인 백인 세력을 몰아내는 등에 이용하는 것을 고려한다.

별지

남양 각 지역별 중요자원 개발취득 기준표

지역별	자원명	단위	제1년도 목표	적요(摘要)
필리핀	○망간광	천 톤	50	개발취득목표로 한다.
	○크롬광	〃	50	
	○동광	〃	100	
	△철광	〃	300	취득목표로 한다.
	마닐라삼	〃	75	
	코프라	〃	150	
영국령 말레이	△보크사이트	〃	100	개발취득목표로 한다.
	○망간광	〃	30	
	△철광	〃	500	
	은	〃	10	취득목표로 한다.
	생고무	〃	100	
	코프라	〃	50	
	탄닌 재료	〃	5	
영국령 보르네오	○석유	〃	500	개발취득목표로 한다.

	○석유	〃	600	(네덜란드령 보르네오를 포함함) 개발취득목표로 한다.
	○니켈광	〃	100	
	△보크사이트	〃	200	
	○망간광	〃	20	
네덜란드령 동인도	은	〃	10	취득목표로 한다.
	생고무	〃	100	
	키나 껍질	톤	1,000	
	키니네	〃	100	
	아주까리	천 톤	5	
	탄닌 재료	〃	30	
	코프라	〃	150	
	팜유	〃	30	
	△공업용 소금	〃	10	
	△옥수수	〃	100	

비고: 1. 본 수치는 중요한 것만 조사했다.
     2. 제2년도 이후의 개발취득목표는 당시 상황에 따라 결정한다.
     3. ○ 표시한 것은 특히 본 □□에 구애되지 않고 최대한으로 개발하여 국내에 수송한다.
     4. △ 표시한 것은 배편에 여유가 생기는 경우 증액하는 것으로 한다.

3) 1941년 11월 26일 결정 점령지 군정 실시에 관한 육해군 중앙협정

이 문서는 방위연구소 소장 자료로서 '점령지 군정 실시에 관한 결정철 1941년 11월 ~1943년 3월'에 포함되어 있는 사료이다.

일본군이 개전에 앞서 군정에 관한 기본방침을 결정한 내용으로서 특히 '제2 요령' 중에서 육해군 군정의 담당지역과 역할 분담을 나눈 점에 주의하면서 보자.

점령지 군정 실시에 관한 육해군 중앙협정

1941년 11월 26일 결정

제1. 방침

점령지에서 군정은 1941년 11월 20일 대본영정부연락회의에서 결정한 '남방점령지 행정 실시 요령'에 기초하여 육해군이 협력하여 행하고 전쟁 목적 달성에 공헌하도록 한다.

제2. 요령

1. 중앙은 군정 실시에 관하여 현지에 지시하는 경우 및 현지로부터 보고를 받은 경우에는 긴밀하게 협의 연락을 하도록 한다.
2. 군정에 관한 현지 육해군의 협력은 각 방면마다 주담당, 부담당을 정하여 주담당군에서 군정을 실시하도록 한다.

   전항을 실행하기 위하여 현지 육해군 지휘관은 협의상 필요하다면 연락기관을 둔다.
3. 각 방면의 주담당군 최고지휘관은 부담당군 최고지휘관에 대하여 다음 기본적 사항에 관하여 긴밀하게 연락하도록 한다.
   (1) 점령지에 대한 일반 행정에 관한 사항
   (2) 치안 유지에 관한 사항
   (3) 자원의 취득 및 개설에 관한 사항
   (4) 재정, 금융 및 경제에 관한 사항
   (5) 철도, 항만, 선박, 항공, 통신 및 우정(郵政)에 관한 사항
   (6) 정보선전에 관한 사항
   (7) 적산(敵産) 및 각 시설 및 기타 관리·운영에 관한 사항
4. 군정 실시의 담당 구분은 대체로 다음과 같이 정한다.

   정황에 따라 각 방면의 육해군 최고지휘관 협의상 변경하는 것이 가능하다.
   (1) 육군 주담당 구역 (해군은 부담당으로 한다)

   　　홍콩, 필리핀, 영국령 말레이, 수마트라, 자바, 영국령 보르네오, 버마

(2) 해군 주담당 구역 (육군은 부담당으로 한다)

네덜란드령 보르네오, 셀레베스, 말루쿠 제도, 소순다 열도, 뉴기니, 비스마르크 제도, 괌

(3) 육군 주담당 구역 중 다음 각지에서는 해군에서 근거지를 설정한다.

위 근거지 관계 제시설의 건설 운영 및 거주 급양 등과 관련된 군정에 관한 해군의 요청은 해당 지역 육군 지도관이 극력 충족·실현에 힘쓰는 것으로 한다.

항무의 실시 구분 및 해군 근거지 설정을 위해 필요한 제시설 설치지역의 획정에 관해서는 별도로 중앙 및 현지에서 협정한다.

홍콩, 마닐라, 싱가포르, 페낭, 수라바야, 다바오

위 각 지역 및 '바타비아', '랑군'에서 조선(소형 제외)에 관한 시설 관리 및 운영은 주로 해군이 이를 담당한다.

육해군 소속 선박의 수리에 관한 요청은 해군에서 충족·실현에 힘쓰도록 한다.

(4) 전항 이외 현지 육해군에서 협의상 각각 다른 담당구역 내에서 군사 시설을 설치한 경우 취급은 전항에 준한다.

(5) 기타

(가) 선박 운항에 관한 사항

선박 호위를 필요로 하는 해역에서 운항 통제는 해군이 담당한다.

육군 소속 선박의 운항에 관해서는 현지 육해군 지휘관이 협정한다.

(나) 적산 및 제시설 및 기타 관리·운영에 관한 사항

① 적국 육해군의 고유시설은 각각 소재 육해군에서 관리하는 것을 기본 규칙으로 하고 적국 항공 관계시설에 관해서는 별도로 중앙 및 현지에서 협정한다.

② 기타에 관해서는 (1), (2), (3)의 분담 구분에 준하여 현지 육해군에서 협정하는 것으로 한다. 군용에 필요한 공장 시설, 거주 시설, 창고, 선량(船梁), 잔교(棧橋), 병원, 위생시설 및 현지에서 사용할 수 있는 선주 등에 관해서는 상호 원조 혹은 융통하는 것으로 한다.

(다) 항공 및 통신에 관한 사항

각 점령지와 본국 간 및 점령지 상호 간의 항공 및 통신에 관해서는 별도로 중

앙 및 현지에서 협정한다.

[비고]
1. 작전 협정에 따라 결정된 사항은 본 협정에 의거하여 구속되는 것으로 한다.
2. 압수 나포 선박(대략 500톤 이상을 표준으로 한다)에서 중앙에서 처리 이전하도록 한다.
3. 본 협정은 작전의 추이에 따라 이를 변경 혹은 조정하는 것으로 한다.

4) 남방점령지 군정 실시의 대요

이 문서는 방위연구소 소장 자료(南西-軍政-137)로서 1946년 5월에 제1 복원국(復員局)이 아시아·태평양전쟁기의 '남방작전에 따른 점령지 행정의 개요'를 정리한 것이다.
일본은 패전 후 1945년 12월 1일에 설치되었던 제1 복원성과 제2 복원성을 통합해서 1946년 6월 15일에 복원청을 설치했다. 이 산하에 제1복원국과 제2 복원국을 두었는데 제1 복원국에서 구 육군 관계 업무를, 제2 복원국에서 구 해군 업무를 담당했다. 이 사료가 정리된 것은 복원청 발족 이전으로 보인다.
사료의 내용은 동남아시아를 침략하여 점령한 후 실시할 군정에 관한 것으로, 육군과 해군이 각각 담당 지역을 나누어 통치하며, 물자·경제·교통·통신 지배에 이르는 구체적인 계획을 담고 있다.

1. 군정의 방침

남방작전을 실시하는 것이라 하면 점령지에서 군정을 실시한다는 뜻이다. 어떤 요령에 따라 이를 실시해야 하는지에 관하여 이전부터 참모본부 주무자가 연구 중이었는데, 개전을 피할 수 없는 정세가 되어 1941년 12월 20일 대본영정부연락회의는 위의 참모본부안을 기초로 한 '남방점령지 행정 실시 요령'을 결정하였다. 이에 따라 군정 실시의 방침은 다음 목적을 달성하는 데 있다.

1. 치안 회복
2. 중요 국방자원의 신속한 획득
3. 작전군의 자활 확보

우리나라에서는 과거 전역 및 사태에서 한 부대가 한정된 소지역에 대하여 단기간 군정을 실시한 경험이 없다고는 할 수 없으나 군정다운 군정의 경험은 전무할 뿐만 아니라 남방점령지 처리가 적절한가 아닌가 본 전쟁의 승패를 결정할 수 있는 중대사임에 비추어 볼 때 그 계획 입안에 임해서 면밀하게 만주 및 중국 경영의 실적을 검토함과 동시에 제1차 및 2차 유럽대전의 전례까지도 참조하여 충실히 하는 것을 도모하였다.

연락회의에서 결정되는 각 항목의 실시요령에 관해서는 이하 그 때마다 기록하기로 한다.

2. 육해군의 관계

군정을 실시하는 것은 점령군인 육해군이었다. 그런데 육해군 사이를 규정하지 않으면 중국에서와 같이 상극이 발생한다. 또한 이원적 지도가 행해져 불리함이 적지 않으므로 11월 26일 양군 간에 '점령지 군정실시에 관한 육해군 중앙협정'을 결정하고 현지에서 이에 기초하여 세부 협정을 행하고 상호 협력하여 전쟁 목적 달성에 힘쓰도록 하였다.

1) 중앙에서의 관계
위 협정에 기초한 군정 실시의 담당 구분을 다음과 같이 정하였다.
  (1) 육군 주담당 구역 (해군이 부담당한다)
     홍콩, 필리핀, 영국령 말레이, 수마트라, 자바, 영국령 보르네오, 버마
  (2) 해군 주담당 구역 (육군은 부담당으로 한다)
     네덜란드령 보르네오, 셀레베스, 말루쿠 제도, 소순다 열도, 뉴기니, 비스마르크 제

도, 괌 점령지가 확대됨에 따라 1942년 6월 2일 다음과 같이 추보한다.

해군 주담당 구역에 안다만 제도, 니코바르 제도, 크리스마스섬, 솔로몬 제도, 나우루섬, 바나바섬

이 작전에 따른 점령지 군정에 관하여 같은 날 다음과 같이 추보한다.

군 주담당 구역에 피지 제도, 사모아 제도, 뉴칼레도니아(주요 광산자원 개발은 육해군 공관)

이 작전은 중지되었기 때문에 위 3지역에 대한 군정은 계획과 준비만으로 그쳤다.

또한 중앙에서는 육군성 및 해군성이 협동하여 현지에 대한 중요한 지시 등은 사전에 타군에게 보여 의견을 구하는 등 양군의 시책에 어긋남이 없도록 힘썼다.

2) 현지에서의 관계

현지에서는 주담당군의 자주권을 확립시켜 철저한 일원 지도를 행하여 중국에서의 전철을 밟지 않았다. 그렇다고 해도 군의 현지 자활에 관해서는 다소 마찰이 있었다. 예를 들면 부담당 군부대가 주담당군의 양해 없이 물자를 수집하거나 혹은 규정 이상의 고가로 구매하는 것 등이다.

군정을 실시하지 않는 프랑스령 인도차이나 및 태국에서는 양자가 경쟁하여 물자를 수집한다. 화교에게 어부지리를 점하게 하고, 버마 및 필리핀이 독립한 후에는 저절로 육, 해, 대동아의 삼자 지도가 되었다. 특히 필리핀에서 심한 인플레이션이 급속도로 일어난 원인 중 하나로 육해군의 매입 경쟁이 있었다는 사례에 비추어 보아도 일원적 지도가 필요한 것을 알 수 있다. 필리핀에 관해서는 후술할 것이다.

3. 중앙기구

1) 국가 기구
(1) 연락회의 및 위원회

남방점령지 경영의 중대성에 비추어 보아 그 실시에 국가의 총력을 기울이지 않으면 안 된다. 이를 위해 현지 군정에 관한 중요사항은 대본영정부연락회의의 논의를 거

처 결정한다. 자원의 취득 및 개발에 관한 기획 및 통제는 기획원을 비롯한 중앙 기관에서 필요에 응하여 민간단체 등의 의견까지도 반영하여 심의·입안시키는 것을 관계 대신회의(총리, 외무대신, 대장대신, 육해 각 대신 및 기획원 총재로 이루어짐)에서 결정한다. 그 중요도에 따라 다시금 대본영정부연락회의 또는 각의에서 자문한다. 중앙결정사항은 전부 이를 군중앙부로부터 현지군사령관에 지시하도록 하였다.

기획원을 중심으로 하는 기구로서는 제6위원회가 설치되어 기획원 차장위원장이 되는 위원에 외무, 대장, 육군 및 해군의 각 차관을, 간사에 위 각 성 주무과장을 충당하여 개전 직전부터 이미 활발한 활동을 개시하였다. 당시 내각에는 다수의 위원회가 있었으나 본위원회와 같이 유효하게 운영되고 있는 것은 지극히 드물었다.

(2) 대동아건설심의회

군정에 관한 실무기관은 아니지만 점령지 확대에 따른 대동아건설에 관한 백년대계를 수립하기 위한 자문기관으로서 1942년 5월 내각에서 대동아건설심의회가 설치되어 위원으로 다수의 대신 급 인물을 임명하여 발족하였다. 본 심의회에서는 각종 웅대한 건설안을 답신하였으나 끝내 이를 실시하는 데까지 이르지 못한 채 종전을 맞이한 것은 상당히 유감스럽다.

2) 군 기구

육군에서는 특별 기구를 신설하지 않고 상무로 실시하였다. 즉 육군성 군무국과 참모본부 제1부 등이 중심이 되어 협의 결정한다. 작전도 관련 다수의 중요사항은 대륙지로서 참모본부에서 시달하고 기타 정무사항은 올려서 육군성에서 현지군에게 지시하도록 하였다.

육군성에서는 군무과 전반을 통제하여 산업, 교통, 재무, 위생 등과 관련한 사항은 각각 그 주무 부서에서 군무과와 연락하면서 처리하도록 하였다. 이는 만주 및 중국 처리에 관한 경험에 기초한 결과로 각 국·과가 하청적 관념을 띠지 않고 그 책임을 통감하게 하여 그 의의와 창의를 활용하도록 하기 위한 것이었다. 이러한 방법은 매우 효과가 있었다.

위와 같이 상무에 의하여 처리한다고 하더라도 같은 방침으로 하는 것이 긴요하다는 점에 비추어 볼 때, 군대 구분에 따라 성내에 남방정무부를 두고 부장은 군무국장이 겸무하여 참모본부는 제14, 제15과장, 육군성은 군사, 군무, 전비, 공정, 연료, 교통, 주계, 감사, 위생의 각

과장주사가 된다. 수시로 회의를 개최하여 중요사항을 협의하고 여기에서 결정된 건은 상무기관에서 실시로 옮기는 것으로 하여 큰 수확이 있었다.

남방 경영의 중대성에 비추어 볼 때 국민 전체에게 그 관심을 가지도록 하고 또한 □□에서 남방 경영의 경험을 □기 위해 국내에서 산업, 경제, 교통 통신 등에 유능한 자와 남방관계 국체 등의 담당자 20여 명을 남방정무부로 촉탁하여 그들의 의견을 반영하여 시책을 참고하는 데 공헌하였다.

4. 현지기구

1) 기구 정비의 요지

군정 실시에 임해서는 기존 통치기구를 이용하는데 힘쓰고 종래의 조직 및 민족적 관행을 존중하도록 하였다. 만주 및 중국 경영 실적으로 보더라도 일본인은 일부러 일본식 기구를 정비하여 대일본인적 통치를 행하려는 경향이 있다. 이러한 이민족 통치는 검토를 요하는 바이며, 해당 방식은 많은 경우 실패로 끝났다. 따라서 이번에는 이러한 점에 유의해서 다년간의 경험에서 만들어진 현지의 통치방식을 가능한 한 존중·이용하여 통치하였는데, 일본과 같이 법치 만능주의에 빠지지 않도록 가장 간단한 방법을 채용하는 것으로 하였다.

이상과 같은 방침에 따라 군정을 실시하였으며, 다수의 일본인이 진출하여 점차 일본식 기구가 되었다. 많은 법령규칙을 제정해서 점차 복잡하고 어수선해졌다.

2) 개전 직후

(1) 군 정부

개전 당초 작전이 지향되었던 제14군 필리핀, 제25군 말레이 및 제16군 자바에는 군사령부 편제 내에 군 정부를 세웠다. 당시 구상은 우선 현지인을 통하여 종래 기구를 활용한 행정을 실시하여 일본군이 지도하도록 하며, 이를 위해 인원도 군사령부에 막료 역할을 하는 업무요원으로 문관 25명, 지방행정 지도요원으로 문관 250명, 합계 겨우 250명에 지나지 않다. 군정부내 편성은 군사령관에 일임하되, 중앙에서 제시하는 표준으로는 총무, 산업, 재무, 교통의 4부로 하여 지방행정 지도요원 용법에 대한 어느 정도의 기준도 부여하고 있었다. 그런데 작전에 대해서도 은밀히 협력하게 하기 위해 군정부장은 참모부장을 겸무하며 총무부장에는 대좌, 중좌를 충당했다.

위 3군의 군정관계자는 개전과 동시에 지명되었고, 제14군, 제25군은 1942년 1월 상순, 제16군은 1월 중순 내지를 출발하여 □를 뒤쫓아 포화 세례를 받으면서 점령한 지구에 군정을 실시하였다.

버마 작전이 개시된 1942년 2월 제15군에 군 정부가 설립되었고, 남방군 총사령부에도 남방 군정 전반을 통감하는 데 필요한 인원(약 30명)이 배속되어 위 두 부의 요원은 2월 중순 내지를 출발하였다.

각 군은 점령된 지구에 차차 군정을 실시했는데, 백인은 모두 도피하고 원주민은 행정 능력이 부족해서 할 수 없이 일본인 관리로 충당하려 했지만 인원이 부족하여 다수의 군인 및 종군 또는 현지에서 해방한 일반 일본인으로 충당했다.

총사령부에는 군 정부를 특설하지 않고 참모부 제3과 제1반으로 군정 반을 설치하여 총참모부장 1명이 군정을 담당했다.

(2) 보르네오 수비군

영국령 보르네오는 종래 제25군의 작전 지역이었는데 1942년 4월 보르네오 수비군이 전투준비 명령을 내려 마에다 도시나리(前田利爲) 중장을 사령관으로 하는 수비군사령부가 편성되었다. 군정요원을 포함한 다른 군 정부를 설치하지 않고 가장 가벼운 군정을 실시하기로 했다.

(3) 군정고문

군정에 종사하는 자의 주체는 행정 경험이 있는 문관 및 촉탁 전문가이며, 군정을 효과적으로 수행하기 위해 정치에 조예가 깊은 대신급 인물을 군사령관의 고문으로 각 군에 배속하여 2월 이후 차차 현지에 파견하였다. 그 이름 및 배속군은 다음과 같다.

  총사령관 촉탁 나가타 히데지로(永田秀次郎)
  제14군 촉탁 무라타 쇼조(村田省藏)
  제15군 촉탁 사쿠라이 효고로(桜井兵五郎)
  제16군 촉탁 고다마 히데오(兒玉秀雄)
  사정장관 하야시 규지로(林久治郎)

제25군 촉탁　　　스나다 시게마사(砂田重政)
사정장관　　　　오오쓰카 이세(大塚惟精)
보르네오 수비대　오구리 가즈오(小栗一雄)

오구리 가즈오 외에는 전부 친임관 대우를 받았다.

3) 군정총감부, 군정감부의 신설

군정 진행에 동반하는 각 군의 경험에 의하면 당초 예상과는 반대로 원주민은 한결같이 정치 능력이 없고, 백인 또한 여러 관계상 사용이 곤란해서 행정 지도에서만은 목적을 달성하기 어렵고, 스스로 행정을 실행하지 않을 수 없음을 통감하여 차차 인원을 증가하여 사목과 행정을 실시하되 남방작전의 일단락과 더불어 1942년 6월 남방군 전투준비가 변경되는 것을 계기로 군정에 관한 기구도 확립하도록 하였다. 이것이 군정총감부 및 군정감부의 신설이었다.

(1) 군정총감부

남방군 총사령관은 남방군정을 통감하되 그 사무를 관장하는 기구로서 총사령부에 군정총감부를 신설하여 총감은 총참모장을 겸하며, 총무부장을 소장(대좌)으로 하여 총참모부장을 겸하며 부원 중 약간 명은 군 참모를 겸하도록 하였다.

남방군 군정총감부의 편제는 총무부에만 해당하는 것으로, 다른 부는 현지에 일임하도록 하여 총사령부에서는 다음과 같이 편성했다.

　　총무부
　　산업부
　　재무부
　　교통부 (후에 폐지하고 총무부로 편입)
　　　적산관리부
　　　군정회계감독부

총무부 및 군정회계감독부 이외에는 부장 이하를 전부 문관으로 충당하였다.

(2) 군정감부

각 지구에서 군정 시행의 유임자는 군사령관으로 하되 그 사무를 관장하는 기구로 제14,

제15, 제16, 제25군에 군정감부가 신설되고, 이때 제14군은 총사령관의 예속을 벗어나 중앙 직할이 된다.

보르네오 수비군에는 여전히 군정감부가 설치되지 않았는데, 그 설치방안이 여러 번 중앙에 신청되었지만 종전까지 끝내 설치되지 않았다.

각 군 군정감부의 편제는 총무부에만 해당하며, 다른 군사령관에 일임되었다. 군정감이 군참모장을 겸무한다는 점은 총사령부와 동일하지만 각 군에는 참모부장이 없기 때문에 총무부장은 군 참모를 겸무하였다. 부원 중 약간 명이 참모를 겸무하도록 하는 것도 총군과 동일하다.

각 군은 종래의 조직·기구를 참조하여 현지의 실정에 적합한 편성을 취하여 중앙 및 총군은 이에 간섭하지 않는다. 이하 각 군의 상황을 개설한다.

1) 제25군

쇼난(昭南, 일본령 싱가포르)에 위치하여 말레이 및 수마트라를 관할했다. 군정감부 본부에는 일국의 각성(省)에 상당하는 각부(部)를 설치하고 지방에는 주(州)를 두었다. 주는 전전과 거의 일치하는데 다음과 같다.

① 말레이

쇼난특별시, 조호르, 네그리 샘비란, 말라카, 슬랑오르, 파항, 페라크, 풀라우 피낭, 케다, 트렝가누, 캐란탄

각 주에는 장관 이하 수십 명의 일본인 관리를 배치하였다.

영국 통치 시기에는 싱가포르, 말라카 및 풀라우 피낭은 말레이 총독에 직할하고 파항, 페라크, 트렝가누 및 캐란탄의 4주는 연방을 조직하여 연방정부를 쿠알라룸푸르에 두었다. 그리고 주는 작은 일국을 형성하고 술탄 아래 정부의 각 기관이 있었다. 각 술탄 아래 영국인 고문이 있어 행정을 지도하였다. 즉 간접 통치로 명목을 버리고 실속을 얻은 것이다. 영국의 이러한 말레이 침략사를 보면 당연하다고 할 수 있다. 그렇지만 우리 군은 무력으로 말레이를 점령하였을 뿐만 아니라 치안 및 기타 관계상 당분간 직접 통치하도록 했다.

각 술탄에게는 명예와 봉록과 종교상의 위엄을 부여하여 주 장관의 고문으로 대우하였는데 특별한 불평·불만이 없이 적절히 우리 군에 심복하고 각종 시책에 적극적으로 협

력하였다. 특히 조호르주 술탄이 가장 협력적이며 술탄 중에서도 가장 세력이 있었다.

② 수마트라

네덜란드령 시기와 거의 동일하지만 약간의 변경이 있었다. 구(舊) 네덜란드령이었던 리아우 군도는 쇼난특별시로 편입되었다. 전도(全島)를 다음 10주로 구분했다.

아체, 동해안(동수마트라), 리아우, 타파눌리, 팔렘방, 잠비, 서해안(서수마트라), 벵쿨루, 방카블리통, 람풍

수마트라는 말레이와 달리 네덜란드가 직접 통치하였으며 네덜란드인을 일본인으로 치환한 것에 지나지 않는다. 아체 주 및 동해안 주에는 합계 약 280명의 토후(술탄이라고 칭할 수 있는 자는 수 명에 지나지 않는다)가 있는데 주 장관의 하부 행정기구로 이용하였다.

2) 제16군

자바는 네덜란드령 시대에는 동부, 중부, 서부의 자바성이 있었다. 그 아래에 17주가 있었다.

우리 군은 성을 폐지하고 다음과 같이 구분하였다.

자카르타 특별시, 수라카르타 후지(侯地), 족자카르타 후역, 반텐주 이하 17주

특별시 및 주와 관련해서는 수마트라와 거의 동일하지만 다른 지구에 비하여 한층 원주민의 정도가 어느 정도 양호하고 협력적이므로 주현으로, 이하 행정시관은 전부 원주민에게 일임하였다.

후지에 대해서는 군사령관에 예속한 후의 행정권을 인정하여 지도하기 위해 후지사무국을 설치하고 후지사무국장관을 두어 후의 행정 실시를 지도하게 했다.

군정감부 본부의 기구 지사는 다른 지역과 다소 차이가 있지만 인구가 많고 비교적 문화가 발달한 자바의 기구는 상당히 복잡했다.

3) 보르네오 수비군

사령부 안에 병기, 경리와 더불어 군정 각부를 설치하여 참모장 및 참모가 작전 및 군정을 관장하기 가장 쉽게 운영하였다.

지방은 종래 영국령 북보르네오, 브루나이 왕국, 사라왁 왕국의 세 지방을 다음 다섯 주로 재편하여 직접 통치했다.

동해안, 서해안, 브루나이, 시부, 쿠칭

동해안 및 서해안의 2주는 구 영국령 북보르네오, 시부, 쿠칭의 2주는 대체로 사라왁(구 사라왁 왕국의 술탄은 영국인으로 남방의 유일한 백인 술탄이었는데 개전과 동시에 도망쳤다.)

4) 제15군

버마의 군정은 다른 지역과 달리 행정 지도가 주를 이루었다. 즉 군사령관의 예속하에 바모(Ba Maw)를 장관으로 하는 행정부를 설치하여 장관 아래에 행정 각부가 있어 마치 일국의 내각과 같은 조직으로 행정을 실시하도록 하여 군정감은 군사령관의 의도를 받들어 지도·원조하도록 하였다. 다만 교통·통신 업무는 그 능력에 비추어 우리 군에서 직접 이를 운영하였다.

군정감부 조직은 다른 지역과 대체로 비슷하였으나 지방기구로서는 바세인, 만달레이 및 라시오에 지부를 두어 지방 각 현의 정무를 지도하도록 하였다.

별도로 샨 지방의 군정과 관련하여 샨 주 정청(政廳)을 두어 샨 및 가인의 약 30 토후가 실시하는 행정을 통할하도록 하였다. 샨 주 장관은 사정장관으로 이를 창당하여 군정감에 예속하도록 하였다.

5) 제14군

필리핀 군정도 버마와 동일하게 행정 지도가 주를 이루었다. 즉 군사령관의 예속하에 호르헤 B. 바르가스(Jorge Bartolome Vargas)를 장관으로 하는 행정부를 설치하여 장관 아래 행정 각 부가 있었다. 이에 따라 군정감부는 이를 지도하되 현지인에 대한 행정은 행정부가 실시하도록 하며, 군정감이 직접 실시하는 주요한 것은 일본인 기업의 감독·지도, 일본인과 관련된 건, 자원의 개발, 물자의 환송 및 교통·통신기관의 운영 등이었다.

지방기구로는 다바오 및 세부에 지부를 두어 각각 민다나오 지방 장관 및 비사야 지방 장관을 지도함과 더불어 일본인과 관련된 건 및 물자의 환송업무를 담당하도록 하였다.

4) 말레이 수마트라 분리

제25군은 쇼난에서 말레이 및 수마트라의 수비 및 군정을 □□하였으나 지역의 확대와 교통의 불편으로 시책이 철저하게 이루어지지 못하는 경향이 있었다. 더불어 전반적인 전황이 우리에게 불리해지자 수마트라 방비 강화의 중요성이 더욱 커져 1943년 5월 제25군은 수마트라에 이주하여 말레이는 총군이 직할하게 되었다. 군정 실시를 위해서 새로이 말레이 군정감부가 신설되어 군정감은 남방군 총사령관에 예속되었다. 이에 구 제25군은 인원을 이분하였다. 후에 말레이 군정감은 군정총감에 예속하도록 변경되었다.

5) 군대와 군정과의 관계

군대는 작전·방어에 전념하도록 하고 군정은 문관을 주체로 하는 군정기관을 담당하도록 하는 건과 관련해서 작전은 당초부터 방침을 확립하고 이러한 방침에 의해 준비를 진행해 왔으나 작전 진척이 빨라졌기 때문에 군정기관이 따라갈 수 없었다. 이 사이 잠시 군대가 군정을 담당하였다. 즉 자바에서 동부를 제48사단, 서부를 제2사단이 분담하고 수마트라는 근위사단이 담당하였다. 그렇지만 군정기관 정비와 더불어 자바에서는 1942년 8월 1일 완전히 인도를 마쳤다. 수마트라에서는 이전에 이미 군정기관으로 이양되었지만 드물게 잔존하는 자가 있었고, 일부 무관도 1942년 12월 1일 군대로 철수하는 것을 군정기관이 담당하도록 하였다.

6) 제7방면군의 신설

태평양 방면의 전황이 우리에게 불리해서 필리핀 방비가 더욱 긴급해졌다. 1944년 3월 남방군의 전투준비가 개편되어 제2방면군 및 제14군은 총사령관 예하로 편입되었고, 총사령부는 쇼난에서 마닐라로 이주함과 동시에 쇼난에 새로 제7방면군이 신설되어 제16군, 제25군, 제29군(말레이에 신설) 및 보르네오 수비군을 지휘하게 되었다.

남방군 총사령관은 군정을 통감하고 제7방면 군사령관이 통리하게 되었다. 군정총감부는 폐지되고 그 인원 대부분은 제7방면군 군정감부의 요원이 되었다. 일부는 총사령부에 남아 참모부 제3과의 일반으로 남방 전반의 군정을 통할하였다.

5. 버마 및 필리핀의 독립 및 독립 이후의 정무 지도

약 1년간의 행정부 시기를 거쳐 독립할 자신이 생겼으며 전반적인 전황으로 볼 때 버마 및 필리핀 민중의 더욱 적극적인 협력이 필요한 이상 선결 현안이므로 양국의 독립을 1943년 하반기에 연달아 부여하였다. 즉 버마는 1943년 8월 1일, 필리핀은 10월 4일 민중이

다년간 희망하던 독립이 우리나라의 손에 의해 실행되었다. 버마는 약 100년간, 필리핀은 약 40년간 백인의 질곡 아래 자유를 빼앗겼지만 지금 다시 독립의 광영을 얻은 양 국민은 매우 기뻐하며 일본의 덕을 칭송하고 한층 더 대일협력을 약속하였다. 이하에서는 독립 후에 양국의 실정을 약술할 것이다.

1) 버마

바모가 국가대표 겸 총리대신이 되고 종래 각 부 장관은 대신이 되어 명실공히 자주적 행정을 행하여 대사를 교환하고 공수동맹을 체결하였다.

종래 행정부에 편입되어 지도하던 사람은 특수한 기술자 이외에는 철수하여 총리의 정치고문으로 오가와 고타로(小川鄕太郎), 군사고문으로 사와모토 리키치로(沢本理吉郎) 소장이 편입되어 정치 및 군사 지도를 행하였다. 그러나 국가 혹은 군으로서가 아니라 어디까지나 총리의 고문으로서 개인 자격으로 지도하였다.

군정감부는 폐지되고 인원 중 일부는 귀환, 일부는 다른 군으로 이동, 일부는 잔류하여 참모부 제2과 소속으로 일본인 기업의 감독·지도 등에 종사하였다. 현지 육해군 및 대사 간의 업무담당과 관련해서는 1943년 3월 10일 내각, 육군, 해군, 외무 및 대동아 각 성 간의 합의에 따르는 것으로 하였다.

그 요지는 다음과 같다.

현지에서 제국 측 관헌의 업무 실시 요령은 당분간 대체로 다음과 같이 한다. 버마 정부와의 교섭은 대사를 통하도록 한다.
(1) 대사
　　순 외교
　　제국 상사의 보호와 관련된 사무
　　제국 신민에 대한 사무
　　이·식민, 해외 척식사업과 관련된 사무
　　문화사업에 관한 사무

(2) 해군 최고 지휘관

　　버마국 해군 군비 및 그 용병과 관련된 사항

(3) 육군 최고 지휘관

　　기타 사항

이상 업무를 실시할 때는 상호 관련 사항에 대하여 긴밀히 협의하도록 한다.

위에 따라 실시하되 버마는 해군 병력이 지극히 적고 또한 다른 지역과 차이가 있었다. 실제로 작전 중에는 대체로 육군의 뜻에 따라 운영할 수 있어 제국 측 관헌 간에 상극·마찰이 발생하는 사례는 지극히 드물었다.

버마국은 교통·통신 업무 운영 능력이 없고 또한 작전 중인 관계상 계속 일본군에서 운영하였다.

샨 주 정청은 폐지되어 샨 및 가인은 버마국 총리의 지배를 받게 되었다. 샨 및 가인 주민은 버마인의 지배를 받는 것을 좋아하지 않고 영구히 일본의 통치를 희망하였지만 대승적 견지에서 위와 같이 결정하였다. 다만 이라와디강 동쪽 지구는 태국에 부여하도록 하였다.

2) 필리핀

필리핀은 독립과 함께 공화국이 되어 호세 라우렐(José Paciano Laurel y García)이 대통령이 되었으며, 곧바로 헌법을 발포하였다. 우리나라와 공수동맹을 체결하지 않았다.

(1) 육해군 및 대사간의 업무 분담

현지에서 육해군 및 대사간의 업무 분담과 관련해서는 1943년 6월 26일 내각, 육군, 해군, 외무 및 대동아성 간 합의에 의거하도록 하였다. 그 요지는 다음과 같다.

현지에서 제국 측 관헌의 업무실시 요령은 다음에 의거한다.

① 현재 군에서 실시하는 사항으로 독립 후 제국이 담당할 것은 현지 실정에 즉응하면서 차차 대사가 담당하도록 이행하며 대체로 별지에 따른다.

② 제국 측 관헌이 업무를 실시할 때는 상호 관련 사항에 대하여 긴밀히 협의하도록 한다.

별지

(1) 독립과 함께 이행할 것.

   순 외교

   정무와 관련된 교섭

   제국신민에 대한 사무

   이·식민, 해외척식사업과 관련된 사무

   문화사업에 관한 사무

(2) 독립 후 현지 실정에 맞추어 행할 것이며 신속히 이행할 것.

   직접적으로 군과 관련이 적은 정무사항

(3) 상황이 허용한다면 이행할 것.

   기타 정무 사항

이상과 같이 규정하였으나 종래 관계상 육군의 노력이 단연 강하여 대사관 측으로 이행되지 않았다. 더불어 버마와 달리 해군 병력이 많고 필리핀과 관련된 해군 측의 관심이 상당히 지대하여 물자 조달 등과 관하여서도 (이하 3행 판독 불가)

육군

  상업, 재무, 교통, 육상 영업 등과 관련된 사항

해군

  해상 영업과 관련된 사항

대사관

  기타 사□□□

위와 같이 협정함과 더불어 □□□□□□ 시책에 □□□□□□

(2) 육군 측의 조치

독립과 함께 군정감부를 폐지하고 일부 인원은 귀환하도록 하였지만 대부분이 잔류하여 신필리핀 건설 및 산업개발, 자원 취득에 종사하였다.

군정감부 본부원 대부분이 관리사업부를 조직하여 총무, 광공, 농림, 재무, 해운 등 각부를 설치하여 일본인 기업을 감독·지도함과 동시에 필리핀 정부를 지도하였다.

그 밖에 철도국, 전정국(電政局)이 있었는데 필리핀의 활용 능력을 감안하여 계속 우리 쪽에서 운영하였다. 1944년 여름 이후 필리핀이 전쟁터가 되면서 철도 및 전정국은 각각 철도사령관 및 전신대 장 지도하에 편입되었다.

지방에 대해서는 종래와 동일하게 다바오 및 세부에 지부를 설치함과 더불어 레가스피, 바욤봉 및 투게가라오에도 지부를 설치하여 일본인 기업의 감독·지도 및 물자의 수집 업무를 맡김과 더불어 필리핀의 지방행정기관을 지도하도록 하였다.

필리핀 정부의 지도와 관련해서는 경무, 재정 및 농림 각 고문을 배치하여 신분은 군사령부 소속이지만 시종 필리핀 측에 있어서는 주무대신을 보좌하였다.

버마는 일본 측의 지도를 꺼렸지만 필리핀은 겉으로는 꺼리는 티를 내지 않고 일본 측의 지도에 따랐다.

(3) 총사령부와의 관계

필리핀 독립 당시 제14군은 중앙 직할이었지만 1944년 3월 남방군의 개편과 더불어 필리핀은 다시 총군이 관할하게 되었다. 필리핀에 대한 사항은 총사령관이 관장하는 사항이 되었다.

5월 총사령부가 마닐라로 옮겼는데 제14군에서 정무관계를 인계받아 대체로 현상대로 편성하고 총참모장이 최고 담당자가 되었다. 관리사업부장은 정무를 담당하는 총참모부장을 겸무하였다. 또한 필리핀 정무반을 총사령부 내에 설치하여 총군 정무참모가 그 반장을 겸무하고 작전과의 연락을 담당하도록 하였다.

필리핀을 수비하는 제14군에서 정무 관계를 분리시키는 데는 실패하였다.

작전과 정무 지도를 모두 동일한 군사령관이 담당하는 것은 불합리한 바가 많다. 이는 말레이에서 이미 경험한 바였다.

(4) 경비

경찰관을 통한 경비는 필리핀 측이 담당하였다. 일본군의 필리핀 점령 후 필리핀인 포로를 해방하여 적임자는 경찰관으로 임용하였는데 처음에는 일본에 협조적으로 성실하게 근무하였지만, 동태평양 및 중태평양 방면의 우리 군 전황이 불리해지고 적이 선전하면서 차차 비협조적으로 변하였다. 경찰은 대통령이 행정을 집행하는 힘이므로 이를 육성하기 위해서 군은 매우 신경을 썼으며, 특히 경찰고문을 배치함과 더불어 필리핀 측 경찰관 훈련소에 고문부로서 일본 국내의 경찰관을 편입시켜 훈련에 협력하였다.

대통령은 전국 경찰을 확실히 장악하고 소질을 향상시켜 행정 침투에 이용하기 위해 1944년 8월 전쟁 중 미국·필리핀군 참모장이자 현재 민다나오 지방장관인 파울리노 산토스(Paulino Santos) 장군을 경찰대장으로 기용했다. 우리 쪽에서도 그의 고문으로 헌병 출신이자 현역인 마스오카 겐시치(增岡賢七) 소장을 편입시켜 양자가 협력하여 소질 향상을 도모하도록 했다. 점차 효과가 나타났지만 적이 필리핀에 상륙하자 전부 수포로 돌아갔다.

6. 치안의 확립

치안의 회복과 확립은 방위 및 군정의 기초이므로 군은 많은 어려움을 이기고 목적 달성에 힘썼다. 치안을 확보하기 위해서는 먼저 민심을 파악하여 치안 교란의 원인을 근절함과 동시에 다시 치안을 혼란스럽게 할 기회를 주지 않고 철저하게 토멸하는 것이 중요하였다.

민심 파악을 위해서는 생활을 확보함과 동시에 정신적으로 우대하는 데 힘썼다. 그 결과와 관련해서는 후술한다.

소극적 치안확보 대책으로 경찰력의 정비에 힘을 기울였다. 일본 국내보다 많은 수의 경찰관을 파견하여 현지인 경찰관을 재훈련함과 동시에 경찰서 중 중요한 장소에는 일본인 경찰서장을 충당하였다.

이상의 결과 각 방면 모두 치안이 대체로 양호하였다. 또 각 지역 단위로 개설하고자 한다.

1) 말레이

말레이인은 일본인에 대하여 상당한 호감을 가지고 있어 치안을 혼란스럽게 하는 일이 거의 없었으나 항일 화교(공산당 무리) 세력이 상당하여 중부 산간지방에서는 누차 피해를 입었다. 그들은 양호한 편성 장비를 갖추고 일부는 영국인이 지도하여 무시하기 어려웠다. 그렇지만 군대 및 경찰대의 끊임없는 토벌에 의해 평지 방면에서 피해가 적었고, 전반적으로는 산업개발, 자원의 취득, 교통의 유지 등에 대해 큰 방해가 되지는 않았다.

2) 수마트라

약 1천만의 인도네시아인은 우리에게 호감을 갖고 있으며, 화교 숫자도 적어서 치안이 양호하여 아무리 벽지를 단독으로 여행하더라도 위험을 느끼지 못하였다.

1942년 가을 아체 주에서 일부 회교도가 소요를 일으켰으나 전부 국지적이거나 특이한 자들의 행위로 다른 방면에 아무 영향도 끼치지 않았다.

3) 자바

약 5천만의 인도네시아인은 역시 우리에게 호감을 갖고 있어 혼자 어디를 여행하더라도 위해를 끼친 적이 없었다.

4) 보르네오

원주민은 우리에게 호감을 갖고 있지만 약 20만 명의 화교(전 인구 80만의 4분의 1을 점한다)는 굴복하지 않고 말레이 화교와 기맥을 통해 일부 불령한 행동을 하는 자가 있지만 군정 시행에 큰 방해가 될 정도는 아니었다.

5) 버마

버마인은 우리에게 호감을 갖고 있어 벽지를 혼자 여행하더라도 위험이 없었다. 전황이 우리에게 좋지 않을 때에도 변화가 없었다.

6) 필리핀

우리 군이 필리핀을 점령 이후 필리핀인 포로를 해방하는 등 필리핀 민중은 열광적으로 우리에게 호의를 보였으며, 필리핀의 독립을 허용하자 크게 협력적 태도를 보였다. 그런데 물자 결핍, 물가 앙등에 따른 생활고에 이어 우리 전황이 불리해지고 적이 선전하면서 치안이 차차 불량해졌다. 일반 필리핀인이 우리에게 적의를 보일 뿐 아니라 곳곳에서 우리에 맞서는 비적이 난동을 부려 산업과 교통을 방해했다.

7. 산업개발, 물자 취득

1) 방침
남방점령지의 경제 처리는 다음 방침에 따라 행하였다.

가. 중요 국방자원을 확보하여 우선 대동아전쟁을 충실히 수행하는 것을 주안으로 하며, 남방 특산자원의 독점을 통해 적성국가에 대한 경제 압박을 도모한다.

나. 대동아권 자급체제를 확립하여 신속히 제국 국력의 향상을 도모한다.

다. 남방경제 처리에서는 제국 경제력의 부담을 줄이도록 힘쓴다.

2) 기업형태
기업은 민영을 원칙으로 하였다. 그리고 그 실시에 임해서는 종합개발회사 혹은 공동기업 등의 형식을 채용하지 않고 개별 업자의 열의와 창의를 충분히 발휘하도록 하여 최대의 효과를 발양함과 동시에 적당한 회계·감독을 병용하여 일부 업자의 부당 이득을 억제하도록 지도하였다.

그렇지만 사업의 성질상 민영이 적당하지 않거나 민영으로는 요구를 충족할 수 없는 것이 있었다. 이 경우에는 군이 직영했다. 그 주요 사업은 다음과 같다.

가. 철도·통신의 운영

나. 석유 개발 및 제유

다. 키니네 제조

라. 보드원 광산 개발

마. 빈탄섬 알루미나 공장 건설

바. 쇼난의 목조선 건조

3) 기업자 선정 요령
업자 선정의 적부는 개발의 성과를 좌우하며 나아가 전쟁의 승패에도 영향을 미칠 수 있어 가장 신중을 기하였다. 즉, 군에서만 선정하는 것이 아니라 민간 통제단체 등의 의견을 수렴하여 관련 관청과 협의·결정하였으며, 결정된 것을 군 중앙부에서 현지로 파견하였다.

이에 따라 대체로 적재적소에 배치할 수 있었을 뿐만 아니라 이권문제 등도 일어나지 않아 현지 관헌이 업무를 쉽게 수행할 수 있었다.

4) 물자의 환송

국방 중요자원의 취득 및 환송은 본 작전의 특징상 가장 주의를 기울인 사항이다. 이와 관련해서는 1941년 11월 20일 대본영정부연락회의에서 다음과 같이 규정하였다.

- 작전에 지장이 없는 한 점령군은 중요 국방자원의 획득 및 개발을 촉진할 수 있는 조치를 강구하도록 한다.
- 점령지에서 개발 혹은 취득한 중요국방자원은 중앙의 물동계획에 반영하게 하며, 작전군의 현지 자활에 필요한 것은 위 배분 계획에 기초해서 현지에서 충당하는 것을 원칙으로 한다.
- 물자의 대일 환송은 육해군에서 원조하는데 힘쓰고, 육해군은 그 징용선을 전폭 활용하도록 힘쓰도록 한다.

위 방침에 따라 부대도 크게 협력하여 상당량을 내지로 환송하였다. 이를 수치로 살펴보면 석유가 가장 필요하며 석유 수급의 전망이 개전 결심의 자료가 될 정도였는데, 개전 전 취득 가능 전망은 제1년도 30만 톤, 제2년도 150만 톤이었다. 내지 환송 실적은 1942년도 143만 톤, 1943년도 282만 톤이었다. 이외 현지에서 군민의 수요를 충족하였다.

항공 작전에 필수적인 보크사이트도 1943년도에는 목표량 75만 톤에 대하여 환송 실적 80만 톤, 생고무는 목표량 7만 톤에 대해 실적은 9만 톤이었다. 1943년도 목표량은 합계 100만 톤에 대해 123만 톤의 물자를 환송하여 전력 충실에 크게 기여하였다(필리핀 및 해군지구를 제외).

8. 현지 자활

국내 물자가 빈약해지자 수송로가 길고 멀어져 선박이 부족하였으므로 군이 현지에서 자활하는 것은 승전의 필수조건이었다. 이러한 점을 군대 및 군정기관에서 철저히 해서 당초보다 더욱 힘썼다. 다행히 남방에는 쌀 생산이 많아 지역마다 융통한다면 일본 국내에서 실어 오지 않아도 되었으므로 현지 자활을 크게 달성할 수 있었다.

남방 각 지역에는 원료·자원의 생산이 풍부하였지만 가공 공업은 지극히 적어 수입이 중단된 개전 이후에는 국민생활 필수물자 및 생산용 자재가 차차 부족하여 이에 대한 타개책으로 현지군은 점령 이후 곧바로 계획을 세워 실행에 착수하였다.

1) 자급계획

현지 자활에는 군의 현지자활과 일반 주민의 필수물자 현지 자급이라는 두 가지가 있었다. 군의 현지 자활은 군대에 필요한 병기, 피복, 식량, 의약품, 수요품을 가능한 한 현지에서 생산·취득하려는 것으로서 참모부 및 군의 각 부가 계획하여 철도 부대, 선박 부대, 통신 부대, 병기창, 자동차창, 화물창 등이 실시하여 공장을 복구 혹은 신설하여 생산 증강을 도모하였다.

군정기관은 주로 위의 소재, 군이 필요로 하는 일용품, 일반 주민의 생활필수물자, 개발용 자재 등의 자급을 목적으로 하였다.

1942년 12월에 우선 생활필수물자의 계획생산을 꾀하기 위해 발족해서 이어 1943년 5월 철강, 시멘트, 소다, 화약, 종이, 섬유류 등 20여 품목에 달하는 5개년 계획을 수립하여 현지 공업화를 도모하며 출발하였다.

현지 자급에서는 수송력 관계상 각 지구마다 자급 목적을 달성하는 것이 이상적이었지만 원료 및 설비 관계상 여의치 않아 식량 등 여러 어려움을 극복하며 각 지역마다 자급을 꾀하고 입지조건을 고려하여 적당한 지역에 적당한 산업을 배양하여 남방 전체가 자급 목적을 달성할 수 있도록 구별해서 계획했다. 예를 들면 철강, 소다, 섬유류 등이 그러한 사례이다.

2) 성과

현지에서 공업을 배양하기 위해서는 일본 국내에서 상당한 설비를 옮겨오지 않으면 안 된다. 그런데 당시 일본 국내에서는 여전히 남방은 원료공급지, 일본은 가공지라는 관념이 강하여 선뜻 설비 이전에 동의하지 않았다. 여러 번 중앙과 연락한 결과 그 뜻에는 동의했지만 장비 이전과 같은 것은 하지 않았으며, 더욱이 왕래하는 선박도 줄어들어 남방군의 웅대한 계획도 점차 부득이하게 축소되었다.

한편, 생활필수물자 생산도 뜻대로 진척되지 않아 주민 생활은 차차 궁핍해져 민심 파악에 많은 어려움이 발생하였다. 군의 현지 자급과 민생의 확보, 원료 및 개발용 자재 생산과는 상극을 불러온 것이 많아 목적은 모두 전력(戰力) 충실이었지만, 차일피일하게 되었다. 게다가 내일은 1이라고 해도 내년은 5 또는 10이 되므로 군정의 입장에서는 기초산업 및 민생확보산업에 중점을 두고 힘쓴다 해도 군의 힘에 압박되어 뜻대로 진행되지 않았다. 당시 전황으로 보아도 부득이한 점이 있었다.

9. 각 민족의 취급

1) 원주민

가. 대일 감정

원주민에 대해서는 황군에 대한 믿음을 가질 수 있도록 지도하여 독립운동을 일으키지 못하도록 하였다. 남방의 1억 수천만 명의 원주민은 오랜 세월에 걸친 백인의 질곡에서 해방되고 동아시아의 맹주인 같은 인종 일본인에게 지배당하는 것을 크게 기뻐하여 아이가 부모를 대하는 것과 같고 아우가 형을 대하는 것과 같고 학생이 선생을 대하는 것과 같다. 상심(喪心)에서 벗어나 우리 군에 복종하고 우리 군에서도 이를 사랑해 주는 화기애애한 상황을 보였다.

나. 정치 참여

백인 통치시대에 원주민을 하급관리로 임용한 적은 있었지만, 우리 군정에서는 임용 범위를 확대하여 각 방면에서 원주민의 능력을 활용하였다. 그 상황은 다음과 같다.

말레이에서는 주 정청에서 다수의 원주민 관리를 채용하였을 뿐만 아니라 군정감부 및 주에 자문기관을 설치하여 그들의 의사를 정치에 반영하도록 힘썼다. 말레이에는 각종 민족이 있는데 위원의 과반수는 원주민으로 하였다.

수마트라에서도 거의 말레이와 동일하다.

자바에서는 다른 지역보다 한층 중용하였다. 즉 원주민만으로 만들어진 참의원을 설치하는 이외에도 주 장관에 2명의 원주민을 배당하였다. 그 성적은 대체로 양호하여 적절히 협력하고 제휴하여 새로운 자바 건설에 매진하였다.

보르네오의 원주민은 수준이 낮고 정치적 관심이 없지만 영국 점령기부터 그들을 광범위하게 임용하였다.

다. 독립 부여

인도네시아는 종래 독립에 관한 많은 관심을 가지고 있어 네덜란드 통치기에도 독립운동가가 압박을 받았지만 우리 군이 통치하면서 독립운동은 완전히 자취를 감추었다. 그래도 일본은 이들의 오랜 희망을 충족시켜 더욱 협력하도록 하기 위해 1943년 9월 7일 고이소 구니아키(小磯國昭) 총리가 제85의회에서 동인도 민중에게 머지않아 독립을 부여해야 한다고 안팎에 성명하고 곧바로 준비에 착수했다. 7천만 인도네시아인이 매우 기뻐한 것은 물론이며 더욱 일본에 협력하는 결실을 맺으면서 독립 준비를 했지만 불행히도 그날을 보지 못하고 종전을 맞이하였다.

(1) 원주민에게 미친 영향

불행히도 아시아인이 아시아를 재건하지 못하고 다시금 백인 지배 아래로 돌아갔지만, 대동아전쟁을 통해 민족의식이 고양되었으므로 백인의 통치도 전쟁 이전처럼 쉽지는 않을 것이다. 종래 무기력하게 보이던 인도네시아인과 베트남인이 무기를 들고 백인과 싸운 것을 보아도 명백하다. 이후 다시 백인의 통치 아래로 들어갔다고 해도 종전에 비해 고도의 자치를 부여하거나 독립을 허용하는 등 그들의 지위는 전정 이전에 비해 크게 향상될 것이다. 이는 온전히 대동아전쟁의 덕택으로 일본이 염원하는 바의 일부는 달성하였다고 말할 수 있다.

(2) 화교

화교의 남방 각 지역별 인구는 대체로 다음과 같다.

말레이	240(556)
수마트라	50(1,000)
자바	85(5,000)
북보르네오	20(80)

버마	20(1,600)
프랑스령 인도차이나	45(2,400)
태국	52(1,450)
필리핀	12(1,600)

괄호 안은 총인구, 단위 만 명

이상과 같이 말레이를 제외하고는 총인구에 비해 큰 비율은 아니지만 화교는 상업에 뛰어나고 생활력이 왕성하여 경제적 세력은 예상 이상으로 컸다.

화교에 대해서는 장제스 정권에서 멀어져 우리 시책에 협력, 동조하도록 취급하게 정하였다.

각 지역 모두 화교의 경제력은 무시할 수 없지만 정치력은 내세울 게 없다. 각 정부에서도 정치적으로 화교를 쓰지 않으며, 화교 스스로도 정치보다는 경제를 중시하고 있기 때문이다.

말레이는 화교의 수와 비율이 가장 높으며 특히 도시에서 두드러진다. 싱가포르의 경우 전 인구의 7, 8할을 화교가 점하고 있다고 해도 과언이 아닐 것이다. 따라서 말레이 민족은 화교대책이 중요하고 말레이 군정은 곧 화교대책이라고 말할 수 있다. 말레이 화교는 전쟁 전부터 상당히 반일적이었다. 제25군이 말레이를 점령한 뒤 항일 화교에게 대탄압을 가한 결과 표면으로는 협력하여 5천만 원의 헌납금을 내기도 했지만 내심 비협력적인 자가 적지 않았다.

일반적으로 남양화교는 일본군에게 호감을 갖고 있지 않지만 생존을 위해, 이득을 얻기 위해, 표면적으로 협력하여 일본군이 엄존하고 있는 동안에는 어떤 일도 하지 않았다. 그렇지만 말레이 및 북보르네오의 항일화교는 최후까지 반일행동을 계속하여 우리 시책을 방해하였다.

(3) 적국인

미국, 영국, 네덜란드인 등 적국인에 대해 군정 실시에 협력하도록 지도하였고 이에 응하지 않는 자에 대해서는 퇴거 및 기타 적절한 조치를 강구하기로 정했다.

우리 군의 점령 이후 도망칠 기회를 놓친 이들 적국인을 잠시 그대로 방치했지만, 원주민에게 박해받는 것을 보호하는 한편 첩보를 방지할 목적으로 차차 한 지역 혹은 여러 지역에 수용하여 보호하였다.

자바에서 네덜란드인은 수만 명을 헤아려 처치 곤란했지만 먼저 남자를, 이어 부녀자를 억류하였다.

위와 같이 적국인을 억류했지만 특수한 기술자 등은 계속 사용하여 점령지 건설에 협력하도록 해서 종전까지 변화한 것이 없었다.

10. 통화, 재정, 금융

1) 통화

통화는 현지 통화와 표시한 군표를 재래 통화와 등가로 병용하였다. 군표는 현지 통화와 매우 비슷하여 우리 군이 승전함에 따라 주민에게 호평을 얻어 당초 재래 통화보다 높은 가치로 통용되었다. 그런데 우리 군의 전황이 좋지 않자 결국 군표 가치가 하락하였다. 군표는 후에 남발권(南發券)이 되었지만 일반 주민은 관심이 없었고 아무런 영향 없이 유통되었다.

군비 및 개발자금 방출이 큰 데 반해 물자의 배후가 없고 또한 회수가 의도대로 이루어지지 않아 차차 인플레이션이 일어났다. 물가가 앙등하여 주민은 생활고에 시달렸다. 1944년 5월 말 현재의 통화 유통 정도를 살펴보면 다음과 같다. (단위 100만원)

지역	1944년 5월 말	1943년 5월 말	점령 직전	점령 직전과 현재 대비 증가
말레이	871	411	213	658
수마트라	510	166	75	435
자바	858	615	464	394
북보르네오	33	24	13	20
버마	1,487	446	160	1,327
필리핀	1,174	392	200	974
합계	4,936	2,055	1,125	3,811

1944년도의 팽창이 약 60억 원일 전망으로 1944년도 말 유통 정도는 100억을 돌파할 예상이었다.

이상과 같은 상황으로 인플레이션 방지대책을 군정의 가장 중요한 사항으로 가능한 노력을 기울였지만 큰 효과가 없고 인플레이션은 가속화했다.

위와 같이 대량의 통화를 일본 국내로부터 수송하는 것은 쉬운 일이 아니므로 남방에서 인쇄하도록 하여 자바에서 길더, 달러, 루피를 인쇄했다.

2) 재정

재정 자립을 표면상의 방침으로 하였다. 주요 수입은 조세, 물품세 및 전매수익금이었다.

남방 여러 지역은 종래 농산물 수출이 많아 재정 자립을 이루었을 뿐만 아니라 구 네덜란드령 동인도와 같이 상당 액수를 본국으로 보내었지만 우리 군 점령 후에는 수입이 격감하여 이득이 없어 내지로 환송하는 물자에 따라 가격의 1할 5푼의 세를 부과하고 재정수입으로 삼았다. 그 결과 대체로 자립 목적을 달성할 수 있었지만 오히려 일부는 부족하였다. 부족분은 임시 군사비에서 충당했다.

3) 금융

점령지와 일본 국내 사이의 금융을 차단하여 점령지에서 발생한 폐단이 일본에 미치지 않도록 하였다. 따라서 현지에서 필요한 개발자금은 전부 남방개발금고의 현지 지점 금고에서 빌리고 또한 일본에 대한 송금도 생활자금만으로 한정하여 일정 액수 이상은 허가를 받도록 하였다.

금융기관으로는 남방개발금고, 쇼킨은행(正金銀行), 타이완은행 및 현지 재래은행 중 적성이 없는 것 등을 이용하였다.

11. 교통, 통신

교통·통신 중 철도 및 유선통신은 군정기관에서 직영하고 무선통신은 국제무선으로 운영하도록 했다.

해운은 현지에서 설립된 운항회사로 경영하도록 하고 항만·하역은 현지에서 설립된 항만회사에 배당했다. 운항회사는 남방운항회사 및 각 지구의 운반회사가 있는데 전자는 군정총감의 감독을 받아 각 지역 간 상호 수송을 담당하고, 후자는 각 군정감의 감독하에 국지 수송을 담당하였다.

해상 운송력의 부족은 모든 어려운 실정에 따라 현지에서 목조선을 대량 건조하기로 결정, 1942년도 이후 5년간 100만 톤을 건조할 계획을 수립하여 군정 시책에 중점을 둘 것을 지향하면서 추진하였다. 그 실적을 보면 1942년도는 준비기로 볼 만한 것이 없지만, 1943년도에는 준공 131척(19,500톤) 외에 진수는 218척(32,500톤), 기관 준공 77대를 달성하고, 1944년도에는 선체 1,000척, 기관 1,200대를 목표로 노력했지만 어려움이 많아 상반기 실적은 준공 123척 외에 진수는 282척, 기관은 준공 123대 외에 제작 중인 것이 179대였다. 계획에 비하면 아득히 적었다. 1944년도 하반기 이후는 전황의 영향을 받아 성적이 양호하지 않고 목조선 건조를 위하여 일본에서 업자 다수가 진출하였다.

3. 동남아시아 화교 대책

1) 화교대책요강에 관한 건

> 동남아시아에는 청말부터 많은 화교가 이주해 있었다. 일본군은 동남아시아 화교들이 장제스를 지원하고 있다고 보고 동남아시아 침략 이전부터 화교들에 대한 대책을 강구했다. 1941년 7월 10일에 결정한 '화교대책요강에 관한 건'은 국립공문서관에 보관되어 있는 사료로서 차관회의에서 결정된 내용을 정리한 것이다. 화교 공작의 중점은 태국과 프랑스령 인도차이나에 두었으며, 경제적으로는 유력한 화교와의 연계를 강화하고, 정치적으로는 충칭 국민정부의 화교 공작 조직과 선전을 와해시키는 것을 목표로 삼았다. 또한 이를 선전에도 이용하고자 했다.

통첩안

> (1)
> 1941년 7월 10일 (7월 10일부)
> 내각 서기관장
> 각 성 차관 앞

화교대책요강에 관한 건

화교대책요강이 오늘 차관 회의에서 별지와 같이 결정되었으므로, 실시 방법에 대해 적절히 의논하길 바란다.

(2)
1941년 7월 10일 자
내각 관방 총무과장
기획원 차장
정보국 차장   앞
흥아원 총무장관

화교대책요강에 관한 건

화교대책요강이 오늘 차관회의에서 별지와 같이 결정되었으므로, 귀국(청)과 관계된 사항에 대해 실시 방법에 대해 적절히 의논하길 바라며, 명령에 의해 이 내용을 통첩합니다.

화교대책요강 1941년 7월 10일 결정

1. 방침

중일전쟁 처리에 도움을 주고 제국의 대 남방 정책 수행에 기여하기 위해 동아공영권내에 있는 화교를 이용하고 지도하여 점차 장제스 지원으로부터 이들을 분리함과 동시에, 제국의 동아공영권 수립공작에 협력하게 만들도록, 중앙과 현지가 맥락을 일치시켜 활발하고 적극적으로 대책을 수행한다.

2. 요령

1. 화교 공작의 지역적 중점은 우선 프랑스령 인도차이나, 태국의 화교에 초점을 맞추고, 제국의 세력 신장에 부응하여 점차 다른 지역에 대해서도 강화하도록 한다.
2. 공작에 임해서는 화교 문제의 중점이 경제 문제에 있다는 점을 유념하고, 선전, 정치 및 경제상의 시책을 실시한다. 단 제국 대외 정책과 밀접하게 접합시킴과 동시에 현지의 환경, 화교의 특성, 동향 등에 즉각 적응하여, 시기, 순서, 방법 등 시의 적절하게 조치한다.
3. 중국에 대해서는 현지 공작 촉진상 필요한 정치적 경제적 기본 조건의 확립에 힘씀과 동시에 중국측의 화교 시책이 제국의 화교 시책에 부합할 수 있도록 지도해서, 일원적

시책의 촉진을 기하도록 한다.

4. 시책의 일원성 및 계속성을 유지하기 위해 일본 측 관계 각 기관의 상호 연락을 더 한층 긴밀하게 할 수 있도록 아래와 같은 조치를 강구한다.

　(가) 중앙에서는 협의회를 설치하고, 외무성, 육군성, 해군성, 흥아원, 기타 관계 각 기관의 관계 관료들이 수시로 공작 방침과 방책을 협의하고, 또한 정보 교환을 행하도록 하고, 해당 연락 사무는 외무성이 담당하도록 한다.

　(나) 중국에서는, 국민정부가 행하는 화교 공작에 대한 지도는 난징(南京) 대사관이 담당하고, 그 외는 흥아원 현지기관이 주로 담당하되, 흥아원 현지기관이 존재하지 않는 지역, 그리고 타 기관이 이러한 업무를 담당하는 것이 적당하다고 인정되는 경우에는 관계 각 기관에서 분담 실시하도록 하며, 주요 각 지점에 관계기관과 관계 관료들로 구성된 협의회를 설치하고, 해당 협의회는 남경대사관과 긴밀한 연계를 유지한다.

　(다) 남양에서는 육해군측과 협의한 다음 외무 기관이 이러한 업무를 담당한다.

5. 1939년 6월 21일 관계기관의 협의에 따라 만들어진 결정 「중국에서의 대 화교공작 통제에 관한 건」은 폐지한다.

6. 이 요강에 따라 당분간 실시할 시행 요령은 별지와 같이 정한다.

별지

시책 요령

갑. 중국 방면

　(가) 우리 점거지역, 특히 화교의 고향인 중남부 중국 방면의 정치, 경제에 관해서는 가능한 한 토착민의 자유 활동을 허용하고, 특히 화교 경영 기업 투자 및 송금 등에 대해 편의를 제공해서 화교들이 신 국민정부에 협력할 필요성과 이익을 실감할 수 있도록 조치한다.

　(나) 국민정부로 하여금 교무(僑務) 위원회를 주체로 하는 일련의 공작진을 강화하고, 또한 중앙 지방의 밀접한 연락하에 시책의 통일을 유지하도록 조치한다.

을. 남양 방면

(가) 경제 공작

  1. 우리 측 필요 물자의 획득 및 우리 측과의 거래 관계를 긴밀히 하기 위해, 유력 화교와 연계를 꾀하고, 또한 나아가 현지에서 기업의 일본-중국 제휴 및 점령지에 대한 기업 진출을 촉진한다.

    프랑스령 인도차이나 및 태국에서는 위 목적을 위해 화교 상업단체의 지도 조종, 혹은 신 상업단체의 육성을 꾀한다.

  2. 우리 측 세력권으로 보내는 화교 송금 및 자금 도피에 편의를 제공하기 위해, 신국(信局) 및 은행을 지도하고 정비한다.

(나) 정치 공작

  1. 충칭 국민정부 측의 화교 공작 조직 및 선전의 파괴, 와해를 목적으로 삼아, ① 각 지역 화교 단체의 항쟁 격화, ② 유력 단체의 회유, ③ 충칭측 공작원의 포섭 등을 행함과 함께, ④ 우리 측 공작 단체로 하여금 유력하고 적절한 대 충칭 항쟁을 개시하게 한다.

  2. 우리 측(국민정부를 포함) 공작 조직의 편성 확충을 꾀하기 위해 ① 유력 공작 단체의 결성, ② 공작의 외곽 단체인 학교와 그 밖의 유력 문화단체의 획득 경영 등을 행한다.

  3. 프랑스령 인도차이나, 태국에서는 충칭측 공작에 대항하고, 적극적 태도로 임해서 단호한 지반을 획득하는 것을 목적으로 삼고, 기타 지방에서는 지하 준비 공작에 주안을 둔다.

  4. 프랑스령 인도차이나와 태국에서는, 관헌으로 하여금 배일행위의 철저한 단속을 실시한다.

  5. 국민정부의 공작을 용이하게 하기 위해 외교적 원조를 행한다.

(다) 선전공작

  1. ① 일본의 국력 소개, ② 동아의 해방, ③ 추축국측의 우세, ④ 중경 정권의 내실 및 정책에 대한 비판 등을 주요 제목으로 한다.

  2. 프랑스령 인도차이나, 태국에서는 정세의 진전에 따라 더욱 건설적 선전을 행한다.

  3. 프랑스령 인도차이나 이외의 지역에서는 앞 항목의 ③, ④에 중점을 둔다.

4. 위 목적 달성을 위해 ① 통신망의 확충, ② 신문·잡지·영화의 이용, ③ 라디오 선전, ④ 일본 및 중국 시찰단의 유치 등에 힘쓴다.

참고 극비

중국에서 화교에 대한 공작 통제에 관한 건(1939.6.21 관계기관 회의)
　화교 특히 남양 화교와 장제스 정권과의 연계를 차단하고 장 정권의 항전 능력을 약화시킴과 함께 화교세력, 특히 그 경제적 실력을 이용하고 유도해서, 신 정권 지역에서의 경제 건설을 촉진하기 위해 중앙의 통제에 따른 지도 아래 신속히 실효를 거둘 수 있는 여러 공작을 실시할 필요가 있다는 점에 비추어보아, 흥아원, 외무성, 대장성, 육군성, 해군성, 상공성, 탁무성의 관계기관 연락회의를 수시로 개최해서, 위 회의 결정에 따라 이를 관계기관으로 넘긴 후 현지기관으로 하여금 처리하도록 한다.
　위 연락 회의 운용에 관한 세부 항목은 따로 정한다.

화교 대책 관계기관 연락회의 운용에 관한 세부항목

1. 본 회의는 흥아원, 외무성, 대장성, 육군성, 해군성, 상공성, 탁무성의 주요 과장 및 관계 관원으로 구성하며, 흥아원 정무부장이 이 회의의 사회를 보도록 한다.
참모본부, 군령부, 내각정보부는 수시로 관계 관원들을 본 회의에 출석시키도록 한다.
2. 본 회의에서는 중일전쟁 처리를 목적으로 하는 화교 대책으로서 중국 현지에서 실시해야 할 것들, 즉 중국 신정권을 지도해서 실시해야 할 화교에 대한 여러 공작 및 신 정권 지역에서의 경제 사업들에 대한 화교 자본의 유도에 관한 모든 공작에 대해 심의 결정하는 것을 목적으로 한다.
3. 관계기관에서 앞 항목의 화교 공작에 대해 입안했을 때, 또는 의견을 가지고 있을 때는 흥아원에 대해 본 회의의 개최를 요구하도록 한다.
4. 본 회의에서 결정을 내린 모든 공작의 실시는 흥아원 현지기관이 주체가 되어 이를 행하는데, 흥아원 현지기관이 존재하지 않는 지역이거나, 또는 다른 기관이 이를 담당하는 것이 적당하다고 인정되는 경우에는 관계 각 기관에서 분담 실시하도록 한다.

2) 1942년 2월 14일 화교대책요강

> 이 사료는 방위연구소에 소장된 사료로서 일본이 점령한 후의 화교 대책이다. 화교들이 국민정부에서 이반해서 일본의 전쟁 완수에 동조하도록 하는 동시에 일본의 국방 관련 물자 공급의 배양과 취득 및 공급에 기여하게 하는 것을 주안점으로 삼았다. 이를 통해 화교의 사회적 세력을 점차 통제하여 일본 지도 아래 두도록 하며 점령지 화교 취급의 근본방침이 되는 내용을 규정했다.

화교대책요강
1942. 2. 14
연락회의 결정

1. 방침

화교들이 장제스 정권에서 이반해서 신속히 우리 측 대동아전쟁 완수라는 목적에 적극적으로 동조하고 기여하게 할 수 있도록 정책을 펼친다.

2. 요령

1) 화교 대책은 화교의 재주 지역에 대한 시책을 주로 하고, 우리 측이 파악한 바에 따라 제국 국방 필수물자의 배양, 그리고 취득에 공헌하도록 하는 것을 주안으로 삼는다.

   이를 위해 필요에 따라 적당히 정치적 압력을 가해서 우리 측에 동조하도록 만듦과 동시에 기존의 경제 기능 및 관습을 활용하여 제국의 시책에 적극적으로 협력하도록 지도한다.

   또한 정세의 추이에 따라 화교의 사회적 세력을 점차 통제하는 데 힘쓴다.

2) 점령지에서는 제국의 행정에 귀속 동조시키는 것을 주안점으로 삼고, 화교와 중국 본토와의 경제적 연계는 우리 측 지도 아래 유지하게 하더라도, 중국 본토와의 정치적 연계는 반 장제스 운동 외에는 당분간 이를 차단하는 데 힘쓴다.

3) 프랑스령 인도차이나 및 태국에서의 화교 시책은 우리 측 지도 아래 해당 지역 정부로 하여금 실시하게 하되, 필요에 따라 제국이 직접 이를 행하도록 한다.

4) 국민정부의 대외 화교 시책은 제국의 영도하에 당분간 프랑스령 인도차이나 및 태국에 한정하도록 하고, 민생상 필요한 경제적 연계를 유지하는 것을 주안점으로 삼아 지도하며, 정치, 선전 및 기타 시책은 국민정부 지도상 필요한 한도 내에 그치도록 한다.

단, 태국에서는 태국 정부의 화교 정책과 함께 고려해서, 이것과 동조시키는 것으로 한다.

5) 중국에서 행하는 공작은 필요에 따라 앞 항목의 취지에 부응하도록 실시한다.

6) 공작 지도 담당은

(1) 점령지에서는 각각 그 담당 지역에 따라 육해군이 이를 담당한다.

(2) 프랑스령 인도차이나, 태국에서는 육군, 해군과 협의한 다음 외무성 관헌이 담당하고, 관계 각 기관이 이에 협조한다.

(3) 중국에서는 국민정부가 행하는 화교공작의 지도는 난징 대사관이 담당하고, 그 밖의 일은 흥아원 현지기관이 주로 행하며(주요 각 지점에서는 관계기관 담당관으로 구성하는 협의회를 설치하고, 흥아원 현지기관이 없는 지역에서는 해당 협의회가 행한다.) 난징 대사관과 긴밀한 연계를 유지하도록 한다.

[비고]
1. 점령지에서 화교에 대한 취급은 본 요령에 의거하며, 또한 「점령지 군정실시에 따른 제삼국 권익 처리 요강」에 따라 처리하도록 한다.
2. 종래의 화교 대책 등에 관한 기구 및 방침은 모두 폐지한다.

제3장

동남아시아에 대한
일본의 군사적, 경제적 침략

해제

    일본군은 1941년 12월 8일 미국 하와이 진주만을 기습함과 동시에 필리핀을 공격했으며, 그 1시간 전에 영국령 말레이반도 코타바루에 상륙했다. 즉, 미국에 대한 전쟁에 앞서 영국에 대한 전쟁을 시작한 것이다. 일본군은 동남아시아 공격을 위해 11월 6일 데라우치 히사이치(寺內壽一)를 남방군 총사령관에 임명하고 그 휘하에 제14군, 제15군, 제16군, 제25군을 편성했다.

    한편, 해군에서는 육군과 협동해서 말레이 진공(進攻) 작전을 실시하고, 영국의 동아시아 최대 근거지인 싱가포르를 공략하기 위해 남견(南遣)함대를 편성하여 오자와 지사부로(小沢治三郞) 중장을 사령장관에 임명했다.

    일본이 동남아시아를 침략한 것은 자원 및 쌀 등의 확보에 있었으므로 군정을 통해 동남아 경제를 장악하고자 했다. 일본군은 동남아시아 점령지를 갑과 을로 나누어 통화제도를 달리하는 한편, 경제대책 요강도 별도로 실시했다. 한편, 남방자원에 관해서는 자세한 조사를 통해 산출량을 조사하고, 채유 및 연료 수송에 관해서는 군이 직접 관리했다.

1. 동남아시아에 대한 일본의 군사적 침략

1) 타이완군사령관에게 부여하는 훈련 별책 1941년도 제국육군작전계획 요령

> 일본 육군의 평시 작전계획은 매년 작성되었으며, 이 내용을 각 군에 훈령했는데 이것이 바로 '제국육군작전계획훈령(帝國陸軍作戰計画訓令)'이다. 중국에 대한 작전 중 러시아와 개전하는 경우 및 중국, 미국, 영국 및 네덜란드에 대한 작전 중 러시아와 개전하는 경우를 상정하는 계획은 1941년 처음으로 작성되었다. 어쨌든 이 시기에도 러시아가 주적으로 상정되고 있음을 알 수 있다.

제국육군작전계획훈령 1941년(帝國陸軍作戰計画訓令 昭16)

> 1941년 제국육군작전계획훈령
> 관동군사령관에게 달하는 훈령 외
>
> 관동군사령관에게 전달하는 훈령(생략)
>
> 관동군사령관에 전달하는 훈령 별책
> 1941년도 제국육군작전계획요령
> 1941년도 제국육군작전계획훈령별책
> 1941년도 제국육군작전계획요령

1. 본 책은 중국에 대한 작전 중 러시아와 개전하는 경우 및 중국, 미국, 영국 및 네덜란드에 대한 작전 중 러시아와 개전하는 경우의 작전계획요령을 제시한다.

2장 중국, 미국, 영국 및 네덜란드에 대한 작전 중 러시아와 개전하는 경우의 작전

11. 제국 육군 초기의 작전 목적은 미국, 영국 및 네덜란드에 대해서는 되도록 신속하게 작전 목적을 달성하고, 러시아에 대해서는 초기 만주의 주요 요역을 확보하며 정황이 허락하면 적어도 우수리 방면의 요역을 점령해서 차후의 작전을 준비하고, 그 사이 중국에 대해서는 필요한 지역을 확보한다.
12. 앞 항목의 작전 목적을 달성한 후의 작전은 당시 정황에 따라 다르지만, 대체로 제1장을 준용해서 수행한다.
13. 제국 육군은 러시아와 개전을 고려하는 경우 대체로 제1장의 4개 항목의 조치를 취한다.
14. 제국 육군의 작전 요령은 다음과 같다.
    (1) 필리핀 군도, 영국령 말레이 및 영국령 보르네오, 네덜란드령 인도네시아 제도의 각 요지 및 중요자원 지역을 점령하고 또 홍콩 및 싱가포르를 공략한다.
    (2) 관동군은 극동에 있는 러시아군에 대해 방어태세를 취하고 정황이 허락하면 적을 격파해서 우수리 방면의 요지를 점령한다.
    (3) 일부 병력으로 계절이 허락하면 되도록 신속하게 캄차카의 요지를 점령하고 또 정황이 허락하면 북사할린의 요지를 점령한다.
15. 제국 해군은 되도록 신속하게 적 함대를 격감시켜 극동 러시아령 연해를 제압하고, 정황이 허락하면 우수리 방면의 육군 작전에 협동한다.
16. 조선군 사령관 및 지나파견군 총사령관은 대체로 제1장에서 언급한 임무에 종사한다.
17. 작전 초기 관동군 총사령관의 임무는 다음과 같다.
    (1) 극동에 있는 러시아군에 대해 방어태세를 취하고 정황이 허락하면 우수리 방면의 적을 격파해서 동 방면의 요지를 점령하고 차후의 작전을 준비한다.
    (2) 만주(관동주를 포함)의 방위에 임하며 특히 외몽골 방면에 대해 경계한다.
    (3) 대본영 직속부대 등을 위해 만주에 있는 병참 업무를 관장하거나 원조한다.
18. 관동군 총사령관이 준거해야 하는 작전 계획의 대강은 다음과 같다.
    제1 작전방침-관동군은 극동에 있는 러시아군에 대해 굳게 방어하며 정황이 허락하면 우수리 방면의 적을 격파한다.

제2 작전지도요령-전기-극동에 있는 러시아군에 대해 굳게 방어한다.

　　　　　　　　후기-병력이 증가하고 전력이 충실해지면 우수리 방면의 적을 격파하고 동 방면의 요역을 점령한 다음, 차후의 작전을 준비한다.

제3 병단 구분-전기 관동군의 병단 구분은 대강 다음과 같이 정한다.

　병력 편제는 정황에 따라 다르지만 대체로 〈표 4〉와 같다.

　동방면-제1방면군(약 13개 사단을 기간으로 한다)은 제3군(약 4개 사단을 기간으로 한다), 제5군(약 4개 사단을 기간으로 한다) 및 방면군 직속부대(약 5개 사단 및 기타 부대)로 구성된다.

　북방면-제4군은 약 4개 사단 및 기타 부대로 구성된다.

　서방면-제6군은 약 4개 사단 및 기타 부대로 구성된다. 관동군 직속부대는 약 6개 사단 및 기타 부대로 한다.

제4 작전요령

　(1) 항공작전-항공병단은 작전 초두에 적 항공세력의 격파에 힘쓰고 가능하면 적 교통선 차단을 꾀하는 한편, 주요 지상작전에 직접 협력한다. 단, 제1격의 시기는 대본영 명령에 의한다.

　(2) 전기 작전

　　가. 동방면-제1방면군은 제3군을 이끌고 수이동(綏東) 방면을, 제5군을 이끌고 핑둥(平東) 방면의 요지를 확보해서 차후의 공세를 준비한다. 그 사이 적이 혹시 해당 방면에서 공세로 나오는 경우에는 적절하게 이를 격파한다. 훈춘(琿春) 방면 및 쑹화강(松花江) 하류 방면에 대해서는 각각 일부 병력으로 굳게 지킨다. 정황의 추이에 따라 방면군 직속부대를 필요한 방면에 투입해 작전 수행을 꾀한다.

　　나. 북방면-제4군은 샤오싱안링 방면을 굳게 지킨다.

　　다. 서방면-제6군은 다싱안링 방면을 굳게 지킨다.

　　라. 작전의 추이에 따라 관동군 직속부대를 필요한 방면에 투입해 작전의 수행을 꾀한다.

(3) 후기 작전

　　가. 병력이 증가하고 전력이 충실해지면 제1방면군으로 우수리 방면의 적을 격파하고 해당 방면의 요역을 점령한다. 그 사이 북 및 서방면에서는 샤오싱안링 방면 및 다싱안링 방면을 굳게 지킨다.

　　나. 차후 더욱 북 및 서방면의 적을 격파할 준비를 한다.

　　다. 후기 작전 요령의 세부 사항 및 병단 구분은 당시의 정황에 따라 결정한다.

　　라. 미국, 영국 및 네덜란드에 대한 작전 진척에 따라 관동군으로 증강될 병력은 초기에 적어도 4개 내지는 5개 사단 및 항공부대의 대부분 등으로 예정한다.

제5 작전지역

작전 초기에 관동군 작전지역과 조선군 관구 및 지나파견군 작전지역과의 경계는 부도와 같음.

제6 수송

관동군 수송의 개요는 〈표 5〉, 〈표 6〉과 같다.

내지 및 중국에서 수송된 부대는 일본·만주 국경 또는 만주·중국 국경 통과 또는 만주 항만 도착을 기해 관동군 총사령관 예하로 들어가도록 한다.

2) 데라우치 히사이치(寺内寿一)와 남방군의 활동

데라우치 히사이치(寺内寿一, 1879-1946)

데라우치 히사이치는 데라우치 마사타케(寺内正毅)의 2남 4녀 중 장남으로 태어났다. 아버지에 이어 '원수'가 되어 일본군사상 황족을 제외하고 부자간 2대에 걸쳐 원수가 된 유일한 사례이다. 누이인 사와코(澤子)는 고다마 겐타로(児玉源太郎)의 장남 히데오(児玉秀雄)와 결혼했으며, 히사이치의 장인은 대장성 관료이자 정치가인 도쿠노우 미치마사(得能通昌)로서 일가 모두 화려한 혼맥을 자랑한다.

1899년 육군사관학교 11기, 1909년 육군대학 21기로 졸업하고 오스트리아와 독일에 주재했으며, 1919년 데라우치 마사타케가 사망하자 백작 작위를 세습했다. 1927년부터 1930년까지 조선군 참모장을 역임했으며, 1934년 타이완군 사령관에 취임했다. 1936년 히로타 고우키(広田弘毅) 내각의 육군대신을 지냈으며, 2·26사건 이후 군부대신 현역무관제를 부활시켜 육군대신을 추천하지 않는 방법으로 우가키 가즈시게(宇垣一成) 정권 탄생을 무산시켰다. 데라우치에게 육사 제1기인 우가키는 육군의 대선배였을 뿐 아니라 과거 육군대신 재임시절 데라우치의 예비역 편입을 막아준 은인이었다.

1937년 교육총감을 거쳐 북지나방면군 사령관, 1941년 남방군 총사령관에 임명되었으며 1943년 군부 최고의 지위인 원수에 올랐다. 1945년 일본 패전 후 9월 12일 싱가포르에서 항복문서에 조인했는데, 이때 이미 병석에 있었던 그를 대신해서 예하 제7방면군사령관 이타가키 세이시로(板垣征四郎)가 대리 출석했다. 1946년 6월 12일 구류 중이던 말레이시아의 렝검에서 뇌일혈로 사망했다. 향년 68세였다. 싱가포르 일본인 묘지에 기념묘가 있다.

『원수 데라우치 히사이치(元帥寺内寿一)』(寺内寿一刊行会, 芙蓉書房, 1978)는 데라우치 히사이치 간행회(寺内寿一刊行会)가 엮은 데라우치의 전기이다.

여기서는 데라우치 히사이치의 남방군 총사령관 취임 및 남방군의 구성, 남방군의 전투에 관한 내용 일부만 소개한다.

데라우치 히사이치의 남방군사령관 취임

1941년 6월, 독일은 소련과 개전하기에 이르렀고, 유럽의 전란은 세계전쟁으로 확대되는 움직임을 보이고 있었다. 군사참의관(軍事參議官) 데라우치 대장은 내외의 정세를 깊이 주시하고 있었다.

우리나라는 9월 6일 어전회의에서 「제국국책요강(帝國國策要綱)」을 결정했다. 그 문서에는, '제국은 자존자위를 완전하게 하기 위해 대 미국(영국, 네덜란드) 전쟁을 피하지 않을 결의 아래, 대략 10월 하순을 목표로 하여 전쟁 준비를 완료한다'고 기술되어 있었고, 육해군은 이에 기반하여 남방작전 준비를 진행하고 있었다.

고노에(近衛) 내각은 평화와 개전의 결정을 하지 못한 채 10월 16일 퇴진했고, 다음 날 17일 도조(東條) 내각이 (천황으로부터 전쟁 결정을 원점에서 검토하라는) 백지 환원 지시를 받고 등장했다.

정부 및 대본영은 다시 한번 제국국책수행요령을 검토했고, 11월 1일의 연락회의에서 '자존자위를 완전히 하고 대동아의 신질서를 건설하기 위해 이번에 대 미국, 영국, 네덜란드 전쟁을 결의'했다.

같은 달 4일 군사참의원 참의회(參議會)가 개최되어, 의장 간인노미야 고토히토(閑院宮載仁) 친왕 원수 이하 육해군 군인 도합 19명의 참의관이 출석했는데, 데라우치 대장도 물론 그 가운데 한 명으로 참석했다.

자문 사항은 제국국책수행요령 가운데 국방용병에 관한 건이었으며, 실제 문제로는 전쟁 결의의 가부와 결부된 것이었다. 군사참의원 참의회는 자문사항은 적당하다고 인정하는 결의를 하고 (천황에게) 상주했다.

다음 날 5일 어전회의에서, 「제국국책수행요령(帝國國策遂行要領)」은 원안대로 가결되어, 우리나라의 대 미국, 영국, 네덜란드 전쟁 결의라는 대방침이 확립되었다. 같은 날 오후 스기야마(杉山) 참모총장은 대 미국, 영국, 네덜란드 전쟁에 따른 제국육군작전계획 및 남방 요역 공략 준비에 관한 명령에 대해 상주하고, (천황의) 허가를 요청했다.

11월 6일 육군대장 백작 데라우치 히사이치는 남방군 총사령관에 임명되어, 다음과 같은 칙어를 받았다.

짐은 경에게 위임하니, 남방군 통솔의 임무를 맡긴다. 생각건대 이번의 파병은 참으로 중대하다. 경은 깊이 온 세계의 대세를 생각하여 잘 계획하고, 그 목적 달성에 힘써 더욱더 군의 위신을 나라 안팎에 선양하고, 이로써 짐의 신뢰에 부합하도록 하라.

이날 데라우치 총사령관은 스기야마 참모총장으로부터, 남방 요역 공략 준비에 관한 대명을 전달받았다. 그 임무는 다음과 같았다.

'남방군 총사령관은 해군과 협동해서 주력으로 인도차이나, 남중국, 타이완, 남서제도 및 남양군도 방면에 집중하고, 남방 요역의 공략을 준비할 것'

대본영이 제시한 남방군 총사령관이 준거해야 할 남방군 작전요령에 따르면, 남방작전의 목적은 동아시아에 걸친 미국, 영국, 네덜란드의 주요한 근거지를 박멸하고 남방 요역을 점령하는 것이었다. 그리고 점령해야 할 범위는 필리핀, 영국령 말레이, 네덜란드령 동인도(인도네시아)의 각 요역 및 버마의 일부 등이었다.

6일 남방군의 전투서열이 하달되었고, 데라우치 총사령관의 예하부대와 작전임무는 대략 다음과 같았다.

제14군[군사령관 혼마 마사하루(本間雅晴) 중장]
　　2사단과 1여단을 기간(基幹)으로 필리핀 공략
제15군[군사령관 이다 쇼지로(飯田祥二郎) 중장]
　　2사단으로 버마의 일부 공략
제16군[군사령관 이마무라 히토시(今村均) 중장]
　　1사단과 1여단으로 자바 공략
제25군[군사령관 야마시타 도모유키(山下奉文) 중장]
　　3사단으로 영국령 말레이를 공략
직할부대
　　1사단과 1여단
제3비행집단[스가와라 미치오(菅原道大) 중장]
　　3비행단
제5비행단[오바타 히데요시(小畑英良) 중장]
　　2비행단

그리고 남방군 총사령부에는 총참모장에는, 참모차장으로서 남방작전을 계획했던 쓰카다 오사무(塚田攻) 중장이 전보되었고, 총참모부장 이하 막료진도 이 대작전 수행에 적응할 수 있도록 충실하게 짜여졌다.

데라우치 대장은 미증유의 대작전을 수행하는 데 있어서 은혜로운 칙어를 받았고, 국가 흥망을 건 대전쟁에 총사령관으로서 삼군을 통솔하는 것에 대해 무상한 영광과 무한한 중책을 통감했을 것이다.

　11월 7일 데라우치 남방 총사령관과 야마모토 이소로쿠(山本五十六) 연합함대 사령관 사이에 남방작전에 관한 육해군 현지협정 실시 요령이 결정되었다.

　11월 10일 참모본부에서 군사령관회의가 개최되어 데라우치 대장 이하가 출석해서 참모본부 수뇌부로부터 작전, 정보 등의 설명을 들었다. 이어서 오후 육군성 회의실에서 남방군 예하 각 군사령관이 회동하여 데라우치 총사령관의 훈시, 남방군 명령 제1호의 하달 및 총사령관의 요망사항 등이 제시되었다.

　11월 15일 대본영은 데라우치 총사령관에 대해 '해군과 협동해서 남방 요역을 공략하라'는 대명을 하달했다. 이리하여 남방군의 통수가 발동되어, 예하 각 부대는 작전시작 태세로 점차 나아가고 있었다. [전 대본영 작전참모 이마오카 유타카(今岡豊)]

남방군 구성

개전 시 남방군 전투서열 주요부대 일람표

	남방군 총사령부	사령관	육군대장 데라우치 히사이치(寺内寿一)
남방군	제14군	제14군 사령부 사령관	육군중장 혼마 마사하루(本間雅晴)
		제16사단	
		제48사단	
		제65여단	
		전차 제7연대	
		야전중포병 제1연대, (갑)	
		야전중포병 제8연대 (을)	
		독립구포(臼砲) 제15대대	
		독립중포(重砲) 제9연대(무)	
		야전고사포 제45대대(을)	
		야전고사포 제47대대(을) (1중결)	
		야전고사포 제48대대	
		독립공병 제3연대(갑)	
		독립공병 제21연대(무)	
		제14군 철도대	

남방군	제14군	제14군 통신대	
		제14군 직속 병참부대	
	제15군	제15군 사령부 사령관	육군중장 이다 쇼지로(飯田祥二郞)
		제33사단	
		제55사단(일부결)	
		(제15군 통신대)	
		제15군 직속 병참부대	
	제16군	제16군 사령부 사령관	육군중장 이마무라 히토시(今村均)
		제2사단	
		혼성 제56보병단	
		전차 제8연대	
		야전중포병 제17연대(갑)	
		제18야전방공대 사령부	
		야전고사포 제44대대(을)	
		고사포 제16연대	
		독립공병 제1연대(무)	
		제16군 통신대	
		제16군 직속병참부대	
	제25군	제25군 사령부 사령관	육군중장 야마시타 도모유키(山下奉文)
		근위사단	
		제5사단	
		제18사단	
		(제56사단)	
		제3전차단(전차4개연대 기간)	
		독립산山포병 제3연대	
		야전중포병 제3연대(갑)	
		야전중포병 제18연대(을)	
		야전중포병 제21대대(갑)	
		독립구포臼砲 제14대대	
		제17야전공병대	
		야전고사포 제33대대(을)	
		독립공병 제4연대(갑)	

남방군	제25군	독립공병 제15연대(갑)	
		독립공병 제23연대(무)	
		제25군 철도대	
		제25군 통신대	
		박격 제3대대	
		박격 제5대대	
		제25군 직속병참부대	
	제21사단		
	독립혼성 제21여단		
	독립혼성 제4연대		
	제3철도부		
	남방군 통신대		
	(남방군 헌병대)		
	제3비행집단	제3비행집단 사령부 장	육군중장 스가와라 미치오(菅原道大)
		제3비행단	비행 제59전대(전투)
			비행 제27전대(경폭)
			비행 제75전대(경폭)
			비행 제90전대(경폭)
		제7비행단	비행 제64전대(전투)
			비행 제12전대(중폭)
			비행 제60전대(중폭)
			비행 제98전대(중폭)
		제12비행단	비행 제1전대(전투)
			비행 제11전대(전투)
			비행 제81전대(사정司偵)
			제15 독립비행대(사정司偵)
	제5비행집단	제5비행집단 사령부 장	육군중장 오바타 히데요시(小畑英良)
		제4비행단	비행 제50전대(전투)
			비행 제8전대(사정司偵, 경폭)
			비행 제16전대(경폭)
			비행 제40전대(중폭)
		제10비행단	독립비행 제70중대(사정司偵)

			비행 제77중대 (사정司偵)
남방군	제5비행집단	제10비행단	비행 제31전대 (경폭)
			비행 제62전대 (중폭)
		독립비행 제76중대(사정司偵)	
	제10 독립비행대 (군정軍偵, 직협直協)		
	제21 독립비행대(전투, 경폭)		
	제83 독립비행대 (군정軍偵, 직협直協)		
	제7 수송비행대(수송)		
	남방군 직속병참부대		

비고: 괄호를 붙인 부대는 11월 27일 大陸命제574호에 의해 추가된 것이다.

제1장 전기(서전緖戰) 작전

서전(緖戰)기의 데라우치 남방군 총사령관

1941년, 11월 25일, 데라우치 대장은 도쿄 출발, 우지나(宇品)에서 스와마루(諏訪丸)로 26일 출항, 30일 타이베이 도착, 12월 3일 비행기로 하이난섬(海南島) 싼야(三亞)로 비행하여 제25군 선견병단(先遣兵團)을 환송할 예정이었으나 기후 탓에 중지되어, 4일 타이베이에서 사이공으로 비행해서, 여기에 남방군 총사령부를 설치했다.

한편 미일교섭은 11월 26일, 헐 노트(Hull Note)에 의해 결렬되고, 12월 1일의 어전회의에 의해 정부의 의사는 개전으로 결정되었다. 이에 따라 대본영은 남방군 총사령관에 대해, '12월 X일 진공(進攻) 작전을 개시할 것'이라는 대명(大命)을 내리고, 다음 날 2일 'X일은 12월 8일로 한다'고 지시했다.

화살은 마침내 활을 떠났다. 남방군은 길고 먼 대 도양(渡洋) 작전을 감행하고, 8일 새벽부터 전투를 개시했다.

남방군으로서 가장 중시했던 것이 25군의 말레이반도 코타바루, 송클라 등에 대한 기습 상륙작전이었는데, 이는 훌륭하게 성공했고, 데라우치 대장도 안도감에 가슴을 쓸어내렸다.

이 방면 항공작전도 개전 제1일차에 큰 전과를 거두었다.

10일에는 해군 항공대가 영국 군함 2척을 잡아내고, 제해권을 획득했다. 영국 동양의 아성 싱가포르의 공략을 목적으로 하는 제25군은, 쾌속 진격을 계속하여 말레이반도를 따라 남하해서, 연말에는 주력이 에포 부근으로, 일부 병력이 쿠안탄 부근으로 진출했다.

제14군은 12월 10일 일부 병력으로 루손섬 북부에 상륙했고, 주력은 22일 링가옌만에, 24일 라몬만에 각각 상륙해서, 일거에 마닐라를 향해 진공(進攻)해서, 1월 2일 전투를 치르지도 않고 점령했다. 적의 주력은 바타안반도로 후퇴했지만, 남방군도 제14군도 판단을 잘 못하여, 필리핀작전은 이미 종료되었다고 생각해서 전략 병단(兵團)을 다른 목적으로 전용할 것을 시달했다. 그리고 자바작전을 1월 예정보다 앞당겨 실시하기로 했다.

가와구치 지대(支隊)는 12월 16일 영국령 보르네오의 미리를 점령했다.

제25군은 1월 11일, 적의 저항을 받는 일도 없이 쿠알라룸푸르를 점령했다. 싱가포르 공략은, 남방작전의 초점이며, 이 난공불락의 요새를 솜씨 좋게 공략하는 것에 전력을 기울였다. 파죽지세로 공격을 계속하는 제25군은 1월 말에는 조호르 수로를 건너 일제히 싱가포르 섬에 상륙해서, 역전분투(力戰奮鬪) 끝에 이 섬을 15일 공략했고, 여기서 남방 요충지 공략은 큰 고비를 넘겼다. 대본영정부연락회의에서는 이 섬을 쇼난도(昭南島)라 명명했다. 16일 데라우치 총사령관에 대해 "멀리까지 진격해서 번개처럼 여러 곳을 공격하여 적을 치고, 신속히 싱가포르를 잘 공략해서 동아시아의 영국 근거지를 박멸했다"라는 칭찬의 칙어를 (천황이) 내리셨다.

제14군은 1월 하순부터 바타안반도의 본 진지를 공격했지만, 견고한 적의 기지를 돌파할 수 없었고, 2월 10일 태세를 정리해서 후일을 기약하고자 했지만, 남방군은 공격 속행을 희망했고, 혼마 군사령관은 "총사령관 각하께 큰 폐를 끼쳐서 참으로 부끄럽기 짝이 없다"라는 사죄 전보를 보냈다.

버마 방면의 작전은 2월 9일 남방군이 제15군에 대해 중부 버마를 점령하라는 명령을 내렸기 때문에, 2월 10일 땅뤼강을 건너 3월 8일 랑군을 점령하고, 북진을 준비하기에 이르렀다.

당초 계획이 예상 이상으로 진척되자 자바 공략을 1개월 앞당겨 제16군은 2월 18일 깜라인만을 출항하여 곧바로 남하해서 3월 1일 주력은 서부 자바, 일부는 수라바야 방면의 상륙에 성공했다. 이날 연합군 함대와 우리 함대 사이에 수라바야해전과 바타비야해전이 일어나, 남서 태평양 방면 적 함대 주력을 거의 전멸시켰다.

상륙 부대는 쾌조의 진격으로 3월 5일 바타비야를, 8일 수라바야를 점령했고, 9일 네덜란드령 동인도군 사령관이 완전 항복함으로써 자바 전 영토의 공략은 마무리되었다. 10일 남방군 총사령관에 대해 칭찬의 칙어를 (천황이) 내리셨다.

남방군은 바타안 공략을 우선하는 안으로 지도하고, 병력을 증강해서 공략하는 것으로 정해, 종래 지작전(支作戰), 조정(助政) 방면이라고 생각하고 있었던 제14군은 4개 사단을 기간으로 한 병력으로 본격적으로 필리핀 전 지역을 공략하게 하고, 3월 18일 제2기 작전계획을 수립했다.

제14군은 4월 3일부터 바타안반도의 공략을 재개하여 9일 조직적인 저항을 제압하고, 11일 완전히 점령했다. 그리고 계속해서 코레히도르 요새를 함락시키고, 5월 7일 전면 무조건 항복을 얻어냈다. 이날 데라우치 대장에 대해 동아시아의 미군 근거지를 박멸한 것을 칭찬하는 칙어를 (천황이) 내리셨다.

제15군은 랑군 점령 후 중부 버마에 대한 작전을 실시하고, 5월 1일 적의 저항을 겪지 않고 만달레이를 점령했고, 더 멀리 진격해서 인도 및 중국과의 국경 요충지역을 점령해서, 5월 18일 남방군에 대해 "(제15)군은 적군 주력을 격멸하고, 버마 전 영토를 확보했다"고 보고했다.

이보다 전인 5월 11일 버마 공략에 따라 데라우치 대장에 대해, 대 중국 보급로 차단을 칭찬하는 칙어를 (천황이) 내리셨다.

데라우치 남방군 총사령관은 남방 요충지역 공략의 대명을 받들고 나서 반 년 만에 명령이 내려진 요충지역을 점령했다. 이것은 원래 천황의 위광 아래 장병이 분투한 결과라고 할 만한 것이지만, 총사령관이 잘 통솔한 결과물이기도 하며, 서전(緒戰)에서 예상 이상의 전과를 올릴 수 있었다. 무인이 원래 바라는 바가 이보다 더 큰 것은 없을 것이다.[이마오카 유타카(今岡豊)]

해군 무관의 수기. 서전(緒戰)기의 데라우치 총사령관

데라사키 류지(寺崎隆治)

[말레이작전과 코타바루 상륙작전] 대동아전쟁은 일본이 미국, 영국, 네덜란드, 중국을 상대

로 해서 싸운 대전쟁이었다. 중앙에서는 국방방침, 건군의 역사, 전통, 병술(兵術) 사상 등의 차이도 있었고, 육해군 사이에 작전 계획, 군비, 자재의 할당 등에 대해 자주 의견의 대립이 있었다. 하지만 남방작전에 관해서는 현지 육해군간에 약간의 문제는 있었지만, 대체로 원활하게 진행되어, 전쟁 전체를 통해 모범적인 사례였다고 생각한다. 이는 남방군 총사령관 데라우치 원수의 인격, 통솔력에 비롯된 부분이 매우 컸다고 생각한다.

나는 대동아전쟁의 풍운이 급격히 일어나던 1941년 10월 1일, 해군성 군무국 국원에서 남견(南遣)함대 참모(작전주임)에 임명되어 당시 프랑스령 인도차이나 사이공(현재의 호치민)에 정박하고 있던 기함 가시이(香椎)에 부임했다. 사령장관은 오자와 지사부로(小沢治三郎) 중장이었다. 9월 초 내정 사실을 알고 있었기 때문에, 9월 10일부터 13일까지 해군대학교에서 치러진 연합함대의 남방작전에 관한 도상훈련에 참가했고, 남견함대의 임무가 육군과 협동해서 말레이 진공작전을 실시하고, 영국의 동아시아 최대 근거지인 싱가포르를 공략하는 것이라는 점을 알게 되었다.

어쨌든 1909년에 제정된 제국국방방침에 따라, 해군 제1의 가상 적국은 미국(육군은 러시아)이라 정해졌고, 이후 해군은 시종일관 개전 직후 육군과 협동해서 필리핀을 공략하고, 다음으로 진출해 올 것이라 예상되는 미국 함대를 일본 근해에서 맞이해 싸우고, 이를 물리치는 것만을 생각해서 전비를 갖추고 맹훈련을 진행해 왔다. 그렇지만 이번 전쟁에서는 미국, 영국, 네덜란드, 중국에 대한 동시작전으로 필리핀, 영국령 말레이, 싱가포르, 수마트라, 보르네오, 술라웨시, 자바, 티모르, 홍콩, 괌, 웨이크, 비스마르크제도 등을 점령하게 되었으므로 쉬운 일이 아니었다.

한편 군령부는 10월 20일, 야마모토(山本) 연합함대 사령장관의 굽히지 않는 결의를 받아들여 여태까지 반대해 왔던 진주만 공격에 대해 나가노 군령부 총장이 마침내 동의했고, 예전부터 참모본부와 협의해 왔던 해군에 관한 남방작전계획을 내정했다.

남방작전을 크게 구분하면, 말레이작전, (싱가포르 공략이 주 목적인) 필리핀작전, 네덜란드령 동인도작전의 세 가지로 구분된다. 그 목적은 남방 지역을 점령해서 석유, 고무, 주석 및 그 밖의 자원을 확보하고, 지구전 태세를 갖추는 데 있었다. 야마모토 연합함대 사령장관이 개전 초기 진주만 공격을 계획했던 것도 우선 미국 함대 주력을 격파해서, 안심하고 남방작전을 실시하여 그 자원을 확보하려는 의도였다.

남방작전 가운데 육군이 가장 중시했던 것은 말레이작전이었다. 최고사령부의 남방군은 물론이고, 제25군, 제3비행집단, 예하 각 부대의 진용, 병기, 항공기, 장비, 소형함, 수송선 등은 모두 가장 우수한 것들을 갖추어 개전시 총사령부가 사이공에 진출한 것도 말레이작전을 가장 중시했기 때문이다.

개전하기 전, 말레이작전에 관한 중앙협정에서 가장 문제가 되었던 것이 코타바루 상륙작전 문제였다.

당시 사이공에 머무르면서 말레이작전 계획을 짜고 있던 제25군 참모 쓰지 마사노부(辻政信) 중좌는 10월 20일, 22일 직접 육군 정찰기에 타고 송클라, 파타니, 코타바루 등을 상공에서 은밀히 정찰했다. 그 결과 송클라 부근의 태국 비행장은 빈약하고, 영국령 말레이의 동북쪽 끝에 있는 코타바루 공군기지를 제압하지 않는 한, 송클라 방면에 대한 상륙작전은 곤란하다고 참모본부에 보고했다.

10월 하순, 「남방작전에 관한 중앙협정」에 대한 협의가 참모본부와 군령부 사이에서 개시되었다.

참모본부는 앞서 밝힌 대로 말레이작전을 가장 중시하여, 다른 어떠한 작전보다도 우선해서 이 작전을 개시할 것, 그리고 개전 초기 코타바루 상륙작전을 결행할 것을 강하게 주장했다.

참모본부와 군령부 양자 간 협의 결과, 말레이작전을 진주만 공격과 동시에 작전 개시하는 것으로 타협했다. 하지만 코타바루 상륙작전에 대해서는, 참모본부가 이 상륙작전은 말레이작전 전체의 성패를 좌우하는 중대한 작전이라 말하며, 강력히 실시하자고 주장했던 데 반해, 군령부는 진주만 공격, 필리핀작전을 동시에 실시하기 위해 남견함대에 충당할 해상 병력 및 항공 병력이 충분하지 않으므로, 코타바루 상륙작전을 개전과 동시에 실행하는 것은 불가능하다고 주장해서, 코타바루 상륙작전 문제를 둘러싸고 중앙협정은 난항을 겪었고, 쉽게 타결되지 않았다.

10월 29일이 되자, 군령부가 양보해서 "선견병단(先遣兵團)이 상륙한 다음, 호위 및 항공기지 정비 상황이 이를 허락하는 경우에 한해, 가능한 신속히 일부 병력을 코타바루에 상륙시키고, 항공 기지를 점령하고 정비한다. 단 상황에 따라 관계 지휘관 협의를 거쳐, 소수의 부대로 선견병단 주력이 상륙함과 동시에 급습 상륙할 수 있다"라는 정도로 타협하여, 결국 중앙협정이 성립했다. '관계 지휘관 협의를 거쳐'라고 쓰여 있는 것은, 작전 실행에 있어서 연합함대와 남방군 사이에 그리고 그 예하의 육해군 지휘관 사이에서 코타바루 동시 상륙 결행에 합의한 경우에는 대본영이 굳이 반대하지는 않겠다는 의미였다.

이 중앙협정에 기반해서 11월 8일부터 10일까지, 육군대학교에서 남방작전에 대한 남방군 총사령관 데라우치 히사이치 대장과 연합함대 사령장관 야마모토 이소로쿠(山本五十六) 대장 간의 협정이 행해졌다. 당시 남견함대 사령장관 오자와 지사부로 중장은 작전지(프랑스령 인도차이나)에 머무르고 있었기 때문에 참모장 사와다 도라오(澤田虎夫) 소장과 데라사키 참모가 이 협정에 입회했다.

이 협정에서도 코타바루 상륙이 가장 문제가 되어, 결국 야마모토 사령장관의 결단에 의해 "상륙 문제는 현지에서 오자와가 잘 결정할 것이므로, 거기에 따라주길 바란다"는 발언이 나왔고, "상황에 따라 코타바루에 대해서도 급습 상륙을 통해 작전을 개시한다. 선견병단이 코타바루에 상륙할 일시에 관해서는 기상 및 적의 방비 상황 등을 고려하여, 해군 말레이부대 지휘관(오자와 중장)과 제25군 사령관[야마시타 도모유키(山下奉文) 중장] 간에 협의하여 결정한다"라는 내용의 협정이 11월 10일 성립했다. 데라우치 총사령관이 싱글벙글 미소짓던 표정이 지금도 눈앞에 선하다.

결국, 코타바루 동시 상륙은 제25군이 실시를 강하게 희망하고 있기 때문에, 이 문제는 남견함대 사령장관의 결단에 일임되는 형태가 되었다.

군령부도 매우 우려했으며, 11월 17일 현지에 참모 미요 가즈나리(三代一就) 중좌(항공작전 주임), 가쵸(華頂) 소좌(대 영국 작전주임, 황족 출신)를 파견해서, 오자와 장관에게 무리해서 코타바루 동시 상륙을 시행하지 않도록 다음과 같은 내용을 전달했다.

"육군은 코타바루 비행장에 가까운 해안에 일부 병력을 상륙시켜서 속히 비행장을 점령하여 적이 사용하지 못하게 막고 아군이 사용하고 싶다고 한다. 해군으로서는 적이 바다와 육지에 걸쳐 방비를 엄중하게 하고 있으므로, 기뢰를 해체하고 잠수함을 소탕할 필요가 있으며, 적 항공기의 반격도 예상되니 상륙작전이 곤란하다고 판단하고 있고, 따라서 송클라, 파타니 방면으로 상륙해서 우선 적 항공병력을 격파해야 한다."

이 내용을 전달받은 오자와 장관은 "그것은 미요 자네의 의견인가?"라고 물었고, 미요는 "저만의 의견이 아닙니다. 작전부의 의견입니다"라고 대답했다.

오자와 장관은 답변하지 않다가 다음 날인 11월 18일 남견함대 사령장관과 제25군 사령관 사이의 협정에서 육군의 강력한 요청을 듣고 담담하게 "요청대로 코타바루 상륙작전을 받아들이겠습니다"라고 대답, 극적으로 협정이 성립했다. 쓰지 참모가 오자와 제독을 '전투의 신'이라고 칭하고 존경했던 것도 이 협정 이후의 일이었다.

야마시타 군사령관은 11월 18일 일지에, '18:00 협정 완료. 필승의 신념이 서다. 날씨는 청명하고 정신은 상쾌하다. 원만히 양자 모두 어떠한 불만도 없이 끝났다'라고 기록했다. 또한 남방군 참모 아라오 오키카쓰(荒尾興功) 중좌는 그 일기에 당시의 양상을 다음과 같이 기록하고 있다.

(1) 1941년 11월 8일, 연합함대 제2함대의 막료와 개전할 경우 남방군과 맺을 협정에 대해 예비 준비를 했다. 말레이 방면 작전에 대해서는 코타바루 상륙 협정이 난관 중의 난관이다. 아마도 함대로서는 상황의 추이를 보고, 비상한 결의를 하지 않는 한 결행할 수 없기 때문일 것이다. 연합함대 선임 참모 구로시마(黑島) 대좌가 "오자와 장관이라면 결행할 것이다"라고 강력히 설명했기 때문에, "코타바루 상륙에 관해서는 야마시타 제25군 사령관과 오자와 남견함대 사령장관의 소신에 일임한다"라는 협정 문안으로 낙착되었다.

(2) 이리하여 11월 10일 오전 12시 30분부터, 데라우치 총사령관은 남방군과 야마모토 연합함대 사령장관, 그리고 곤도(近藤) 제2함대 사령장관 사이에서 역사적 육해군 협정에 서명했다.

(3) 11월 23일, 제25군, 제15군, 제3비행집단에 명령이 전달된 후, 남견함대 사령장관 오자와 중장을 기함 가시이(香椎)로 방문했다. 오자와 장관의 자신 있는 모습을 보고, 참으로 강한 인상을 받았다.

(4) 11월 30일 오전 8시, 지룽(基隆)항에 데라우치 총사령관을 맞이하여 작전 준비의 현황을 보고했다. 그 내용 가운데 "특히 해군과의 협동은 긴밀하고 양호해서 흠잡을 데가 없음. 또한 오자와 남견함대 사령장관의 자신 있는 태도에 대해서는 깊이 신뢰하고 있음"

오자와 장관은 해군 부내 최고 전술가, 전략가로 정평이 나 있었고, '주력함의 야간 전투 참가', '제2함대를 야간 작전부대로 편성 교체', '항공 함대의 편성' 등을 제창해서 실현시켰으며, 또 제1항공전대 사령관, 제3전대(고속전함) 사령관으로서 야마모토 연합함대 사령장관의 오른팔로서 그 신뢰가 특히 두터웠다. 1941년 4월 야마모토 장관에 대해 "미일 간에 개전하게 되면, 종래 우리 해군이 생각하고 있던 바와 같이 본토 근해에서 적 함대를 맞이해 싸워서 전쟁을 결정짓는 일은 일어나지 않을 것입니다. 반드시 국지전(섬에서 섬으로 옮겨가는 양상)이 연속되는 작전이 될 것입니다"라고 진언했고, 야마모토 장관도 동감하는 뜻을 표하고 "우리 군의 함대 훈련에 반영하도록 하라"고 지시할 정도였다.

나구모(南雲) 장관이 진주만 공격을 주저하고 있는 모습을 보고, 오자와로 교대할까 하는 말을 한 적도 있다고 한다.

오자와 장관이 담담하게 코타바루 상륙 실시를 결단한 이유는 다음과 같았다.

(1) 제25군이 송클라, 파타니 등 태국 영토에 상륙해도 쓰지 참모의 정찰에 따르면, 그 부근에는 상륙 직후 사용할 수 있는 비행장이 없다. 또 말레이 전격 작전을 기획하고 있는 제25군이, 말레이 서해안의 외길을 따라 남하하기만 해서는 작전 수행에 무리가 있다. 일부 병력을 코타바루에 상륙시켜 동서 호응하는 형태로 말레이반도를 따라 남하해 진격하는 것이 타당하다.

(2) 코타바루 공군기지가 활동하고 있는 한 상륙작전, 이후의 호위작전, 해상작전의 실시는 어렵다.

(3) 싱가포르 방면에 있는 영국 함대는, 적을 발견하면 반드시 싸운다는 영국 해군의 전통에 철저하므로, 코타바루에 손을 대면 반드시 달려올 것이 틀림없다. 그렇게 생각한다면, 우리 함대가 이들을 격멸시킬 수 있는 좋은 기회가 있다.

(4) 상륙 지역에 대한 우리 수송 선단의 상륙 방위는 제3비행집단의 협력을 얻으면 된다. 또 해상 호위 병력의 부족은 북방의 호위 병력을 줄여서 코타바루 방면 병력에 보충하면 된다.

(5) 코타바루 상륙에 사용할 수송선은 18노트 이상 속력을 낼 수 있는 우수선을 동원하고, 정박 후 신속하게 상륙작전을 실행한 뒤 해 뜨기 전 1일 파타니 방면으로 대피하며, 야간에 다시 상륙지로 들어가서 상륙 작업을 속행, 피해를 최소화한다. 단 방비가 엄중

한 적전상륙(敵前上陸)이므로, 수송선 1, 2척의 침몰이나 상륙 부대에 상당한 손해가 나올 것은 미리 각오해야만 한다.

(6) 개전 초기의 기습이므로 계획, 준비를 주도면밀하게 한다면 성공할 수 있다.

당시 연합함대로부터 받은 병력은 다음과 같으며, 11월 26일까지 차례로 하이난섬 싼야로 집결하고, 작전 계획의 설명과 육해군 각 부대 간의 세부 협정을 협의했을 뿐, 단 한 번의 훈련이나 도상훈련도 실시하지 못한 채 12월 4일 싼야를 출격해서 작전 행동을 개시했던 것도 함대 전 장병이 오자와 장관을 신뢰했고 그의 통솔력이 뛰어났기 때문이었다.

남견함대에 충당된 병력은 함정 60척, 항공기 195기였다. 오자와 장관은 육상 항공부대를 사이공, 츠도우무, 속짱에 전개하여 적 함대의 수색, 정찰, 공격에 대비했다. 또한 말레이 동쪽 해역에 잠수함 12척을 배치하고, 기뢰 잠수함 2척을 이용해 싱가포르 동쪽 수로에 기뢰를 부설했으며, 별도로 기뢰 부설선 2척을 동원하여 주요 해협에도 기뢰를 설치했다. 주력 부대는 수송 선단을 호위하면서, 적 함대가 출현할 경우 즉시 결집할 수 있는 태세를 갖추었다. 병력 가운데 중순양함 조카이(鳥海)와 가노야(鹿屋) 항공대(중 공격기 36기)는 오자와 장관이 야마모토 연합함대 사령관에 요청해서 특별히 증파된 것으로, 조카이는 기함으로 전 함대를 진두지휘했고, 가노야 항공대는 프린스 오브 웨일즈, 리펄스 격침에 크게 공헌했다.

기함 중순양함 조카이(鳥海), 가시이(香椎), 시무슈(占守, 오자와 장관 직접 통솔)

제7함대[사령관 구리타 다케오(栗田健男) 소장]

중순양함 구마노(熊野), 스즈야(鈴谷), 모가미(最上), 미쿠마(三隈)

제3수뢰전대[사령관 하시모토 신타로(橋本信太郎) 소장]

기함 경순양함 센다이(川内)

제11구축대[특형 구축함 후부키(吹雪), 시라쿠모(白雲), 하쓰유키(初雪)]

제12구축대[특형 구축함 무라쿠모(叢雲), 시노노메(東雲), 시라쿠모(白雲)]

제19구축대[특형 구축함 이소나미(磯波), 우라나미(浦波), 시키나미(敷浪), 아야나미(綾波)]

제20구축대[특형 구축함 아마기리(天霧), 아사기리(朝霧), 유기리(夕霧), 사기리(狹霧)]

제4잠수전대[사령관 요시토미 세쓰조(吉富説三) 소장]

기함 경순양함 기누(鬼怒)

제18잠수대(伊53, 伊54, 伊55)

제19잠수대(伊56, 伊57, 伊58)

제5잠수전대[사령관 다이고 다다시게(醍醐忠重) 소장]

기함 유라(由良)

제28잠수대(伊59, 伊60)

제29잠수대(伊62, 伊64)

제30잠수대(伊65, 伊66)

제6잠수전대 제 9잠수대(기뢰부설 伊123, 伊124)

기뢰부설함[다쓰미야마루(辰宮丸), 조사마루(長沙丸)]

제22항공전대[사령관 마쓰나가 사다이치(松永貞市) 소장]

원산(元山) 항공대(中공격기 36기)

비호로(美幌) 항공대(中공격기 36기)

가노야(鹿屋) 항공대(中공격기 36기)

제23항공전대의 일부(전투기 39기, 육상 정찰기 6기)

제12항공전대[사령관 이마무라 오사무(今村脩) 소장]

가미카와마루(神川丸)(수상 정찰기 9기)

산요마루(山陽丸)(수상 정찰기 8기)

사가라마루(相良丸)(수상 정찰기 6기)

중순양함 조카이(鳥海), 구마노(熊野), 스즈야(鈴谷), 모가미(最上), 미쿠마(三隈), 수상기 15

경순양함 센다이(川內), 유라(由良), 기누(鬼怒), 수상기 4

제9 특별근거지대[사령관 히라오카 구메이치(平岡粂一) 소장]

하쓰다카(初鷹), 제 1소해(掃海)대[1, 2, 3, 4, 5, 6호 소해정(掃海艇)]

제11구잠대(驅潛隊)[7, 8, 9호 구잠정(驅潛艇)]

제10 특별근거지대[사령관 오쿠 신이치(奧信一) 소장]

통신대, 육전대 등

부속, 공작함 아사히(朝日), 병원선 아사히마루(朝日丸), 무로토(室戶), 보급함 5척

이상 합계 함선 60척

　　항공기 195기

　　데라우치 사령관은 남방작전을 지휘하기 위해 11월 25일 기차로 도쿄역을 출발, 26일 스와마루(諏訪丸)로 우지나(宇品) 출발, 30일 지룽(基隆) 도착, 아라오(荒尾) 참모로부터 현지 보고를 받은 뒤, 대본영에 군 기밀전보로 '준비 완료, 특히 해군과의 협동 긴밀 양호하여 흠잡을 데 없음'이라고 타전했다. 그리고 곧바로 타이베이 도착, 12월 3일 비행기로 하이난섬 싼야(三亞)로 날아가서 제25군 선견병단이 싼야를 출발하는 것을 환송할 예정이었으나, 공교롭게도 기상 불량으로 인해 중지, 4일 타이베이에서 비행기로 사이공에 사령부를 이전했다.

　　12월 4일 오자와 함대는, 제25군 선견병단이 승선한 수송선단 27척을 호위해서, 예정대로 싼야를 출발, 6일 프랑스령 인도차이나 남단의 카모곶 앞바다에서 영국 비행기 2기와 접촉했지만, 적은 수송선단이 방콕 방면으로 향하는 것이라고 오판했기 때문에, 선견병단은 아무런 적의 저항을 받지 않고 각 상륙지점에 도착하여 8일 새벽에 기습 상륙에 성공했다. 그중 가장 장렬했던 곳은 코타바루 상륙이었다.

　　다쿠미(佗美) 지대(支隊)를 태운 수송 선단 아와지산마루(淡路山丸), 아야토산마루(綾戸山丸), 사쿠라마루(佐倉丸)는 제3 수뢰전대 주력(기함 및 2개 구축대)의 호위하에 7일 23:55 상륙지에 도착하여 강풍, 높은 파도를 무릅쓰고 범수(泛水) 작업을 개시했고, 8일 00:45, 범수 작업 종료, 01:35 제1차 상륙부대 발진, 해안에서 적의 맹렬한 기관총 포화를 덮어쓰고 높은 파도를 헤쳐, 큰 손해를 입었지만 02:15 제1회 상륙에 성공했다. 03:30경부터 코타바루 비행장으로부터 적기가 이륙해서 우리 수송 선단에 때때로 공격을 가했고, 각 선박에 폭탄이 명중해서 아와지산마루는 큰 화재가 일어났고, 피해가 심각(항해 불능, 12일 침몰)했다. 아야토산마루, 사쿠라마루는 06:20 닻을 올리고 출발하여 일단 파타니 방면으로 후퇴했으며, 9일 01:30 상륙지에 되돌아와 양륙작업을 재개했다. 다쿠미지대는 용감하게 전투에 임해서 마침내 8일 21:30, 코타바루 비행장 동쪽에 침입했다.

　　본 작전의 손해는

　　상륙용 주정(舟艇) 침몰, 특대 2, 대발(大發) 6, 소발(小發) 7

상륙용 주정 손상, 장갑정 1, 대발 3, 소발 7

상륙작업대, 전사 47, 부상 135

보병연대의 사상자 약 700

수송선 침몰, 아와지산마루, 손상 아야토산마루, 사쿠라마루

데라우치 총사령관은 개전 초기 가장 중요한 작전인 코타바루 상륙 성공을 상당히 기뻐하는 듯, 12월 9일 다쿠미지대 및 협동 부대에 대해 먼저 전보를 보내 표창장을 전달하고 다음으로 13일 고급 부관 기쿠치 사부로 대좌를 비행기로 코타바루에 파견해서 표창장을 수여했다.

이것은 남방군 표창장 제1호였다.

표창

다쿠미 지대, 그 밖의 협력 부대

위 부대는 다쿠미 소장 지휘 아래, 1941년 12월 해 뜰 무렵, 적의 방어가 견고한 영국령 말레이 코타바루 해안에 어려운 적진 상륙을 감행하고, 완강한 적의 저항을 격파해서 이 지역 비행장을 점령하여 군의 작전을 용이하게 하였다.

이에 여기 표창을 수여하여 전군에 널리 알린다.

1941년 12월 13일

남방군 총사령관 백작 데라우치 히사이치

이 표창은 사전에 제25군에 협의하지 않고 전달되었기 때문에, 쓰지(辻) 참모 등이 크게 분개했지만, 다쿠미 지대장은 그런 것은 문제 되지 않는다고 기록했다.

[말레이 앞바다 해전] 오자와 장관이 판단한 대로 개전 초기 제25군이 송클라, 코타바루에 상륙했기 때문에 필립 대장이 지휘하는 동양함대 프린스 오브 웨일즈, 리펄스, 구축함 4척은 12월 8일 오후 7시, 싱가포르의 셀레타 군항을 출격하여 북상했다. 말레이반도 동방 해역에 배치되었던 이(伊)호 65 잠수함은 9일 오후 3시 15분 적 함대가 사이공 남쪽 357해리 지역을 시속 20노트 속도로 북상 중이라고 보고했고, 오자와 장관은 곧바로 수송 선단에 대해

북방 후퇴를 지령함과 동시에 기지 항공부대에 공격을 명령했으며, 기함 조카이, 제7전대, 제3수뢰전대를 집결시켜 적 함대로 향하게 했다.

하지만 기상 조건이 극히 불량하여, 맹렬한 스콜(열대 소나기)이 때때로 내렸기 때문에, 적 함대를 포착하지 못했지만, 다음 날 10일 오전 3시 41분 이호 58 잠수함이 쿠안탄 동북 해역을 남하 중인 적 함대를 발견하여, 기지 항공부대[중(中) 공격기 84기]는 적 함대에 쇄도해 12:45부터 14:50 사이 뇌격, 폭격을 감행하여, 영국이 자랑하는 최신예함 프린스 오브 웨일즈와 리펄스를 격침시켰다. 우리 측 손해는 공격기 3대뿐이었다.

데라우치 총사령관은 매우 정중한 축전을 오자와 장관에게 보냈다.

말레이 앞바다 해전은 진주만 해전과 함께, 항공 병력이 해전의 주체라는 점을 실증한 역사적인 해전이다. 그때까지 세계의 해군국은 모두 주력함이 해전의 주요 병력이라 믿고 있었던 것이다.

말레이 앞바다 해전의 결과, 제1차 상륙작전 이후 2회에 나누어 약 2주간에 걸쳐 시행될 예정이었던 제2차 상륙작전은 42척의 수송 선단을 한꺼번에 송클라, 파타니, 코타바루에 상륙시키는 것으로 변경하여, 12월 13일 깜라인만을 출발, 16일에 완료했다. 제3차, 제4차 상륙작전(수송선 57척)도 12월 28일 대부분 완료했다. 말레이작전의 진전에 기여하는 바가 매우 컸다.

영국 수상 처칠은 말레이 앞바다 해전의 패배를 보고받고, 졸도할 정도로 놀라서 "이제 인도양에서 태평양 전역에 걸쳐 한 척의 영국, 미국 전함도 존재하지 않는다. 앞날이 완전히 암담해졌다"라고 회상록에 썼다.

[말레이 서해안 주정 기동 작전] 제25군의 말레이작전은 주력으로 서해안을, 일부 전력으로 동해안을 남하한다는 것이었는데, 서해안을 남하하는 주력 부대의 작전도 그저 우직하게 한 길로 전진하기만 해서는 너무 단순하므로, 제25군에서는 말라카 해상 주정 기동 작전(징발 주정 및 소발 등 약 40척)을 계획, 1942년 1월 2일부터 16일까지 제5사단 와타나베(渡辺) 지대, 고노에(近衛) 사단 구니지(國司) 지대로 실시했다. 당시 말라카 해상 방면에는 영국 구축함, 비행기가 활동하고 있었기 때문에 과감한 작전이었다. 때문에 데라우치 총사령관도 이 작전을 적극 지원했고, 오자와 장관은 이 작전을 칭찬하여 중(中) 공격기대를 보내 협동하게 했다.

퍼시벌 중장의 회상록에는, "일본군의 말라카 해상 기동은 영국군의 중부 지구 작전 계획을 근본적으로 바꾸게 했으며, 쿠알라룸푸르 부근을 포기하고 싱가포르로 퇴각할 수밖에 없게 만들었다"고 기록되어 있다.

[쿠안탄 상륙작전(Q작전) 중지] 12월 13일 남방군은, 쿠안탄 상륙의 구상을 굳히고, 14일 제25군, 제3비행집단, 남견함대에 연락해서 22일 쿠안탄 상륙작전(Q작전)에 관한 남방군과 오자와 함대 사이의 작전 협정을 체결하여, 제18사단의 제55연대장 고바 히로시(木庭大) 대좌가 지휘하는 2개 대대, 산포(山砲) 1중대(고바지대)를 제3수뢰전대 호위하에 12월 31일 쿠안탄에 상륙시키기로 했다.

당시 싱가포르 방면에는 적 공군이 활발히 활동하고 있었기 때문에 함대 측은 작전 전에 이를 공격할 것을 요구, 제3비행집단도 이에 동의해서, 상륙 기일을 남방군이 희망하는 12월 25일에서 6일 늦춰 31일로 하기로 협정을 맺었다. 하지만 버마 방면의 항공전 등 때문에 싱가포르 방면의 항공 격멸전은 생각대로 진행되지 못했지만, 코타바루에 상륙한 다쿠미지대의 남하는 예상보다 더 순조롭게 진행되어, 31일에는 육로로 쿠안탄에 돌입할 수 있다는 전망이 나왔다. 야마시타(山下) 제25군 사령관, 스가와라(菅原) 제3비행집단장, 오자와(小沢) 장관 등의 건의로 27일 데라우치 총사령관은 쿠안탄 상륙작전의 중지를 명령하여 송클라에 대기 중이던 고바지대는 28일 코타바루에 상륙해서 남진을 개시했고, 다쿠미지대는 예정대로 31일 쿠안탄에 돌입해서 이듬해 1942년 1월 3일 입성한 뒤, 1월 10일에는 고바 지대와 합류했다. 남방군 참모는 다소 체면을 잃은 꼴이 되었다.

[엔도(Endau), 머르싱 상륙작전(S작전) 중지] 개전 초의 말레이작전은 매우 순조롭게 진행되고 있었기 때문에 남방군 총사령부는 1941년 12월 23일, 오자와 함대와 협정을 맺고 1월 중순에 제18사단 주력 부대로 엔도, 머르싱 상륙작전(S작전)을 실시하기로 결정했다.

이것은 12월 하순 페라리강을 도하해서 남진한 제25군이, 캄파르(Kampar) 지구에서 적의 완강한 저항에 부딪쳐 전황이 유리하지 못하다고 판단했기에, S작전을 감행하여 적을 앞뒤로 공격하여 서해안을 따라 이동하는 아군 주력 부대의 작전을 지원하려는 구상이었다.

1942년 1월 12일, 깜라인만에서 오자와 함대와 무타구치(牟田口) 제18사단장 사이에 협정이 맺어져 11척의 수송 선단에 승선한 상륙부대가 오자와 함대가 호위하는 가운데 1월 14일 깜라인만을 출발해서 17일 적지에 상륙하기로 결정했다.

육해군에 관한 항공 협정은 이미 1월 3일 성립해서 상륙 개시에 앞서 제3비행집단은 전투기 110기, 중(重) 폭격기 80기를, 해군(제22항공전대)은 전투기 20, 중(中) 공격기 100기를 파견해 적 항공부대와 공중전을 펼치고 싱가포르를 공격하기로 결정되어 있었다. 그런데 12일부터 개시된 항공 격멸전은 거의 전과를 올리지 못하고, 오히려 적기가 송클라 상륙지점 슝가이 페타니를 급습하기에 이르렀다.

한편 제25군 진격 상황은 그 이후 생각 외로 많이 진전되어 1월 11일에는 쿠알라룸푸르에 돌입, 14일에는 게마스(Gemas)에 이르러 말레이반도 서해안 및 동해안의 작전은 매우 순조롭게 진행되고 있었다. 2월 14, 15일 육해군기의 정찰에 의하면, 싱가포르 방면에는 100기 이상의 적 항공기가 잔존하고 있고, 군항 내에는 순양함, 구축함 등이 각각 수 척이 정박 중이며, 불과 3시간 이내에 엔도(Endau) 부근에 도달할 수 있기 때문에 이 작전을 강행하는 것은 상당한 손해를 입을 각오를 해야만 했다.

오자와 장관은 1월 17일, 상륙작전은 매우 순조롭게 진전되고 있으므로, 위험을 무릅쓰면서까지 엔도, 머르싱 상륙작전을 결행할 필요는 없다고 판단하여, 파견 참모 나가이 다로(永井太郎) 중좌에게 제25군과 협의하도록 했는데, 야마시타 군사령관도 완전히 같은 의견이었다. 거기서 남방군에 대해 "함대로서는 많은 희생을 치르면서까지 이 작전을 실시할 필요가 있다고 보지 않는다"라는 의견을 보냈다.

남방군에서는 제25군에 대해 "총군(總軍, 남방군 본부)에서 계획을 결정하기 전에 함대 측에 계획을 발설해서는 안 된다"라고 질책했고, 제25군에서는 육해군 협동작전이라는 이유를 들어 이에 거세게 반발했기 때문에 아오키(青木) 참모부장이 제25군에 비행기로 날아가 사태를 수습한 일화도 있었다.

깜라인만에서 1월 10일부터 수송선단에 대기 중이던 무타구치 병단장(兵團長)은 비육지탄(脾肉之嘆)을 금치 못하고 제1선으로부터 눈부신 전과를 담은 전보가 전해져 올 때마다 빨리 엔도, 머르싱 상륙작전을 결정해 달라고 야마시타 군사령관에게 전보로 요청했다. 야마시타 군사령관도 견디다 못해 "말레이작전은 매우 순조롭게 진행되고 있어서, 군은 엔도, 머르싱 상륙이 필요하다고 보지 않는다. 나는 싱가포르 공략전에서 귀 사단의 강력한 활약을 기대한다"라는 전보를 보내 안달하는 무타구치 병단장을 달랬다. 결국 데라우치 총사령관은 2월 17일 S작전 중지를 결정했고, 무타구치 병단을 태운 11척의 전송선단은 1월 20일, 오자와 함대 호위하에 깜라인만을 출발하여, 22일 송클라에 상륙, 트럭을 타고 한 명의 손실도 없이 1월 말 클루앙에 집결, 2월 8일부터 개시된 싱가포르 공략전에서 혁혁한 무공을 세웠다.

하지만 남방군에서는 여전히 S작전 구상을 포기하지 않고, 팔렘방 상륙작전을 위해 항공용 연탄(燃彈) 양륙작전을 1월 26일 엔도에 실시하고 싶다고 오자와 장관에게 협조를 구해 왔다. 그래서 오자와 장관도 이에 동의하여 수송선 2척[간사이마루(関西丸), 간베라마루(カンベラ丸)]이 오자와 함대 호위하에 1월 24일 송클라를 출발하여 26일 08:00 엔도 상륙지에 진입, 양륙 작업을 개시했다. 예상했던 대로 적기 약 60기가 상륙지를 습격해서 제3비행집단의 전투기 1~2개 중대가 상시 상공을 경계했고, 적기 약 40기를 격추했다. 27일 04:30 적의 구축함 새닛(Thanet), 뱀파이어(Vampire) 두 척이 상륙지에 진입하여 수송선에 어뢰를 발사했지만 조정 심도가 깊었기 때문에 함선 아래를 통과해서 피해는 없었다. 우리 호위 구축함의 반격으로 새닛은 격침당했고, 뱀파이어는 대파당해 도주했다. S작전은 남방군 참모가 지나치게 계획에 얽매였던 작전이었지만, 총사령관의 결단으로 원만하게 해결되었다.

[팔렘방 상륙작전(L작전)] 1942년 1월 초, 말레이작전이 예상 이상으로 순조롭게 진행되었기 때문에 남방군은 매우 만족하여, 수마트라, 자바 방면의 작전은 추격전이 될 것이므로 1개월 정도 앞당겨 실시하고 싶다고 오자와 장관에게 협조를 요청했다.

하지만 오자와 장관은 해상작전 및 항공 작전의 상황을 생각하여, 이 작전이 반드시 추격전의 형태를 띠지 않을 것이라고 주장했다. 즉 수마트라, 자바 서부에는 말레이에서 후퇴한 영국 항공기와 네덜란드 항공기가 150기 정도 활동하고 있고, 또 수송선단을 팔렘방에 정박시키기 위해서는 약 60해리나 되는 무시 강을 거슬러 올라가야만 하는 난점이 있다는 것이다.

팔렘방 상륙군 지휘관 사노 다다요시(佐野忠義) 중장(제38사단장)으로부터, "수송선 12척으로는 팔렘방 제유소(製油所) 개발용 중요 기자재와 기술자를 다 옮길 수 없으므로 단 한 척도 손실을 입지 않도록 호위를 바란다"라는 요청도 있었다.

오자와 장관은 "L작전을 성공시키기 위해서는 우선, 해군 기지 항공부대[중(中) 공격기 약 100기, 전투기 39기]를 말레이반도 동쪽 해안 쿠안탄 비행장과 영국령 보르네오 쿠칭 비행장에 진격시켜, 수마트라, 자바 서부에 있는 적 항공병력을 우선 공격한 다음 함대의 전 병력으로 호위하여 수송선단을 안전하게 팔렘방에 입항시키고 싶다"라고 주장하였고, 남방군은 결국 이를 승낙했다.

　그런데 쿠안탄 비행장을 정비해 보자, 활주로 앞쪽 끝에 티크 삼림이 펼쳐져 있어서 연탄(燃彈)과 어뢰를 탑재한 중(中) 공격기를 발진시키는 것이 불가능했다. 남방군에 의뢰해서 공병대를 공수하여 벌채 작업을 하는 데 1주일이나 걸렸다. 한편 쿠칭 비행장을 조사했더니 활주로의 길이가 불과 800미터밖에 되지 않았고, 지반이 물러서 중 공격기가 발진하는 것이 불가능하다는 사실이 밝혀졌다. 그 부근에 중 공격기 사용이 가능한 비행장을 수색해 보았더니, 쿠칭 남서쪽 100km 지점에 레도라고 하는 비밀 비행장이 있는 것을 발견, 육군 가와구치(川口) 지대와 육전대는 쿠칭에서 정글을 돌파하여 1월 27일 이곳을 점령했다.

　그런데 폰티아낙 항구에서 레도 비행장으로 통하는 보급로는 네덜란드군에 의해 완전히 파괴되어 있었고, 또 20년 만의 큰 호우 탓에 길을 수리하는 것도 쉽지 않아서 해군 설영대(設營隊)와 육군 공병대에 의한 작업은 조금도 진척되지 않았다. 그래서 어쩔 수 없이 쿠칭 비행장의 정비를 서두르는 쪽으로 계획을 변경했고, 이러한 장애물이 차례차례 등장했다. 남방군으로부터 성화 같은 재촉이 있었다. 2월 9일이 되자 오자와 장관은 데라우치 총사령관에 대해, "L작전을 위해 함대는 쿠안탄, 레도 비행장 정비에 전력을 다해 왔지만 계속해서 예상하지 못한 문제가 속출해서, 총사령관님께서 바라시는 바에 부응하지 못한 것을 유감스럽게 생각한다. X일(작전 개시일)을 2월 15일로 해서 작전을 실시하고자 한다"라고 요청했다. 데라우치 총사령관도 오자와 장관의 고충을 살펴 "동의한다"고 전보로 보내 왔다.

　그리하여 오자와 함대는 기지 항공부대를 쿠안탄, 쿠칭에 전개해서 적 항공전력을 우선 공격함과 동시에 2월 12일 수송 선단을 호위해서 깜라인만을 출격했다.

　그리고 육군 각 산하 부대는 2월 14일 오전 8시 말레이반도 남부의 카한 비행장을 출발, 오전 11시 반 팔렘방 비행장 부근에 내려 비행장과 제유소 요충지를 점령했다. 한편 수송선단은 십여 차례에 걸쳐 적기의 공습을 받았지만 이를 격파하고 함대를 엄호하는 데 성공하여 한 척의 피해도 없이 15일 저녁 팔렘방에 입항, 사노 병단은 부근 일대를 점령하고 확보했다.

　한편 제25군의 싱가포르 총공격은 2월 8일 개시되어, 2월 11일 부킷티마 고지를 점령했다. 퍼시벌 중장은 기술자 약 3,000명을 스푸너 해군 소장이 이끄는 함정 약 50척에 분산시켜 2월 132일 밤 싱가포르를 탈출시켰고, 야음을 틈타 방카 해협을 통과해서 자바 방면으로 도주시키기로 했다.

우연히 이 해역에서 행동 중이던 오자와 함대는 이러한 움직임을 포착하여, 거의 전부를 격침시켰다.

퍼시벌은 저서 『말라야의 전투』에서 "이 탈출극은 때마침 팔렘방 작전중이던 일본함대에 의해 일찍 발견되어 그 대부분은 격침되거나 좌초했다. 기적적으로 목적지에 도달할 수 있었던 배는 수척에 지나지 않았다. 전사 혹은 행방불명된 자는 놀랄 정도로 많았다"라고 기록했다.

L작전은 싱가포르 공략과 동시라는 호기에 편승해 큰 전과를 올렸다고 말할 수 있다.

[자바 상륙작전] 남방작전의 마지막은 네덜란드령 동인도(자바) 작전이었다.

1941년 12월 8일 개전 이후 2월 중순까지 말레이, 필리핀, 보르네오, 셀레베스 등은 차례차례로 아군의 손에 떨어졌고, 미국 영국 네덜란드 연합함대 약 30척과 그 항공병력 약 150기는 자바 방면으로 내몰렸다. 남방군은 이마무라 히토시(今村均) 중장이 이끄는 제16군의 주력, 서방 공략 부대(제2사단 기간)을 56척의 수송선에 승선시키고, 하라 겐자부로(原顕三郞) 소장이 지휘하는 제5수뢰전대가 호위하여 2월 17일 깜라인만을 출발, 2월 28일, 바타비아(지금의 자카르타) 부근의 메라크, 반텐, 패트롤 해안에 상륙했다. 또 동방공략부대(제48사단 기간)는 41척의 수송선에 승선, 니시무라 쇼지(西村祥治) 소장이 지휘하는 제4수뢰전대, 다카기 다케오(高木武雄) 소장이 지휘하는 제5전대가 호위하여 2월 19일 필리핀의 홀로 섬을 출발, 2월 28일 수라바야 서방 약 90해리에 있는 크래건 해안에 상륙했다. 이리하여 동서로 호응해서 자바 공략의 작전 계획을 세웠다.

2월 상순, 이마무라 제16군 사령관은 참모장 오카자키 세이자부로(岡崎清三郞) 소장, 오다(於田) 참모, 와카쓰키(若槻) 해군 연락 참모를 대동하고 돌연 깜라인만 기함 조카이(鳥海)로 와서 오자와 장관을 방문했다. 그리고 "자바 서방 공략 부대는 수송선 56척에 타고 2월 17일 깜라인만을 출발해서, 2월 28일 반텐만 적지에 상륙할 계획인데, 호위를 담당하는 제5수뢰전대 하라 소장의 이야기에 따르면 병력이 불충분해서 안전을 기할 수 없다고 한다. 그래서 데라우치 총사령관에게 보고했지만, 야마모토(山本) 연합함대장관이나 지카우라(近浦) 제2함대장관[역자주-당시 제2함대 사령장관은 곤도 노부타케(近藤信竹)]에게 요청해 보았어도 당장은 호위 병력을 증파해 주지 않을 것이라며, (총사령관은) 확답을 피했다. 그래서 직접 오자와 장관에게 부탁하러 왔다"라고 말했다.

오자와 장관은 "이 대 수송선단을 제5수뢰전대만으로 호위하는 것은 무리입니다. 자바 상륙작전에는 미국·영국·네덜란드 잔존 함대나 항공부대가 최후의 저항을 꾀할 것이기 때문에 팔렘방 상륙작전의 윤곽이 잡히면, 우리 함대에서 제5수뢰전대를 웃도는 병력을 내보내서 협력하지요"라고 약속했다. 이마무라 군사령관은 감격해서 돌아갔다. 오자와 장관은 2월 15일 팔렘방 상륙작전이 거의 일단락되자, 현장에서 곧바로 제7함대, 제3수뢰전대의 대부분과 제4항공전대[류조(龍驤)]를 파견했다. 그리고 3월 1일 바타비야 앞바다의 야간 전투에서, 미국 아시아함대의 대순양함 휴스턴, 호주함대의 경순양함 퍼스를 격침하고, 이마무라 병단의 상륙을 안전하게 보호했다.

이와 같은 오자와 장관의 독단 전행적 조치에 대해 데라우치 총사령관, 이마무라 군사령관은 몹시 감격했고, 이마무라 군사령관은 전후 그 저서에서 상세히 그 상황을 기록하고 있다.

[데라우치 총사령관과 오자와 장관] 싱가포르 함락 후, 오자와 장관은 싱가포르, 셀레타 군항에 입항했다. 또 남방군 총사령부는 사이공에서 싱가포르로 이동했다.

데라우치 총사령관은 자주 오자와 장관과 막료를 자신의 관저에 초대했고, 또 데라우치 총사령관도 함대 기함을 방문해서, 서로 코타바루 상륙이나 말레이 앞바다 해전, 쿠안탄, 엔도, 머르싱, 상륙작전의 중지, 팔렘방, 자바 상륙작전의 추억 등에 대해 환담했다.

총사령부에서는 총참모장 쓰카다 오사무(塚田攻) 중장, 참모부장 아오키 시게마사(青木重誠) 중장, 참모부장 사카구치 요시타로(阪口芳太郎) 중장, 참모 이시이 마사요시(石井正美) 대좌, 참모 아라오 오키카쓰(荒尾興功) 중좌 등 유능한 인재가 있었기에 흉금을 터놓고 유쾌하게 대화했던 것이다.

남견함대가 싱가포르에 진출한 뒤 현지 육해군의 협조는 매우 원활해서 수륙 제반 시설의 사용 구분, 경비 등에 대해서 문제를 일으킨 적은 한 번도 없었다. 이것은 데라우치 총사령관, 야마시타 제25군 사령관, 스가와라 제2비행집단장, 오자와 장관 등의 인격과 전장에서의 상호 신뢰에 힘입은 것이었다고 생각한다.

제1단계 작전이 끝나고 오자와 장관은 내지로 귀환했다. 그리고 1942년 7월 31일 천황 폐하에 대한 군사 상황 보고의 마지막에 "육군과의 협동작전은 시종일관 매우 긴밀하고 원활하게 실시되었습니다"라고 기록되어 있었다.

종전 후, 말레이작전에 참가했거나 이 방면에 근무했던 육해군 관계자, 민간인이 어느 틈

엔가 쇼난(昭南, 점령 이후 싱가포르에 붙여진 명칭)회를 만들어서, 매년 2월 15일 무렵 모임을 열고 있다. 살아남은 남방군, 제25군, 제3비행집단, 남견함대, 제2함대, 제10방면함대, 외교관, 종군기자, 종군 화가 등 약 100명이 참가해서 당시의 일을 이야기하고 친목을 계속하고 있다. 이것도 데라우치 총사령관의 음덕이라고 말할 수 있다.

처음에 밝힌 것처럼, 개전 초기의 남방작전은 일본의 남방 자원 지역을 점령하고 확보하는 중대한 작전이었고, 그 가운데서도 특히 말레이작전은 가장 중요한 작전이었다.

대동아전쟁은 육해군 협동작전의 연속이었지만 말레이작전만큼 훌륭한 작전은 없었다. 역사적 모범이 되는 작전으로 영구히 전사(戰史)에 기록될 것이다.

종전 후 지금까지 아시아, 아프리카에서 약 60개 독립국가가 생겨났고 더욱 긴밀한 관계를 늘려가고 있는 가운데, 우리들은 개전 전부터 종전까지 만 4년간, 남방군 총사령관으로서 현지에 머무르며 종전 직후의 고난을 맞아 1946년 6월 12일 말레이의 렝감에서 돌아가신 데라우치 원수의 영령에 대해 가슴 속 깊은 공경과 애도의 마음을 올리며 붓을 놓는다.

[전 남견함대 참모, 향우연맹(鄕友聯盟) 부회장]

2. 동남아시아에 대한 일본의 경제적 침략

1) 남방 여러 지역에 대한 통화금융제도의 기본방침, 그리고 태국 및 프랑스령 인도차이나에 대한 당면의 조치에 관한 건

일본이 동남아시아로 눈을 돌리게 된 것은 석유를 비롯한 지하자원뿐 아니라 식량자원, 농축산 자원, 금융 등 경제적인 부분에 주목했기 때문이었다. 따라서 전투를 통한 군사적 침략뿐 아니라 경제적 침략에도 주목해야 한다.

이 사료는 일본군이 동남아시아 각지를 점령한 직후인 1942년 2월 23일에 작성한 문서로서 통화금융제도의 기본방침, 그리고 태국 및 프랑스령 인도차이나에 대한 당면 조치에 관한 내용을 담고 있다.

동남아시아 각지를 점령한 일본은 오스트레일리아, 동인도제도까지를 포함한 지역을 갑(甲)과 을(乙)로 구분하였다. '갑 지역'으로 분류된 지역은 동인도제도, 필리핀, 말레이시아, 버마 등이며, '을 지역'은 태국과 프랑스령 인도차이나 등이다. 즉, 일본이 직접 군정을 실시하며 통치하는 지역은 갑 지역으로, 독립국인 태국 및 프랑스와 공동 통치하는 프랑스령 인도차이나를 을 지역으로 구분하였다. 이를 통해 일본이 을 지역에 대해 정치적·군사적 대우와 관계를 다르게 설정했음을 알 수 있다. 갑 지역에서는 기존 식민 종주국이었던 미국과 영국의 화폐, 또는 금·은을 기반으로 한 통화를 폐지하고, 일본 엔을 기반으로 하는 통화를 시행하였다. 반면, 을 지역에서는 장차 일본 엔을 기반으로 한 통화 체제로 전환할 계획이 있었으나, 현행 통화 제도를 당분간 인정하고 있음을 알 수 있다.

1942. 2.23
연락회의 결정

제1. 남방 여러 지역에 대한 통화금융제도의 기본방침으로서는

(1) 갑 지역에 대해서는
① 각 지역의 통화로 종래의 미국, 영국 화폐 또는 금은에 기초를 둔 제도를 폐지하고, 일본 엔을 배경으로 하는 관리 통화로 이행하도록 할 것.
② 통화의 대외 가치 기준은 일본 엔에 두게 하고, 일본 엔에 대한 외환 환산율은 해당 지역과 본국, 그리고 다른 대동아공영권 각 지역과의 경제 관계를 감안해서, 공영권의 일환으로서 권내 각 지역과 긴밀한 제휴하에 건전한 발전을 기할 수 있는 것을 목표로 하여 결정할 것.
③ 각 지역의 대외 결제는 원칙적으로 일본 엔을 □하고, 도쿄에서 행하게 하고, 본국을 중심으로 하는 종합 결제 제도를 확립할 것.
④ 각 지역의 신 정세에 즉각 반응하는 발권제도를 완비함과 동시에, 통화, 금융 그리고 외환의 통제에 관한 기구를 정비할 것.

등의 조치를 취하고, 이 실시에 대해서는 현지 물자의 취득 및 개발 등에 지장을 가져오지 않도록 배치함과 동시에 각 지역의 군대, 정치 그리고 경제상의 특수 사정에 대해 충분히 고려하고, 또한 그 순서, 시기 및 방법 등에 관해서는 중앙과 현지가 긴밀한 연락을 취한 뒤에 이를 결정하는 것으로 한다.

(2) 을 지역에 대해서는
대략 갑 지역에 대한 방침에 준하도록 하되 태국과 프랑스령 인도차이나 모두 갑 지역과는 본국에 대한 정치적·군사적 관계를 달리하고, 특히 프랑스령 인도차이나에 대해서는 그 본국(프랑스)과의 관계 등으로 사정이 복잡하므로 이들에 관해서는 신중한 주의를 기울이고, 시책상 유감이 없도록 한다.

[비고]

남방 각 지역에서 통화 가치를 안정시키고, 통화 팽창을 억제하며, 잉여 구매력을 흡수하고, 각종 금융을 유통시키며, 자금 계획을 설정하는 등 통화 금융정책을 수행하는데 있어서 필요한 여러 시책에 관해서는 따로 결정하도록 한다.

제2. 현재 통화금융제도의 근본적 개혁에 직면한 태국에 대해서는 아래 방침에 따르도록 하고, 신속히 이를 실현하도록 노력할 것.

아래

(1) 태국 화폐의 대외 가치 기준을 일본 엔에 두도록 하고, 일본 엔에 대한 환산율을 1대 1로 할 것(현재의 환산율은 100바트 대 155엔 70전)

(2) 가능한 한 신속한 시기에 중앙은행을 설립하여 본국 측에서 이를 지도할 수 있도록 적당한 조치를 취할 것.

(3) 미국과 영국에 의해 동결된 태국 발권 준비를 보전하고, 태국 통화의 안정을 꾀하기 위해, 본국 측으로부터 금 '이어 마크' 등의 방법으로 필요액의 차관을 제공할 것.

(4) 물가 통제, 외환 관리 등을 강력히 실시하게 하고, 통화 가치의 안정을 꾀하게 할 것.

(5) 올해 하반기 이후 본국과 태국 사이의 결제는 특별 엔으로 할 것.

[비고]

① 위 (3)은 태국 현재의 실정에 비추어 보아 어쩔 수 없는 예외적 조치로서, 이후 다른 공영권 여러 지역의 통화 안정을 위해서는 금은 제공하지 않도록 한다.

② 태국의 통화제도는 장래 엔 환 본위를 채택하도록 지도하고, 이에 필요한 법제를 정비하도록 한다.

③ 특별 엔이라는 것은 해당 국가와 본국 사이의 결제만이 아니라 해당 국가와 본국 이외의 여러 지역(공영권 외의 지역을 포함함) 사이의 결제에도 사용할 수 있는 엔으로서, 필요에 따라 금으로도 교환할 수 있는 것을 말한다.

④ 위 ③의 '필요에 따라'라는 내용은 해당 국가에서 금을 필요로 하는 부득이한 사유가 있다

고 인정받고, 또한 해당 국가에 대해 본국 측이 정책상 필요로 하는 경우 등을 의미한다.

제3 프랑스령 인도차이나에 대한 당면의

(1) 현행 일본-프랑스령 인도차이나 사이 경제 협정에 의하면, 일본 및 프링스령 인도차이나 사이의 결제는 원칙적으로 금으로 하게 되어 있지만, 대동아공영권의 결제 통화는 엔으로 하는 방침을 확정한 오늘날 위의 내용은 근본적으로 수정할 필요가 있지만, 현재 진행 중인 쌀과 그 밖의 물자 구매, 프랑스 선박의 용선(傭船) 등에 관한 교섭을 시급히 타결할 필요가 있어 곧바로 근본적 해결을 꾀하는 것은 잠시 제쳐두고, 당분간 대략 다음 내용에 따라 조치하도록 한다.

① 현행 지불 협정에 기반한 무역 결제(쌀 대금, 기타)는 종래대로의 방침에 따라 필요하다면 금으로 결제하는 것을 계속한다.
② 고무에 관해서는, 1월 내지 3월분의 소요량에 대해 필요하다면 금으로 지불하는 것을 인정한다.
③ 프랑스 선박의 용선(傭船)료에 대해서는 시급히 타결을 꾀하기 위해 물자에 따라 소화할 수 없는 것은 금으로 지불할 뜻을 약속할 것.
④ 군비에 대해서는 군에서 '비아스톨'의 입수를 서두르는 경우에는 필요하다면 종래대로 금으로 지불할 방침으로 교섭할 것.

(2) 본국으로서는 현재와 같은 거액의 금 지불을 계속하는 것은 불가능하므로, 현재 긴급을 요하는 쌀, 기타 물자 및 선박을 획득한 뒤 가능한 한 빨리 기회를 포착하여(올해 5, 6월로 예정함) 모든 지불을 특별 엔으로 하는 방침을 프랑스령 인도차이나 측과 강경하게 교섭해서, 신속히 근본적 해결을 꾀하도록 조치할 것.

2) 남방 갑(甲)지역 경제대책 요강

이 사료는 '전후 재정사자료'로 분류되어 사카이 마코토(酒井誠) 문서에 포함된 외자국 위체관계 문서(外資局爲替関係文書)이다. 1943년 5월 29일에 작성되어 국립공문서관에 소장되어 있다.

동남아시아 각지를 점령한 일본은 오스트레일리아, 동인도제도까지를 포함한 지역을 갑(甲)과 을(乙)로 구분하였다. 갑(甲)지역으로 분류된 지역은 동인도제도, 필리핀, 말레이시아, 버마 등이며, 이 문서는 갑 지역의 주요 자원을 일본이 신속하게 취득하는 것을 목적으로 하면서 구체적 방안을 제시하고 있다. 일본이 차지하려는 기본 자원은 석유이며, 그 밖에 석탄, 유황, '보크사이트', 동광, '니켈'광, '망간'광, '텅스텐'광, '안티몬'광, 연광, 아연광, '크롬'광, 카리원광석, 운모, 수정, '다이아몬드', 수은, 희유금속, 석면 등에 이르는 모든 지하자원 취득에도 목적을 두었다.

지하자원 외에 농업, 임업, 축산 등의 자원을 개발하거나 일본으로 공급하는 방안을 제시하고, 공업 및 재정, 보험 등의 산업 개발 방법도 명시하였다. 그리고 이들 자원이나 산업품을 일본으로 수송하는 방법에 관해서도 자세히 언급하는 동남아 자원 및 상품을 일본으로 조달하기 위한 문서이다. 1943년 5월 29일 대동아성 연락위원회 제1부회가 결정한 내용이다.

1943년 5월 29일
대동아성 연락위원회 제1부회 결정
대동아성 연락위원회 제1부회

남방 갑 지역 경제대책 요강

1. 본 요강이 대책으로 하는 지역은 동인도제도, 필리핀, 말레이시아, 버마 등 남방 점령지

역(이상 갑 지역)으로 하며, 오스트레일리아 및 프랑스령 인도차이나 (이상 을 지역) 에 관해서는 별도로 정한 바에 따른다.
2. 갑 지역 중 독립 또는 자치를 허용받게 된 지역에 대해서는 필요에 따라 별도로 정하도록 한다.

제1. 방침

남방 갑 지역 경제대책의 요점은 중요 국방자원을 급속히 취득하는 것을 근본으로 하고 아울러 현지 자급의 강화 및 현지 민생의 유지를 도모하여 대동아전쟁의 완수에 유감이 없도록 하고 순차적으로 항구적 대동아 경제건설의 기초를 확립하는 것에 있다.

제2. 통칙

1. 경제대책의 중점을 중요 국방자원의 개발 취득에 둔다.
   개발의 대상 및 규모는 해당 자원에 대한 대동아권내 및 추축국의 수요 또는 그 긴요도, 해상수송력, 통치상의 요청 등을 감안하여 주요한 것에 대해 중앙에서 결정하도록 한다. 각종 자원에 대한 개발 목표 또는 생산력 유지의 정도와 각 년도마다 생산을 취득해야 할 수량 및 일본 이외 지역에 수송해야 할 수량으로 나누어 정한다.
   취득한 중요국방자원은 모두 제국의 물자동원계획에 넣는다.
2. 개발 기타 현지사업의 운영은 적당한 기업자에게 담당하게 하고 그 창의와 책임에 의거하여 조직, 기술 및 경험을 활용하는 것을 방침으로 하며 우선 아래에 따른다.
   (1) 특수한 필요가 있는 것은 군에서 운영한다.
   (2) 사업 운영상 적산(敵産) 또는 중요한 권익의 운용을 수반하는 것은 군 관리 아래 위탁 경영하게 한다.
   (3) 앞의 각호 이외는 민영으로 한다.
   현지의 주요한 기업과 경영자는 중앙에서 결정한다.
3. 사업의 항구적 운영 형태는 그 사업의 성질, 규모, 중요도 및 소재 지역의 통치 상태 등을 감안하고 능률적 경영에 착의하면서 대동아 종합경제력의 충실 향상에 이바지하는 것을 결정하도록 한다.

위 형태로의 이행은 전쟁의 추이, 경제 건설 및 현지 통치의 단계, 해당 사업의 본질, 적산 처리의 진척 상황 등에 따라 순차적으로 결정한다.

4. 경제 각 분야에 걸쳐 할 수 있는 한 국내 경제력의 부담 절감에 노력하기 위해 자재, 인원 등은 필요한 한도에서 일본 그 외 지역에서 필요한 공급을 하지만 될 수 있는 한 현지의 자급 태세를 순차적으로 강화하는 것에 힘쓰도록 한다. 극력 재래의 현지 경제조직 및 기존 시설의 이용 또는 현지 주민의 적극적 활용을 도모하고, 남방 각 지역 간의 상호교류를 촉진한다.

5. 앞의 항목에 따라 인원, 재료 및 자금 공급에 관해서는 대체로 다음에 따른다.

   (1) 인원은 각 분야에서의 지도적 또는 중견적 임무에 종사해야 하는 자에 한해서는 일본에서 진출시키는 것을 근본 취지로 한다.

   (2) 자재로 일본에서 공급하는 것은 물자동원계획상 남방 개발 및 교역용 자재로서 별도로 일괄 계상한다.

   (3) 자원개발 기타 현지 소요자금의 공급은 모두 현지 통화에 따르도록 한다. 일본이 지불할 필요가 있는 것에 대해서는 엔 자금을 공급한다.

6. 선복(船腹)의 증강 및 해륙수송능력의 향상에 대해 모든 조치를 강구하고 극력 수송력의 절용을 도모한다. 이를 위해 특히 수송물자의 현지에서의 정제, 가공 및 각 지역의 현지 자급 태세 강화에 힘쓴다.

7. 남방 특산자원에 대해서는 대동아권내 및 추축국의 수요를 충족시키며 현지 민생의 안정을 꾀하고, 장래의 대동아권의 경제적 우위 확보에 이바지하는 것을 목적으로 한다. 신규용도의 개척 그 외의 방책을 강구하면서 생산력의 유지 또는 배양에 힘쓴다.
   적국에 대한 유출을 더욱 엄중히 방지한다.

8. 통화 팽창을 극력 방지하기 위해 물가, 산업, 교역, 배급, 재정, 금융 각반에 걸쳐 모든 조치를 강구한다.

9. 현지 민생에 미치는 경제적 어려움을 견디면서도 민생 파악 및 중요 국방자원의 개발 취득을 위해 섬유공업 기타 생활필수품 공업의 현지 배양을 꾀하며 민생의 최저한을 유지하는 데 노력하고, 가능한 한 현지 주민에 대해 경제활동 분야를 제공한다.

10. 만반의 경제대책은 무의미한 획일주의 및 제국 국내시책의 모방에 따르지 않고 각 지

역의 특성과 현상에 적응하여 실시하며, 국지주의를 배제하고 남방 각 지역 간의 물자, 노무자 등의 여러 유통을 촉진하는 데 힘쓴다.

11. 제반의 대책을 실시함에 있어서 눈앞의 사태에 적응하는 것처럼 민첩하고 빠르게 감행하는 조치를 하되, 기성 사실로서 장래의 시책을 구속하는 일이 없도록 한다.

특히 위탁사업 등의 취급에 관해서는 해당 기업자에 대해 특수 권익을 부여하지 않는다는 본지를 잊지 않도록 한다. 장래 항구적 운영 형태의 결정 및 적산의 처분에 대해서는 전과를 국민 전반에 균점하도록 조치한다.

제3. 자원의 개발 취득

1. 석유

　(1) 석유의 개발 취득은 자원개발의 중점으로 한다.

　(2) 석유사업은 당분간 군 직영으로 한다.

　(3) 채유에 대해서는 기개발 석유의 복구 확충과 신규 석유의 개발을 병행하여 촉진하고 전면적 증진에 힘쓴다.

　　중요한 신규 유전 개발에 관해서는 중앙에서 결정한다.

　(4) 제유에 관해서는 해상수송력, 현지 적유 능력 등도 감안하여 잔존시설에 대해 조속히 필요한 복구 확충을 도모한다.

　　한층 'pitch coke' 증산을 도모한다.

　(5) 석유 저장 시설 증강에 힘쓴다.

2. 기타 광산자원

　(1) 각종 광산자원의 개발기준은 대략 아래와 같다.

　　(가) 일본이 현재 갑 지역에 가장 기대하고 개발 취득에 힘써야 하는 것.

　　　'보크사이트', 동광, '니켈'광, '망간'광, '텅스텐'광, '안티몬'광, 연광, 아연광, '크롬'광, 카리원광석, 운모, 수정, '다이아몬드', 수은, 희유금속, 석면

　　(나) 남방 여러 지역의 수요 충족을 목표로 하여 개발해야 하는 것.

석탄, 유황
(다) 당장 적극적 개발은 필요하지 않으나 지금의 필요를 충족하고 장래의 취득에 대비하여 복구 및 시설의 관리에 힘써야 하는 것.
주석, 철광, 인광석

(주) 철광에 대해서는 현지 제철용 원료로 충당하는 것은 예외이다.

(라) 금의 취득 및 시설의 관리에 대해서는 특히 필요한 광구에 한정하여 긴급자원 취득에 지장을 초래하지 않는 한도에서 처리하도록 한다.
(2) 개발은 되도록 품위, 수송 관계, 기존 시설 등 제반의 조건 양호한 소수 광구의 능률적 개발로 신속하게 필요한 양을 취득하도록 힘쓴다.
(3) 해상수송력 절약을 위해 특히 양질 광석의 취득에 노력함은 물론 가급적 현지에서 배소 인광, 제련 등 실시를 도모한다.

3. 농림 수축산 자원
(1) 각종 농림 수축산 자원에 관한 시책 (농산가공 등을 포함한다) 기준은 대략 아래와 같다.
(가) 가장 적극적으로 증산에 힘써야 할 것.
섬유 자원 (면화, 황마, 저마) 피마자, 우피, '타닌' 재료, 수지류
(나) 전쟁 이전의 생산력 복구에 노력하고 필요한 만큼 증산해야 할 것.
'팜'유, '마닐라'마, '코프라' ('코프라'유)
(다) 생산력 유지를 주안으로 해야 할 것.
'고무', 향료 및 향신 자원, '케이폭', 설탕

(주) 설탕에 대해서는 지역적 상황에 의해 생산 제한을 하도록 한다.

(라) 필요에 따라 일부 타 작물에 대한 재배 전환을 도모해야 할 것.
버마 쌀, 차, 커피 등 기호 식료자원, 엽궐련

> (주) 엽궐련을 지궐련으로 전환한다.

　　(마) 당장 현지 수요 충족을 목표로 하지만 수송 사정이 좋으면 일본에도 공급해야 할 것.
　　　　식량 (축산 및 수산 식량을 포함한다), 소금, 목재

> (주) 주요 식량에 대해서는 당면 교류에 의해 부족한 것을 충당하고, 불가능할 때는 각 지역마다 자급달성에 힘쓴다.

　(2) 농림수축산 자원의 개발 취득에는 되도록 현지 주민을 활용하도록 하고, 기술지도, 가공, 농원 경영 등을 위해 필요한 한도에서 일본인 기업자를 진출시킨다.

제4. 공업

수송력, 원료, 재료, 노력, 연료, 동력 및 설비 등 제반 요소를 감안하여, 긴요하고 유익한 것으로 인정되는 공업은 현지에서 순차적으로 배양을 도모한다.

　1. 위에 따라 당면 복구 및 건설을 예정한 공업은 대략 아래와 같다.
　　(1) 조선 (특히 목조선)
　　(2) 중요자원의 수송량 경감에 효과가 큰 것.
　　(3) 특산자원 신규 용도의 개척에 도움이 되는 것 (특히 연료제조)
　　(4) 군수, 개발, 수송, 통신 등에 필요한 기기의 수리, 조립 및 간이 제작
　　(5) 자급에 필요한 생활필수품의 제조 (특히 의료 제조)
　　(6) 앞 각호의 모든 공업의 확립에 필요한 자재 등의 간이 제조

　2. 앞 항 모든 공업의 지도 등을 위해 일본인 기업가를 진출시킬 필요가 있을 때 적당한 공업에 관해서는 특히 일본 중소공업자를 활용한다. 또한 소요에 대응하여 본방 기타 지역에서 유휴시설 이전을 도모한다.

제5. 금융, 재정 및 보험

1. 금융

각 지역 경제력의 원활한 회복 발달을 도모함과 함께 제국을 핵심으로 하여 각 지역의 협력적 태세를 기조로 하는 금융권의 설정을 목표로 하고 우선 아래에 따라 통화제도 및 금융기구를 정비한다.

    (1) 남방개발금고로 하여금 현지에서의 통화로서 남방개발금고권을 발행하게 하여 필요자금을 공급하도록 한다.

    (2) 남방개발금고권은 종래의 현지 통화와 동일 단위로 표시하고 양자에게 등가로 통용하게 한다.

    (3) 자금 교류는 원칙적으로 계속 억제하되, 필요한 것에 대해서는 순차 원활하게 되도록 조치한다.

    (4) 일본 엔과 남방개발금고권과의 비율은 정세의 변화에 따라 결정하도록 하고 우선 1대 1(파운드 표시 금고권에 대해서는 10대 1)로 한다.

    (5) 각 지역의 정보에 따라 자금통제를 하고 특히 통화팽창을 극력 회피하여 통화의 조절, 자금의 축적 등에 대해 적절한 조치를 강구한다.

    (6) 각 지역의 특성에 따른 지역 금융조직을 순차 복구 정비한다.

    (7) 주요한 경제개발 자금에 대해서는 남방개발금고를 중심으로 하여 계획적으로 공급하는 것을 원칙으로 한다.

2. 재정

일본을 중심으로 각 지역의 협력적 태세를 기조로 하여 각 지역을 통하는 재정기능의 통합적이고 효율적인 조정을 도모하는 것을 목적으로 순차 소요 조치를 강구한다. 또한 각 지역에서는 가급적 재정 자립을 원칙으로 우선 다음에 따른다.

    (1) 각 지역의 실상에 적응하는 견실하고 간소한 재정 제도를 정비한다.

(2) 세출에 대해서는 사실상 요청, 치안의 회복 유지 및 국방경제력 배양을 위한 시책에 중점을 두고 불급 경비의 절감에 힘쓴다.

(3) 세입에 대해서는 각 지역의 치안, 경제부흥의 정도 그 외의 실정에 따라 재원을 선택하도록 하고 또한 특히 부동구매력의 흡수와 민적 지도상의 요청도 고려하면서 계획의 적정선을 정한다.

  수출 물자에 부과하는 관세 기타 과징금에 대해서 중앙에서 결정한다.

  각 지역의 실정에 따라 세입 결함의 보전을 위해 어쩔 수 없는 때는 남방개발금고로 하여금 소요 재정 자금의 공급을 하도록 한다.

(4) 특산자원의 처리에 관해 필요한 경우는 소요 재정적 조치를 강구한다.

3. 보험

(1) 본방보험회사의 진출에 따라 보험기구의 정비 충실, 보험 수요의 충족을 도모함과 함께 현지 경제의 부흥 발전과 자금의 흡수 축적에 도움이 되게 한다.

(2) 현지 경제개발의 촉진, 물자교류의 원활화에 도움을 주기 위해 전쟁보험제도에 관해 필요한 조치를 강구한다.

제6. 교역 및 수집 화물 배급

1. 교역

(1) 중요물자의 교류는 본방 물자동원계획을 기준으로 교류계획에 따라 계획적으로 실시한다.

(2) 대일 수출입은 우선 임시군사비 특별회계에 의한 매입 불하 방식에 따른다. 단, 개발담당자 등이 자기가 소유하는 개발용 설비 자재 등을 현지에 수출하는 경우는 위의 내용에 따르지 않을 수 있다.

(3) 만주 중국 및 을 지역 수출입은 중앙의 통제에 따르고 (2)에 준하여 실시한다.

  추축국에 대한 물자공급은 중앙의 결정에 따라 앞의 항목에 준한다.

(4) 현지 각 지역 상호 간의 물자교류는 소용에 대응하여 중앙 개발하에 계획적이고 활

발히 실시하도록 하고, 중요한 것에 관해서는 그 요령은 대략 (2)에 준하지만 그 외는 그렇지 않을 수 있다.

2. 수집 화물 및 배급
   (1) 수집 화물 및 배급에 대해서는 되도록 재래의 현지 상인의 조직 신용을 활용하지만 통제상 필요한 중추적 지위에 본방 업자를 순차 조직적으로 배치한다.
   (2) 생활 필수 물자의 배급은 중요자원의 취득상 필요한 부분에 대해 우선적이고 계획적으로 실시함과 함께 민심의 파악, 치안 유지 등도 고려하도록 한다.

제7. 수송
1. 수송에 대해서는 배편의 상황과 수송해야 할 물자의 중요도를 고려하고 아울러 현지에서의 저장 출하 상황 등에 따라 그 순서 및 수량을 정하여 계획적으로 실행한다.
2. 남방 방위라는 수송에 충당해야 할 배편은 당분간 육해군에 배당한다.
3. 군수송선을 총력 중요물자의 수송에 활용한다.
4. 침몰선의 인양 및 수리를 극력 촉진하는 데 힘써 중요물자의 수송에 충당할 수 있는 선복의 충실을 도모한다.
5. 압수 또는 인양 선박으로 500톤 이상은 중앙에서 처리하도록 한다.
6. 현지 상호 간의 수송에 대해서는 목조선, 소형 압수인양선 및 특수한 공부고안에 기초한 수송력을 활용하는 등 극력 수송력의 현지 자급을 도모한다.
7. 육상 수송 및 항만시설의 가급적 증강을 도모하고 해륙수송의 종합적 유기적 활용에 힘쓴다.

제8. 적산 처리
적산 처리에 관해서는 별도로 정한 바에 따르도록 하고, 실시 촉진을 도모한다.

제9. 조사 및 연구
1. 조사 및 연구는 전체를 통하여 종합 일관성이 있게 하도록 하는 것을 주안으로 실시한다.

2. 조사 및 연구의 대상은 중점적으로 당면 경제의 여러 대책에 따르는 것을 주지로 하고 아울러 항구적 경제 건설에 도움을 줄 수 있는 것을 선정한다.

위 내용에 따라 우선 조사 및 연구에 중점으로 삼을 주요 항목은 대략 아래와 같다.

(1) 중요국방자원의 탐사, 그 가운데 아래의 광산자원의 탐광 조사

 (가) 항공휘발유 및 윤활유 적성유

 (나) '보크사이트'

 (다) 동, '니켈', 수은, 기타 비철금속, '망간' 특수강원광석 및 희유금속

(2) '다이아몬드', 운모, 인광석, 카리원광석, 석면

중요자원의 생산확충을 위한 시험연구, 그 가운데

 (가) 면화, 황마 등

 (나) 대용 섬유 자원

 (다) 탄닌 재료 및 피혁

 (라) 현지의 제련법

현지 자급 달성을 위해 필요한 방책의 조사 연구

기타

(가) 특산자원의 신규 용도 개척에 관한 시험연구

(나) 수송력 증강에 도움이 되는 특수 고안에 관한 시험연구

(다) 통화팽창 회피에 관한 조사 연구

(라) 전매 또는 이에 준하는 형태 등에 관한 조사 연구

(마) 민족지도와 민심 파악 상 필요한 경제방책에 관한 조사 연구

참고

개정의 요점

1. 중요국방자원의 획득을 중점으로 하는 것은 변함없지만, 대책에 민생 유지, 민심의 파

악 및 현지 경제의 건전 원활한 운영을 통해서 전쟁 완수에 기여하도록 하는 방침도 강조한다. [방침, 통칙 8, 9, 농림(2) 공업(5), 금융(5)(6), 재정(2)(3), 배급(2) 등]

2. 광의의 현지 자급 강화를 꾀한다[방침, 공업, 광산(나), 농림(마) 등].
3. 해상수송력의 상황에 비추어 수송능률의 향상 등 필요한 대책을 세운다[통칙 6, 석유(5), 광산(3), 공업, 수송 4, 6, 7 등].
4. 각 부문을 통하는 위탁사업 담당제도의 주지를 명확히 한다(통칙 2, 11).
5. 제1차 대책, 제2차 대책의 단계적 구분을 폐지하고 오로지 당면 전쟁완수에 초점을 두어야 하는 대책을 상술하고 소요에 대응하여 순차 항구적 시책도 채택하도록 하고 근거가 되는 대강을 제시한다(통칙 3, 적산 처리 등).
6. 현지에 대한 중앙의 요망사항 뿐만 아니라 현지 중앙을 통하는 갑 지역 경제대책 전반에 관한 요강이 되게 한다(통칙 8 또는 11, 농림의 상세화, 재정의 신설, 조사 연구 등).
7. 경제처리에 관한 중앙과 현지의 책임 분계를 명확히 한다. 자원개발의 대상 및 규모(개발 목표 또는 유지 한도, 각 연도 생산 및 환송 수량으로 구별한다)의 결정(통칙 1), 주요 사업 담당 기획자의 선정(통칙 2), 만주 중국, 을 지역, 추축국교역[교역(3)] 등
8. 기타
   (1) 각종 자원에 대해 대강 개발기준을 제시한다(광산 1, 농림 1).
   (2) 특산자원보존의 방침을 분명히 한다(통칙 7).
   (3) 남발권의 발행에 수반하는 금융방침의 개정[금융 (1)(2) 등].
   (4) 만주 중국, 을 지역 및 추축국 교역의 요령을 제시한다[교역(3)].
   (5) 조사 연구의 확충 조정
9. 삭제하는 것.

을 지역 관계, 별표, 미국 영국에 대한 경제압박 및 육해군 현지 자활 항목, 광산만의 담당자 선정 준칙, 군표 회수에 수반하는 경제처리의 준칙, 국방비분담금 등

3) 남방자원

> 일본이 북진에서 남진으로 눈길을 돌린 이유는 동남아시아의 천연자원 때문이었다. 다음 사료는 일본 정부와 군이 남방 자원에 대한 가치에 대해 구체적으로 조사해서 정리한 내용들이다. 석유, 철광석, 주석 등 주요자원은 물론 아연, 납, 텅스텐, 보크사이트, 니켈, 망간 등 다양한 자원에 대해 구체적으로 조사한 것이 주목된다.

남방의 광산자원

1942년 4월 29일
주보(週報) 제290호
기획원

1. 철광석

말레이 및 필리핀의 철광석은 지리적 관계에서 우리나라에 대한 공급을 목표로 개발되고, 우리나라의 제철업에 대한 주요 원료 공급원으로서 큰 역할을 해왔음은 주지하는 바와 같다.

종래의 연간 산출량에서 보면 인도 약 280만 톤이 최대로, 호주 230만 톤이 그 뒤를 잇고 말레이 약 200만 톤 및 필리핀 약 120만 톤이 각기 3위와 4위를 차지하고 있다. 미개발 광상(鑛床) 중에는 민다나오섬의 북단 수리가오, 보르네오 동남부의 순가이두아, 세브섬, 다나완섬 및 셀레베스 중부 호수지방 등에 몇억 톤이라는 웅대한 홍토질 철광상이 매장되어 있다. 이들은 반토(礬土), 크롬 및 니켈 등을 많이 함유하는 관계상 지금 당장은 개발의 대상이 되지 않지만, 제련법의 연구, 현지의 연료나 동력 등의 문제 해결과 맞물려 그 장래는 크게 기대된다.

　인도차이나의 철광은 개발에 착수한 지 얼마 되지 않아 종래 13만 톤 정도의 산출을 내는 데 불과하고, 광상(鑛床)도 대규모인 것만 알려져 있지만, 정부가 작년 파견한 프랑스령 인도차이나 자원조사단에 의해 상당히 큰 우량 품위의 광상이 발견된 상태이다. 이상 지역 중 말레이, 필리핀, 인도차이나 광산의 거의 100% 가까이가 일본인 기업에 의해 개발 채굴되어온 것은 향후 대동아지역에서 일본인에 의한 각종 자원 개발의 장래에 대해 희망적인 전도를 시사한다. 더욱이 남방권의 철광은 모두 품위가 높아 이미 개발된 광산 중 품위 60% 이상의 부광(富鑛)이 많은 것은, 이번 세계대전 전에 독일이 품위 28~40%의 빈광(貧鑛) 처리를 위해 막대한 비용을 투자하여 헤르만 괴링 제철소를 건설한 것을 생각한다면 크나큰 천혜(天惠)라고 하지 않을 수 없다.

　근대전을 물질적 측면에서 보자면 우선 철과 기름의 전쟁이라고 할 수 있다. 그 철과 기름의 원천은 이제 우리의 수중에 있다. 빛나는 서전(緖戰)의 경제전이 갖는 의의는 이것만으로도 참으로 위대하다고 해야 할 것이다.

남방 제 지역의 철광 산출고 (단위: 천 톤)

국가	연차	연간 생산고
필리핀	1939	1,167
인도차이나	1938	130
말레이	1939	1,945
버마	1939	27
인도	1938	2,788
호주	1938	2,286
뉴질랜드	1939	2
뉴칼레도니아	1939	84

2. 선철과 강괴

　남방에는 각 지역 모두 철광석 자원이 풍부함에도 불구하고 제철사업은 겨우 우리나라에서 가장 먼 인도와 호주 이외는 전혀 발달되지 않았다. 이는 석탄이나 기후, 노동력 등 입지조건의 관계도 물론 있지만, 이들 지역이 원료식민지로서 일반적으로 공업 발달의 요인을 억압 당해 왔기 때문이기도 하다. 이 점에서 앞으로 우리나라 제철강 공업의 사명은 중대하다. 인도에서는 선철(銑鐵) 약 180만 톤, 강괴(鋼塊) 약 100만 톤, 호주는 선철, 강괴 각기 110만 톤이라는 무시할 수 없는 생산량을 보이고 있다. 따라서 이 두 곳에서 그것에 상당하는 군수품이나 무기생산 공업이 발달해 있음을 간과할 수 없다.

남방의 선철과 강괴 생산 (단위: 천 톤)

	연차	인도	호주
선철	1939년	1,800	1,250
강괴	1939년	1,953	1,134

3. 망간광

망간은 주로 선철과 특수강(망간강) 제조의 원료로 사용되며, 망간광(鑛)은 강철 생산 시 탈산(脫酸)이나 정화제, 특수강의 원료로 사용되는 중요 자원이다. 망간광의 생산은 인도가 세계적으로도 중요한 지위를 차지하고 있다. 즉, 연간 생산량(1938년) 약 100만 톤에 달하여 세계 총생산량 약 600만 톤의 1/6을 차지하며, 소련의 약 300만 톤에 이어서 제2위이다. 그 밖에는 필리핀 5.2만 톤(1940년), 말레이 3.2만 톤(1939년), 동인도 1.2만 톤(1939년), 인도차이나 0.2만 톤(1939년), 뉴질랜드 0.05만 톤(1939년), 합계 약 10만 톤의 생산이 있다.

전쟁 전 미국은 국내 망간 생산이 수요의 4% 정도를 충당하는 데 불과하고, 그 나머지를 해외에 의존하고 있었기 때문에 망간을 '전략적 원료'(국방상 중요한 원료로, 전시 공급의 전부 또는 대부분을 미국 본토 이외의 공급원에 의존하여 엄격한 보존 및 배급 통제 조치를 필요로 하는 것)의 하나로서 중요시해 왔다. 1939년도의 실적에 따르면 미국이 해외에서 수입한 망간 중 인도에 약 15%를 의존하고 있었다. 인도 망간의 미·영 공급 차단은 경제전의 한 중요 사항임을 간과할 수 없다.

4. 크롬광

구조용[기계의 주요부, 포신, 방탄갑강판(甲鋼板)용 소재 등] 특수강 중 가장 중요시되는 니켈, 크롬강 제조를 위해 근대전에는 크롬과 니켈이 불가결하다. 남방지역의 크롬광 생산은 필리핀이 으뜸으로서, 미국은 이 전략적 원료의 자급을 위해 필리핀 망간의 개발에 힘을 쏟았던 것이다. 1938년에 그 생산이 4만 톤이었던 것이 1939년에는 13.2만 톤으로 비약한 것을 보더라도 그간의 사정이 엿보인다. 그 밖에 인도와 뉴칼레도니아에도 대략 각 5만 톤 정도의 산출고가 있다. 아울러 최근 프랑스령 인도차이나에도 고품위 크롬광의 발견이 보도되고 있다.

5. 니켈

니켈은 남방지역에서는 뉴칼레도니아 1.17만 톤[순분(純分) 환산-1938년], 셀레베스 0.18만 톤, 버마 0.1만 톤이 주된 것이다.

니켈의 주요 산출국은 캐나다로, 세계 총생산의 약 90%를 독점하고 있다. 셀레베스섬의 종래 산출액은 모두 포말라 방면에서 채굴되고 있었으며, 전쟁 전 마리리 방면에서 출하하는 계획도 진행되고 있었다. 버마에서는 북샨주(州) 보드윈 광산에서 니켈, 스파이스로서 산출되고 있다.

남방의 크롬광과 니켈광 생산 (단위: 천 톤)

	크롬광	니켈광
필리핀	132.2(1939년)	-
동인도	-	1.8(1940년)
버마	-	1.0(1938년)
인도	44.8(1938년)	-
호주	1.0(1938년)	-
뉴칼레도니아	52.0(1939년)	11.7(1938년)

6. 보크사이트

남방지역은 알루미늄의 원광석 보크사이트가 풍부하다. 특히 싱가포르섬의 남쪽으로 늘어선 빈탄섬의 보크사이트는 전쟁 전부터 우리나라 경금속 공업의 주요 공급원으로서 널리 알려져 있다. 그 생산고는 1939년에 23만 톤, 그에 이어 말레이에 9.4만 톤(동년)의 생산이 있었으며, 빈탄, 바탐 두 섬에서 말레이반도의 남해안 일대에 걸쳐 방대한 매장이 알려져 있어 우리나라 경금속 공업의 앞날은 밝다고 할 수 있다. 그 밖에는 인도 1.5만 톤(1938년), 인도차이나와 호주는 1937년 각각 최고의 산출량을 보여 인도차이나 0.7만 톤, 호주 약 0.8만 톤이었다.

7. 텅스텐광

텅스텐은 융해점과 탄력계수가 높아 공업상 매우 중요하다. 합금으로서는 고속도강(高速度鋼), 갑철판(甲鐵鈑), 파갑탄(破甲彈) 등에 사용되고, 기타 전기접촉재, 전극으로서 사용된다. 텅스텐은 중국이 세계 최대의 공급지인데, 그 뒤를 잇는 남방 최대의 생산지는 버마이다. 그 산지는 태국에 인접한 반도부[테나세림관구(管區)] 전 지역 및 그 북방의 카렌니 지방을 위주로 하여 1.1만 톤의 산출을 보이고 있다. 이 중 카렌니주(州) 방면은 주석과의 혼합광으로 약 0.6만 톤이다. 인도차이나에서는 북부 통킹의 피아왁 지방을 주산지로 하여 1939년에는 0.065만 톤을 산출했다. 태국에서는 매장은 전체 20개 현(縣)에 미친다고 하나, 현재 주로 푸켓섬 및 송크라 지방에서 산출되고 있다. 말레이에서는 유명한 이포 부근 광산은 이미 다 파내어 현재 크다주, 트렝가누주, 페락주, 슬랑오르주, 느그리슴빌란주에서 산출되고 있다. 이외에 호주에도 0.11만 톤의 산출이 있다.

남방의 텅스텐광 생산 [단위: 1톤-W03 60% 함유 정광(精鑛)]

	연차	연간 생산량
인도차이나	1939년	650
태국	1938년	251

말레이	1939년	1,000
동인도	1935년	2
버마	1939년	11,000
인도	1938년	10
호주	1939년	1,159
뉴질랜드	1939년	41

8. 안티몬광

안티몬은 주로 납 합금, 기타의 비철금속 합금의 경화제로서 사용되며, 이들의 합금으로서 축전지판, 활자판, 베어링합금, 전선피복(被覆), 소총탄, 유산탄(榴散彈) 등에 중요한 용도를 갖는다. 남방에서는 인도차이나, 버마에서 각각 104톤(1938년), 90톤(1938년)을 산출하고, 호주의 히스코트 부근에서 585톤을 산출한다(이상 순분 환산). 태국의 싱고라, 람팡 등, 자바의 바이튼조르그 부근 등에 매장되어 있다고 하나 아직 개발되지 않았다.

9. 주석광과 주석

주석은 양철판, 땜납, 튜브, 베어링금, 청동 등의 제조에 사용되며, 금속 박편(薄片) 및 화학제품에도 사용되는 중요자원의 하나로서 미국의 전략적 원료 중 하나로 꼽힌다. 이 주석광의 산출은 남방권에서 세계 산출액의 약 7할을 차지하며, 미국의 경우는 수요의 80%를 이 남방에 의존하고 있었다. 말레이의 주석광 및 주석의 생산은 세계 제1위이며, 그 주산지는 페락주 이포 부근의 광맥이다. 이 주에서 말레이 전체의 주석광 생산 5.4만 톤(주석 순분 환산)의 약 6할을 산출하고, 이를 이어서 슬랑오르주(쿠알라룸푸르 부근)가 전체 산출량의 약 3할을 기록하고 있다. 동인도에서는 방카섬, 빌리톤섬, 싱켑섬이 그 주산지로서 전체 산출고는 4.5만 톤이다, 태국은 이상 두 지역에 이어 2만 톤으로 푸켓과 나콘시탐마랏의 남부 2개주에서 전체 산출액의 95% 이상을 차지하고 있다.

주석의 정련은 종래 싱가포르섬의 스트레이트 트레이딩사(社)의 제련소가 중심으로, 그 밖에 페낭의 이스턴 스멜팅사와 방카의 네덜란드령 인도 정부가 관영(官營)하는 것이 있었다. 즉, 말레이반도산(産) 전부 외에 태국, 프랑스령 인도 및 버마산 주석광의 대부분이 싱가포르섬과 페낭에서 제련되어 싱가포르시는 세계 주석 거래의 주요 중심지로 되어 있다.

인도차이나의 하이퐁에도 소규모의 정련소는 있으나, 이것들은 전적으로 중국 윈난성(雲南省)에서 유입해 오는 주석광을 처리하고, 자국 생산분은 싱가포르로 보내고 있다.

남방의 주석광과 주석 생산고 (단위: 천 톤)

	주석광(순분 환산)	주석
인도차이나	1.2(1940년)	2.0(1939년)
태국	20.0(1940년)	-
말레이	54.9(1939년)	81.5(1939년)
동인도	44.9(1940년)	14.7(1939년)
버마	5.5(1939년)	-
호주	3.4(1939년)	3.4(1938년)

10. 동과 동광

동광(銅鑛)은 대동아지역에서 가장 자급이 곤란한 중요자원의 하나이며, 전시의 방대한 수요를 조달하기 위해서는 앞으로 큰 노력을 필요로 한다. 최대의 생산지는 호주(타스마니아섬 마운트 라이엘 광산을 위주로 한다)이며, 1939년에 약 2만 톤(동 순분 환산)을 산출하여 대부분 국내에서 제련, 소비되고, 일부분이 정광(精鑛) 상태로 미국 등으로 수출되었다. 인도는 동광 0.56만 톤(동 순분 환산-1938년)으로 역시 인도 내에서 정련된다. 필리핀에는 동광 약 0.5만 톤(동 순분 환산)의 산출이 있는데, 이는 주로 일본으로의 수출을 목표로 해서 근년 개발되기 시작한 것으로, 향후 우리나라 기업에 의한 적극적인 개발이 크게 기대된다. 버마에서는 납, 아연의 부산물로서 0.36만 톤(동 순분 환산-1938년)을 산출하며, '매트'(금속 특히 구리·니켈·납 등의 황화광석을 제련해서 얻어진 중간 생성물-옮긴이)로서 수출되고 있다.

그 밖의 제 지역에도 여기저기 매장이 알려져 있으나, 현재까지는 그다지 기대할 수 있는 정도의 것은 없는 듯하며 아직 개발에 이르지 않았다.

11. 납과 아연

납과 아연의 산지로서는 호주와 버마가 주요한 곳이다. 특히 호주는 세계적으로 중요한 지위를 차지하고 있다. 산지로서는 뉴사우스웨일스주의 브로큰힐, 퀸스랜드주의 마운트 아이자 등이 가장 저명하다. 즉, 이들 지역의 납광 생산은 약 28만 톤(납 순분 환산-1938년)에 달하고, 미국의 33만 톤에 이어서 멕시코와 함께 제2위를 다투고 있다. 납광은 자국에서 정련되며 그 정련고는 약 25만 톤(1939년)에 달한다. 아연광은 22.3만 톤(아연 순분 환산-1938년)을 산출하여 미국의 약 50만 톤에 이어서 제2위이다. 정련 아연은 동년 7만 톤이다.

버마에는 납과 아연의 부광으로 알려진 보드윈 광산이 있다. 그 산출 상황을 보면 1938년에 납광(납 순분 환산) 약 9만 톤, 아연광(순분 환산-1938년) 약 3.5만 톤인데, 납은 같은 광산에서 제련되고, 아연은 정광 상태로 수출되었다.

이상의 두 지역 이외는 필리핀에서 금의 부산물로서 약간의 납을 산출하고, 인도차이나에서 아연광 약 0.5만 톤(1938년)을 산출할 뿐이다.

12. 석유

유명한 석유 광맥으로서 제3기층으로 이루어진 석유 광맥이 자바, 수마트라에 각기 풍부한 유전을 부여하고, 이곳을 통과해서 대륙 버마로 건너가 예난자웅, 싱 등의 유전을 형성하고, 그로부터 좌측으로 꺾어서 인도의 아삼 유전에 그 족적을 남기고, 먼 거리를 달려 서아시아에 이르러 이란, 이라크의 제 유전을 형성하고 있다. 이 석유 광맥에서 얻는 남방의 천혜는 연간 생산량 약 900만 톤의 원유 생산으로 나타나고 있다.

동인도의 석유지대는 대략 이것을 수마트라섬의 북부 유전, 중부(잠비) 유전, 남부(팔렘방) 유전, 보르네오섬의 산가산가 유전, 타라칸 유전, 그 밖에 자바섬의 동부(수라바야) 유전, 중부(렘방) 유전과 몰루카제도의 세람 유전으로 대별할 수 있다.

이들 유전 전체를 통한 산유량은 근년 약 800만 톤으로, 처음에 보르네오가 동인도 전체 산유량의 약 6할을 차지하고 있었으나, 팔렘방 유전의 심해 채굴이 성공한 후 수마트라의 산유가 해마다 급증하여 현재는 수마트라가 약 65%, 보르네오가 약 25%, 자바와 세람을 합쳐서 약 10%의 비율을 이루고 있다.

이에 대한 정유 시설로서는 수마트라 북부 유전에 대해 팡카란 브란단 정유소, 중부와 남부 유전에 대해서는 팔렘방 소재의 순가이게롱, 플라주 정유소, 보루네오와 세람의 유전에 대해 발릭파판 정유소, 자바에는 체푸, 워노크로모, 카포엔의 세 정유소가 있어 동인도의 전 산유를 각기 처리할 수 있는 능력을 갖추고 있다.

북부 보르네오에는 미리(사라왁) 유전과 세리아(브루나이) 유전이 있어 합쳐서 약 90여만 톤의 산유가 있고, 두 유전의 중간에 위치하는 루통 정유소에서 정제되고 있다. 버마의 산유량은 약 110만 톤으로, 주된 유전은 이라와디강의 중류를 따라 있다. 그중 예난자웅과 싱 유전이 전체 산유액의 약 8, 9할을 차지하고 있으며, 그 산유는 랑군 하구에 가까운 시리암 정유소에서 처리되고 있다. 이 중에서 수마트라와 버마의 산유는 특히 양질이라고 할 수 있다.

이 이외의 지역에서는 뉴질랜드에 극히 소량의 산유가 알려져 있는 외에는 어디도 현재까지 석유를 산출하고 있지 않다. 특히 뉴기니에 대해서는 수년 전 미국에 의해 대규모 조사가 행해지고 그 결과는 공표되지 않았으나, 향후 우리나라의 손으로 과학적 조사가 필요하다고 생각된다. 종래의 산출량만으로는 그 모두를 합쳐도 아직 대동아의 필요를 충분히 충당하기에는 부족하므로 기개발과 미개발의 지역에 걸쳐 철저한 탐사를 할 필요가 있다.

남방의 원유 생산고(1939년) (단위: 천 톤)

북부 보르네오	939
동인도	7,943
버마	1,100
소계	9,982
인도	328
뉴질랜드	13

13. 석탄

남방권 중 최대의 석탄 산출국은 인도이다. 그 산출액은 약 3,000만 톤으로 비하르주와 벵갈주의 출탄(出炭)이 그 태반을 차지하고 있다. 호주의 약 1,400만 톤(1939년)이 그 뒤를 잇고 있으며, 주된 산지는 뉴사우스웨일스와 퀸스랜드의 두 주이다. 이상의 두 지역을 제외하면 남방은 대체로 석탄이 나지 않으며, 인도네시아와 동인도 외에 거의 산출되지 않는다. 인도차이나에는 250만 톤의 무연탄 산출이 있다. 홍가이, 케바오, 동트리우, 퐁메이 등 통킹 해안지방에 산지가 집중되어 있으며, 양질의 제철용 석탄을 우리나라에 공급하여 일찍부터 홍가이탄(鴻基炭)으로 잘 알려져 있다. 동인도에서는 수마트라의 부킷 아삼(팔렘방 오지)과 옴비린(파당항 배후지)의 두 관영탄광을 위주로 하고 그 밖에 보르네오 동부와 남동부에서 산출된다. 동인도의 전체 출탄고는 1940년에 200만 톤에 달했으나, 탄질은 대체로 우량하지 않다. 그 외에는 뉴질랜드의 양질탄 100만 톤(1939년)이 있다. 말레이에서는 파투아란 탄광에서 45만 톤(1939년)의 출탄을 보는 정도로 큰 기대는 할 수 없다. 필리핀에도 각처에 근소한 매장은 있으나, 거의 언급할 필요가 없다.

요컨대 남방의 석탄은 프랑스령 인도차이나의 제철용 탄을 제외하고는 대체로 남방 각 지역의 소비에 충당되는 것이 고작으로, 우리나라에 공급할 정도는 아니다.

이상으로 극히 간단하게 남방의 주요 광산자원의 개요를 서술했다. 이 외에 각 지역에 걸쳐 상당한 금이 산출되며, 나우르, 오션, 마카테아, 크리스마스 등의 섬은 세계 굴지의 인광(燐礦) 산지로 알려져 있다. 또한 버마와 뉴칼레도니아의 코발트광을 비롯하여 몰리브덴, 바나듐 등의 특수강 원료, 기타 운모, 수은 등 앞으로 탐사, 개발을 기대하는 것이 많다.

물론 종래의 개발 정도에서만 보면 빈약한 자원으로 보이는 것도 많으나, 거기에는 종전 영·미 등 기업의 영리주의적 입장에서 개발 곤란이라고 치부된 사정도 있을 것이다. 새로 대동아 자체의 입장으로 돌아가 일본의 지도하에 설 때 예기치 못한 발견은 물론이고 획기적인 개발, 증산의 가능성이 있다고 할 수 있을 것이다.

점령지 채유(採油)사업의 협력 운영에 관한 육해군 중앙협정

1942년 5월 19일
대본영정부연락회의 결정[대본영정부연락회의 결정철(綴)]

1. 중앙통제기관으로서 육해군 관계 직원으로 구성되는 육해군석유위원회를 설치한다. 이 위원회는 채유, 정유, 저유(貯油), 수송 및 배분에 관한 제반 종합계획을 책정한다.
2. 본 위원회에 의해 책정된 제 계획은 곧바로 육해군에서 각기 관계 각부로 지령하고 실시한다.
3. 현지 채유사업의 담당은 현 상태대로 하나, 육해군 상호 연락의 목적에서 육(해)군 채유 기관의 지도부에 각기 필요한 연락원을 파견한다.
4. 본 중앙협정과 더불어 속히 별지 사항을 실현하기로 한다.

> (주) 별지 사항은 1942년 5월 20일 대본영정부연락회의 결정 「남방 연료 수송에 관한 건」으로 한다.

부(附)

채유 사업의 중대성을 고려하여, 육군과 해군은 혼연일체가 되어 긴밀히 협력하며, 특히 수송과 필요한 경우 채유를 위한 기술 지원 등의 협력에 만전을 기하도록 한다.

남방 연료 수송에 관한 건

1942년 5월 20일
대본영정부연락회의 결정(대본영정부연락회의 결정철)

1. 해군은 7월 말 이후 징용선박[포경공선(捕鯨工船)을 포함]의 기정(旣定) 초과량을 징용 해제하여 남방 석유 수송에 충당할 것.

    그 징용 해제량은 다시 이를 검토하더라도 육해군 작전의 추이를 고려하면서 극력 그 양을 기정 초과량에 근접하도록 각종 방법을 강구하기로 한다.

    만약 남방 석유 수송 가능량의 부족에 따라 육군 작전용 소요량에 부족을 낳을 때는 남방 산유와 국내 저유의 상호 융통, 기타에 의해 이를 보전한다.

    위의 징용 해제량은 육군 부대에 대한 보급용을 우선 처리하고, 남방 산유의 수송에 관해서는 산유 지역에 상관없이 가장 효율적으로 운항하도록 한다.
2. 새로 건조된 '탱커' 및 민간 '탱커'의 배속에 관해서는 당시의 전쟁 지도상의 제반 요청을 고려하여 이를 정하기로 한다.
3. 해군 징용 '탱커'의 여력으로 가능한 한 다량의 점령지 산유를 수송할 것.
4. 연료 수급의 애로는 유조선 부족에서 기인함에 비추어 연료 수송력 보강에 관해서는 급속히 모든 대책을 강구할 것.

[비고] 제1항 징용 해제 유조선의 사용에 관하여 해군에서 작전상 필요가 생겼을 때는 우선적으로 이에 충당하도록 필요한 조치를 강구하기로 한다.

제4장

일본의 동남아시아 지배와 '독립' 부여

해제

　1942년 초에 동남아시아 각지를 점령한 일본은 육해군이 지역을 나누어 군정을 실시했다. 육군은 홍콩, 필리핀, 영국령 말레이, 수마트라, 자바, 영국령 보르네오, 버마 등을 담당했고, 해군은 네덜란드령 보르네오, 셀레베스, 말루쿠 제도, 소순다 열도, 뉴기니, 비스마르크 제도, 괌 등을 담당했다. 점령지가 확대되자 1942년 6월 2일 현재 해군이 안다만 제도, 니코바르 제도, 크리스마스섬, 솔로몬 제도, 나우루섬, 바나바섬을, 육군이 피지 제도, 사모아 제도, 뉴칼레도니아를 추가로 지배하게 되었다.

　이러한 군정을 동남아시아 지역에 한정하여 살펴보면, 태국과는 동맹관계, 프랑스령 인도차이나와 동티모르에 대해서는 구 종주국과 공동 지배하는 정책을 시행했다. 그 외 지역에는 직접 군정을 실시하였으나, 시간이 지나면서 이른바 '대동아공영권'의 기치 아래 영국과 미국에 대항하기 위해 각국별로 차별화된 정책을 추진하게 되었다.

　이러한 정책 변화가 표면화되는 것이 1943년이다. 이 시기는 유럽의 전쟁에서 이탈리아와 독일이 고전을 하고 있고, 일본도 2월에 과달카날섬에서 철수한 이래 패색이 짙어지고 있었다. 일본은 각 점령지의 민심이나 구 종주국과의 관계, 전쟁의 상황에 따라 일본에 유리하도록 동남아시아 각국에 대한 방침을 바꾸어 갔고, 버마와 필리핀에는 독립을 부여하고, 인도네시아에 독립을 약속하는 한편, 영국령 말레이시아와 싱가포르에 대해서는 지배를 계속하는 정책을 시행했다.

　제4장에서는 버마와 필리핀, 태국, 인도네시아(보르네오)에 관한 지배 방침을 살펴볼 것이다.

1. 버마 공작

1) 버마 공작에 관한 건

　　일본의 버마 공작은 아시아태평양 전쟁 개전 이전부터 준비되었으며, 특무기관을 통해 아웅 산 등과 접촉하여 비밀리에 군사 훈련을 실시했다. 그 결과, 버마독립의용군을 결성하고 일본군과 함께 버마에 입성하였다. 그러나 버마 독립운동가와 버마 특무기관인 미나미기관(南機關)의 입장과 제15군의 입장이 대립하면서 미나미기관은 해산하고 제15군에 의한 하야시집단이 버마 군정을 주도했다.

　　본 사료는 미나미기관이 해체된 이후인 1942년 9월 6일에 그때까지 미나미기관이 행했던 버마 공작의 활동 내용을 구체적으로 기록한 것이다. 미나미기관의 출범에서 버마 독립운동가 청년 30인('30인의 동지')에 대한 훈련 내용, 버마독립의용군 창설 과정, 버마에 대한 모략의 구체적 내용, 버마 진격에 대한 단계별 상황, 버마인 지도자들에 대한 명령, 버마방위군으로의 재편 과정 등 특무기관의 활동 내용과 버마군의 창설 등 극비사항인 버마 공작의 구체적 내용들이 담겨 있다. 그리고 미나미기관의 공작 목적 및 미나미기관을 해체하고 제15군 군정기관으로 이관하는 내용에 대해서도 서술하고 있다.

군사극비

남총참(南總參)1 제513호

버마 공작에 관한 건 보고

1942년 9월 6일 남방군 총사령관 백작 데라우치 히사이치(寺內寿一)

육군대신 도조 히데키(東条英機) 앞
제목의 건을 별책과 같이 보고함.

군사극비 후지와라(藤原)
버마 공작에 관한 건 보고
남방군총사령부

남방군은 1941년 11월 24일 대륙명(大陸命) 제556호에 의해 미나미기관[南機關, 1940년대 초반에 일본군이 운용하던 특무기관 중 하나 -역주]을 지휘하에 편입시킨다.

당시 미나미기관의 버마 공작 계획은 별책 제1과 같다.

다음으로 1941년 12월 23일 남총작명을(南總作命乙) 제7호에 의해 제15군의 지휘하에 속하게 하고 이후 스스로 대 버마 모략을 실시하게 한다.

버마 진입 작전에 동반하는 작전과 모략의 조정에 관해서는 1942년 1월 6일 별지 제1의 「버마에 관한 모략 실시 등에 관한 건」과 같이 지시하고, 제15군에서는 모략, 봉기 이후 의용군이 '시탕'강에 진출할 때까지 버마 내 독립 분자를 규합해 일제 봉기하는 것을 목표로 미나미기관에 시책을 마련하게 한다. 버마 민중의 반영 의식을 고양, 격화시킬 수 있다고 하더라도 적 지구 안에 있는 영국 관헌의 단속 및 탄압이 엄격하고 통제된 정치적 대폭동의 조짐을 볼 수 없다. 때마침 버마에 침입한 영국, 중국군을 격멸했기에 제15군의 병력이 증강되어 작전을 통해 소기의 목적을 완수할 수 있다는 확신에 도달했다. 또 점령지에 대한 군정(軍政) 실시의 필요성이 생겼기에 이후 미나미기관을 전장(戰場)의 모략 기관으로서 제15군의 작전에 협력하게 했다.

제15군의 버마 공작에 관한 보고는 별책 제2와 같다. 본 공작의 성과를 개관하면, 버마의 전(全) 독립당원이 조직적인 반영 항쟁 궐기를 하기에는 이르지 못했지만, 군 작전의 시종을 통해 버마에서 버마인의 반영·친일 기운을 고양시켜, 전(全) 전장에 걸쳐 버마인이 황군에 협력하고 적군의 유격 책동을 봉쇄했다. 그 외에 직접적으로 황군을 원조하고 황군의 유도, 정보 제공, 물자 수집, 도로 수리 등 각 방면에서 작전행동을 한결 수월하게 한 공적이 현저하다.

그리고 미나미기관으로 하여금 더욱 적극적으로 작전부대에 협력하게 하고 작전부대 또한 적극적으로 이를 이용하고 지도한다면, 공작의 성과는 더욱 커질 것이다.

본 공작과 같이 영국 제국주의의 압정하에 그리고 꾸준히 성장한 활발한 민족독립 의욕을 모략 실시를 통해 유리하게 이용·선동해서 이를 우리의 작전에 이용하는 경우, 작전과 모략 및 점령 후 시책과의 연결과 관련해 상당히 번거로운 모순·당착을 발생시킬 가능성이 크다. 이를 처리하기 위해 명확하고 적절한 사전 준비와 임기응변을 갖춘 교묘한 민족 지도 기술을 배합·안배할 필요를 특히 통감한다.

즉, 모략 기관의 시책은 순전한 정치 공작으로서, 그 목적은 작전에 합력하는 것이라 하더라도 대상이 되는 민족에 대해서는 자주, 독립을 최고의 목표가 되게 해야 한다. 공작이 순조롭게 진척되어 제민족이 전면적으로 독립 궐기해서 적성(敵性) 정권 세력을 붕괴시키고, 민족의 완전한 부흥을 통해 우리의 시책 목적을 완성할 수 있게 된다면, 아무 마찰도 생기지 않는다고 해도 본 공작처럼 제1기 공작에서 독립정권을 확립시키려는 기도를 할 수밖에 없는 경우에는 이미 획득한 독립 분자 및 이를 지원하는 민중의 지도 요령에 상당한 수정이 필요하다. 작전부대 또한 이를 이용하고 특히 점령지 시책에 있어서 종전의 정치적 색채를 우선 불식시켜야 함. 이와같은 임기응변 조치는 작전부대의 경우 작전 지도상의 영향을 별로 느끼지 않겠지만, 모략 기관의 경우 종전의 사상적 지도 근거의 일부를 잃어버리게 되므로 그 곤란함을 극복하면서 점진적으로 군의 시책에 동조하게 하고, 이후의 시책에 맞추어 적극적으로 사상적 전환을 하게 해야 한다. 대상이 되는 민족이 단순, 완고한 독존적(獨尊的)인 민족적 의욕에 이끌리는 경우 그 곤란함은 더욱 커진다.

장래 이런 종류의 모략을 실시할 때를 대비해 작전과 모략과의 조정, 사태의 추이에 따른 모략 기관의 적시 적절한 공작 지도 등에 대해 신중하게 연구할 필요가 있다.

전 버마의 평정이 끝나고, 본 공작은 일단락되었으며 1942년 6월 11일 별지 제2「미나미기관 처리에 관한 보고」는 별책 제3과 같다.

〈별책 제1〉

미나미기관 버마 공작 계획

제1 방침

군의 버마 진입 작전에 호응해서 버마 내 전반에 걸쳐 혼란을 격화시켜 적의 작전 지도를 불가능하게 함과 동시에 버마인이 전면적으로 우리에게 협력하도록 하는 데 있다.

제2 실시 요령

미나미기관은 버마독립당원을 지휘해 봉기군을 조직하고 국내 정치 조직을 파괴하면서 소요를 봉기로 바꾸는 동시에, 의용군을 편성해 독립정권 실력의 핵심을 구성시켜서 양자(兩者)에 호응해 우선 '테나세림(Tenasserim)' 지역을 평정한 후 임시정부를 구성한다.

그 후 되도록 신속히 랑군 지역을 공략해서 버마 내 영국 정부의 중추를 몰아내고 독립정권의 기초를 확립한 다음, 점차 상부 버마를 평정해서 독립을 완수한다.

본 공작은 일본군의 버마 진입 작전과 긴밀하게 연결해서 시행한다.

2-1. 국내 혼란

1. 국내 혼란에 대해서는 재(在) 버마독립당 수령이 책정하는 기존 계획에 기초해서 이를 실행하고 미나미기관장은 필요에 응해 임시로 이를 지도한다.
2. 국내 혼란용 무기 및 그 지도원 7명(그중 2명은 이미 버마로 귀환했음)을 1월 초순에 비행기로 버마 국내로 보내고 약 2주 이내로 국내 소요 준비를 완료시킨다.
3. 혼란을 일으킬 때 우리 군의 작전 수행에 필요한 식량 및 기타 물자 및 제반 시설을 힘써 확보하고, 적의 손에 들어가는 어쩔 수 없는 경우에 한정해 이를 파괴한다. 특히 '테나세림' 지구 및 랑군 주변에서는 철도수송 재료, 자동차, 배 등을 수집하는데 힘쓰는 한편, 버마 석유 생산기구의 신속하고 완전한 점거를 꾀한다.
4. 소요가 일어나는 것은 일본군 및 의용군의 '모울메인' 공략과 대체로 합치되게끔 예정하고 미나미기관장이 이를 결정한다.

봉기군에 대한 통고는 비행기 및 '라디오' 방송으로 한다.

5. 일본군 및 의용군이 작전하는 지역 부근에 있는 봉기군은 일본군 및 의용군 지휘관의 지도를 받도록 한다. 그러므로 해당 봉기군 지휘군은 되도록 신속하게 일본군 또는 의용군의 지휘관과 연락한다.

2-2. 의용군의 행동

1. 의용군의 편성 및 작전 수행은 미나미기관장의 지휘로 실시한다.
2. 의용군의 편성 및 훈련은 전 작전 기간을 통해 실시한다. 그러므로 미나미기관장은 특히 기관원 및 기존의 교육받은 버마독립당원의 일부로 징집·훈련부를 조직하고, 그 수행을 위해 소재의 버마인 장정을 징집시킨다. 여기에 필요한 군사훈련이 끝난 후에는 적절한 부대를 편성한다.
3. 의용군 무기는 대본영(大本營)이 기관에 교부한 것으로 충당하는 한편, 노획한 무기로 무기의 조달을 꾀한다.
4. 의용군 편성용 무기의 추가 운송은 미나미기관 스스로 부담하지만, 일본군이 교통을 통제하는 지역에서는 필요한 협력을 받는다.
5. 의용군의 작전은 일본군의 작전을 용이하게 해주는 것에 주안점을 두며, 대체로 다음 3기로 나누어 이를 지도한다.

   1) 제1기(행동을 개시해서 '테나세림' 지구를 공략하고 임시정부를 수립할 때까지)

   일본군의 작전을 용이하게 하는 데 주안점을 두는 동시에 의용군 자체의 증강 및 단련을 꾀하기 위해 의용군 지휘관은 작전 지도에 관해 일본군 지휘관의 처리 방침에 따른다.

   2) 제2기(임시정부 수립 후부터 랑군 공략에 이를 때까지)

   독립정부 실력의 핵심이 되어 일본군과 협동해서 랑군 공략에 임한다.

   3) 제3기(랑군 공략부터 상부 버마 평정에 이를 때까지)

   의용군 주력으로 잔존 영국 정권 및 충칭(重慶) 세력의 일소를 꾀함과 동시에 일본군의 필수 물자 자원의 점거·확보에 임한다.

   이를 위해서 소요에 응해 일본군의 협력 또는 원조를 받는다.

'주' 제2기, 제3기의 공작 요령에 대해서는 별지 제1 지시와 같이 수정한다.

2-3. 부서

1. 작전 개시 후에 의용군의 부서는 다음과 같이 정한다.

   군대 구분

   △ 의용군사령부(소총 100정 중심)

   　사령관 스즈키(鈴木) 대좌

   △ 모울메인병단

   　병단장 군사령관이 겸한다.

   　기타지마부대(소총 850정 중심)

   　스즈키부대(위와 동일)

   　다나카부대(전장에서의 모략)

   　제1포대(주력 평사보병포)

   　제2포대(주력 곡사보병포)

   　통신대(주력)

   　대행이치중(大行李輜重, 보급부대의 일종-역주)

   △ 타보이병단

   　병단장 가와지마 대위

   　병단사령부

   　이즈미야부대(소총 900정 중심)

   　도모토부대(전장에서의 모략)

   　제1포대 일부

   　제2포대 일부

   　대행이치중 일부

   △ 수상지대

   　지대장 히라야마 중위

   　히라야마부대(소총 300정 중심)

2. 임무

　1) '모울메인'병단

　　제55사단 주력의 작전 지역에서 행동하며 그 작전을 용이하게 함과 동시에 의용군의 증강 및 단련을 맡는다.

　　특히 그 작전 지도에 관해서는 제55사단장의 처리 방침에 따른다.

　2) '타보이'병단

　　특지대(特支隊)의 작전 지역에서 행동하며 그 작전을 용이하게 함과 동시에 의용군의 증강 및 단련을 맡는다.

　　특히 그 작전 지도에 관해서는 특지대장의 처리 방침에 따른다.

　3) 수상지대

　　'빅토리아, 포인트' 방면에서 신속하게 '메르귀'를 공략하는 동시에 각 방면에서 작전 자재 수집 및 '빅토리아, 포인트', '메르귀' 사이의 수로를 확보한다.

　4) '테나세림' 지역 공략 후의 부서는 별도로 정한다.

2-4. 선전

1. 버마 모략에 동반하는 선전은 미나미기관 자체적으로 실시하는 것을 원칙으로 하지만, 비행기 또는 라디오를 이용하거나 대규모 인쇄가 필요한 것 등은 제15군 선전반에 의뢰한다.

2. 선전 요령은 다음과 같다.

　1) 공작 개시까지

　　일본의 정강(精强), 영국의 패전 상황, 독립의 호기가 도래한 것을 민중에게 유포해서 느끼게 한다.

　　단, 의용군에 관한 사항은 발표하지 않는다.

　2) 국내 혼란 후 봉기까지

　　적 토민군(土民軍)의 내부 붕괴 및 버마의용군에 대한 주민의 신용도가 높아지도록 선전한다.

　3) 독립정부를 수립할 때는 이에 대한 신뢰 지지를 고양시킬 수 있도록 한다.

4) 버마의용군 및 봉기군은 하급 단위까지 미칠 때까지 각각 조직 내에 선전기관을 설치하고 통일된 방침으로 이를 활용한다.

그 외에 특히 버마독립당원 몇 명을 제15군 선전반장의 지휘 아래 둔다.

2-5. 점령지 처리 요령

1. 우리의 세력 범위으로 들어오는 지역의 행정은 미나미기관이 주재하는 군정을 통해 실시한다. 그러나 종래의 지방자치기구는 군의 작전 수행 및 독립정권 수립에 지장을 주지 않는 경우 이를 존중한다.
2. 일반 주민은 되도록 신속하게 직업에 복귀하도록 지도한다.
3. 별도로 정한 장소에 의해 만 15세 이상 35 미만의 남자에게 징병 또는 공역(公役)에 상응하는 의무를 부과한다.
4. 버마의 독립 목적 달성에 필요한 경비 조달은 별도로 정한 곳에서 일반 주민에게 납세의 의무를 부과한다.
5. 버마의 국유재산 및 국영사업은 버마독립군이 계승하고 독립정권 수립 후에 이를 이관한다.
6. 다음의 재산은 적산으로 인정해 일본군의 작전 수행에 직접 필요한 것을 제외하고 그 외에는 별도로 정한 곳에서 의용군이 처리한다.

    다음의 재산

    1. 버마의 독립 혹은 [대]동아공영권 확립을 방해할 목적으로 사용된 자산 및 적성의 색채가 매우 뚜렷한 것 혹은 소유를 단념한 자의 자산
    2. 교전국 및 그 국민에 속한 자산
7. 주민의 안녕과 질서를 어지럽히거나 이적 행위를 행하는 자는 엄벌에 처한다.

별지 제1

버마에 관한 모략 실시 등에 관한 건

1. 버마 작전을 위해 모략을 지원해서 버마를 영국 본토에서 이반, 독립시키는 데 힘쓴다.
2. 모략 실시 요령

　작전에 임해 다음의 순서 요령에 의거해 모략을 실시한다.

　1) 국내에서 전반적으로 봉기를 일으켜 현재의 영국 정권 및 영국 수비군을 붕괴시킨다.

　2) 차례로 의용군을 편성해서 이를 장래에 버마독립군의 기초로 하게 한다.

　3) 일본군 점령 구역 내에서는 국지적, 자치위원회를 결성해 치안 유지, 일본군의 후방 엄호, 보급의 원조에 임하게 한다.

　4) 전항(前項)의 성과를 통해 버마 대부분에 파급되는 것을 기회로 일거에 강력한 신정권을 수립한다.

　　신정권을 수립할 때 내부 약정 조건에 대해서는 별도로 정한다.

　　특히 우수한 버마인 지도자를 얻는 데 힘쓴다.

　5) 신정권 수립에 성공하지 못하는 경우에는 오직 점거 지구를 확보해서 군이 자활하는 것을 목표로 군정을 실시한다.

　6) 전항의 사항을 실시하는 경우 작전 지도를 허가하는 경우에 한해 기름, 면화, 납, 자원의 확보에 유의한다.

3. 작전과 모략과의 조절

　1) 작전의 지도는 모략을 쉽게 실시하도록 하는 것에 유의한다.

　2) 작전군과 동일 방면에서 행동하는 의용군은 작전군의 지휘하에 들어간다.

　3) 초기 '테나세림' 지역의 수비는 일본군이 맡고, 의용군이 보조하게 하는 한편, 태국군에 맡기지는 않는다.

　4) 상황에 따라 태국군에 버마 동북 산지 방면의 작전을 맡기는 것을 기대한다.

4. 신정권의 기구 등

　1) 신정권은 표면적으로 독립의 형태를 갖추지만 내용은 제국의 의도를 용이, 충실하

게 실행할 수 있도록 한다.

2) 신정권의 지도는 점령군 사령관이 담당하는 것으로 한다.

신정권의 승인은 전쟁이 끝난 후로 미루도록 한다. 그러므로 군정의 실행 기관(군정부)은 설치하지 않는다.

군 내의 막료조직에 대해서는 별도로 연구한다.

5. 기타

1) 버마는 인도에 대한 시책의 기지로 삼으며, 특히 물자(주로 쌀)의 인도 유입을 차단한다.

2) 기회를 보아 대 중경 모략 거점을 설정해서 지나파견군(支那派遣軍)의 활동을 용이하게 한다.

3) 태국의 실지 회복에 대해서는 별도로 연구한다.

별지 제2

미나미공작(南工作) 처리 요령(1942. 6.11)

1. 정치 공작은 필요 인원과 함께 신속하게 제15군 군정기관으로 이관한다.
2. 버마독립군의 처리

1) 정규군은 필요 인원을 도태·정리해서 버마방위군으로 개편한다.

버마방위군은 제15군 군사령관 예하에 속하며 주로 변경 경비에 적합한 교육 훈련을 실시한다. 버마방위군의 병력은 일단 1만 명 이내로 한다.

필요한 무기는 독립의용군을 위해 대여된 것과 노획품으로 충당하며 남는 것은 병기창에 반납하도록 한다.

2) 비정규군은 필요 인원을 도태·정리한 다음 경찰기관 등에서 흡수하거나 적절한 수단으로 무기를 회수해서 해산시킨다.

3) 버마방위군은 일단 지원제도로 한다.

4) 버마독립군의 처리, 버마방위군의 건설·유지, 운영 등에 필요한 비용은 군정 회계에 속하게 한다.

5) 1번과 2번의 처리에 있어서 버마인을 중앙·지방의 군정기관에 기용하는 것, 공로자의 포상, 희망자의 귀향, 취직을 고려한다.

6) 미나미기관원은 병비국(兵備局) 또는 버마방위군에 편입시키거나 다른 기관에 취직시킨다.

⟨별책 제2⟩

미나미기관의 대 버마 공작에 관한 보고

하야시집단(林集團) 사령부

제1 판결

미나미기관이 실시한 버마에 대한 공작은 우리의 작전에 호응해 버마인의 반영 기운을 고양했으며 그 결과 군의 작전행동을 유리하게 한 효과가 현저했다는 것을 인정한다.

제2 공작 경과의 개관

2-1. 준비

미나미기관은 1941년 2월 대본영 직할로 버마에 대한 공작을 개시했는데, 우선 버마독립당원의 탈출, 수용, 훈련, 태국을 통한 은밀한 무기 수송로 설정 등 독립을 위한 직접 행동을 준비해 왔다.

즉, 독립 청년 간부 30명(그중 1명은 대만에서 병사)을 버마에서 탈출시켜 이들을 하이난(海南島)의 싼야(三亞)에 수용(나중에 타이완 옥리연습장으로 이동)해서 오로지 군사 및 정치 훈련을 실시하는 한편, 태국 내에서는 방콕, '치앙마이', '라헹(Ra-haeng)', '깐짜나부리', '라농' 등에 기관원(機關員)을 배치해서 무기의 은밀한 수송 준비 및 이미 교육된 독립당원 일부를 은밀히 운송하면서 정보를 수집하고 있었다. 1941년 11월 24일 미나미기관은 남방군 총사령관의 지휘에 속하게 되어 같은 해 12월 23일 제15군사령관의 지휘하에 버마에 대한 작전에 호응해 모략을 실시하게 되었다.

2-2. 버마독립의용군의 결성

그리하여 미나미기관은 일단 기관원 및 독립당원의 주력을 랑군에 집결시킨 후 방콕으로 이동해 먼저 태국 주재 버마인 장정을 모집해서 버마독립의용군을 편성한다.

버마독립의용군 사령부(병력 수는 태국 출발 당시였던 '1월')

모울메인병단	약 470
기타지마부대	약 70
스즈키부대	약 400
타보이병단	약 100
이즈미야부대	
바바부대	
도이부대	
수상지대	약 100
메르귀지대	약 15
버마 국내 봉기군	

2-3. 작전행동

1) 제1기(랑군 입성까지)

(1) 버마독립의용군사령부 및 '모울메인'병단

1월 11일 방콕을 출발해 먼저 '라헹'에 도착해서 모든 준비를 갖춘 뒤 2개의 제단(梯團)으로 구분해서 군사령부 및 기타지마부대를 제1제단으로 스즈키부대를 제2제단으로 해서 버마령 내에서 의용군을 편성한다.

필요한 무기, 탄약을 수령해서 '살윈'강 상류 지구를 향하는 부서이다. 그래서 제1제단은 100명에 못미치는 수하 병력과 약 2,000명의 태국인 일꾼과 함께 험로를 돌파해서 2월 10일 제1 목표인 '살윈'강 상류 인반군(郡) '쿠제이크'에 도착했다 그리고 즉시 장정의 징집 및 주위의 제압을 개시했고, 일본군 제33사단이 '팡' 부근에서 '살윈'강 도하를 개시했다는 보고를 듣고 즉시 상류 지구에서 '살윈'강을 도하해서 '파푼' 남측 지구에서 적 배후를 위협하면서, '시탕' 하곡(河谷)으로 전진할 것을 결정해 2월 14일 '메지크'에서 '살윈'강을 도하해 '메플리', '힌팡', '메카트'를 거쳐 2월 25일 '시탕' 강변인 '쿤제이크'에 도착했다.

이날 원주민의 말을 듣고 '시탕'강 오른쪽 기슭에는 큰 적이 없다는 것을 알게 되자 즉시 '시탕'강을 도하해서 '만달레이' 가도를 차단한 다음 '페구'를 공략할 목적으로 일몰 시간에 행동을 개시해 '다종'(만달레이, 가도 상에 있음)을 향했고, 전진하는 도중 적 비행기의 공격을 받았던 것 외에 어떤 저항도 받지 않고 26일 밤중 '다종' 십자로를 점령해서 '만달레이' 가도를 차단했다. 그러나 27일 새벽 무렵 전차를 동반한 적 일부의 공격을 받았는데, 이에 대해 정면으로 교전하는 것은 불리하다는 것을 알고, '시탕' 오른쪽 기슭인 '오츠포' 부근으로 후퇴해 휴식을 취하면서 일본군과 연락하기로 결정하고 일몰 전에 퇴각을 개시해서 '오츠포'에 도착했다.

3월 2일 일본군은 '시탕'강 도하와 동시에 '오츠포' 부근을 출발해서 그 외곽을 쉬지 않고 서진해 3월 8일 주력부대로 '푸지' 일부 그리고 '태국치' 동쪽(모두 프롬 가도 상에 있음)을 점거해 적의 퇴로를 차단하기 위해 노력했다. 그러나 겨우 철도교를 파괴한 것에 그치고 퇴각했는데, 적이 가장 잘 이용하는 프롬 가도는 경계를 엄중했을 뿐 차단할 수는 없었다. 다음으로 3월 10일 밤중에 '태국치' 남방 지구에서 '레인'강을 도하해서, '델타' 지구로 들어가 패잔병을 소탕함과 동시에 동 지구를 평정하면서 남진해서 3월 13일 오전 9시 랑군에 입성했다.

(2) 타보이병단

1월 4일 방콕을 출발해 '깐짜나부리', '봉티'를 거쳐 버마령에 진입했으며, '타보이'를 나와 차례로 장정을 징집하는 한편, '무동'에서 '모울메인'으로 전진해 유력한 일부에게 '타보이', '모울메인'의 경비를 맡기고 주력은 '살윈'강을 따라 북상해서 '모울메인'-'슈웨곤'-'빈팡'-

'피나피제'를, 일부는 독립군 주력의 요청으로 '다종'에서 유력한 적과 교전, 군 주력과 헤어져 서방(西方) 산중에 들어간 다음, '페기유' 부근으로 진출해서 일본군의 '페기유' 공격에 호응하면서, '페기유', '만달레이' 가도를 위협하고 3월 8일 랑군에 입성했다. 또 '테나세림'에 임했던 부대는 '타보이' 부대를 제외하고 점차 랑군에 입성했다.

(3) 1월 1일 방콕을 출발해서 '춤폰'에서 '남추', '크라'강을 거쳐 '빅토리아 포인트'로 진출한 다음, '크라슬리'('빅토리아 포인트' 북방 약 5킬로미터)에서 해로 연안의 섬들 및 촌락을 평정했으며, '타보이', '암허스트', '모울메인'에서 나와 일본군의 '살윈'강 도하에 협력했다. 그다음 랑군 측 배후를 위협하기 위해 해로(海路)로 '피야폰'에 도달해 3월 5일 적전(敵前) 상륙을 감행해서(그 사이 적의 포함과 조우하고 공습을 당했음) 과감하게 진격해 3월 18일 '헨사다'를 점령해서 커다란 전과를 거두었다. 그리고 제33사단에 협력해서, '이라와디' 오른쪽 기슭을 따라 북상하고 '미오긴'에서 '이라와디'강을 도하해서 왼쪽 기슭의 지구인 '쉐다웅'으로 진출했으며, 3월 29일 전차를 보유한 유력한 적과 조우해서 히라야마 지대장, 이케다 군조[軍曹, 현대의 중사에 해당-역주] 및 병사 80여 명의 전사자를 내면서 결국 적을 격퇴하고 4월 2일 '프롬'에 입성했다.

(4) 메르귀지대
1월 6일 방콕을 출발해서 '메르귀'-'모울메인'-'시탕'을 거쳐 랑군에 입성한 뒤 새롭게 편성됐다.

(5) 전장모략반
제55사단과 제33사단에 배속되어 사단장의 지휘하에 전장 모략에 임했다.

(6) 국내봉기군
일본군의 공격에 호응해서 적 배후의 혼란을 목적으로 미리 하이난에서 교육을 받은 간부 2명을 12월 5일 '메솟' 부근에서 그리고 27일 8명을 '메사이'에서 버마 영내로 잠입하게 했다. 이들 요원은 랑군 '델타' 지구인 '퉁구', '만달레이' 등 사면으로 흩어져 각각의 동지를 모아 혼란을 위한 공작에 임했고, 특히 '델타' 지구의 봉기군은 우세를 점해 적이 랑군에서 퇴각하는 것을 보자 신속하게 랑군 입성을 위한 요지를 점령(3월 7일 오후), 황군의 입성을 환영했다.

또 독자적인 힘으로 '바세인'을 점령했다. 그 외 '핀마나' 부근에서는 적의 군용열차를 전복시킨 것이 3번, 중국 병사를 죽인 것이 300명에 달했다.

(7) 제1기 말의 각 부대 병력 개수

모울메인병단	약 1,500
타보이병단	약 2,500
수상지대	약 800
메르귀지대	약 60
계	약 4,860

봉기군의 수는 불명하지만 그 수는 5,000명을 넘지 않는다.

2) 제2기(편성 충실 및 상부 버마 작전까지)

(1) 독립의용군(수상지대 제외)

3월 8일부터 같은 달 말일에 걸쳐 대체로 랑군에 입성을 완료했으므로, 우선 편성 장비를 충실·강화해서 북상을 준비한다.

4월 1일부터 종래의 일본인 간부가 맡았던 지휘를 총사령관을 제외하고는 전부 버마인으로 교체시키고 일본인은 지도관(指導官)으로서 2개 병단·7개 연대를 편성해서 별도로 모략부를 설치해 국내의 봉기군을 총괄한다.

(2) 상부 버마 작전

그래서 독립의용군은 일부 병력으로 랑군시 '킴민다잉', '띤간준' 양 지구 및 하부 버마의 경비에 임하고, 주력은 일본군의 상부 버마 작전에 협력하고 4월 4일 랑군에서 발진해 '프롬'에 진출한 다음, 수상군(水上軍)을 통합해 지휘해서 '이라와디'강(에야와디 강이라고도 부름

-역자) 오른쪽 기슭 지구를 제33사단의 왼편에서 영국·인도군의 퇴로를 차단하기 위해 '살린'-'타마도'-'카니'-'카타'를 거쳐 5월 29일 그 선두가 '바모'에 도착했다. 또한 유력한 일부를 '프롬'에서 육로 '아키야브'로 파견해서 4월 3일 이를 점령하고, 다른 일부를 인도·버마 국경의 요충지인 '타만테'에 파견해 이를 점령했다.

(3) 상부 버마에서의 국내 혼란

국내봉기군은 모략부의 지도하에 들어가 '예난자웅' 석유 점령 및 중국군의 퇴로 차단 부대를 파견했다.

'예난자웅' 파견부대는 버마 서해안 길로 전진해서 4월 19일 '예난자웅'에 도착했지만, 적의 병력이 강대하여 일본군에 앞서서 이를 점령하는 것은 불가능했다. 또 중국군 퇴로 차단 부대는 '핀마나' 동방의 산중 부근에서 적에게 발견되어 거의 전멸 위기에 몰려 실패로 끝났다.

(4) 5월 말의 각 부대 병력 개수

상부 버마독립의용군	10,000
하부 버마독립의용군	2,000
호향군(護鄕軍)	150,000

2-4. 치안유지

일본 및 버마독립의용군 정규군의 통과 후 그 점령지구는 자칫 무정부, 무경찰 상태에 빠질 위험이 있으므로 즉시 버마독립의용군의 별동대를 곳곳에 호향군으로 편성해서 적 패잔병의 소탕 및 치안 유지를 담당하게 했다.

제3 성과

3-1. 봉기 효과

1. 봉기군 간부 요원에 의해 버마 각지에서 일어난 국내 혼란 중 '테나세림' 지구에서는 일본군이 '타보이'를 공략할 당시 직접 이에 협력했다.

2. '만달레이' 방면에서는 일본에서 교육받은 버마인 간부(일본명 몬타니)는 봉기군을 조직해 중국군을 5명 혹은 6명을 접대를 가장해 집으로 유인해서 살해했으며, 중국 측 척후 등에서는 큰 피해를 입혔다.
3. 동인(同人)은 또 '핀마나' 부근에서 적 군용열차 3량을 전복시켰다.

3-2. 영국 측에 끼친 영향
1. 영국 측이 수상지대의 '피야폰' 방면의 적전(敵前) 상륙을 유력한 일본군의 상륙으로 오인한 것은 '당시 랑군에 있는 영국군의 퇴각을 재촉했던 것은 '피야폰' 방면의 유력한 일본군의 상륙'이라고 대(對) 인도군 선전잡지에서 진술했다.
2. '아키야부' 방면의 진공(進攻) 당시에는 의용군은 병력 약 600명이었지만, 선전 모략을 통해 활발하게 '일본군 대군이 온다'라는 취지의 선전으로 적은 싸우지도 않고 '아키야부'에서 퇴각하기에 이르렀다.
3. 의용군의 북상에 관해 영국 측은 버마의용군은 대단히 용감하고 야습을 특기로 한다고 말해 그 위협을 확인해 주었다.
4. '이라와디'강 오른쪽 기슭 지구 '민부' 부근에 있는 적은 약 1,500. 버마의용군 대군이 '이라와디'강 오른쪽 기슭 지구에서 북진한다는 소식을 듣자 [적은] '예난자웅'에서 여전히 격전이 벌어지고 있음에도 불구하고 '파코크' 방면으로 퇴각했다(이상 '살린'에서 포획한 인도병의 말에 의함).
5. 초토 전술과 동시에 적이 버마인 부락을 남겨두는 것은 그 배후에 위협이 된다고 여겨 방화대를 조직해 버마인 부락을 불태웠다('예난자웅' 북방에 있는 '세멘정' 부락민의 말).

3-3. 버마인에 대한 영향
1. 버마 각지에서 버마독립의용군이 편성된 것을 알고 각 부락이 함께 적극적으로 자경단을 조직해 일본군의 작전에 협력함으로써 후방에 대한 불안을 없앴다.

〈별책 제3〉

미나미기관 처리에 관한 건 보고

하야시집단사령부

미나미기관장 스즈키 대좌는 6월 18일 현재 보전된 것을 갖고 남총참2 제289호 남공작 처리 요원에 준거해서 지금 처리 중으로, 대략 일단락지은 것을 갖고 종래의 경위 및 현황을 보고한다.

1. 스즈키 대좌는 보고 작제(作製), 경리사무 정리를 위해 1개월의 부임 연기 신청이 인가되어 랑군에서 집무하고 7월 15일 랑군을 출발한다.
2. 군은 미나미기관의 정리, 의용군의 처리 및 방위군의 건설 준비를 맡기기 위해 다음의 위원을 임명한다.
   위원장 히라오카(平山) 대좌
   위원 다케시타(竹下) 참모
   동(同) 가와지마(川島) 대위
3. 미나미기관의 정치 공작은 군정의 진전과 함께 스스로 군정기관이 행하는 것에 포용되어야 하며, 특별히 이관이 필요하다고 인정되는 것은 없음.
4. 버마독립의용군의 처리
   ① 7월 5일 스즈키 대좌는 버마독립의용군의 총지휘를 '타킨당, 아웅 산' 중장에게 위임한다.
   ② '타킨당, 아웅 산' 신사령관은 7월 8일 정규군 집결, 비정규군의 해산, 경찰기관에의 이관 등에 관한 엄중한 명령을 발하며, 그 명령의 번역문은 별지 제2와 같다.
   ③ 7월 13일 군사령관은 버마독립의용군에 속한 자에게 전달하는 명령을 포고한다. 그 내용은 별지 제3과 같다.
   ④ 현재 버마독립의용군은 '만달레이', '페구' 및 '밍글라돈' 3곳에 대부분 집결했다(그 사이 희망자의 제대 등을 점차 정리했음). '타운가드' 및 기타 비정규군은 점차 해산했다.

집결 병력은 대체로 7,000명에서 8,000명으로 예상한다.
⑤ 제대하는 자에 대해서는 버마독립의용군 간부의 경우 종군 수당 및 귀향 여비로서 일률적으로 100루피를 지급하도록 한다.
⑥ 한편 버마방위군건설요강(안)을 상정하고, 앞의 기준에 기초해 대략 8월 초를 목표로 그 실행에 착수한다.
버마방위군건설요강(안)은 별책과 같다.
⑦ 무기의 회수, 특히 특종 병기의 회수 등에 관해서는 별도로 보고한다.

미나미기관의 처리는 인심(人心)과 관련된 미묘한 문제이며, 교통·통신의 정비가 미흡하기 때문에 예상보다 시간이 소요될 가능성이 있음에도, 다행히 모든 사항이 순조롭게 진척되어 아무런 문제가 없었다. 이후에도 우리 의도대로 처리가 끝날 것으로 확신한다.

별지 제2

작전명령 제1호 1942년 7월 5일
버마독립의용군 사령관
타킨당, 아웅 산

명령

(1) 각 지방에 주둔하는 버마 독립의용군(BIA)군대는 '만달레이' 및 '비 페구'에 집결할 것. '퓐마나' 및 '알란묘' 이북에 주둔하는 부대는 '만달레이'에 집결하고, 그 이남에 주둔하는 부대는 '페구'에 집결하도록 한다.

각 부대장은 집결 개시 전에 부대원 중 제대를 희망하는 자를 제대시킬 것. 어떤 이유에서든지 제대를 희망하는 자를 강제로 막지 말 것. 제대 희망자의 명부 및 명세표를 작성할 것.

징발한 모든 무기는 주둔지의 현(縣) 지사 혹은 그 명령을 받은 자에게 인도할 것. 혹시 군에 필요한 무기가 없는 경우 혹은 충분한 수에 미치지 못하는 경우에는 행정기관과 상담한 후 공동 사용할 것. 단 지방 행정기관에 인도한 무기의 명세를 작성하고 현 지사의 서명을 받은 후 지참할 것.

(2) 정촌(町村) 방위군이 BIA로 편성된 경우, 방위군으로서의 병역을 그만두려고 하는 자에 대해서는 이를 허가한다. 단, 정촌 방위군의 임무를 맡아 계속 복역하기를 원하는 자는 BIA의 지휘에서 벗어나게 하며, 현 지사 및 지방 경찰서장의 허가를 얻어 그 지방 경관이 될 수 있다. 지방 경관을 희망하지 않고, BIA에서 제대하려는 의지가 없는 자는 앞에서 언급한 2개 장소에 집결할 것.

(3) '통드원지이'에 주둔하는 BIA는 해산할 것. 지휘관이 소유하는 것 이외의 모든 무기는 즉시 '마궤'(MAGUE) 현 지사에게 양도할 것. 단, 현 지사가 아직 임명되지 않은 경우 근처에 있는 일본군에게 우선 양도해서 현 지사가 임명되었을 때 그에 인도되도록 한다.

(4) BIA 집결 시에 각 지휘관은 필요한 급여 및 교통에 관한 원조를 근처의 일본군 및 지방 행정기관에서 받을 것. 혹시 어떠한 원조도 받을 수 없는 경우라 할지라도 현재 주둔하는 지역으로부터 반드시 철수하며, 걸어서라도 집결을 완료할 것. 그렇다고 해도 어떠한 이유에서든지 인민으로부터 어떠한 형태의 탈것도 징발하지 말 것. 소유자의 동의를 얻은 경우에는 예외이다. 필요한 식료(食料)를 얻기 위해, 그런데 요금을 소지하지 않은 경우 지방인(地方人)으로부터 차입 혹은 기부를 받을 수 있다. 단, 차입금은 내가 반드시 갚을 것을 약속한다. 일반 인민의 신용을 얻기 위해 내 명령서를 제시할 수 있고, 빌린 금액에 관해서는 대여해 주는 사람의 서명을 받을 것.

(5) 집결지에 도착하는 동안 군대는 일본군 및 일반인에 대해 예를 잃지 말고 군규(軍規)를 지킬 것. 지휘관은 일본군을 만나는 경우 반드시 '만세'를 외치라고 부대에 명할 것. 도중에 병이 든 자는 가장 가까운 병원 혹은 마을 유지에게 의뢰해서 치료를 받을 것. 단, 무기는 반드시 거두어야 한다. 낙오자의 씨명(氏名), 관명(官名), 주소 등은 집결이 끝나면 사령부에 보고할 것.

(6) BIA라는 글자는 군대 및 정촌 방위군에만 적용되는 것임. BIA에 의해 잠정적으로 설치되었던 지방 행정기관은 그 지방의 현 지사가 정식으로 임명되는 경우 해소되는 것

으로 간주한다. 이와 같은 잠정적인 기관은 해소와 함께 모든 권한, 예비금, 재산 등을 새롭게 임명된 현 지사 및 그 기관에 양도해야 함. 또한 잠정적인 기관에 복무했던 자는 새로운 행정기관에 대해 전면적으로 협력해야 한다.

(7) BIA를 통해 명실상부 충실한 군대로 개편하려는 목적으로 나는 현재 일본군 사령관 및 준비위원회 위원장과 협의 중임. 그러므로 나는 이 개편이 가급적 신속하게 실행되도록 노력할 것이다.

위의 개편 실현까지는 모병 및 무기, 기타 물품의 징발은 즉각적이고 엄중히 그만둘 것.

(8) 지방에서 새롭게 편입된 BIA부대로서 장비를 갖추지 못한 경우에는 이를 해산시킬 것. 단 그 부원(部員)에 관한 명세는 작성해 둔다.(끝)

별지 제3

일본군 사령관이 버마독립의용군에 속한 자에게 전달하는 말

버마독립의용군에 속한 제군에게 고한다.

제군은 일찍부터 간악한 영국을 무찔러서 민족을 그 질곡으로부터 구제하려는 열정을 갖고, 이번 대동아전쟁이 발발하자 일신을 던져 간난을 극복하고 우리 군과 제휴해서 버마 평정 작전에 공헌했다. 나는 제군의 고생이 많았던 것, 그 애국의 지정(至情)에 경의를 표하고 동시에 불행히도 적탄에 쓰러지고 병마에 시달리며 민족 발전의 초석이 된 전사한 제군의 충령(忠靈)에 대해서는 충심으로 애도의 뜻을 표한다.

돌이켜 보면, 버마에서의 작전은 여기서 끝났고 영내(領內)에서 적의 그림자도 보이지 않는다. 즉, 군대는 잠시 창을 거두고 훈련에 정진해야 하는 때이다.

한편, 우리의 도조 수상의 성명에 기초해 장래 버마가 독립하면, 정예 국군을 필요로 하게 된다. 즉, 이미 버마는 착착 정예 국군의 건설을 준비하고 있는 때이다.

그래서 나는 '바모' 박사, '타킨당, 아웅 산' 등의 제군과 상담해서 이 기회에 버마독립의용군을 개편해서 새로운 기초 위에 버마 국군의 전신인 버마방위군을 건설하고자 계획하고 있다. 대저 정예 국군을 건설하기 위해서는 우선 견실한 기초에 입각하지 않으면 안 된다.

버마독립의용군은 건군(建軍)의 주의정신(主義精神)에 있어서 상당 부분 병사의 선발 방법에서 엄정함을 잃었는데, 군의 자활(自活)을 위해 스스로 징세를 하거나 정치·산업에 관련을 맺는 등 정예 국군으로 진화하려면 그 성격에 근본적인 개편을 필요로 한다. 이러한 사항은 모두 당시의 상황에서 어쩔 수 없기에 나온 것이라는 사실을 인정한다고 해도, 충심에서 버마의 장래를 생각하는 지금 일대개혁(一大改革)을 단행하고자 하는 이유가 여기에 있다.

거듭 말한다. 군 정강(精强)의 근본 요건은 사실 여론정치를 초월하고 정당·정파와 절연해서 군기를 엄정히 하며 단결을 공고히 해서 100년을 하루처럼 부지런히 훈련에 정진하는 데 있다. 그래야 비로소 국가 유사시에 어떠한 강적도 격멸해서 국가를 그 존망의 때에 구할 수 있다고 믿는다. 그리고 우리 일본군도 자기의 강력한 우군으로서 이를 크게 기대하고 있다.

나는 버마에서 정예군이 건설되고 있는 것을 버마 민중을 위해 경하한다. 그리고 인도와 중국 사이에서 현재 미증유의 세계전쟁을 수행하고 있는 일본군으로서도 여기에 커다란 기대를 걸었고 또 진지하게 원조를 하려고 한다.

버마독립의용군에 속한 제군이여, 제군은 나의 진의(眞意)를 이해하고 의용군 결성의 목적이 달성된 이 기회를 맞아 각각의 상관이 지시하는 것을 따라 각자 자기의 본래 직업에 복귀해야 한다. 나는 버마 군정의 집행자로서 이들의 과거 노고에 대해 두텁게 보답하고자 한다.

혹시 새로운 방위군에 편입되기를 희망하는 자는 정해진 절차를 거쳐 희망을 말하면 선발을 거쳐 기꺼이 새로운 군대의 요원이 될 수 있다.

나는 내 자신이 정한 것이 옳다고 믿기 때문에 착실한 실행을 기대하는 사람일지라도 혹시라도 나의 명령을 위반하는 것을 용납하지 않는다.

위와 같이 포고한다.

1942년 7월 13일 버마 방면 일본군 사령관 이다 쇼지로(飯田祥二郎)

버마방위군 건설요강(안)

제1 방침
1. 버마방위군은 버마 방면 일본군 사령관에 소속하게 한다.

2. 버마방위군의 임무는 변경 정비(整備)를 주로 하지만, 장래에는 적극적 방위를 분담할 수 있다는 것을 고려한다. 단, 일단은 힘써 집결해서 훈련·정비에 매진하게 한다.
3. 버마방위군의 병력은 우선 1만 명을 목표로 해서 정비하는데, 일단은 버마독립의용군을 개편해서 3,000명을 선발·채용한다.

   위 부대의 간부를 양성해서 군의 기초를 확립하기 위해 간부후보생대 1개를 편성한다.
4. 버마방위군은 일본군 사령관이 강력히 파악하도록 하고, 충심으로 일본의 진의를 이해하도록 하며, 일본군과 표리일체가 되어 버마의 방위를 보조할 수 있도록 한다.

제2 편성

5. 버마방위군은 다음 부대로 구성하며 그 편성은 〈표 1〉에서 〈표 4〉와 같다.

   버마군사령부　　　1
   버마 보병대　　　　3
   버마 간부후보생대　1
   버마군 지휘부　　　1
6. 기타 버마군에 관한 건설, 육성, 보전을 위해 일본군 사령관의 직할기관으로서 병비국(兵備局)을 두고, 그 편제는 〈표 5〉와 같다.

   제3 임무예속 관계 등
7. 버마군사령부는 버마 보병대대를 통솔한다.

   버마군 사령관은 일본군 사령관에 예속된다.
8. 버마 보병대대는 버마군 사령관에 예속된다. 대대장 이하는 버마인으로 편성하지만, 필요에 응해 필요한 일본인을 배치하는 것으로 한다.
9. 버마 간부후보생대는 버마방위군의 간부가 될 자를 육성한다.

   간부후보생대장은 일본군 사령관에 예속된다. 후보생은 버마인으로, 간부는 일본 군인으로 편성한다.

   교육은 전기와 후기로 나누는데, 전기 교육에서는 하사관(下士官, 현재의 부사관에 해당함 -역주) 자격을 부여하고 필요에 따라 도태시키며, 후기에서는 장교 자격을 부여한다.

   후기 교육을 끝낸 자 중에 우수한 자를 약간 선발해서 일본 육군사관학교에 입교시켜 장래 군의 중추가 되는 지위에 취임하게 한다.

10. 하사관의 임관, 진급은 소정의 과정을 거쳐 별도로 정한 진급 기간을 거친 자에 대해 소속장이 시행한다.

    장래의 임관, 진급, 보직은 모두 일본군 사령관이 시행한다.

11. 버마군 지도부는 버마군의 지도를 맡고 또 일본군 사령관의 명령을 철저히 감독하는 동시에 일본군 사령관의 통솔을 적절히 구현하기 위해 버마군의 실정을 일본군 사령관과 연결을 시키는 기관으로 한다.

    지도부장은 일본군 사령관에게 예속된다. 지도부는 일본 군인으로 편성한다.

    버마군 사령관 및 보병대대장은 명령 등의 발령 시 각각 당해 지도관의 서명을 요하는 것으로 한다.

    군 사령부 지도관 중 각 부의 장교 이하는 군 사령부에서 담임 업무뿐 아니라 보병대대의 당해 업무에 대한 직접 지도를 하는 것으로 한다.

12. 병비국은 버마방위군의 건설, 육성, 유지에 관한 업무를 담임한다.

    병비국장은 일본군 사령관에 예속된다. 병비국장은 일본인 및 버마인으로 편성한다.

13. 버마방위군은 일단 버마독립의용군을 개편해서 편성한다.

    선발 표준은 다음과 같다.

    ① 연령 18세부터 25세까지

    ② 지원자(지원 기간 일단 1년)

    ③ 일본 징병 검사 규격에 의한 체격검사 합격자

14. 버마 간부후보생대는 일단 다음의 표준에 의해 편성한다.

    ① 버마방위군에 편입된 자 중에 신체 강건, 능력 우수한 자를 중대장, 대대장 및 군사령관이 선발, 추천한 자 약 250명

    ② 현재 버마독립의용군에 들어가 있지 않은 자로 본인이 지원해서 행정부장관에 의해 추천된 자 약 50명

15. 편제는 당분간 인마, 자재에 결원(수) 또는 인원 초과(수)에서 계급을 조절하며 제식(制式) 이외의 것을 이용할 수 있는 등 융통성을 유지할 수 있다. 또 일본 장교, 하사관으로 충원하던 위치는 필요에 따라 재향자(在鄕者)로 충원할 수 있다.

2) 하야시집단 군정업무 개황

> 이 사료는 미나미기관을 계승한 군정조직(하야시집단)의 업무를 구체적으로 명시한 것으로서 일본군의 버마 지배의 실상을 알 수 있는 중요한 문서이다. 내용은 군정의 목적과 군정기관의 구체적 조직과 각각의 역할, 각 지역별 군정의 방식, 적산의 처리 내용, 농업 및 임업, 축산, 교역, 공업, 광업 등의 산업, 동남아시아 내부에서의 교역 및 일본과의 교역, 물가 등에 관한 내용을 정리했다. 또한 버마 군정의 재정과 회계, 금융, 통화, 교통에 이르는 자세한 내용을 수록했다. 제목 그대로 버마에 대한 일본 군정의 전반을 보여주는 '업무 개황'이다.

제45쪽
10359호
경리부장(經理部長) 회의에서의 구연(口演) 요지
하야시집단(林集團) 군정업무 개황 5부

일부는 군정과(軍政課)가 보관한다.
하야시 군정감부(軍政監部)

극비

1942년 9월 18일
경리부장 회의에서의 구연 요지
하야시집단 군정업무 개황
하야시 군정감부
육군 주계 소좌(大佐, 현재의 소령에 해당함-역주) 아키야마 에이조(秋山英三)

제1. 정치 관계 사항

(1) 군정의 목적

군정은 치안 회복, 중요 국방자원의 신속한 취득을 꾀하는 동시에 군 자치의 길을 확보하고 전쟁 목적의 달성에 이바지하면서 당면의 목적을 달성하는 것이다.

대륙지(大陸指)제993호 남방작전에 수반한 점령지 통치 요강

(2) 군정기관

① 군사령관은 점령지역에 대한 군정을 시행한다.
② 군정감(軍政監)은 군사령관에 예속되며 점령지역에 대한 군정 실시에 관한 업무를 관할한다.
③ 군정감부(軍政監部) 본부에 총무부, 정무부, 업무부, 재무부, 교통부, 문교부를 두고 '모울메인', '만달레이'에 지부를, '타보이', '마이미오(Maymyo)', '바세인'에 연락소를 설치하고 또 그 외 '샨'주(州)에 특별히 군정기관을 설치할 예정이다.
④ 군정감부의 총무부장은 군정감의 의도를 이어받아 군정감부 본부의 일반 업무를 총괄한다.

(3) 군정기관의 변천

① 1942년 1월 하순, 장교 3명 촉탁, 이어서 4명으로 참모부 안에 행정반을 설치한다.
② 같은 해 3월, 군대를 구분해서 군정부를 편성한다.
  요원의 대부분은 방콕, 사이공, 하노이에서 징집한 인원(약 50명) 및 도쿄에서 파견된 일부 문관으로 한다.
③ 같은 해 4월, 도쿄에서 파견된 문관이 증가(약 50명)함에 따라 □사의 인원을 해방시켜 각 □사를 개설하게 한다.
④ 같은 해 7월 하순, 군정감부를 편성한다.

(4) 구 영국 총독 직할지 이외의 버마 군정의 방식

금년 8월 1일 군사령관의 예하 기관으로서 행정부를 조직하고 '바모' 박사를 행정장관에 임명해서 구 영국 총부 직할 지역 이외의 버마의 행정사무를 시행하게 한다.

군사령관은 용병, 작전, 외교, 적산(敵産) 관리, 회계검사, 버마방위군, 일본인에 대한 재판은 직할하고, 기타 사항의 경우 중요 문제는 미리 군사령관의 허가를 받아야 하지만, 원칙적으로 그 집행을 행정부에 위임한다. 그리고 시정의 근본 방침은 '모든 시정 목표를 대동아전쟁의 완승에 두고 전쟁의 승리를 위해 일본군의 요구는 절대적으로 우선 취급'하는 것으로 한다(군명령 제12호).

또 지방행정은 대체로 종전대로 하고 거의 대부분의 지역에 지사를 임명한다.

(5) '샨'주, '카렌니'주의 군정 방식

군정 실시에 있어서 '샨'주, '카렌니'주는 군사령관의 직할지로서 기존 토후의 지위를 인정하고 현재 특별 군정기관 설치를 준비 중이다. 동 지방의 특수성을 감안해 장래에 어떻게 분할 통치를 해야 할지에 대해 연구 중이다.

(6) '샨'주, '카렌니'주 이외의 구 영국 총독 직할지역(변경지대)

지금은 특별 군정기관을 설치하지 말 것.

(7) 윈난성(雲南省)

버마와 같은 군정은 실시하지 않는다는 방침이다.

(8) 군정을 시행하지 않는 지역

① '살윈'강 이동의 '샨'주, '카레닌'주
② 16도 이남의 '테나세림'주는 일시적으로 타군의 관할하에 들어가지만 재차 육군에 반환될 것이다.

(9) 점령지의 장래 귀속

점령지 전반의 귀속에 대해서는 국책으로서 최종적인 결정을 유보한다. 버마는 장래 적당한 시기에 독립을 허용하는 것을 예상하지만, 독립은 군사, 외교, 경제 등에 걸쳐 독립할 힘이 있는지 제국이 파악한 다음 허용하는 독립이다. (1942. 8. 7. 군정총감 지시)

또 독립 문제에 관해서는 현재 연구 중이다.

제2. 적산관리

(1) 하야시(林) 부대 관계 법규

  하야시 노획(압수품) 처리 규정(1941년 12월 6일)
  하야시 적산관리요령(1942년 4월)
  하야시 압수공장 사업장관리요령

(2) 현행 법규의 국제법적 견해의 확대

점령지의 적산 부동산, 동산 및 권리 전반에 걸쳐, 군사령관은 필요하다고 인정될 때 이를 압수해서 취득할 수 있도록 종래의 국제법적인 견해를 상당 부분 확장할 수 있다. (1942년 2월 6일 군정부 요원에게 전달한 경리국장의 구연 요지)

(3) 적산 취급에 관한 연구

종래의 국제법규에 포함된 적국의 국유 및 공유물은 제국의 국유로 하거나 혹은 사유가 된다고 하더라도 소요에 응해 제국에 귀속시킬 수 있도록 상부에서 연구 중이다. (1942년 8월 7일 군정총감 지시)

(4) 위탁 경영의 건

  ① 위탁 경영자는 중앙과 연락한 다음 결정할 것.
    단, 중앙의 결정 전에 일시적으로 적당한 자에게 보수, 감리를 시킬 수 있음.
  ② 중앙부가 결정하는 위탁 경영이라 할지라도 이권을 부여하는 것이 아니라 군의 관

리 방침의 일종이다. [1942년 7월 16일 陸亞密 제25470호]

③ 위탁 경영할 때는 기업에 관한 일체의 재산 상태를 명확히 하고 기업 경영 시 이익금의 처분은 군의 허가를 요한다. [1942년 7월 16일 陸亞密 제25470호]

(5) 적산의 양도

공장 사업장과 기타 부동산의 양도는 신중하게 하며, 중앙과 연락하지 않으면 실시하지 않는 것을 방침으로 한다.

공장 사업장, 삼림, 토지, 건물, 철도, 항만 설비, 전신, 전화, 기타의 최종 귀속에 관해서는 여러 가지로 연구 중이지만, 중앙의 처분 방침 및 처분 시의 평가 표준을 아직 결정하지 못했기 때문이다.

제3. 산업 관계

1. 농산(農産)

(1) 미곡

① 버마 쌀 처리 방침

버마 쌀은 제국의 식량 공급원이므로 확보한다. 과잉 생산된 쌀은 당분간 특별 조치를 취해서 저장한다.

집화된 정미(精米)의 수출은 일괄적으로 제국이 파악해서 통제된 조직을 통해 운영한다. (1942년 8월 6일 육아밀 제2890호)

② 미곡의 집하(集荷)

1942년 4월 중순부터 일본 면화(50%), 미쓰이와 미쓰비시(각각 25%) 3사에 집하를 맡기고 같은 해 6월 16일 이후에는 3사를 일본·버마미곡조합으로 편성하게 한다.

금년은 일본의 현재 매입 계약액 수량 22만 5,000톤, 재고 6만 9,000톤, 납입 수량 12만 5,000톤(또 확보한 쌀 재고 3,780톤, 이삭 3,581톤).

③ 미곡 수급 상황

가. 1941년 생산미 530만 톤(추정), 국내 소비 200만 톤(추정), 전화(戰禍)로 인한 피해 100만 톤, 영국 정부 통치 시기 수출고 50만 톤, 금년도 수출(추정)량 30만 톤(추정), 이월된 쌀 150만 톤(추정)

나. 1942년도 산미(産米) 작황 370만 톤(7분작으로 추정), 국내 소비 200만 톤, 170만 톤의 여분 있기에 이월된 것을 포함해서 320만 톤에 달한다.

④ 남는 쌀의 처리

가. 배급을 늘리는 것은 기대하기 어렵다.

나. 하역반 상황의 개선이 필요함.

다. 창고의 수리와 신설이 필요함.

라. 남는 쌀 구매에 필요한 방대한 통화의 준비와 통화 회수 정책

⑤ 정미소 개황

가. 전쟁 전 600여 개소가 존재했던 정미소 대부분은 전쟁 피해를 입었다.

나. 랑군, '바세인', '모울메인'의 적성 정미소는 일본·버마미곡조합에 위탁 경영하게 한다.

⑥ 국내 미곡 배급 상황

하(下) 버마는 쌀 과잉이지만, 교통 등의 관계로 상(上) 버마 '샨'주 방면은 식량이 부족하다.

광산 지구는 민수용 미곡을 수송한다.

(2) 목재

① 담당자: 일본·버마목재연합(일본 면화, 미쓰이, 미쓰비시, 아타카상회)

② 사업 개황

5월 1일부터 랑군 부근으로 흘러들어온 원목을 수집하게 한 다음 버마 전체(산을 포함)에서 적산 원목의 수집, 제재소의 경영을 시행함.

8월 1일 현재 관리 원목 수는 32만 개, 기타 모울메인 지부가 관리하는 원목 53,000개

③ 목재 사정

버마는 세계 제일의 티크 재 수출국으로서 1년에 42만 톤을 생산한다. 또 티크 이외

의 유용한 목재 약 40만 톤을 생산하고 있다.

현재 목재는 철도 부설 및 수리에 이용되며, 목조선 건조용으로 보내는 것 외에 일본 본토로 보내기 위해 이미 2,770톤을 준비하고 있다.

(3) 면화

① 담당자: 일본면화, 후지방적, 고쇼(江商), 중앙방적

② 사업 개요

상부 버마 작전과 닿아있는 일본면화를 북쪽으로 보내 적산 면화를 모으게 하는 동시에, 이번에 묘목을 심기 위한 종자를 무료 배급하는 것을 알선하고 면화 공장을 수리, 회복시키는 응급 태세를 갖추게 할 것.

적산 면화 25,000섬은 이미 랑군 항구 부두에 쌓여있고 내지로 보내지기만을 기다리고 있다.

이번 계절의 면화 작황은 단별로 계산해서 평년의 7할 정도이지만, 비가 적기에 내렸기 때문에 '알란묘(Allanmyo)' 중심의 P면화는 20,000섬, '민장(Min Jiang)' 중심의 M면화는 8만 섬의 수확을 예상하므로 중앙이 할당한 50,000섬의 2배를 예상하고 있다. 앞으로 101만 톤(30여만 섬)의 5개년 계획의 목표 달성도 어렵지 않다고 예상된다. 또 '민장'의 방적 공장 담당자는 후지가스방적이다.

(4) 잡곡

버마는 까치콩을 비롯해서 콩류 등 잡곡을 많이 생산하지만, 현재 쌀을 보내는 것과 교류용 왕래조차 곤란하다. 실정을 감안해서 집하(集荷) 시기를 맞추는 중이다.

(5) 유지(油脂) 농산물

① 동유(桐油)

북(北) 샨주의 '수무사이', '나무란', '라시오', 남(南) 샨주의 '타웅지'에 적성 농원(農園)이 있다. 우선 일본면화에 명해서 보수, 관리하게 했고 상당수 업자가 도남산업(圖南産業, 동유 사업을 하고 있었던 일본 기업의 하나 – 역주)의 도착을 기다리고 있다. 금

년에 100톤, 말년(末年)에는 150톤의 생산을 예상하고 있다.

② 땅콩 및 기타

인도에서 원료 및 식물유지 수입이 두절되었기 때문에 땅콩 및 땅콩기름 가격이 급등해 민생 문제가 되고 있다. 면화 증산과의 관계도 있어 증산이 필요하다고 인정된다.

(6) 유용한 농산물

① 고무

시탕강 연안 및 '모울메인' 지방에는 잡다한 적성 고무 농장이 있는데, 일단 지방치안유지회 등에 명해서 보수, 관리하게 하고 있다. 또 담당자인 삼오공사[三五公司, 타이완을 거점으로 하며 농장을 관리하는 일본 회사 -역주]가 가까운 시일 내에 도착할 예정이다. 남방 지역의 과잉 농산물로서 현상을 유지하고 있다.

② 황마(黃麻)

적합한 땅을 찾아 크게 증산하려고 하는데, 담당 업자 중 일본면화, 센다상회(千田商會)는 이미 착착 준비하고 있다. 고쇼(江商)도 가까운 시일 내에 착수 예정이며, 고이즈미제마(小泉製麻)는 아직 도착하지 않고 있다.

2. 축산(畜産)

버마는 소가 많은데, 주로 일을 시키는 데 사용한다. 금년에는 우역(牛疫)이 꽤 유행해서 일단 조치를 취하고 있는데, 당분간 방역에 힘쓰고자 한다.

원피(原皮, 가공하지 않은 가죽 - 역주)는 2,400톤을 금년에 보낼 계획을 세웠고 담당업자 중 본국에 있는 미쓰비시에게 당분간 물건의 집하에 힘쓰도록 했다.

(담당업자: 미쓰비시상사, 가네마쓰·대□상사 일본석탄)

3. 수산(水産)

인도양은 풍부한 수산자원이 있다고 여겨지지만, 열대인 까닭에 해동·제빙 담당업자 하야시카네(林兼)를 시켜 냉동을 주로 해서 수산을 하게 하는 방침이다. 또 수산업자는 오키나와, 가가와(香川) 두 현의 어업조합이 진출할 예정이다.

또 냉동에 대해서는 식육 등의 처리도 하게 한다.

4. 교역

버마의 물자는 배급조합(미쓰이, 미쓰비시, □□, 아타카, 센다 등)을 랑군에 편성하게 해서 '만달레이', '모울메인', '바세인'에 설치하게 한 다음 버마 국내의 물자배급조합을 맡게 한다. 물품의 부족과 교통기관의 정비 등으로 인해 아직 능률을 발휘하지 못하고 있다.

오지에서는 물자가 부족하다는 보고가 있다.

5. 공업

주된 장소(□□□□ 광산 등을 제외) 관리 상황은 별지와 같다.

6. 광업

(1) '보드윈'광산(납)
   ① 군 직할로서 군정감부에 속한다.
   ② '보드윈'광업소(가칭)를 주(主)로 하고 미쓰이광산의 요원을 소장으로 충원하며 소장은 사정장관(司政長官)으로 한다.
   ③ 현재 미쓰이광산의 기술자를 약간명 파견해서 준비하게 한다.

(2) '모찌(mawchi)'광산(텅스텐)
   ① 나카바야시(中林)광업주식회사에 위탁 경영
   ② 사원 약간을 파견해서 준비하게 한다.

(3) '타보이'광산(텅스텐)
   ① 미쓰비시광업주식회사에 위탁 경영
   ② 이미 조업을 개시했다.

(4) '모손'광산(납)
  ① 미쓰비시광업주식회사에게 보수, 관리를 하게 할 것.
  ② 기술자를 파견해서 조사하게 할 것.

(5) 석탄
  ① 남(南) '샨'주의 '껄로' 부근의 9개소를 실지 조사하게 했지만, 대기업의 개발에는 적합하지 않다.
  ② 기타 매장지가 존재하지만, 전문 기사가 없어서 조사가 어렵다.

(6) 운모(雲母, 조암 광물의 일종 – 역자), 수정(水晶)
  ① 상부 '버마'에서 실지 조사를 한다.
  ② 광산을 매각할 예정이다.

7. 남방권 교류 물자

(1) 계획
1942년 5월 15일, 총군(總軍)에서 개최된 회의에서 결정된 사항은 다음과 같다(1942년도).
  ① 수입(버마에서)
    '수마트라'로부터 석탄 10만 톤, 석유 4만 5,700킬로리터, 시멘트 1만 톤
    '자바'로부터 설탕 1만 톤, 소금 5만 톤
  ② 수출(버마에서)
    필리핀으로 쌀 6만 톤, 말레이로 쌀 27만 2,000톤

(2) 위 계획에 기초한 실적
  ① 수입(버마로)
    '수마트라'로부터 석탄 2,400톤(6월분)(6월 21일 도착)
    '자바'로부터 설탕 1,200톤, □□ 2,000톤(6월분)(7월 29일 도착)

② 수출(버마에서)

　　필리핀 및 말레이로 쌀 5월 10,281톤, 6월 18,180톤 7월 26,080톤

　　합계 54,541톤

(3) 계획 외의 수입

담배, 성냥, 식용유 등의 수입을 요구하며 담배와 성냥은 9월 중으로 입하 예정

8. 대일 교류 물자

(1) 내지에서 버마로의 수입 계획(개발용 자재는 포함하지 않음) 1942년도

　　의류품 662만 8,000엔(52%), 일용·잡품 283만 3,000엔(21.6%)

　　금속 및 금속제품 70만엔(5.3%), 기타 275만 8,000엔(21%)

　　합계 1,311만 9,000엔(100%)

(2) 위에 기초한 실적

　　① 내지로부터의 수입 실적 등

　　② 금년 5월 경부터 입하 예정

(3) 버마에서 내지로의 수출 계획(1942년도)

　　쌀 286,000톤

(4) 위에 기초한 실적

　　4월 18,177톤　　5월 14,373톤　　　　6월 없음

　　7월 12,391톤　　합계 44,941톤

(5) 계획 외 내지로 보내는 물자

　　상당량을 보냄

9. 물가

(1) 군사령관의 가격통제에 관한 포고
    ① 1947년 3월 26일 포고
    ② 별도로 지시하지 하는 것 이외는 옛 버마 정부의 공정가격을 최고(最高)로 한다. 공정가격을 설정하지 않은 것과 급료 및 임금은 1942년 2월 1일의 가격을 초과해서는 안 된다. 단 별도로 지시하는 경우 그 한도를 적용하지 않는다.
    ③ 매점 혹은 매석을 금지한다.
    ④ 본 포고를 위반하는 자는 엄벌에 처한다.

(2) 랑군에 있는 재고 조사
    ① 금년 4월 물가 잠정 대책으로서 생활필수품의 재고 조사를 실시한다.
    ② 위의 결과 통제가 필요한 물자는 성냥, 설탕, 식물성 기름, 소금 및 등유 등이 있다. 그러므로 이들 물품의 재고는 생각보다 적다.

(3) 물자배급조합 설치
이번 달 7월에 조합을 설치해서 국내의 물자배급을 원활하게 하고 물가 대책을 강구하고자 한다. 여러 가지 관계상 급속한 효과를 기대하기는 어렵다.

(4) 물가 등귀
    ① 물가는 점점 폭등하고 있다.
    ② 군사령관의 포고를 실행하고 엄벌에 처하는 것은 각종 행정기관을 정비하는 것으로서 사실상 곤란하다.
    ③ 또 가격통제령을 제정하기 위해 연구를 해도, 결국 법령의 위신이 실추될 가능성이 있다.
    ④ 물가 등귀는 현물의 부족, 교통이 정비되지 않은 것, 전쟁으로 인한 경제의 대혼란에 기인하는 등 여러 가지 요인을 제거하지 않는 한, 진정한 물가 대책 수립은 곤란

한 것이 현재 상황이다.

⑤ 군정재정(軍政財政)도 규모가 작으며 통화의 영향은 근소한 듯 보이지만, 수입품과 비교해 물자 조달에 상응하는 통화 방출량이 점차 증대되는 경향이 있다. 그러므로 앞으로는 통화정책을 잘 생각할 필요가 있다.

(5) 물가 응급 대책

현재의 응급 대책으로서 군정감부, 군경리부에서 물가위원을 편성해서 잘 처리하게 할 계획이다.

또 본건은 행정부로 하여금 실행하게 한다는 방침이다.

제4. 재무 관계

1. 재정계획

(1) 재정의 근본 방침

남방 경계(經界)로 인한 제국의 재정적 부담을 경감하고 나아가 경제 전력(戰力)의 배양을 꾀하는 데 있다. (1942년 2월 6일 군정 요원에 대한 경리국장 구연 요지)

(2) 1942년도 버마 군정회계 예산('샨'주 제외)

종래의 예산을 기준으로 하되 전쟁에 의한 상황 변화를 가미(加味)해서 작성했다.

  1942년도세입

   ① 조세 및 사업 수입   6,650(1,000루피)

   ② 이자 수입   없음

   ③ 화폐 발행에 의한 이익   없음

   ④ 행정 수입   400

   ⑤ 국방 관계 수입   없음

   ⑥ '샨'주로부터의 이월   없음

⑦ 특별 수입　　　　　　　없음
　　⑧ 총계　　　　　　　　　27,050
　　　　　　　　　　　　　　(전년 171,318)

　1942년도세출
　　① 징수비 및 사업비　　　4,550(1,000루피)
　　② 행정비　　　　　　　　17,500
　　③ 국채비　　　　　　　　없음
　　④ 연금, 퇴직금　　　　　없음
　　⑤ 국방비　　　　　　　　2,700
　　⑥ '샨'주로의 이월　　　　없음
　　⑦ 전후복구비　　　　　　1,000
　　⑧ 예비비　　　　　　　　1,500
　　⑨ 총계　　　　　　　　　27,050
　　　　　　　　　　　　　　(전년 182,768)

(3) 임시군사비로부터의 보조금
　　① 금년에는 실시하지 않음.
　　② 단 미곡 수출세에서 임시부가세율로 1톤당 10루피를 과세하고 또 임시군사비 전도자금(前渡資金)에서 300만 루피를 한도로 일시 유용해서 받을 것.

(4) '샨'주의 군정회계예산
　　① '샨'주는 버마와 분리해서 특별 회계를 설치하는 방침이지만 아직 예산이 결정되지 않았다.
　　② 전 영국 정부하의 '샨'주의 1941년도 예산
　　　세입
　　　　직접 수입　　　　　　2,268(1,000루피)

　　　　토후로부터의 기부금　930
　　　　버마로부터의 이월　7,331
　　　　합계　　　　　　　10,529

　　　세출
　　　　직접 경비　　　　5,958(1,000루피)
　　　　버마로의 이월　　3,429
　　　　합계　　　　　　　9,387
　　　　공제　　　　　　　1,142

(5) 관세징수준칙

　　① 본 준칙은 현재 신청 수속 중이다.

　　② 관세징수준칙은 종래의 관세법령 그대로 적용한다.

　　③ 수입 세율에 관해서는 종래의 특혜관세율을 적용한다.

　　④ 수출세는 종래와 같이 쌀에 과세한다.. 세율도 종래와 똑같이 한다.
　　　단 금년도에 한해 임시특별부과세로 1톤당 10루피를 과세한다.

(6) 군정특별회계제도의 설치

군정감부의 직영으로 다음의 개소(個所)는 군정특별회계를 설치한다.

　　'보드윈'광업소

　　전정총국(電政總局)

2. 군정회계경리

(1) 군정회계규칙

　　① 하야시 군정회계 시행세칙(1942년 6월 15일)

　　② 하야시 현지 행정기관회계규정(1943년 8월 15일)

(2) 회계감독

① 종래의 군정회계 감독은 군 경리부장이 담임했지만, 금년 7월부터 총군군정총감부 내의 회계감독부장이 이를 담임하도록 개정된다.

② 회계감독부 요원은 각 군에 파견되어 군사령관의 지휘하에 배속된다.

③ 군정회계를 올바르게 밝힘으로써 활달하고 생생하게 발전하는 군정의 혈맥으로서 생□□□ 회계를 실시하는 것이 긴요하다.

(1942년 8월 7일 군정총감 지시)

3. 금융

(1) 금융기관

① 요코하마정금은행

랑군 지점 1942년 4월 15일 개설

'바세인' 출장소 동년 9월 1일 개설

'모울메인' 출장소 동년 9월 7일 개설

'만달레이' 출장소 동년 10월 상순 개설 예정

② 남방개발금고

버마지금고 1942년 8월 24일 개설

(2) 요코하마쇼킨(正金) 영업 상황(단위: 1,000루피)(1942년 9월 5일 현재)

별단예금(別段預金)	2,000(군 경리부 감정)(재무부장 당좌차월 보증금)
남방개발 차입금	7,950
당좌예금	2,186(공금 1,190)(일반 996)
특별당좌	4,831(일본인 1,113, 중국인42, 버마인 1,076, 인도인 2,583, 기타 17)
당좌차월	11,192(재무부장 차입분 2,000을 포함)

(3) 이자

① 처음 군자금을 쇼킨은행에 예금해서 각 상사들이 일본으로 보내는 물자의 지불을 실시하게 해서 예금과 대출 양쪽에서 무이자가 되게 한다.

② 금년 7월 남방개발은행의 이자가 명료해졌으며, 쇼킨은행의 수수료로서 자금 대출에 대해 연이율 1.5%의 수수료를 인정하고 금년 4월 15일을 기준으로 적용할 것.

③ 금년 8월 24일 남방개발금고 버마지금고 개시와 함께 다음의 사항이 결정되었다.

가. 요코하마쇼킨은행

예금		대출	
당좌예금	무이자	당좌차월, 대부(貸付)	연 6%
특별당좌예금	연 2%		
통지예금	연 1.5%	어음대부	연 6-7%
정기예금 6개월, 1개년	정기 연 3%,	할인어음	연 6-7%

나. 남방개발금고

대출

(A) 은행에 대부하는 경우

· 물자매입자금 융통자금, 어음증서- 둘 다 5%

· 보충자금-어음할인은 0.5%, 당좌대월(當座貸越)은 현지 본국 은행의 당좌대월 이율보다 5% 싸게 할 것, 단 5.5%보다 더 낮게 할 수는 없다.

(B) 일반에 대해

복구개발자금, 어음증서- 둘 다 6%

기타-생략

예금

당좌예금-무이자

특별당좌, 통지예금, 정기예금- 모두 현지 본국 은행 이자율보다 0.5% 싸게 할 것.

단, 특별당좌 1.5%, 통지예금 1.5%, 정기예금 2%를 넘을 수는 없다.

④ 대부업 단속령

　　가. 1942년 9월 21일 행정부에서 공포했다.

　　나. 종래의 대부업을 정의하고 등기를 하게 하는 동시에 이율을 통제한다.

⑤ 버마중앙은행 설립 건

　　가. 본건은 연구중이며 아직 결정되지 않았다.

　　나. 연구안으로서는 일본 법률에 의한 특수법인으로 하며 자본금으로 1,000만 루피(반액 납입)를 제국 정부 혹은 일본은행이 전액 출자한다.

⑥ 본국행 송금 단속규칙 공포(일반인)

　　1942년 6월 24일 하야시정 제110호로 공포하며 당일 시행한다.

4. 통화

(1) 통화에 관한 군사령관 포고

① 1942년 5월 1일 포고

② 1941년 12월 8일 현재 적법하게 유통되는 것과 군표를 화폐로서 유통시킨다.

③ 수급 금액 1루피 미만의 우수리는 6센트를 1 '안나'로 한다.

(2) 버마화폐조사회

① 1942년 9월 15일 행정부에서 공포

② 종래의 화폐 단위인 '안나', '파이'는 폐지한다. 새롭게 '센트'로 하며 화폐 단위로서 '센트'는 루피의 100분의 1로 한다.

③ 1941년 12월 8일에 버마에서 법정화폐로 유통되었다고 인정하는 화폐는 유통을 인정한다. 그러나 종래의 화폐는 다음 단위의 화폐로 간주한다.

　　　　8안나　　은화 및 백동화 50센트

　　　　4안나　　은화 및 백동화 25센트

　　　　2안나　　은화 및 백동화 15센트

　　　　1안나　　백동화 5센트

　　　　1파이스　　동화 1센트
　　　　반 파이스　동화 반 센트
　　　　1파이스　　동화 반 센트

(3) 종래의 화폐 유통고

① 대동아전쟁 발발 후 재래 통화는 소각 혹은 국외 반출되어 현재의 유통액은 불명

② 전쟁 전 지폐 발행고 및 유통고(단위 : 1,000루피)

	보유고	유통고	발행고 합계
1940년 4월	2,200	134,200	136,400
동년 11월	2,100	111,900	114,000
1941년 4월	2,100	178,000	180,100
동년 11월	2,300	197,200	199,500

1942년도 산업개발용 소요자금계획(단위 100만 루피)

광산 20, 면화 25, 쌀 70, 잡곡 및 기타 15

목재 10, 공업 15, 무역 합계 70

5. 교통기관

(1) 철도

① 전 철도는 군이 직영하고 제5특설철도대가 이를 담당한다. 전쟁 전에는 자본 3억 4,100만 루피, 선로 연장 약 2,057마일, 궤도 폭 1미터, 기관차 약 350량, 객차 900량, 화차 99량

② 수송 여력으로 일반 민수 수송을 행한다. 현재 일반 민수 수송을 개시하는 구간은

　가. 랑군-만달레이 간 간선은 8월 15일부터 개시

　나. 만달레이선 및 모울메인선의 일부는 5월 초부터 개시. 자재 및 인원을 정비하며 기다리고 순차적으로 그 범위를 확장할 예정임

③ 모두 임시군사비의 부담으로 하며 영업 수입도 임시군사비로 납입할 것.

(2) 수운

버마 교통의 주요 요로(要路)인 '이라와디'강 수운용 선박은 대부분 흩어져 있거나 침몰한 상황이며, 남은 것은 매우 적은 상태이다.

(전쟁 전 '이라와디 프로틸러' 회사가 독점했으며 약 630척의 선박을 보유했다)

① 일반 민수 수송에 적합한 선박은 센다상회에 위탁 경영을 맡겼다.

② 센다상회에 위탁하는 선박 및 거기에 개설되는 항로는 다음과 같다.

    가. 위탁하는 선박 18척 중 11척은 수리 중

    나. 개설 항로

        1. 랑군(양곤의 옛 이름 -역자)-바세인

        2. 랑군-모울메인

        3. 랑군-피야퐁(pyapon)

        4. 랑군-라부타

        5. 랑군-만달레이

        6. 만달레이-사가인

        7. 만달레이-카타

③ 위의 지역 외의 지방에는 경비대 등을 두어 적정한 현지인 소유의 선박을 이용해서 현지인으로 하여금 항로를 개설하게 한다.

(3) 항만

① 랑군항은 현재 정박장의 관리에 속하며 절벽 창고의 일부 또는 화물창으로 사용(전쟁 전 랑군항은 출입 선박 연간 약 1,200척이며 톤수는 370만 톤 내외)

② 가까운 시일 안에 요원의 도착을 기다려서 해사국(海事局)을 편성하고 항만의 관리, 복구를 시행할 예정이다.

③ 항만 운송업 즉, 배 및 선내 하역업은 센다상회에 허가한다.

(4) 도로

주요 도로의 관리는 현재 군에서 실시하지만, 군사상 관련이 적은 곳은 점차 행정부에게 관리하게 할 예정이다.

(5) 자동차
① 전후의 자동차 조사를 위해 새롭게 등록해서 실시하고자 한다.
② 현재까지 판명된 수는 다음과 같다.

가. 랑군 부근(랑군 경찰서에서 가등록된 것을 조사한 결과)
    a) 7월 말까지의 등록 수　　505대
    b) 8월 말까지 등록 수　　355대
               계　　860대
나. 모울메인지부 등록 수　　89대

(6) 우편
① 6월 초순 이래 랑군을 시작으로 점차 우편국을 개설하게 해서 현재 92개 국이 있다.
② 행정부의 성립과 함께 행정부 교통관개부(交通灌漑部)에 우정총국을 설치하게 하고 전국적으로 우편국의 복구, 개설을 시행하게 할 예정이다.

(7) 전신·전화
① 대내(對內) 통신
가. 전신·전화의 회선은 모두 군이 관리 중이며 일반 민용 통신은 두절된 상황임
나. 군정감부 및 일본인 상사(商社) 간에 연락하는 십회선(十回線)의 교환기(현지품)로 전화를 설치한다.
다. 현재 전정총국의 편성에 착수 중이며, 편성이 완결된 후에는 점차 군이 관리하는 회선을 이관시켜 대내 전기 통신을 개시할 예정이다.
라. 또 행정부의 성립, 지방행정 조직의 복구와 함께 랑군과 만달레이, 모울메인, 바세인 및 마궤 간 등 군정용 통신을 개설한다.
② 대외 통신
가. 대외 통신도 일반 민용 통신은 두절 상황이다.

나. 군에서 현재 건설 중인 무선 통신이 완성된 후에는 그 운용을 전정총국에 담당하게 할 예정이며 현재 대일(對日) 통신의 개시를 준비 중이다.
③ 방송
　　가. 군 보도부에서 방송 개시 준비 중
　　나. 전정총국은 군정감에게 닿는 대내 및 대외 통신을 담당할 예정이며, 그 회계는 군정특별회계가 됨(군 특별자금은 임시군사비에서 납입)
④ 또 장래에는 일본특수법인을 설립해서 전정총국 업무를 계승하게 할 예정이다.

3) 하야시집단 군정 실시 요령

　　일본군 제15군은 1942년 3월 8일 랑군을 점령한 후 군정부 편성에 착수했다. 3월 15일에 나스 요시오(那須義雄, 1897~1993)를 장으로 하는 군정부(軍政部)가 설치되었으며, 제15군 사령관이 '하야시집단(林集團) 점령지 통치 요강'을 선포하면서 버마의 군정 시행 세칙이 규정되었다. 5월 1일, 일본군이 만달레이를 함락하자 영국-인도군은 인도 방면으로 퇴각하였고, 이에 따라 일본군의 군사 작전이 종료되었다. 이후 6월 3일, 하야시 집단장의 '군정시행 및 중앙행정기관 설립준비위원회에 관한 포고'에 따라 버마에서 일본군정이 시작되었다. 이 단계에서 수적으로 팽창한 버마독립의용군과 지방행정부는 물론 미나미기관은 군정 시행의 방해가 되었다. 6월 4일 버마독립의용군의 지방행정조직 해산령을 내리고, 6월 10일에 미나미기관도 해산했다.
　　7월 25일에 남방군 근무령 개정에 의해 군정부를 군정감부(軍政監部)로 개칭하고 확대 조직을 강화했다. 군정감부는 총무, 재무, 산업, 교통, 정무, 문교의 6부로 구성되었으며, 총무부장은 군정감의 의도를 통해 일반 업무를 통할하는 지위로 군 참모가 배치되어 중요한 역할을 담당했다. 당시 조직은 군인 46명, 문관 175명으로 구성되었다. 1943년 버마방면군(森集團) 신설에 따라 버마방면군 군정감부가 창설되어 제15군의 군정감부를 계승했다. 8월 1일 버마가 명목상 '독립'하여 군정은 폐지되었지만, 군정요원의 다수가 버마방면군 감독부, 참모본부 제2별반(別班)에 남아 버마 정부와의 연락을 담당했다. 군정은 사실상 1945년 8월의 일본 패전에 이르기까지 버마를 지배한 셈이다.

하야시(林)집단 군정실시 요령(산업의 부)[1942년 4월 하야시집단 군정부(軍政部)]

제1절 총론

제1. 버마에서 중요 산업을 경영하는 공장, 사업장은 집단에서 이를 접수하고, 관리 또는 감독한다.

   1. 적산(敵産)과 관련된 것은 집단에서 접수하고, 그 밖의 것은 관리 또는 감독한다.

   2. 화교, 인도인 및 버마인의 공장, 사업장은 적성(敵性)을 보이지 않는 한 집단의 감독하에 재래의 기구를 활용하여 우리의 요구를 명시하고 소기의 목적을 달성하도록 경영을 계속하게 한다.

   3. 집단에서 접수하고 관리 또는 감독하는 공장, 사업장은 그 중요도에 따라 집단이 스스로 경영하거나 적임자를 선정하여 위임 경영하게 한다.

      석유사업은 당초 집단에서 스스로 경영하고, 그 외는 위임 경영의 방침에 따른다.

제2. 산업은 남방 제지역을 포함한 종합적 계획에 준거하여 버마가 부담해야 할 한도 및 버마에 공급해야 할 물자의 한도를 결정한다. 또 현지에서 집단의 자활을 꾀하고, 제국에 필수적인 국방 자원의 획득에 유감이 없도록 한다.

제3. 버마의 산업으로서 민생상 필요하다고 인정되는 것의 유지에 관해서는 특별히 고려하기로 한다.

제4. 신속히 버마로부터 동아공영권에 공급할 수 있는 물자 및 버마에 공급해야 할 물자의 교류 계획('버마' 물동계획)을 수립한다.

제5. 버마의 중요 산업은 주로 영국계, 인도계이며 토착 자본에 의한 것은 근소하므로 그 경영은 집단의 작전과 더불어 일시 중단하고, 사회적 경제적 혼란을 야기할 우려가 크므로 집단이 이를 접수하여 관리, 기타의 처치를 민첩하게 함으로써 혼란으로 인한 영향을 최소한도로 줄이는 동시에 물자의 취득, 수급을 원활하게 하는 데 노력한다.

제6. 버마인의 공장, 사업장은 경영 능력이 저열한 상황을 고려하여 일본의 자본, 기술을 주입해서 원조할 필요가 있으나, 최소한도에 그치도록 한다.

제7. 버마의 임산(林産), 광산(鑛産) 등 중요자원은 집단에서 전유(專有)한다.

제2절 농업

제8. 버마의 농업자원은 쌀을 제일로 하고 면화, 깨, 땅콩, 콩류, 담배, 옥수수 등이나, 수출여력이 있는 것은 쌀, 콩류, 땅콩, 면화이며, 그 외는 국내 수요를 충당하는 데 부족하다.

제9. 군정 시행 당초 농산 자원에 대해서는 주로 현 상황을 유지하는 데 힘쓰지만, 부족한 농산 자원의 국내 자급을 목표로 해서 다각적 농업경영으로 전환하도록 지도한다.

제10. 동아공영권 자급자족 촉진을 위해 면화 생산을 조장하고, 이를 위해 쌀은 순차적으로 감산하게 한다.

황마에 대해서도 할 수 있는 한 생산의 증가를 꾀하도록 한다.

제11. 인도인 소유 토지의 문제 및 농촌 금융의 문제 등 농민의 생활안정 방책을 순차적으로 실행한다.

제3절 임업

제12. 임산 자원의 주된 것은 '티크', '고무', '랙(lac)' 등이며, '티크'재, '고무'의 생산은 당초 현 상황을 유지하는 정도로 한다.

제13. '티크' 벌채를 하는 영국계 회사는 집단에서 접수하고, 적임자를 선정하여 위임 경영하게 한다.

제4절 축산

제14. 축산은 대체로 현상유지에 노력한다.

제5절 광업

제15. 버마에 기대하는 광업 자원은 석유, 비철금속(동, 납, 아연, '텅스텐', '코발트', '니켈') 등이며, 석광(錫鑛), 철광은 현 상황을 유지하는 정도로 한다.

제16. 석유

  1. 영국계 다음의 석유회사는 집단에서 접수하고, 당초 집단이 스스로 경영하나, 점차 일본인 석유회사에 위임 경영하게 한다.

    ① 버마석유회사 (B.O.C)

    ② 영면(英緬)석유회사 (B.B.P)

    ③ 인도버마석유회사 (I.B.P)

    ④ '이라와디' 석유신디케이트

  2. 점령 당초의 상태에 따라서 신속 취득의 방책을 강구하고, 항공 휘발유 및 기계유의 취득에 중점을 둔다.

제17. 광물자원

  1. 영국계 회사는 집단에서 접수하고, 중앙에서 지정된 회사에 위임 경영시켜 납, '코발트', '니켈'의 개발을 촉진한다.

    '버마 코퍼레이션'

    '모티연업(鉛業)회사'

    '앵글로·버마주석회사'

    '콘설리데트 석광업(錫鑛業)회사'

    '핸디·버마주석신디케이트'

    '타보이주석채광회사' 등

  2. 납은 '보드윈'광산의 개발에 중점을 둔다.

  3. 동은 신속한 자원 조사를 하여 개발에 착수한다.

    그 예정지는 앞의 '보드윈' 지역으로 한다.

  4. '텅스텐' 및 주석은 '카렌니'특별지구 및 '타보이'지구를 위주로 하며, '텅스텐' 광산의 증산에 중점을 두고, 주석은 국내 수급의 충족에 힘쓰는 정도에 그치게 한다.

  5. 석탄은 힘써 기존의 탄산을 개발한다.

  6. 철광은 채굴을 중지하고, 그 자본, 기술, 노동력을 납, 동 등의 채굴로 전용한다.

  7. '니켈', '코발트'

    '버마 코퍼레이션'이 부수적으로 채굴하고 있는 정도이므로 자원 조사를 시행하는 동시에 본격적 채굴로 전환하도록 지도한다.

8. '안티모니'

'버마 코퍼레이션'에 의한 생산을 계속한다. 단, 중국으로부터의 취득을 고려하여 경영에 지장이 없는 한 감산하고, 그 노동력, 기타를 다른 중요자원으로 전환시킨다.

중앙에서 지정된 일본인 업자의 버마에서의 경영에 관해서는 별도로 정한다.

제6절 공업

제18. 버마의 공업은 그 입지 조건, 버마인의 경영 능력 등에 큰 기대를 할 수 없을 뿐만 아니라 공업화의 촉진은 자본, 기술, 자료 등 제국의 부담을 크게 하므로 당분간 이를 보류하기로 한다. 단, 석유공업, 제재(製材), 정미공업 등 기존의 공업은 제국이 요청하는 바에 따라 처리하고, 집단의 현지 자활을 위해 필요한 수리, 가공공업 및 토착민 생활에 필요한 식료품 가공공업의 합리적 발달을 꾀하게 한다.

제19. 석유 정제공업

석유 정제공업은 우선 현 상태를 유지하는 데 힘쓰고, 제국의 정제 능력, 네덜란드령 동인도 석유사업의 처리와 더불어 이후의 방침을 수립한다. 채유(採油), 수송, 정제의 여러 장치를 파괴당할 경우에 우선 채유 장치의 복구에 중점을 두고, 그다음에 정제 장치의 부활을 실행해야 한다.

제20. 제재공업

영국계 제재공업은 집단에서 접수 관리하고, 적임자를 선정하여 위임 경영하게 한다. 화교, 인도인, 버마인이 경영하는 것은 적성(敵性)을 띠지 않는 한 사업을 계속하게 한다.

제21. 정미공업

영국계 정미공장은 집단에서 접수하고, 적임자를 선정하여 위임 경영하게 한다.

그 밖의 정미공장은 적성(敵性)을 발휘하지 않는 한 그대로 기업을 계속하게 한다.

제22. 버마의 주요 공업인 성냥, 제분, 방적, 인쇄기계, 정당(精糖), 유지(油脂), 제빙 등의 각종 공업에서 영국인이 경영하는 주요 공장은 그 중요도에 따라 집단이 스스로 이를 관리하거나 일본인 적임자를 선정하여 위임 경영하게 한다.

집단에서 접수하지 않은 각종 공장은 적성(敵性)을 띠지 않는 한 종전 기업의 계속을 인정하나, 그렇지 않은 경우 일본인이나 버마인 적임자를 선정해 위임 경영하게 한다.

제23. 집단의 현지 자활 및 생활 필수물자를 생산해야 할 경공업, 특히 식료품 가공공업, 피복 수리 및 가공공업, 각종 수리부품공업은 할 수 있는 한 기존의 기능을 부활시키는 동시에 국민생활의 안정 확보, 장래의 작전 준비 등을 위해 입지조건을 감안하여 그 확립을 촉진할 필요가 있다.

전항에 의해 확립해야 할 공업의 종류 및 그 규범 등에 대해서는 별도로 정한다.

제24. 제철사업, 금속정련사업, '고무'정제사업 등 중공업에 속하는 것은 당분간 버마에서 일으키지 않도록 한다.

제25. 전력은 주로 화력발전으로 '벵갈'탄을 사용하고 있으나, 점령 후 그 입수를 기대할 수 없으므로 석유, 기타의 대용 연료로 바꾸게 할 필요가 있으며, 이를 위해 제국 기술자를 초치할 필요가 있다. 또한 장래 힘써 수력전기의 발전을 기도하는 동시에 석탄의 취득에 대해 고려한다.

제26. 버마의 연료 자원은 석유에 중점을 두지만, 최소한도 필요한 석탄의 취득에 대해서는 버마 물동계획에도 이를 넣어 유감이 없도록 한다.

제27. 가내공업은 유지하여 국민생활의 안정을 꾀한다.

그 주된 것은 다음과 같다.

1. 직포업

수직(手織)으로 약 10만대, 종사자 15만 명이 있다.

2. 견직물업

주로 윈난(雲南) 생사를 수입하여 사용하고 있다. 그 입수를 광둥(廣東) 생사 등으로 전환하는 것에 대해 처치할 필요가 있다.

3. 비누제조업

4. 염색업

5. 칠기, 양산, 관(管)세공, 목각, 주물(鑄物) 등.

제28. 장래 제지 '펄프' 원료로서 버마의 대나무류를 사용하는 것이 가능한지를 연구하고,

가능하다면 제지공업을 일으키기로 한다.

제7절 무역

제29. 점령 후 버마의 무역은 강도의 통제를 가하여 그 실권을 집단에서 장악한다.

제30. 버마 무역은 남방지역을 포함하는 동아공영권의 자급자족이라는 견지에 기초한 남방권 무역종합계획에 준거하여 실시한다.

제31. 버마 무역은 약 80%가 인도를 포함한 영본국 및 그 속령에 의존하고 있으므로, 향후 이를 동아공영권 각 지역으로 전환시키기 위해서는 특별한 조치가 필요하다.

제32. 무역의 조정에 있어서는 제국의 요구[일만중(日滿中) 및 추축국의 수요를 포함] 및 현지에서의 군사비와 산업 운전 자금의 조달 등에 대응시키는 동시에 공영권 각 지역과의 물자 교류 범위를 확대하여 제국의 물자 취득을 용이하게 하고, 각 점령지에 대한 제국의 부담을 경감시키는 데 노력한다.

제33. 점령 후 대인도 무역의 두절 등으로 인해 수출 물자의 과잉, 수입 물자의 부족을 낳아 토착민 생산물의 가격은 하락하고 생활 필수물자의 가격은 급등했다. 물가 혼란과 관련하여 토착민 생활에 동요를 초래할 우려가 큰 점에 비추어 무역 통제는 이런 상태를 방지하는 데 뜻을 두어야 하지만, 단순히 무역 통제만으로 처리할 문제가 아니므로 물자의 배급 통제는 물론 선전, 선무(宣撫) 등 정신적 방면에 대한 충분한 국내 대책을 병행해서 시행할 필요가 있다.

제34. 중요 물자의 무역은 집단이 지정한 회사가 통일적으로 담당하게 하고, 그 외는 수출입조합을 조직하여 집단의 무역 통제에 협력하게 한다.

제35. 집단은 무역 통제를 위해 수출입항을 지정한다.
우선 '랑군', '모울메인', '타보이', '빅토리아포인트'로 하고, 치안 확정에 따라 점차 '마 구이', '아키야브', '바세인', '산도웨이', '차우뷰' 등을 추가한다.

제36. 금융에 관해서는 중앙은행을 외환 조종의 중심 기관으로 삼고, 제국 외환기관(橫浜正金銀行)과 밀접하게 연계하여 외환을 다루게 한다.

제8절 일본인 기업

제37. 이미 거주하고 있는 재류 일본인은 속히 초치하고, 필요하다면 군 촉탁으로서 이용하는 이외에 기존 사업에 종사시킨다. 단, 집단의 필요 이상으로 기존 사업을 하게 하지 말고, 집단이 필요로 하는 기업을 명한다.

제38. 신기업의 진출은 총군(總軍)이 통제하는 바에 따른다.

신기업의 진출을 고려하는 분야는 다음과 같다.

   1. 광업
   2. 석유
   3. 쌀 (집하, 정미)
   4. 면화 (집하, 방적)
   5. 목재 (제재공업을 포함)
   6. 소형 조선업
   7. 식료품 가공공업
   8. 수산업
   9. 유지(油脂)공업
   10. 피혁공업

제39. 기업의 개시에 있어서는 집단의 허가를 받게 한다. 그 밖의 사업의 경영에 대해서는 집단의 지도 감독을 받도록 한다.

軍政命 제1호 하야시(林)집단 군정감부 복무 규정

하야시집단 군정감부(軍政監部) 복무규정을 본책(本冊)과 같이 정한다.
본 규정은 1942년 7월 25일부터 실시하고, 그날로 '군정부(軍政部) 복무규정'은 폐지된다.
1942년 7월 25일
하야시집단군정감 이사야마 하루키(諫山春樹)

하야시집단 군정감부 복무규정

제1조 본 규정은 남방군사령부 근무령에 기초하여 하야시집단 군정감부에서의 복무 및 업무 분과(分課) 등에 관해 규정한다.

　　본 규정 외에 군정감부의 근무 일반에 관한 세부 규정을 설정할 수 있다.

제2조 군정감은 집단장의 명을 받아 군정감부 내를 통솔하고, 하야시집단 점령지역에서의 군정 실시에 관한 업무를 관장한다.

제3조 군정감부 본부는 다음의 6부(部)로 나누고, 각 부에 과(課)를 둔다. 그 구분 및 담당 업무는 하야시집단 군정감부 분과규정에 따른다.

　　　총무부
　　　정무부
　　　산업부
　　　재무부
　　　교통부
　　　문교부

제4조 본부 각 부에 부장을 둔다. 총무부장은 군정감의 의도를 받아 군정감부 일반의 업무를 통할하고, 부 업무 처리의 책임을 맡는다. 그 외의 부장은 통상 군정감부 부속 고등문관으로 충당하고, 부 업무 처리의 책임을 맡는다.

제5조 본부 각 부에 과장 및 과원을 두고, 군정감부 부원 및 군정감부 부속 고등관으로 이에 충당하며, 각각 소속 부장 또는 과장의 명을 받아 부 업무를 분담하고 그 처리를 맡는다.

　　과 부속 판임관(判任官) 이하는 상관의 명을 받아 사무를 담당한다.

제6조 본부 각 부에 부속 직원을 둘 수 있다.

제7조 본부 각 부장(총무부장을 제외한다)의 인사배치는 집단장, 과장 및 과원의 각 부 배속 인사배치는 군정감이 하고, 과원 이하의 각 부내 인사배치는 각 부장이 한다.

제8조 군정감은 지방에서의 부 업무를 처리하기 위해 집단장의 인가를 받아 별도로 정하는 지방에 군정감부 지부를 둘 수 있다.

군정감부 지부에 지부장을 둔다.

지부장은 군정감의 명을 받아 지부를 통솔하고, 관할 구역 내 군정 실시에 관한 소정의 업무를 관장한다.

제9조 현지 행정기관 지도요원 및 집단장 직할지 행정요원의 복무는 집단장의 명에 따른다.

전항의 요원은 통상 군정감부 본부 부속으로 한다.

제10조 군정 시행상 일반에 공포해야 할 사항 중 집단장이 행하는 것은 군정감이 이를 집단장에게 상신하고, 그 밖의 것은 집단장의 인가를 받아 군정감이 이를 행한다.

제11조 군정감부에는 필요에 따라 특종의 기술을 가진 자를 촉탁으로서 채용할 수 있다.

전항 촉탁의 취급은 군정감부 부속 문관의 예에 따른다.

일본어학교 설립 및 경영요강(1943년 2월 버마군정감)

1. 목적

일본어학교는 군정의 원활한 수행 및 원주민과의 친선 강화를 위해 현지 각 민족에 대해 일본어 교육의 기초를 제공함으로써 버마 전역에 일본어를 신속히 보급할 것을 목적으로한다.

동시에 일본군에의 협력 및 대동아공영권 이념의 파악에 대해 특히 유의하기로 한다.

2. 설치

1) 버마('샨'주를 포함) 전역에 일본어학교 50교를 신설한다(일본어교원양성소를 포함한다).

2) 학교의 배치는 랑군 5교, '만달레이' 2교, 군정감부 지부 출장소 소재 지역 및 기타 주요 각지에 1교씩으로 하고, 몇 개 교는 예비로서 보류한다.

3) 랑군에는 특설학교로서 요인(要人) 자제의 일본어학교를 설치한다.

4) '샨'주는 2교로 하고, '타웅지', '라시오'에 1교씩 설치한다.

5) 종래 설치되어 있는 군대 주류지의 일본어학교는 가급적 신설에 합병하여 통일시킨다.

모든 일본어학교의 설립 및 경영은 신정부 및 '샨'주정청(州政廳)이 실시하게 한다.

3. 직원 및 생도 수

1) 교원수 및 생도 수용수는 교사(校舍), 기타에 따라 다르나, 대개 생도 백 명 당 교원 둘을 배치하고, 각 학교에 일본인 교원(1명 이상)과 현지인 교원(약간명)을 배속한다. 그 밖에 경영에 필요한 직원 약간명을 둔다.

    교장은 그 학교의 일본인 교원 중 직급이 위인 자로 하여금 겸하게 한다.

2) 각지 주류(駐留) 부대에서 교원을 낼 수 있는 경우는 극력 이를 이용한다.

3) 초년도에는 일본 내지에서 파견되는 110명의 일본인 교원으로 수업을 행하나, 점차 교원양성소를 졸업한 현지인 교원을 늘려 채용한다.

4) 내지에서 파견되는 일본인 교원의 일부는 일반학교 및 일본어학교의 예비에 충당하고, 임시 또는 상설 일본어 강습회를 위해 전임으로서 보류한다.

5) 일본어학교 교원은 해당 일본어학교의 수업뿐만 아니라 그 지방에서 일본어의 보급에 진력해야 한다.

4. 입학 자격

남녀, 연령, 인종을 불문하고 지조(志操)가 굳고 일본인에 대한 협력 정신을 갖고 있다고 인정되는 자는 입학시킬 수 있다. 단, 다음의 자는 퇴학을 명한다.

1) 특별한 이유 없이 함부로 결석하고, 학업을 이룰 전망이 없다고 인정되는 자.

2) 품행이 불량하고 생도로서 체면을 더럽힌 자.

3) 기타 재학이 부적당하다고 인정되는 자.

5. 수업연한 및 학급편제

1) 일본어학교의 수업연한은 1년으로 한다.

2) 생도의 일본어 습득 정도에 따라 4학급으로 나누고, 각 학급의 수업기한은 3개월로 한다. 각 학급은 필요에 따라 남녀별 또는 인종별로 나눌 수 있다.

3) 전학급을 종료한 자는 졸업시킨다. 진급 및 졸업은 습득의 정도에 따라 시험을 실시하여 정한다.

4) 일본어학교에 야간 학급을 설치할 수 있으며, 야간학급의 수업연한, 학급편제, 교수

사항 등은 모두 주간 학급의 그것에 따른다.
5) 일본어학교에 연구과를 둘 수 있으며, 연구과는 일본어학교 졸업자를 입학시켜 세밀한 단계로 일본어 교육을 한다.
연구과의 수업기한은 6개월로 한다.
6) 각 학급 종료자 및 졸업자에게는 수업(修業)증명서를 수여한다.

6. 일본어 교수(敎授) 방침 및 교수 사항

1) 일본어의 교수는 일본어를 이해시키고, 이에 의해 사상·감정을 표현하는 능력을 양성한다. 그와 동시에 일본의 문화, 국민성 등을 올바르게 이해시키고, 특히 일본군에 대한 협력을 강화하고, 대동아공영권 이념의 철저한 보급에 힘써야 한다.
2) 일본어는 발음, 듣기, 읽기 및 해석, 회화 및 작문, 일본창가(唱歌) 등을 가르치고, 각 사항은 가급적 상호 연관시켜 교수의 효과를 거두도록 한다.
3) 일본어 교수에 있어서는 처음에 회화를 위주로 하여 발음의 기초적 연습, 듣기, 가타카나 읽기, 말하기에서부터 시작하고, 간단한 한자, 구어문으로 나아가 평이한 문어문에까지 이르게 한다.
4) 학급별 세분은 다음과 같다.
  제1학급: 발음에서 시작하여 매우 간단한 어구 및 문장에 대해 듣기, 읽기 및 해석을 가르친다. 이와 관련해서 마찬가지로 간단한 말하기 및 작문 등을 부과하고, 일본창가의 기초를 가르친다.
  제2학급: 전(前) 학급에 준해서 다소 나아간 정도에서 가르친다.
  제3학급: 듣기, 읽기 및 해석, 말하기 및 작문, 일본창가 등 전 학급에 준해서 다소 나아간 정도에서 이를 가르치고, 간단한 한자를 첨가한다.
  제4학급: 전 학급에 준해서 다소 나아간 정도에서 가르치며, 그 위에 문어문 해석을 가르친다.
  연구과: 연구과에서는 듣기, 읽기 및 해석, 말하기 및 작문 등 이외에 문법, 일본도덕, 일본지리, 일본역사 등에 걸쳐서 세밀한 단계로 가르친다.

7. 수업시수

1) 각 학급의 수업시수는 주간, 야간 모두 1일에 2시간 반으로 한다.
2) 주간 수업은 일단 매일 10시부터 13시 10분까지(각 40분 수업, 10분 휴게), 야간 수업은 매일 18시 50분부터 21시 30분까지(각 50분 수업, 5분 휴게)로 하나, 교수 시간은 각지의 특수 사정에 따라 다소의 변경을 필요로 하므로 별도로 연구한다.

8. 휴가

1) 혹서기의 여름휴가는 당분간 인정하지 않는다. 단, 동시에 실정에 따라 전항의 수업을 단축할 수 있다.
2) 일요일 및 행정부 지정 공휴일은 휴업한다.

9. 수업료, 기타

1) 일본어학교에서는 이를 징수하지 않는다. 단, 요인 자제의 일본어학교에서는 월액 5엔의 수업료를 징수한다.
2) 각 학급 모두 수험료 1엔, 입학금 1엔을 징수한다.

10. 졸업 후의 특전

1) 일본어학교 졸업자는 관계(官界), 일반 실업계(實業界), 기타로 진출할 경우에 일반 취직자보다 일본어 이해의 정도에 따라 특별히 우대한다.
2) 일본어학교 졸업자로서 인물, 성적 우수자는 일본어교원양성소에 입학할 수 있다.

11. 교과서 및 사전

1) 일본어 교육의 목적을 달성하기 위해 가장 적절한 교과서를 편찬할 필요가 있으며, 만일 현지에서 인쇄가 불가능할 경우는 일본 내지에서 인쇄하게 한다.
  초년도에는 50만부를 필요로 할 전망이다(일반학교용 포함).
  신교과서에는 전체적으로 일본에 대한 신뢰, 협력, 경모의 마음을 일으킬 내용을 담도록 유의한다.

2) 일본어 보급을 위해 조만간 적당한 일면(日緬)·면일(緬日)사전을 편찬 발행하는 동시에 항간의 불량 사전에 대한 단속을 경찰 관계 방면과 협력하여 실행한다.

12. 교사(校舍)

교사는 종래의 교사, 기타 기설(旣設) 건축물 중 적당한 것을 이용한다. 불가피할 경우는 간이 건물을 교사로 이용한다.

일본어학교 및 일본어교원양성소용 교과서 편찬요령(1943년 4월 14일 버마군정감)

1. 편찬 방침

단기 속성으로 순정(純正)한 일본어를 가르치고, 현지 사정에 맞추어 일본정신의 파악 및 대동아공영권 이념의 철저를 꾀하며, 일본에 대한 협력 정신을 계발하는 동시에 버마 건설에 앞장설 인재를 양성할 수 있도록 편찬한다.

2. 교과서의 책수

일본어학교, 일본어교원양성소는 동일 교과서를 사용한다.

교과서는 다음의 5권으로 나눈다.

    제1권(1학기용)

    제2권(2학기용)

    제3권(3학기용)

    제4권(4학기용)

    제5권(연구과용)

    단, 일본어교원양성소 제2부는 제5권을 사용한다.

3. 각 권의 편찬 방침

    제1권: 일본어의 기본어휘, 기본문형(주로 단문)을 가르치기 위해 일상생활의 회화문을 위주로 한다.

제2권: 일본어의 기본어휘, 기본문형(주로 복문)을 가르치기 위해 일상생활의 회화문을 위주로 한다.

제3권: 실용회화를 가르치는 동시에 일본정신, 대동아공영권 이념을 가르치는 데 필요한 교재를 첨가한다.

제4권: 일본정신 및 대동아공영권 이념을 가르치는 데 필요한 교재를 위주로 한다.

제5권: 위와 같다. 단, 권말에 간단한 문법 해설을 첨부한다.

4. 가나 표기법, 한자에 붙이는 가나

가나 표기법, 한자에 붙이는 가나는 일본의 초등학교 교과서의 예에 의거한다.

5. 글자

제1권: 가타카나(仮名) 전부

제2권: 히라가나(平仮) 전부, 한자 대략 60자 정도

제3권: 한자 대략 120자 정도

제4권: 한자 대략 227자 정도(국민학교 2학년 수료 정도)

제5권: 한자 대략 365자 정도(국민학교 4학년 1학기 정도)

6. 어휘수

조사 중이나 대략 다음과 같을 전망.

제1권: 340

제2권: 450

제3권: 550

제4권: 650

제5권: 800

7. 문장의 난이도

제1권 : 『회화』(일본어진흥회 편) – 상중권 정도

제2권 : 『읽기』(국정교과서) – 권2 정도

제3권 : 읽기, 上 – 권3 정도

제4권 : 읽기, 上 – 권4 정도

『초등과 국어』(국정교과서) – 권1 정도(국민학교 3학년 1학기 정도)

제5권 : 초등과 국어, 上 – 권2, 3, 4 정도(국민학교 4학년 수료 정도)

8. 문체

제1권 : 회화문을 위주로 하고 구어 경어체를 사용한다.

제2권 : 회화문을 위주로 하고 약간의 서술문을 첨가한다. 구어 경어체를 위주로 하고 약 간의 구어 평어체를 첨가한다.

제3권 : 회화문, 서술문을 같은 비율로 사용한다. 구어 경어체를 위주로 하고 약간의 구어평어체를 첨가한다.

제4권 : 서술문을 위주로 하고 약간의 회화문을 첨가한다. 구어 경어체, 구어 평어체를 같은 비율로 사용한다.

제5권 : 구어 평어체를 위주로 한다.

9. 쪽수

제1권 : 18자 8행, 90쪽

제2권 : 23자 8행, 100쪽

제3권 : 24자 9행, 105쪽

제4권 : 25자 9행, 120쪽

제5권 : 25자 10행, 150쪽

10. 교재의 내용

일본어학교의 성질에 비추어 생도의 학력을 대략 소학교 졸업 정도로 간주한다. 따라서 내용은 너무 아동용이 되지 않도록 주의하고, 다음과 같이 교재를 배당한다.

교재의 종류	1급	2급	3급	4급	5급
1. 국체(국사, 일본정신, 일본도덕 등)	10%	15%	20%	20%	30%
2. 생활(일본의 가정생활, 사회생활 등)	70	30	15	10	5
3. 지리(일본지리, 자연, 풍물 등)	5	10	10	10	5
4. 문학(일본의 이야기, 순문학작품 등)	5	15	15	10	15
5. 국방	5	5	10	10	10
6. 과학(과학, 위생, 산업 등)	-	5	10	10	-
7. 대동아사(공영권의 역사, 서양의 동양침략사 등)	-	-	-	10	10
8. 공영권의 지리, 인문	-	5	5	5	5
9. 대동아전쟁, 공영권의 이념 등	-	5	5	5	10
10. 공영권에서 버마의 지위(버마의 역사, 생활, 자연, 이야기, 문학 등)	5	10	10	10	10

11. 삽화

1) 삽화는 일본의 자연미 및 문화의 우수성을 나타낼 수 있는 것으로 선택한다.

2) 삽화는 사실(寫實)에 기초하여 그리고, 보조적 설명에 편리하도록 고안한다.

3) 초급용 독본에는 각 쪽에 삽화를 넣고, 상급용 독본에는 각 과(課)에 삽화를 넣는 것을 원칙으로 한다.

12. 위원 성명(생략)

13. 완성 방법(생략)

태국·버마연접철도(泰緬甸連接鐵道) 건설봉사대 편성 파견요령

(1943년 3월 2일 하야시집단장)

1. 취지

1) 태국·버마연접철도 건설봉사대를 편성 파견하여 해당 철도의 건설 작업을 촉진하

고, 신속하게 완성되도록 적극적으로 원조한다.
2) 이를 위해 당분간 남부 버마 전역에 노무 봉사운동을 전개하여 봉사대를 강력하게 지원하는 동시에 버마에서 노무자 대책의 획기적 성과의 향상에 이바지한다.

2. 건설봉사대의 편성

1) 명칭 : 태국·버마연접철도 건설봉사대(건설봉사대로 약칭한다)
2) 편성 관리자 : 군정감(軍政監)
3) 편성 담당자 : 행정부 장관
4) 편성 완결일 : 별지 제1과 같다.
5) 편성지 : 별지 제1과 같다.
6) 편성의 기준
   ① 봉사대 요원은 버마 민중 중 청년 및 중견, 기타에서 노무 봉사에 적임인 자를 각 현(縣)에서 선발한다.
   각 현에 대한 요원 차출 배당 기준은 별지 제1과 같다.
   ② 봉사대는 2,000명을 기준으로 하는 구대(區隊)로 나누고, 구대는 청년, 중견자 및 종족별, 출신 현별, 기타 등을 고려하여 적당히 구분한 위에 몇 개의 분대로, 분대는 몇 개의 반(班)으로 나눈다.
   ③ 각 현에서 책임자를 반드시 동행시킨다.
   ④ 1,000명당 1명을 표준으로 하여 지방의(地方醫)(필요한 조수를 동반)를 포함시킨다.
7) 실제로 응모 중인 경우는 본 요령의 취지로 갱신한다.
8) 별도로 철도부대(다나카병참을 포함)에서 지도원을 붙인다.
9) 각 방위사령관은 건설봉사대의 편성에 관해 원조한다.

3. 건설봉사대의 파견

1) 편성 완결 후 순차적으로 속히 파견한다. 수송 개관(槪觀)은 별지 제2와 같다.
2) 지도원을 편성지로 파견하여 편성 원조 및 수송의 직접 처리를 맡게 한다.
3) 수송은 다음에 의거한다.

① 편성지로 가는 수송은 행정부의 담당으로 하고, 철도를 이용하는 경우는 오특철[五特鐵, (주)제5특설철도대]이 군대 수송에 준해서 이를 처리한다.

② 편성지로부터 '탄비자야' 방면에 이르는 수송은 군대 수송에 준해서 취급하고, 철도에 의한 것은 오특철, 선박에 의한 것은 삼팔정[三八碇, (주)제38정박사령관]이 담당하며, '탄비자야'보다 먼 곳은 철도부대가 담당한다. 제5야전수송부대는 자동차 수송에 관해 원조한다.

③ 군정감부는 3월 15일까지 관계기관에 수송을 청구한다.

④ 수송하는 동안의 급양(給養)은 수송 담당 부대, 경계는 철도부대(다나카병참을 포함)의 담당으로 하며, 관계 방위사령관, 관계 헌병대가 원조한다. 위생은 제16병참위생대 담당으로 하고, 방역급수부(給水部)가 이를 원조한다. 종두 및 '콜레라'와 '페스트'의 예방접종을 반드시 실시하고(편성지에서 하는 것으로 한다), 힘써 '콜레라'균을 검색한다.

⑤ 수송에 드는 비용은 철도부대의 담당으로 하고, 그 일부는 군 및 행정부에서 분담한다.

⑥ 귀환을 위한 수송도 앞의 제항에 준한다.

4. 봉사대의 사용법

1) 종래의 노무자와 같은 취급을 하지 않으며, 쿨리(苦力)라는 명칭을 엄금한다.
2) 종래의 노무자와 작업 장소를 달리 한다.
3) 작업은 궤도의 흙을 쌓는 공사 등을 위주로 한다.
4) 일본군 장병은 솔선해서 노무에 종사하여 봉사대원에 모범을 보이고 함께 작업을 맡는다.
5) 노무 시간을 적절하게 하고, 과격한 노무를 부과하지 않는다.
6) 숙영(宿營), 급양, 위생시설을 완비한다. 특히 자급자족에 힘쓴다.
   철도부대의 담당으로 하고, 군 각 기관이 원조한다.
7) 방공(防空) 규정(規整), 특히 방공시설을 정비한다.
8) 봉사대원의 고향과의 연락에 유감이 없도록 한다.

5. 봉사대의 복무

1) 4~7월을 복무기간으로 하고, 8월 이후는 별도로 정한다.
2) 불가피한 사정에 의해 2개월 교대로 할 수 있다.
   이 경우는 반드시 교대자를 차출하도록 하고, 각 현에서 교대자 파견의 책임을 맡는다.

6. 급여

1) 실비 급여로 하고, 별도로 금전 수당을 준다.
2) 가족에게 보장금을 준다.
3) 현에는 별도로 군정감부로부터 봉사대에 관한 예산을 배당한다.

7. 노무 봉사의 장려

1) 봉사대에는 작업 완료 후 군정감, 행정부 장관, 남철[南鐵, (주)南方鐵道隊]이 상을 준다.
2) 봉사대 요원의 차출, 복무 등이 양호한 현에는 별도로 군정감, 행정부 장관이 상을 준다.
3) 봉사대에 종사한 자는 장래 일본군 작업기관, 방위군 '버마' 행정기관에 우선 채용한다.
4) 봉사대원에게는 특별한 휘장을 단다.

8. 봉사운동의 전개

1) 앞 각 항의 취지를 철저화하기 위해 선전 계몽을 하고, 버마 민중의 일본군 협력정신을 비약적으로 향상시킨다.
2) 버마 민중의 근로정신을 진작한다.
3) 3월 1일부터 말일까지를 특별히 봉사운동 선전기간으로 하고, 선전기관은 위 취지의 사전 선전을 맡는다.

9. 기타

1) 집단 관계 각 부 및 군정감부는 봉사대 활동의 실정을 시찰하고 감독을 맡는다.
2) 행정부는 봉사대에 위문단 파견, 기타 격려의 조치를 강구한다.

4) 태면(泰緬)연접철도 건설에 따른 포로 사용 상황 조서

> 태면철도는 제2차 세계대전 당시 태국과 버마를 연결한 철도이다. 일본 육군이 전쟁 목적으로 건설해서 운행했으나 전후에 영국군이 부분적으로 철거해서 현재는 일부만 운행하고 있다. 건설 과정에서 포로들을 동원한 가혹한 노동으로 인해 많은 사망자를 배출해서 일명 '죽음의 철도'라고 불리었다.
>
> 1942년 6월부터 1945년 8월까지 작성된 문서로서 포로를 동원한 태면철도 건설의 경위와 경과, 연합국의 반응, 포로들의 질병까지 포괄하는 매우 중요한 자료이다. 특히 포로들의 처우에 대한 스위스와 영국의 항의를 의식하여 포로에 대한 차별이나 가혹 행위가 없었다고 강조하는 한편, 조선인이 포로 관리를 맡아 문제가 발생했다는 식으로 책임을 회피하고 있다는 점에 주목해야 한다.

태국·버마 연접철도 건설에 동반하는 포로 사용 상황 조서(1942년 6월~1945년 8월)

포로관계중앙조사위원회
방위연수소전사실

특별조사과장

태국·버마 연접철도 건설에 동반하는 포로 사용 상황 조서

포로관계중앙조사위원회

목차

태국·버마 연접철도 건설에 동반하는 포로 사용 상황 조서
1942년 6월~1945년 8월

태국·버마 연접철도 건설에 동반하는 포로 사용 상황 조서

목차

서언

제1편 연합국 측의 항의내용
    제1장 태국·버마 연접철도 건설 중 포로 취급 양상에 대한 영국·호주 양 정부의 항의에 관한 건
    제2장 버마(모울메인 부근)에서 영국인 포로 취급에 관한 건

제2편 조사내용
    요지
    제1장 건설경과 개요
        제1절 건설의 경위와 초기 상황
        (1942년 6월 ~ 1943년 2월 중순)
        제2절 건설 촉진 시기 상황
        (1943년 2월 중순 ~ 1943년 7월 중순)
        제3절 건설공사기간 연장 경위와 연기 시기 상황
        (1943년 7월 중순 ~ 1943년 10월)
        제4절 건설 완료 후 상황
        (1943년 11월 ~ 1945년 8월)
    제2장 건설 및 포로 관리에 미친 영향 및 그 대책과 실황
        제1절 건설 및 포로관리를 곤란하게 한 제원인
        제2절 제대책과 그 실황
        요지
          (1) 보급 및 급양(給養)

　　　　(2) 숙영(宿營)
　　　　(3) 위생
　　제3장 포로 관리 및 사용의 개요
　　　　제1절 포로를 사용한 경위
　　　　제2절 포로관리와 사용자 측과의 관계
　　　　제3절 관리 및 사용의 개요
　　제4장 건설 중 발생한 소상사건
　　　　제1절 사체오욕사건
　　　　제2절 기타 사건
　　제5장 연합국 측의 항의에 대한 특이사항의 설명
　　　　제1절 태국·버마 연접철도 건설 중 포로취급문제
　　　　제2절 모울메인 지구 포로취급에 관한 건

제3편 결론
부표·부도
　부표　제1 포로 노무 상황 월별 통계 일람표
　　　　제2 포로환자 병명별 일람표 (태국 쪽)
　　　　제3 포로환자 병명별 일람표 (버마 쪽)
　　　　제4 포로환자 월별조사표
　　　　제5 포로 콜레라 환자 발생 상황
　　　　제6 태국·버마 철도관계 포로사망자조
　　　　제7 사망포로 인종별 인원표
　　　　제8 편성이래 월별 사망표
　부도　제1 태국 포로수용소 전개요도
　　　　제2 행차경로요도
　　　　제3 태국·버마 연접철도 일반도

서언

 1. 본 건설 중 포로취급 문제는 이를 ①포로에 대하여 직접 학대를 가한 불법행위(소위 일반적 포로학대사건)와 ②건설 실시에 동반하여 비교적 다수의 병사자를 낸 것으로 구분되어 전자에 관해서는 일반포로학대사건으로 처리해야 하지만 후자에 대해서는 전쟁 수행상 진실로 어쩔 수 없는 필연적 사정에 의하여 발생한 것으로 전자와 기본 성질을 달리하는 것을 명확히 인식해야 할 필요가 있다.

 2. 본 조사는 전항 ②건설을 실시함에 따라 비교적 다수의 병사자를 내게 된 당시의 진상 및 포로의 처우 실정을 명확히 한 것으로 제1편에 연합국 측의 항의, 제2편에 전반 사항의 조사 및 항의 중 특이 사항에 관하여 기술하고, 제3편에 대책(판결)을 기재하였다.

 따라서 전항 ①에 속한 직접 학대행위 등의 상황은 도쿄에서 자료가 전무하고 또한 현지와 연락이 불가능하여 본 조서의 대상에서 제외된 본건에 관해서는 현지에서 조사되길 바란다.

 3. 본 철도는 1943년 10월 완성된 이후 보수작업을 위해 일부 포로는 종전 시 여전히 사용되었으나 본 조서는 건설 당시의 상황을 주로 기술하였다.

제1편 연합국 측의 항의 내용

제1장 태국·버마 연접철도 건설 중 포로 취급 양상에 대한 영국·호주 양 정부의 항의에 관한 건

제1절 1944년 12월 4일부 외무대신 앞 스위스 공사 서한(영국·호주 양 정부 항의)

1944년 12월 4일부 외무대신 앞 스위스 공사 임시 번역

서면으로 보내드립니다. 본 관리는 각하에 대한 영국 및 호주 양 정부가 본국 정부에 대하여 일본 정부에 대한 다음 통첩의 전달 담당을 의뢰받아 말씀드리게 되어 영광입니다.

9월 12일 남중국해에서 뇌격(雷擊)당한 일본 운송선 기요마루(幾洋丸)의 생존자 호주인 및 영국인 약 150명은 호주 및 영국에 도착하였다. 다음은 그 결과 일본군 당국의 영국인 및 호주인 포로 취급 양상에 대하여 영국 및 호주 양 정부가 얻은 보고의 간단한 요령이다. 싱가포르 및 자바에서 모은 포로는 모두 1942년 이미 버마 및 태국으로 이동되었다. 호주인은 해로로 버마에 이송되었는데 이때 이들은 선창이 평면적으로 구획된 높이 4피트를 넘지 않는 천정 아래 가두어졌다. 영국인 포로는 철로로 태국으로 이송되었는데 석철제(錫鐵製) 가축용 화물차에 가득 태워져 이동 중 눕는 것도 불가능한 상태로 약 80마일을 더 이동하였다. 전원 태국 및 버마의 병독이 만연한 원시 정글 중의 철도건설공사에 보내진 이들은 비인도적 생활 및 노동조건 아래에 놓였고 그 설비는 열대 특유의 호우나 뜨거운 태양에 전혀 도움이 되지 않았다. 의복이 망가져도 대용품을 주지 않았고 다수는 머지않아 의복, 신발과 모자도 없는 모양새가 되었다. 식사는 작은 그릇에 담겨진 밥 한 그릇과 소량의 물과 커피를 1일 3회 줄 뿐이었다. 노동은 포로의 고통과 생명을 희생시켜 휴식 없이 진행되었다. 그 결과 가공할 사망률을 나타내는 것을 피하기 어려우며 어림잡아 최고 20%에 달하였다. 이와 같은 상태는 1943년 10월경 철도의 부설을 완료하고 그 유지공사에 필요하지 않은 자는 태국의 수용소에 이어 일본령 싱가포르에 이송되기까지 □□되었다. 구조된 자는 1944년 9월 급히

싱가포르를 출국하는 선상에 있었다. 대체로 영국인 및 호주인 포로 1,300명은 이 선상에 있었을 것이다. 배가 격침된 후 일본인은 주의 깊게 일본인 생존자 전부를 구하였지만 포로는 그 운명에 방치되었다. 우리 병사가 주장하는 바는 무기가 없는 포로에 대한 일본 측의 대우를 명백하게 또한 의심할 여지없이 입증하는 것이었다. 영국 및 호주 양 정부는 그 포로가 받은 비인도적 취급에 대하여 가장 엄중한 항의를 전달하였다.

또한 본 관리는 11월 18일부 스즈키(鈴木) 공사께 공신(公信)이 있는 영국 정보에 따르면 라쿠요마루(樂洋丸) 구출자가 영국 및 호주에 도착하여 양국은 태국 및 버마에서 포로가 받았다고 하는 끔찍한 대우와 관련하여 이들 탈출자의 말에 기초하여 공표를 할 것이라고 4공사에 대하여 진언해 두었다고 부언했다.

본 관리는 이에 귀 대신께 경의를 표한다.

제2절 버마 및 태국에서의 영국 포로 대우에 대한 영국 육군장관 제임스 글릭의 하원에서 성명 요지

약 1,300명의 영국, 호주 포로 중 약 150명의 생존자가 미국 잠수함에 의하여 구조되었고, 영국 포로는 이번에 당국에 도착하였다. 이들의 건강상태로 볼 때 다가오는 봄 기간 동안만 행할 수 있을 뿐이나, 봄 동안 진척된다면 여름에 성명을 행할 예정이다.

오는 봄의 결과 동아시아 남방 지역에서 일본군 포로 대우상황이 비로소 명확해졌다. 이에 따라 일본 군벌의 버마, 태국 및 네덜란드령 동인도에서의 포로에 대한 정책에 한 치의 의심도 할 수 없게 되었다. 그러한 가운데 본 정보는 취급이 비교적 관대하다고 사료되는 홍콩, 타이완, 중국 점령지역, 조선 일본의 민간 압류자 및 포로수용소에는 □□할 수 없다는 것을 밝혀둔다.

싱가포르 및 자바의 포로에 1942년 초 버마 및 태국에 이송된 호주 포로는 해로로 버마로 보내졌는데 이들은 높이 4피트도 되지 않는 천정으로 칸을 나눈 선창 안에 가득 실렸다. 영국 포로는 철도로 시암에 보내졌는데 수송 중인 인원이 지나치게 많아 이들은 눕지 못하였다. 이후 약 80마일을 휴식 없이 행진하도록 하였다.

이들은 모두 질병이 창궐하는 정글지대에서 강제 노무에 복무하는 원주민과 함께 철도

건설공사에 종사하였다.

    열대지방의 호우 및 강렬한 햇볕을 피할 수 있는 수용설비는 매우 적었으며 해진 의복은 지급되지 않았고, 식량은 하루에 3번 쌀과 반 파운드의 물이 지급되었다. 노동은 고통 및 인명의 희생이 아무리 커도 이행되어 휴식은 주어지지 않았다. 사망률은 최저로 어림잡아도 20%였다.

    철도는 1943년 10월 완성되었고, 유지하는 데 필요한 일을 담당하는 자 이외의 인원은 태국에 있는 수용소로 이송되었다. 이곳에서 오두막은 비와 이슬을 피했고, 식량 및 위생상태는 개량되었다.

    어떤 종류의 작업에 적당하다고 인정된 자는 일시적으로 프랑스령 인도차이나로 보내지고 일본에 가기 위해 싱가포르로 보내졌다.

    구조된 자는 9월 초순 싱가포르를 출범한 기선에 승선하고 있던 자로 이 배에는 1,300명의 영국, 호주 포로들이 있었다. 이 배가 격침되자 일본인은 자국 생존자의 구조에 광분하여 포로를 방치했기 때문에 그 대부분이 익사하였다.

    미국잠수함이 위험을 무릅쓰고 우리 생존자를 구조한 것과 이들을 간호해 준 것에 대하여 우리는 전 하원을 대표하여 심심한 사의를 표하는 바이다.

    생존자는 모두 □□한 공포에서 회복하고 있다. 우리는 엄중한 항의를 통보하는 방침을 이익보호국에 요구하였다. 전 생존자의 발언에 따라 나는 우리 포로의 사기가 일본인의 처우에도 구애받지 않고 계속됨을 보고 일의를 다졌다. 특히 우리 군의는 노병자(努病者)를 간호할 때 의약 및 의료설비가 부족함에도 불구하고 기적적인 성공률을 거두었다.

    나는 포로의 □□지인에 대하여 심심한 동정을 금하지 않을 수 없다. 내가 본 사건을 공표하지 않는 것은 유감이지만 우리가 이들 사실을 파악하였다는 것을 일본 정부에 알리기 위해서 필요했기 때문이다. 우리는 생존자로부터 계속 정보를 수집하고 있으며, 그들이 다른 포로에 대하여 행한 진술은 모두 그 근친자에게 보고될 것이다. 또한 본 보고가 준비되고 있는 사이에 우리는 우리 이익보호국으로부터 일본 정부가 만국 적십자 혹은 이익보호국의 대표가 일본 점령지의 수용소를 방문하는 것을 허용해 줄 것이라는 통보를 접하였다.

    이상 서술한 사실은 1월 28일 하원에서 버마 및 태국의 포로 대우에 관하여 행한 외무장관의 성명에 대한 일본 정부의 부정을 뒤집는 것이다.

포로에 대한 이 무법한 대우야말로 독일에 대한 전쟁이 종료되면 우리 동맹국과 협력하여 오늘날 일본을 지배하는 유해한 군부 전제를 철저하게 타파하기까지는 전쟁노력을 계속해야 하는 이유 중 하나일 것이다.

제2장 버마(모울메인 부근)에서 영국인 포로 취급에 관한 건

1944년 7월 4일 자 재경 스위스 공사관 국상서한 번역문

1942년 9월 15일 자 당시 외무대신 육군대장 도조 히데키(東條英機) 각하께 보내는 서한과 더불어 1942년 12월 9일 자 다니 마사유키(谷正之) 각하께 보내는 서한을 통하여 스위스 공사는 영국 정부가 랑군 감옥의 포로에 대한 처참한 대우에 대한 우려의 뜻을 통지하게 되어 영광이다.

런던 정부는 동시에 위 취급에 관한 다수 사례를 통달(通達)하였다.

1943년 2월 9일부 보통 제33호 서한을 통하여 외무대신 각하는 스위스 공사에게 상기 서한 중에 게재된 사실은 존재하지 않는다는 내용의 회답을 하였다. 스위스 공사는 동 서한의 내용을 영국 정부에 전달하기 위해 본국 정부에 보고하였다.

스위스 공사관은 외무대신에게 영국 정부가 새로운 통첩문에서 제국정부에 대하여 버마에서의 포로 취급에 관한 다음과 같은 통지 방안을 요청하는 내용을 통지하게 되어 영광이다.

1. **제일의 불만은 모울메인 지역에 관한 것으로 3가지로 구성된다.**
   A. 통지

   일본 관헌이 인쇄한 엽서에 따르면 약 2만 명의 영국 및 동맹국 포로가 모울메인 또는 그 부근에 수용되어 있었다.
   포로의 동 수용소로의 이동은 미리 통지되지 않았으며, 또한 현재 동 수용소 및 기타 버마 수용소에 있는 다수의 포로의 포획도 통지되지 않은 듯하다. 또한 그곳에서 사망하였다고 여겨지는 다수의 사망자에 대해서도 또한 아무것도 통지되지 않았다.

B. 상태

모울메인 수용소에 수용 중인 포로의 상태는 영국 정부도 태국보다도 더욱 불량하거나 혹은 적어도 비슷한 정도로 불량하다고 보고 있다.

[1943년 7월 5일 자 시게미쓰 마모루(重光葵) 각하께 보내는 스위스 공사 서한 참조]

1942년 10월 및 11월 모울메인에서만 매일 약 10명꼴로 포로가 사망하였다고 하며 사망의 주요 원인은 이질이었다. 모울메인 혹은 그 부근에서 일본 관헌이 관할하는 다른 수용소에서는 버마 철도에 동원된 포로 중에는 한층 더 놀랄만한 사망률을 보였다. 이들의 사망은 수용소의 상태 특히 일본 관헌에 의한 완전히 부적절한 배급, 병원의 의약 혹은 장비 소홀, 적절한 의복 혹은 신발조차 거의 완전히 부족한 점 및 포로에게 강제된 노동의 가혹성 등에 의하여 직접적이며 불가피하게 발생한 결과였다.

C. 포로의 전시

1944년 2월 포로 25명은 모울메인의 시내를 행진하도록 하였다.

초췌한 상태인 이들은 최근 아라칸 전선에서 포획되었다는(사실은 그렇지 않다) 내용이 버마어로 기록된 광고를 휴대하도록 하였다. 이들은 그 행진에 동행한 일본인 장교에 의하여 조소, 모욕당하였다.

이러한 조치는 포로조약 제2조를 위반할 뿐만 아니라 명백히 영예로운 전쟁의 원칙에도 반하며 문명이라고 자칭하는 국민이라고 할 수 없는 행동이다.

2. (생략)

제2편 조사내용

요지

1. 본 철도 건설은 버마에 대한 육상보급로 및 태국, 버마 양국 간의 교역교통로로 삼을 목적으로 당초 남방군의 의견 구신(具申)을 계기로 1942년 6월 대본영의 명령에 기초하여 남

방군이 그 준비에 착수하여 같은 해 11월 이후 1943년 말 완성을 목표로 본격적으로 건설하기 시작했다. 그런데 1942년 우기 이후 버마 방면에 대한 영국·인도군의 반격, 특히 공중 폭격이 급속히 격화되어 해당 방면에서 작전이 급히 중대해졌는데도 말레이 방면에서 버마로 향하는 해상수송 역시 점차 어려워졌다. 다른 육상교통로를 구하지도 못한 채 우기가 끝났다. 버마에 대한 교통은 완전히 두절되어 해당 방면에서 적극작전은 물론 그 방위조차 불가능해졌다. 더욱이 본 건설 자체 또한 어려워질 것이라는 판단에 이르렀다. 1943년 2월 상순 대본영은 마침내 본 건설공사 기간의 4개월 단축을 명령하였다.

이에 남방군은 군 중앙부와 함께 당시 가능한 한 최대한의 대책을 강구하여 작업을 촉진하고 작업부대 역시 예의(銳意) 노력을 거듭하여 작업은 일시에 순조로운 진전을 보였으나 1943년 4, 5월 이후 일찍이 일본군이 경험하지 못한 정글 속의 각종 악조건과 더불어 예상치 못한 우기의 조기 도래 등으로 예정 공사의 지연은 물자보다 작업 인원의 희생이 커질 것이라는 정황에 직면하였다. 당시 버마 방면의 일반 정세와 철도의 부분적 완성, 병행 신설 도로 및 수로의 국부적 이용 등으로 버마에 대한 교통의 전망이 점차 밝아진 것으로 볼 때 버마 방면 작전에 미치는 영향이 지극히 크다고 여겨짐에도 불구하고 대본영은 결국 2개월의 공사 기간 연기를 명하여 1943년 10월 중순 이를 완성하도록 하였다.

2. 본래 이 종류의 건설공사에 작업력으로 다수의 인원이 필요함은 당연한 것으로 남방군으로서는 당시 상황이 허락하는 한 일본군을 사용하는 것 이외에 현지인 노무자를 모집·충당하였으나 갑자기 많은 인원을 취득하기 곤란하여 포로를 건설에 사용하는 데 대해 그 허가를 대본영에 신청하였다.

대본영에서는 본 건설이 제1선의 전장으로부터 멀리 떨어진 후방지역 안의 작업이라는 점과 또한 태국과 버마와의 교역 루트라는 사명을 지닌다는 점에 따라 위 구신(具申)을 수용하여 포로의 사용을 허가하였다.

따라서 건설작업은 400km에 달하는 험준한 밀림지대 내에서 기후·기상 특히 우기의 감작(感作), 위생환경의 불량 등의 자연적 악조건과 더불어 작전상의 요구에 기초한 시간적 제약 및 이를 위한 준비의 불충분 일본군의 기술(기계)적·병참적 장비 불량, 노동력, 자재의 부족 등의 인위적 악조건을 극복하면서 강행·완성되었다.

3. 그런데도 일본군으로서는 행동을 함께 하는 다수의 연합군 포로를 취급할 때 그 숙영,

급양, 위생에서는 가능한 한 최선이라고 믿는 거의 모든 수단을 강구하였으나 결국 다수의 희생자를 발생시키게 되어 참으로 유감인 바이다.

즉 본 건설작업에서는 일본군에게 포로 및 일반 노무자와 동등하게 고락을 함께 하도록 하여 결코 포로만 희생시키려고 한 작업이 아니라는 것을 명언한다.

> (주) 건설지휘관은 '포로 및 노무자는 '건설의 신''임을 지도의 방침으로 삼아 끊임없이 포로의 취급 향상에 노력하였다.

제1장 건설경과의 개요

제1절 건설의 경위와 초기 상황(1942년 6월부터 1943년 2월 중순)

(A) 건설의 경위

1. 1942년 3월경 북부 버마작전의 진전에 동반하여 버마에 대한 작전 보급로로서, 또한 태국, 버마 양국 간의 교역 교통로로서 태국, 버마 연접철도를 설치할 필요를 느껴 남방군에서 그 건설을 군중앙부에 구신(具申)함에 따라 중앙부는 같은 해 6월 철도 건설의 준비를 남방군에 지시하였다.

2. 건설 준비의 요점은 다음과 같다.

   1) 경로 농플라덕-쾌노이강을 따라 탄비우자야트(Thanbyuzayat)에 이르는 약 400km
   2) 수송량은 편도 하루 3,000톤
   3) 기간: 1943년말 완성 예정
   4) 자재: 현지 자재를 주로 하여 소요한 자재를 중앙에서 교부한다.
   5) 병력: 철도감부 철도 2개 연대, 철도재료창을 주체로 한다. 소요한 보조부대를 편성하도록 할 것.
   6) 노동력(보조인원): 현지 노무자 및 포로를 이에 충당한다.

3. 남방군은 위 준비 요건을 바탕으로 연선 측량, 태국과의 교섭, 건설 기지 설정, 건설 자

재 준비, 노무 수용, 병요 시설 및 위생 시설 구축에 착수했다. 동시에 버마에 주둔한 철도 병력을 순차적으로 건설지로 소집·배치하며 철도 건설을 준비하였다.

4. 제2철도감부(방콕에 위치한다)는 다음 각 부대를 지휘하여 남방군 철도대가 된다. 철도제5연대[기지 탄비우자야트(Thanbyuzayat)]로 버마 쪽, 철도제9연대(기지 칸차나부리)를 태국 쪽 지구의 건설작업대로 하고, 제1철도재료창의 주력을 농플라독(Nong Pladuk)에 일부를 양곤(Yangon)에 전개시키고 앞의 각 제명령에 기초하여 차차 준비를 진행하여 12월 이후에 본격적인 건설작업을 개시하였다.

　　다음
　　　　남방군 철도대
　　　　　　장 제2철도감 시모다 노부오(下田宣力) 소장
　　　　　　　제2철도감부
　　　　　　　철도제5연대
　　　　　　　철도제9연대
　　　　　　　제1철도재료창
　　　　　　　육상근무2대
　　　　　　　건축근무2대
　　　　　　　야전작정대(野戰作井隊)2대
　　　　　　　야전방역급수부
　　　　협력
　　　　　　태국 포로수용소
　　　　　　야전보급창

5. 태국 포로수용소는 그 편성을 남방군 명령에 기초하여 초기부터 본 건설작업에 직접 협력하였다.

6. 건설에 관한 직역(職域) 구분, 업무 계통, 포로 계통 및 임무의 개요는 별지 제1 내지 제3과 같다.

별지 제1

관계 관	책임	업무
대본영	철도건설에 관한 지도	육군성과의 예산, 자재 절충
		감군성을 통한 외교 절충
		철도건설에 관한 명령(대본영 지시)
		건설에 요하는 자재 등의 보급원조
		작전상의 요구에 응하는 건설 지도
		포로사용 가부 결정
남방총군	철도건설관리실시장관	철도건설에 필요한 병력, 노력의 결정 및 그 집중, 보급, 급양, 위생
		포로의 관리자로서 포로수용소를 건설부대에 협력 또는 배속
		포로사용에 관한 지도
		철도건설의 계획
		철도건설부대의 지도와 협력배속부대와의 협조
		건설에 필요한 교통로 및 수로의 정비
철도감부	철도건설담당지휘관	철도건설계획에 기초한 노선의 정찰, 측량건설
		철도병력배속부대의 사용
		포로 및 노무자를 소요 철도부대에 협력 및 배속
		포로의 사용에 관한 지도
		포로수용소와 포로의 사용에 관한 협정
		포로의 숙영, 급양 및 위생에 관한 원조
철도연대	분담지역철도건설담당관	담당구역의 철도 건설
		철도건설지휘관의 지시에 기초한 협력 혹은 배속포로의 사용
		포로취급책임자와의 협정
		포로의 숙영, 급양 및 위생에 관한 원조
포로수용소	포로관리관으로서 철도건설에 협력 및 관리	남방총군명령에 의한 포로의 철도건설부대에 대한 협력 혹은 배속
		포로사용에 관한 철도작업부대와 협정
		포로의 숙영, 급양, 위생의 담당 및 관계부대에 대한 협력요청
		포로관리업무의 실시

별지 제2

철도건설에 관한 업무계통도

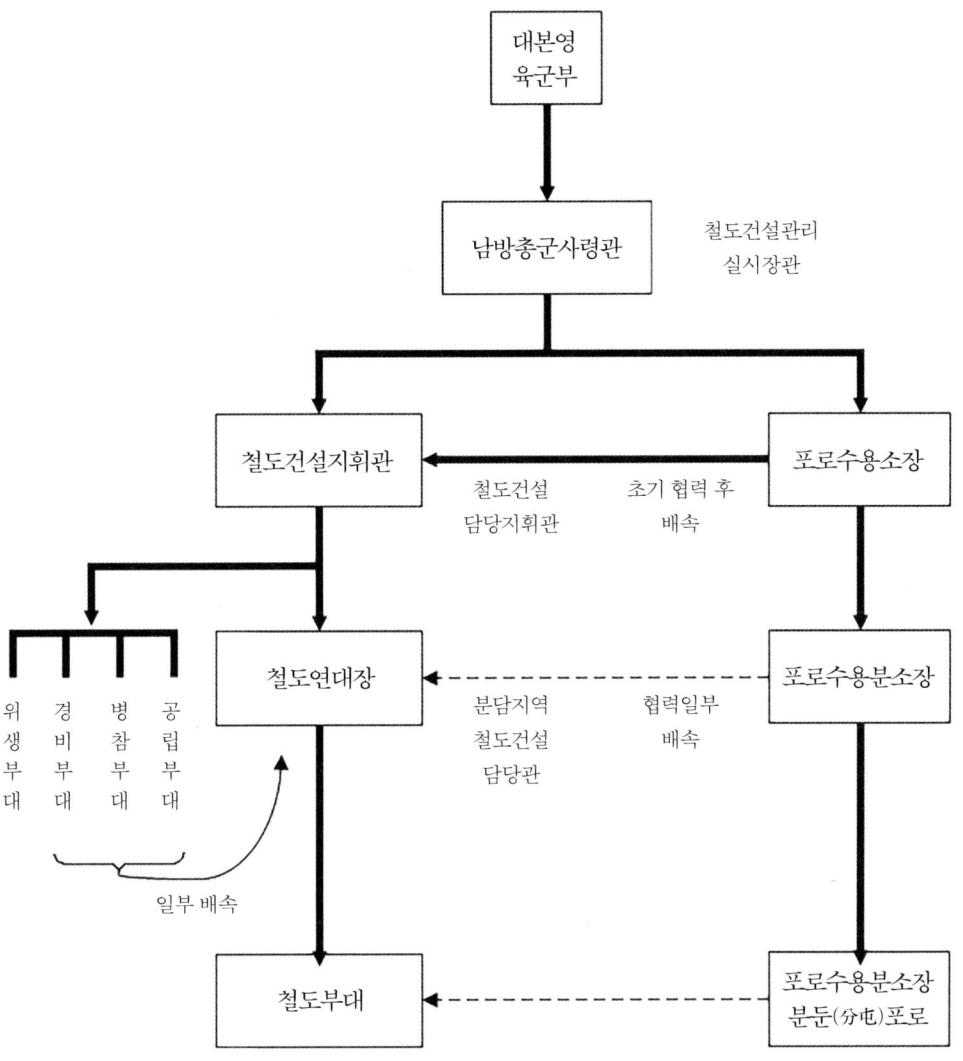

제4장 일본의 동남아시아 지배와 '독립' 부여

별지 제3

철도건설을 위한 포로계통 및 임무개요도

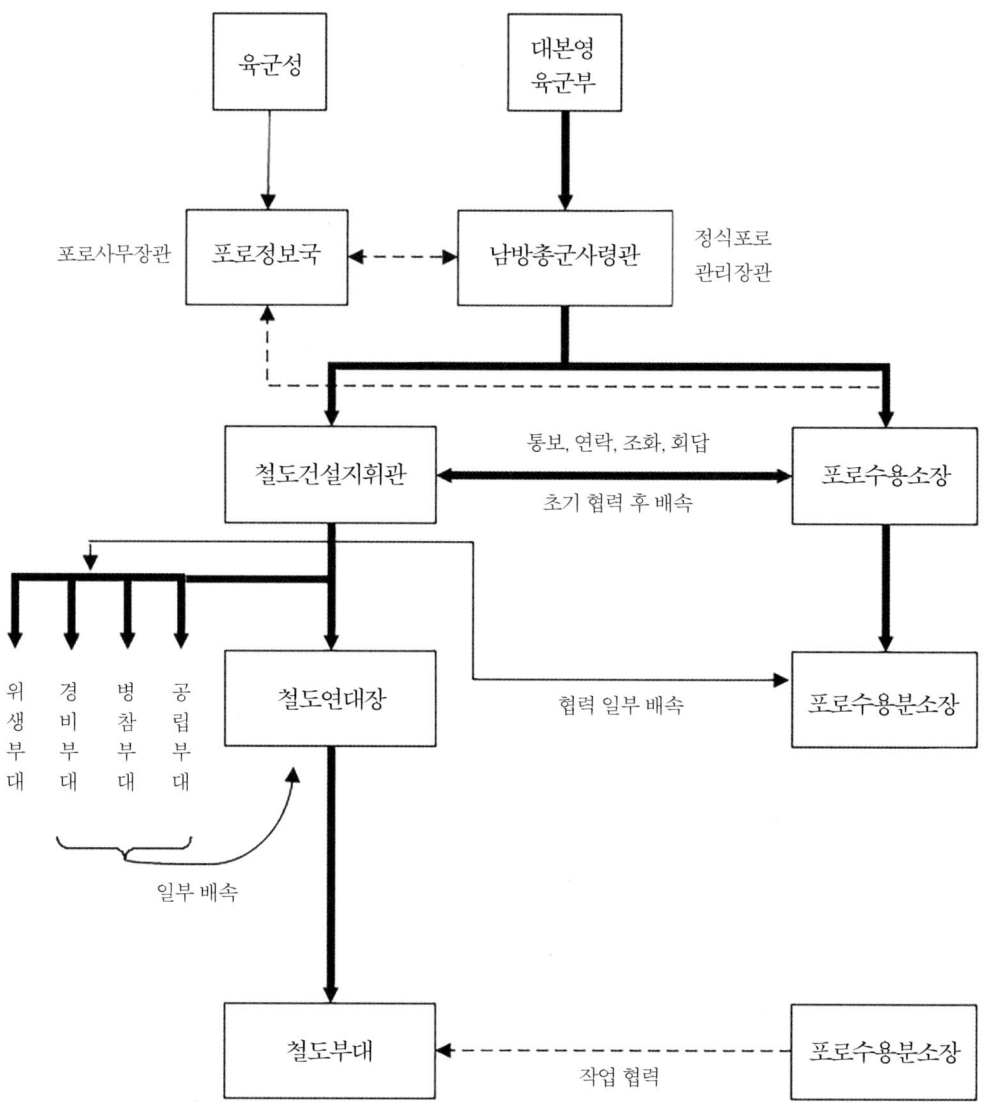

(B) 초기 상황(1942년 6월부터 1943년 2월 중순)

1. 앞의 경위에 기초하여 측량작업 기지정비 자재 수집 일부의 하부건축 등의 준비작업은 개시되었다.

작업은 지형 관계상 태국·버마 쪽 두 방면부터 개시하여 그 후방 보급 등은 전자는 태국 주둔군, 후자는 버마 방면 군에서 원조하도록 하였다.

2. 1942년 11월 건설 실시 명령에 따라 본격적으로 건설에 착수하였다.

3. 그렇지만 본 건설 지구는 정글 지대로 전선(全線)의 측량 결과를 기다리면 현저하게 공사 기간이 지연되므로 부분적 측량 결과에 기초하여 차차 작업을 실시하게 되어 작업량 및 자재 등에 대한 전망과 관련하여 충분한 사전 대책을 강구할 수 없었다.

4. 1943년 1월 하순 작업이 점차 궤도에 올랐을 때 건설지휘관 시모다 소장은 작업지휘를 위해 비행기로 건설지를 정찰 중 비행기 사고로 인하여 태국·버마 국경 산계(山系) 중에 추락, 전사하였으며, 함께 타고 있던 건설주임 참모 이리에 마쓰히코(入江增彦) 소좌도 역시 같은 운명을 맞았다.

5. 이 기간에 포로는 차차 증가하여 자바, 싱가포르 방면에서 건설지구로 이관, 태국 포로수용소는 그 규모를 확대하면서 일부를 버마 쪽 주력으로 태국 쪽의 건설에 협력하였다.

제2절 건설 촉진 시기 상황(1942년 2월 중순부터 1943년 7월 중순)

(A) 공사기간 단축에 관한 경위

1. 1942년 우기 이후 버마 방면에 대한 영국·인도군의 반격이 급속히 격화하여 해당 방면의 작전이 매우 중대화되고 그 병력·자재를 차차 증강시키고자 하는 정세가 되었음에도 불구하고 버마에 대한 유일한 보급로인 해상 수송로 역시 항공과 바다로부터의 방해로 인하여 완전히 두절될 위험이 상당히 커졌다. 1943년에 들어서자 대본영은 속히 태국·버마 연접철도 건설을 완성할 필요를 인식하여 그 촉진을 꾀하였다.

따라서 당시 영국·인도군의 반격에 따라 필연적으로 중대화된 버마 방면의 작전과 동반하여 비약적으로 증강시키고 있는 병력·자재의 수송 유지를 위한 보급로는 싱가포르를 기점으로 하는 해상 루트 하나에만 의존하고 있는데 이에 대한 항공기 및 잠수함의 위협이 극도로 □해지자 일반 선박의 부족과 더불어 불안이 점차 증대되었다. 이에 대한 응급타개책으로서 므앙탁(Mueang Tak), 매솟(Mae Sot), 모울메인 길 등의 도로를 개척하려고 하였으나 많은 자동차를 필요로 하고 노공(勞功)이 동반되지 않아 성공하지 못하고 결국 소형선의 강행 돌파에 의한 해상보급에 의존해야 하는 곤경에 직면하였다.

이러한 강행수송도 우기를 이용하여 간신히 실시할 수 있는 것이므로 계속 기대할 수 있는 것은 1943년 9월까지뿐이다. 우기가 지나면 해상 루트 전체가 두절되는 한편 영국·인도군의 우기 뒤 총반격이 예상되는 정세에서 일본군으로서는 해상 루트를 대체할 수 있는 육상보급로가 절대적으로 필요하였고 또한 이를 차기 우기 다음까지 완성하지 않으면 버마 방면 작전군의 안위와 관련된 중대한 결과를 초래하여 태국·버마 연접철도의 건설 또한 어려워질 것으로 예상되었다. 이에 대해서 남방군은 물론 대본영 역시 이러한 정세를 극도로 우려하여 백방으로 연구·검토를 거듭하여 그 타개에 노력하였으나 결국 건설 실시 중인 태국·버마 연접철도를 다음 우기가 끝날 때까지 완성하는 것 이외에는 길이 없다고 판단하여 공사기간 단축을 하지 않을 수 없는 이른바 절체절명의 상황이었다.

2. 이를 위해 2월 상순 대본영은 남방총군과 협의하여 병력·노동력·자재의 부족, 많은 작업량, 우기의 감작(感作), 위생환경의 불량 등 많은 곤란을 인정하면서도 모든 수단을 강구하여 작업을 촉진하여 공사 기간을 단축하기로 결정하여 각각 조치한 바였다.

따라서 당시까지는 줄일 수 있다고 측량한 결과에 기초하여 토공(土工) 양을 판단하여 이에 사용될 병력·노동력·자재 등을 진중하게 검토하여 건설 규격을 저하(하루량 한 방향 3,000톤을 1,000톤으로)하여 대체로 1943년 8월 말일까지 완료하는 것으로 약 4개월의 공사기간 단축을 계획하여 병력·노동력·자재와 관련하여 군중앙부가 조치할 수 있는 최대한의 조치를 강구하였다.

그 요지는 다음과 같다.

1) 광둥(廣東)에 있는 철도 제5연대 제4대대를 원 소속으로 복귀시켜 말레이에 있는 제4특설철도대의 복원예정을 변경하여 건설철도부대에 배속을 준비
2) 중앙예비자재 중 남방에 있는 레일로 50km의 교부 착암기(鑿巖機)·폭약을 대량 보급
3) 말라리아 대책 공작 강화를 위한 전문가의 파견 등

3. 당시 동부 뉴기니 방면의 전황이 급박해지면서 이 방면에서 전선이 와해될 것을 예상하여 서부 뉴기니 반타 해 정면의 신속한 병력 증강을 실시하고 있어 수송 각 부대, 보급 각 창, 비행장 설정 각 부대 등 중에서 전용 가능 부대는 모두 동 방면에 전용되었거나 수송 중이었으며, 노무자에 대해서는 남방군의 보급이 여의치 않아 각종 현지 자활산업의 건설 방위를 위한 비행장 건설 및 전기 전용부대 수반 노무 공출로 인하여 현저한 핍박이 있어 인구가 과잉한 자바에서조차 노무자가 부족한 상황이었다. 이에 남방군은 태국·버마 연접철도의 공사기간 단축 명령에 기초하여 현재 긴급한 작전임무에 종사 중인 다음 부대를 염출(捻出)함과 동시에 버마, 태국, 프랑스령 인도차이나, 말레이, 자바 지구 군사령관에 대하여 위 건설에 강력하게 원조하도록 명령하고 특히 노무자의 조직적 공출 및 급양에 대해 각각 조치하도록 하였다.

포로에 관해서도 위에서 서술한 사정에 근거하여 멀리 프랑스령 인도차이나, 자바에서부터도 전용하여 노동력 증강에 힘썼다.

1) 제4특설철도대, 독립수비보병 제411대대, 근위공병연대, 공병제54연대, 제42병참지구대, 제14사단 야전건축근무대, 남방군방역급수부 주력, 제21사단 야전병원 1개 등을 증가·배속
2) 말레이 포로수용소 2개분소 배속(약 1만 명)
3) 자동차중대 및 자동차 300대의 배속 및 교부

(B) 상황의 추이

1. 전항의 조치에 기초하여 새롭게 증가시킨 병력, 노동력, 포로 및 노무자·자재 등이 건설지에 도착함에 따라 3월말 이후 작업은 한층 진보했다.

2. 같은 해 2월 중순 시모다 소장 전사 후 이어 다카사키 스케마사(高崎祐政) 소장이 새롭게 건설지휘관으로 착임하여 작업은 예의 속행되었다.

3. 그런데 버마 쪽은 4월 중순부터, 태국 쪽은 4월 하순부터 우기가 시작되어 계속 비가 내려 우리의 예상과 달리 우기가 1개월 빨리 도래하여 그 작업과 더불어 보급에 미친 영향

은 결정적이었다.

4. 이때 이따금 버마 쪽에 산발하고 있던 콜레라가 마침내 태국·버마 국경을 넘어 파급하여 우기에 돌입함과 동시에 점차 맹렬해졌다. 6월 최고조를 보여 발생환자수가 약 6,000명, 이 중 사망이 약 4,000명에 달하고 이 중 포로는 약 1,200명이 병에 걸렸으며 약 5백 수십 명이 사망하는 등 한 번에 많은 희생을 발생시켰다.

이들은 일대 현지 노무자에게 큰 공포감을 일으켜 도망이 속출하고 이 중에는 병자가 탈출하는 경우도 있어 방역상 심각한 상황에 이르러 작업 역시 일대 곤란에 봉착하였다.

5. 군 중앙부에서는 콜레라의 유행을 보자 이 계통의 권위자를 현지에 파견하는 것 이외에도 막료를 출장시켜 필요한 지도를 행하고 남방총군 또한 군의부장, 막료를 속속 파견하여 대책 지도를 행하여 작업대 또한 불량한 환경을 극복하면서 작업에 동반하는 포로 역시 밀접하게 이에 협력하였다.

6. 한편 보급은 연일 호우로 인하여 급조한 자동차 도로 및 신건설선의 붕괴, 교량의 유실 등으로 누차 육상수송이 두절되었다. 또한 쾌노이 강의 증수는 완만해져 상류 지구로의 항행을 허용하지 않는 약 1개월에 달하는 시기에 우려해야 하는 사태를 직면하게 된 것도 적지 않다.

특히 버마 쪽에서는 병행수로가 없어 우기 항감(抗堪) 도로의 건설에 악전고투하여 점차 일부 보급을 계속하는 현황으로 이로 인하여 건설작업은 일시중지 될 수밖에 없었다. 태국 쪽에서는 쾌노이 강의 증수와 동반하여 이를 이용하는 수로에 의하여 다행히 기아를 피할 수 있었다.

그동안 오지부대에 대한 보급은 위 사정으로 인하여 정량을 충족할 수 없었으나 포로 식량의 희생에 기초하여 특히 육류의 보급에 주의하여 나날이 수십 마리의 생우를 □행하도록 하였다.

7. 위 수송상의 곤란은 잇따라 보급을 지연시켜 풍토병인 말라리아를 시작으로 위장병환을 유발함과 동시에 영양실조가 발생하여 약물의 보급난과 동반하여 위생부원의 고투에도 불구하고 환자가 급증하기에 이르렀다.

특히 야생적 생활에 익숙하지 않은 포로들이 그 영향이 컸던 것으로 보인다.

8. 4월 하순 건설지도관 다카사키 소장은 말라리아에 걸리고도 업무를 강행하여 5월 중순 결국 몸져 눕게 되었다. 상황은 참으로 최악을 향하였다.

9. 그렇지만 작업대는 난관을 극복해가면서 소명을 달성하기 위해 노력하였다.

제3절. 건설공사기간 연장 경위와 연기 시기 상황 (1943년 7월 중순 ~ 1943년 10월)

1. 전술한 바와 같은 정황에 직면하여 1943년 7월 대본영은 운수통신장관 및 막료를 현지에 파견하여 이 정황을 시찰하도록 한 결과 의연하게 8월말 완성을 목표로 하여 작업을 강행하는 것은 헛된 희생을 커지게 할 뿐이라는 것을 확인하고 당시 버마 방면 일반 정세와 철도의 부분적 완성, 병행신설도로 및 수로의 국부적 이익 등에 의하여 버마에 대한 교통 전망이 점차 밝아진 것 등을 통해 볼 때 버마 방면에서 작전에 미치는 영향이 상당히 심대함에도 불구하고 결국 2개월간의 공사기간 연장을 명령하여 희생 감소를 도모하였다. 그리고 새로운 이시다 에구마(石田栄熊) 소장이 건설지도관에 임명되어 이러한 시도가 유감없이 구현에 매진하도록 하였다.

2. 신건설지도관 이시다 소장은 1943년 8월 16일 착임하였다. 신사령관은 10월말 완성을 목표로 하여 진용을 일신하여 사기를 고무시키는 데 힘써 특히 스스로 진두에 섰다.

그리하여 진용 일신의 중요 안목은 실로 노무관리의 쇄신향상에 있었다. 그리고 이 지도정신은 '포로 및 노무자는 건설의 신이다'라고 하여 이를 애호하고 장병의 그릇된 '주인(master)' 관념을 시정함과 동시에 사령관 이하 점차 포로의 상황을 실시하여 그 개선에 힘썼다.

3. 우기는 8월을 정점으로 강우량이 점차 감소하여 작업대는 점차 곤란한 최고 오지의 마무리 작업에 매진하였다. 그리고 병력·노동력의 온존(오지 단말 보급의 성부)과 작업실시와의 조정이 해결된 것은 쾌노이강을 이용한 수료병참의 활약과 더불어 우기가 끝나는 9월을 기다려 일제히 강행작업을 감행한 작업대 및 협력제대의 분투의 덕택이다.

4. 이와 같이 하여 1943년 10월 17일 연장 415km 동서남궤도는 콘코이타에서 연접을 완료하고 동월 25일 개통식을 거행하였다.

제4절 건설완료 후 상황 (1943년 11월 ~ 1945년 8월)

1. 남방총군은 건설이 완료되자 당시 일반 상황에 응하여 포로의 건강회복을 최우선으로 하여 태국 포로수용소의 위생시설을 강화함과 동시에 숙영, 급양하기 쉬운 건강한 곳에 집결을 도모하였다. 말레이 포로수용소의 2분소는 일본령 싱가포르 포로수용소 본소로 복귀하도록 하였다.

2. 철도작업대에서도 위 집결을 위해 환자의 후송 숙영시설에 협력함과 동시에 건강한 포로를 긴급히 부득이한 건설대비작업을 위해 1,000명 범위에서 사용하고 다른 노무를 경감시켰다.

또한 본 건설에 종사하다 진몰한 포로 및 일반 노무자에 대하여 특별히 건설사령관의 명령에 따라 그 영혼을 위로하기 위해 태국 및 버마 쪽에 각각 위령탑을 건립하여 공양을 실시하고 황국의 예를 베풀었다.

3. 철도작업대 또한 수차 버마에 전진하여 1944년 3월 이후 나머지 작업은 모두 제4특설철도대를 주체로 하여 속행되어 포로수용소는 일부를 나머지 작업에 협력하고 주력은 포로를 일본 내지로 환송 준비하면서 체력의 회복을 도모하였다.

4. 이후 철도유지를 위해 약 수천 명의 포로는 건강을 유지·증진하도록 하면서 종전 때까지 사용되었다.

그동안 연합군의 폭격에 의해 사상자 또한 적지 않았다.

제2장 건설 및 포로관리에 미친 영향 및 그 대책과 실황

제1절 건설 및 포로관리를 곤란하게 한 제원인

(A) 인위적 조건

1. 본 건설은 작전상 요구에 기초하여 공사기간에 제한[(주)본격적인 건설 착수부터 대략 10개월간 1942년 11월~1943년 8월]을 받은 일

본건은 건설을 강행하는 결과를 초래하여 제반 사항에 걸쳐 무리를 발생시켰다.

2. 일본군은 열대지방 정글지대 속 대건설 작업에 대한 경험의 부재로 특히 작업의 전망에 목표를 얻기 어려웠고 이로 인하여 건설계획 및 실시에 차질을 빚거나 주도면밀한 사전 준비를 곤란하게 만들었다.

3. 일본군의 기계화 자재 및 보급 장비가 빈약한 것.

본건은 기계력을 인력으로 대체할 필요가 있어 체력 소모를 초래한 것이 컸다.

(B) 자연적 조건

1. 지형은 인적이 없고 덥고 습한 열대지방의 나쁜 전염병이 창궐하는 정글지대인 태국·버마 국경, 산맥을 횡단하는 천연의 험지로 일대 난작업인 본 공사의 연장은 415km로 하고, 토지공사 총량 400만, 암석 제거 약 30만, 가교 연장 약 15km에 달하였다.

노선은 태국 쪽에서는 암석 제거 부분이 비교적 많고 또한 기지에 가까운 매끌롱(Mae Klong)강 횡단이 필요할 뿐만 아니라 쾌노이강 계곡을 통과하기 위하여 단애(斷崖)의 개반이 필요하였다.

버마 측에서는 랑군 기지에서 시탕(Sittang), 살윈(Salween)을 남하하는 장애가 있었다[(주) 시땅 강 철도교가 파괴되어 작업대는 시땅 강에 전장 2km의 목교를 급조, 철도교를 가설하여 버마 기관차의 이입을 실시하였다]. 또한 건설지구 간에는 병행수로 없이 도로가 유일한 보급로로 제하천의 건설선을 □□하는 것이 비교적 많다.

2. 기후·기상은 일반적으로 고온다습하지만 산 속은 1월경 한랭을 느끼고 우기 동안에는 서늘하게 기온이 저하한다.

또한 우기의 감작(感作)이 특히 상당한 지역이었다. 버마 쪽에서도 특히 그러하였다[(주) 테나세림(Tenasserim)은 세계적으로 손꼽히는 강우량이 큰 지역이었다].

이상은 우기 동안 급조한 자동차 도로 및 신건설선로의 유지에 큰 영향을 미친 보급 곤란의 중대한 원인이 되었다.

태국 쪽에서는 5월 중순 이후 자동차가 일관 교통이 두절되고, 버마 쪽에서는 여러 방책을 강구하여 다행히 확보하였다.

쾌노이강은 증수와 동반하여 배로 운반하는 병참수단을 활용하였으나 도리어 범람 등으로 인하여 교통이 두절되었다.

또한 우기 돌입 직후 증수가 완만해진 시기(약 20일)는 배의 운항이 허용되지 않아 이 기간 육상과 수상이 함께 일관 교통두절의 위기를 안고 있었다.

버마 쪽에서는 급류[유목(流木) 동반]로 인하여 메잘리(Mezali)·윈야오 남하의 철도교 및 도로교가 모두 유실되어 보급 위기를 초래하였다.

3. 위생적 환경의 불량

건설지는 악성 말라리아가 농후한 침습지로 이와 더불어 늘 콜레라, 페스트 및 두창 등의 전염병이 유행하는 곳이었다. 우기의 감작과 다수의 현지인 노무자의 이입은 한층 위생적 환경을 불량하게 만들었다.

이상의 원인 이외에 특히 제시할 만한 것은 예년보다 우기가 1개월 빨리 도래하였다는 것이다. 이로 인해 우리의 예상과 달리 여러 종류의 우기대책이 미완성되어 당시 할 수 있는 최선의 노력도 수포로 돌아간 것이 많았으며 그 작업 및 보급, 급양·위생 등에 미친 영향은 심각하고 결정적이었으며 같은 시기에 발생한 콜레라의 폭발적 유행과 동반하여 건설작업 및 포로 관리를 한층 곤란하게 하고 희생자를 증가시켰다.

제2절 각 대책과 그 실황

요지

1. 본 건설의 완성 여부는 먼저 후방 준비 여하에 달려 있었다. 이에 따라 남방군으로서는 당시 제반 상세, 특히 지세로 인해

(1) 보급준비 (2) 위생대책 (3) 노동력의 확보·유지 (4) 건설자재의 확보·집적

등이 필요하다는 것을 확인하고 그 완수를 위하여 노력하였다.

2. 1942년 6월 건설 준비 하령 시기에 남방군이 두 다른 정면(주로 버마)에 병참부대 특히 수송부대를 투입한 것과 이들을 건설지에 소치하기 위한 수송력의 핍박으로 인하여 신속하게 진척되지 않고 이에 더하여 태국 중부 평지 메남강 하류 유역이 1942년 가을 대홍수에 의해 병참상 한 기지였던 방콕도 침수, 고립되어 그 준비가 저해되었다.

3. 한편 이들 후방준비는 태국 정부와의 외교교섭에 따라 정리될 것으로 조속한 해결을 기대할 수 없어 이러한 상황에 따라 제반 준비에 만전을 기할 수 없었으나 건설을 차차 개시할 수밖에 없었다.

4. 1943년 2월이 되어 전술한 경위에 기초하여 작전이 필요해짐에 따라 본격적 건설에 착수한 뒤 2개월이 지난 이후 갑자기 4개월로 공사기간 단축을 요하는 상황이 되었다. 이를 촉진하기 위한 대책에 어려움을 겪었다. 대본영 및 남방군에서는 건설규격 저하와 더불어 병력 자재의 증가 등에 최선을 다함과 동시에 작업훈련 또한 필사의 노력을 기울였다. 그렇지만 이러한 각 촉진 대책은 여러 관계, 특히 집중로가 길고 멀었고 수송력도 부족하여 신속하게 실시되지 않았다. 이로 인해 집중된 병력·노동력·보급력 등이 최고조인 우기 동안(우기의 조기 도래 영향이 컸다) 지향된 결과를 이루고 그 전력을 충분히 발휘하지 못함은 유감이었다.

1) 보급 및 급양(給養)

① 공사기간 단축으로 인한 증가 병력 확보의 유지를 위하여 보급의 확립은 초미의 시급함을 요하는 것이었다. 그렇지만 당시 상황은 그 근간 부대인 병참부대의 부족, 특히 자동화물차 수의 부족으로 힘들었고 각종 어려움을 접하여 추출 충당된 병참지구를 제외한 전용을 마쳤다. 건설지역 내 통일보급을 개시할 수 있음에 이른 것은 1943년 4월 상순으로 병참 준비 지연은 우기의 조기 도래와 더불어 전반적 우기대책이 미완되어 연이어 우기 기간 보급을 곤란하게 만들었다.

② 보급 및 수송확립을 위하여 취한 대책은 다음과 같다.

　가. 대책의 중점을 우기대책에 두고 지형의 특성상 버마 쪽에서는 당초부터 우기 항감(抗堪) 도로의 정비, 태국 쪽에서는 급조한 병행 자동차도로의 구축을 촉진함과 동시에 쾌노이강을 이용한 수로병참선의 준비, 특히 태국 정부와 교섭하여 주정(舟艇)의 대량 취득에 힘쓴다.

　나. 남방군은 작업 촉진과 동반하여 새로운 자동차 중대 2개 및 보급용 자동화물차 300량을 교부함과 동시에 자동차 수리기관(2대 5반)을 증가시켰다.

(주) 당시 모아 놓은 예비가 없었기 때문에 리다오의 전투 군단을 전용하는 수단을 강구하였다.

다. 건축 중열차두(重列車頭)의 연장을 꾀하여 태국 쪽 지구에서는 기점 90km 부근의 제암부(除岩部)는 돌파에 중점을 두고 윈야이(기점 125km)에 보급기지 추진 준비를 계획하였다.

버마 지구에서는 기점 18km 지점에 중차두(重車頭)를 추진하였다.

라. 보급점의 추진

태국 쪽에서는 화물창 출장소를 반퐁(Ban Pong) 지구로부터 깐짜나부리(Kanchanaburi)까지 추진하여 건설지구 내 진출 50km까지 미쳤다.

버마 쪽에서는 랑군 지구로부터 모울메인 지구까지 그 보급점을 추진하였다.

③ 이상 여러 대책은 다음과 같이 실행되어 우기의 감작에 따라 위와 같은 상황을 보였다.

가. 급조한 병행 자동차도로는 1943년 4월 5일 완성되었으나 태국 쪽에서는 짐말 길의 개수 정도로 커브가 많고 자동화물차의 평균 속도가 시속 10km 내외로 평균 탑재량 최대 1톤(평균 500kg 내외)이었다. 따라서 새로이 교부된 보급용 자동차의 주력(200량)을 우기 돌입까지 사용할 수 있는 일수는 약 20일에 그치고 고장으로 인하여 하루 실운행은 그 40%에 지나지 않았다. 이에 따라 극력 보급의 정량 지급에 맡기는 이외 오지에 대한 우기 기간의 예비 양말(糧秣)의 집적을 기도하였으나 이를 실시할 수 없었다. 그동안 부식물에 대해서는 오지에서 약간 부족하였으나 주식의 보급은 대체로 지장이 없었다.

위는 자동차 도착의 지연과 자동차도로의 완성이 늦어졌으며 건기 기간 사용일수가 극소해졌고 수송력이 부족하였기 때문이었다.

버마 쪽에서도 병행도로가 비교적 정비되었으므로 건기 중에는 대체로 보급에 지장은 없었다.

나. 건축 중열차두(重列車頭)의 연장은 태국 측에서는 5월 중순경 윈야이(기점 125km)에 달하였으나 5월부터 우기가 되었으므로 곳곳 노반에 결궤된 곳이 있으며 7월 쾌노이강의 범람에 의하여 깐짜나부리(Kanchanaburi)-반퐁(Ban Pong) 간에 침수가 있어 신건설선의 열차 운행은 약 20일간 중지가 불가피해졌다. 또한 윈야이부터 그 쪽까지의 연신(延伸)은 암석 제거 작업으로 인하여 지연되었다. 버마 쪽에서는 4월 중순까지는 중열차두(重列車頭)가 기점으로부터 약 40km 지점에 달하였으나 우기

가 되자 노반이 연약해져 중열차(重列車)의 연장이 곤란해졌다.

다. 이와 같이하여 건기 기간의 보급은 대체로 순조로웠으나 우기 돌입과 함께 먼저 태국·버마가 동시에 도로가 진창이 되었고, 차차 습지 부분이 생겨 자동차가 운행할 수 없는 한편 수로는 급격하게 증수하지 않아 그동안 1개월(5월중)은 육상과 수로가 함께 완전히 사용불능이 되었다. 보급이 핍박해지고 오지 방면 약 100km간은 보급 정량의 2분의 1 내지 3분의 1로 만족할 수밖에 없었다.

그렇지만 육상 수송을 대신하여 6월 이후 쾌노이강의 증수에 따라 수차 수로병참선을 연신하여 7월 말이 되자 반퐁(Ban Pong)-니케 사이(270km)의 수로병참선의 설정을 완료한 한편, 태국 정부에 대하여 주정(舟艇)의 공출을 촉진하여 3월 이후 차차 집수된 주정이 7월 말까지 예선(曳船) 700여 척, 부주(艀舟) 1,200척에 달하여 8월 중순 이후에는 이에 따라 보급의 위기를 완전히 일소할 수 있었다.

이 기간 동안 상류의 급류 지역에서는 근위공병연대의 수상수송대 활동과 육상근무중대 및 자동차중대의 협력을 통해 수상 작업이 이루어졌으며, 이를 통합적으로 운용한 병참지구대의 노력과 포로수용소자대의 수상 보급 지원 덕분에 우기 동안의 보급을 성공적으로 완수할 수 있었다.

라. 육상 및 수상 수송이 두절된 기간 동안의 보급은 오지의 각지에 분산되어 집적된 물자를 국지적으로 운반하여 여기저기에서 □□되었다.

부식물은 포로의 식생활을 고려하여 5월 중순 이후부터 수일 간격으로 생우를 집단으로 이동시켜 오지에 보냈고, 태국 지구에서 약 천 마리에 달하는 보급에 성공했다.

마. 수로를 이용하지 않는 버마 쪽에서는 4월 중순 우기 시작까지는 보급이 지연되었으나 우기가 되자 그 감작이 심대하여 6월에 이르러 메잘리(Mezali)·윈야오 남하의 철도교 및 도로교가 모두 유실되어 5, 6월 양월에 작업대는 중계 연락과 도로 유지에 주력을 기울여 보급로를 사수하여 다행히 보급을 계속하였다. 그러나 오지 니케 부근은 결국 자동차의 고장 속출로 운행할 수 없어 보급이 끊겨 일부 병력을 후퇴시켰으나 수량(水量) 증가에 따라 태국 측 지구로부터 수로병참선을 연장하여 7월경에는 니케 부근까지의 보급이 가능해졌다.

바. 이상의 상황에서 명확해진 바와 같이 보급은 우기의 감작에 따라 수송난이 발생하여 오지에서는 어려워진 바가 많았다. 이 영향은 적어도 일본군 작업 전 인원 및 포로 전체 3분의 1을 약해지게 하였다. 이하 포로의 급양에 관하여 상술한다.

사. 포로수용소에 대한 보급은 태국 주둔군 및 버마방면군에서 담당하였는데 1943년 4월 상순 병참선의 설정 이래 양말(糧秣) 보급은 철도부대에서 담당하였다.

따라서 포로의 급양에 대해서는 제규정에 기초하여 정량 지급에 만전을 기하여 남방군에서는 1943년 초두에 주식 육류 각 50g의 증가 지급을 결정하고 더불어 중노동에 복무하는 까닭으로 규정을 개정하여 수차례 걸친 제급여의 정량(정액)의 증가(증액)을 행하였다.

아. 우기가 된 후 오지에 전개되어 있는 포로수용소분소에서 정량 부족이 발생한 것은 전술한 바와 같이 일본군도 마찬가지였다. 건설부대에서는 포로수용소 자대의 말단보급을 용이하게 하기 위해 1943년 3월 하순 이후 차차 자동화물차 30량, 주정(舟艇) 수십 척을 이에 교부하였다.

위 이외 수용소는 자대수송력으로 자동화물차·주정(舟艇) 각각 약 50을 보유하여 보급에 노력하였다.

자. 부식물, 특히 야채의 대량 취득이 곤란하였을 뿐만 아니라 수송로가 멀어서 건기 중에는 부패하고 우기 동안에는 수송 사정에 따라 시종일관 부족하였다.

그 대책으로 부식 자활의 방침 아래 농장에서 재배하는 것이 장려되었는데 상당한 성과를 거두기도 하였다. 쾌노이강은 콜레라 유행으로 인하여 오랫동안(5~9월까지) 부득이하게 고기잡이가 금지되어 영양의 향상을 저해하는 영향이 컸다.

차. 포로용 기호품(버터, 치즈, 설탕, 커피, 홍차 등)은 남방군에서 특별보급을 실시하였다.

카. 의복은 갱신용으로 남방군에서 보급되었으나 충분히 지급할 수 없었다.

타. 우기 동안의 보급 장애를 극심하게 한 것은 전술한 바와 같이 기타 버마에서 우기 이후의 적의 반격 징조가 점점 현저해짐을 감안하여 건설 도상의 선로를 따라 1943년 4월부터 9월에 걸쳐 버마 방면으로 군단(2개 소단과 군직할부대의 일부 단독군인군속)을 통과하도록 하였고, 이에 대하여 건설부대가 병참적 원조를 제공한 것은 당연한 것으로 이로 인하여 집적 양말(糧秣)의 감소를 가져온 것이 적지 않다.

요컨대 숙영·급양이 모두 당시 상황 상 불편·부족을 면할 수 없고 일본군·포로 모두 동등하게 곤란·고통·결핍을 견뎌야 했다.

2) 숙영(宿營)

① 숙영 시설은 태국 측과 버마 측에 따라 약간의 차이가 있었다.

이는 태국 쪽 지구에서는 그 작업대가 우기 동안 수로를 이용하여 보급할 수 있는 편리가 없었으므로, 능률적으로 전선 전개, 일제 작업의 방법에 따랐기 때문에 공사기간 단축과 더불어 신속한 오지 전개가 필요하여 숙사[대나무 기둥 니파야자(지붕풀)로 지은 임시 가옥식, 이른바 니파하우스였다] 건축 후 인원을 투입할 여유가 없어 주요 지점에서 작업거점에서만 이를 실시하고 일반적으로는 천막을 사용하였다.

이로 인해 남방군에서는 보유한 작전용 대부분인 약 5만 인분용 및 이후 예비로 1만 수천 인분을 건설부대에 교부하였다.

② 버마 측에서는 당초 계획보다 우기 기간의 보급을 고려하여, 기점에서 점진적으로 보급 체계를 확립하며 안정적인 작업 진행을 위한 말단 작업 방식을 채택하였다. 이에 따라 먼저 5~10km 간격으로 집단 숙소(니파하우스)를 건설하였으며, 천막은 주로 이동용으로 일부만 사용되었다.

③ 포로수용소는 건설작업부대에 준하여 스스로 숙영을 준비하였고 건설부대는 이에 필요한 협력을 제공하였다.

이로 인하여 수용소자대작업과 더불어 관리향상을 위해서도 상당한 작업사용인원을 충당하였다(〈표 1〉 참조).

④ 우기가 시작된 이래 5월 이후 천막생활이 어렵다는 것이 현저하게 드러났는데, 특히 흙바닥이 축축해져 위생환경이 불리해졌다. 이로 인하여 예의 해결에 노력하고 또한 훼손품의 교환을 행하는 한편 차차 니파하우스로 고치도록 하였다. 그렇지만 현지에서 취득 가능한 것은 대나무뿐이어서 니파야자 지붕풀은 타지구에서 수송되는 것을 기다려야 하였으나 대량 취득이 어렵고 수송이 힘들어서 충분하지 않았다. 따라서 오지 약 100km 이외는 대체로 니파하우스로 고쳤다. 그렇지만 연일의 호우는 니파하우스를 지어도 불비를 피할 수 없었고 위생상 미치는 감작이 적지 않았다.

⑤ 통과부대(버마 방향)를 위해서 병참부대에 의해 병행 자동차도로를 따라 20~25km 간격으로 250명을 기준으로 하는 천막 휴숙지를 50~70km 간격 500명 기준의 숙영지가 설치되어 5월 상순 대략 이를 완성하였다.

위 시설은 작업인원 및 포로의 건설지역 내 이동을 위해서도 사용하도록 하였다.

3) 위생

① 위생근무의 개요

가. 기본 건설작업의 특성을 감안할 때 작업인원 건강관리는 철도건설의 성공 여부를 결정할 수 있는 중요한 문제였다. 이에 남방군에서는 파나마 운하 개착의 선례를 감안하여 본 위생근무를 상당히 중요시하여 위생기관의 증강을 행하였다. 따라서 남방 전역에서 유일한 고정방역급수부인 남방군방역급수부의 주력을 이에 충당하는 것 이외에 당시 남방군이 가진 직할위생기관의 거의 대부분을 철저하게 집중시켜 이를 철도건설지휘관에 배속하고 더불어 작전 중인 제1선 군단으로부터도 필요한 것을 추출·충당하여 당시 일반 작업 상황을 볼 때 참으로 큰 노력을 기울였다.

나. 포로의 위생은 포로관리 계통에 따르는 것을 원칙으로 하고 연합국 위생부원 약 900여명 일부 일본군 위생부원으로 실시하여 위생부원 1명에 대하여 병원 약 55명을 담당하였다. 일본군대(대마다 위생부원 1명에 대하여 100명) 일반노무자(위생부원 1명에 대하여 200~300명)였다. 그렇지만 포로수용소자대의 위생편성은 야전적 기동장비가 부족해 그 인원에 비하여 종합적 능력 발휘가 충분하지 않았다.

다. 태국포로수용소는 당초 건설부대와는 협력관계상 위생근무 또한 독자적 입장으로 실시하여 일본군 위생기관은 이에 필요한 원조를 제공해 왔는데 위생근무의 전반 통제를 강화할 필요에도 따라 1943년 7월 건설지휘관의 지휘 아래의 부대가 되었고 위생근무의 통일을 도모할 수 있음에 이르러 위생성적 향상을 보았다.

라. 남방군 철도대 위생대의 조직은 별지 제4와 같다.

또한 버마 쪽에서는 별도로 버마방면군의 위생기관으로 위생근무를 실시하여 남방군철도대 위생대의 구처를 계승하였다.

마. 포로와 일본군과의 소모의 차별이 있는데 이유는 다음과 같다.

(a) 일본군, 특히 철도부대는 2개 연대를 합쳐서 약 4천 명 내외에 지나지 않아 자연스럽게 작업 감독과 밀접한 기술적 방면에 주력을 이용하였고, 포로는 주로 일반작업에 종사하였다. 이로 인하여 일본군은 포로에 비하여 체력적 소모가 가벼워 이에 따라 비슷한 환경하에서도 위생 성적에 약간의 차이를 보인 것이었다.

(b) 포로는 일본병에 비하여 야성적 생활에 익숙하지 않고 저항력이 약했다.

(c) 복장(반바지) 관계상 열대궤양이 다발하여 소모를 더욱 커지게 하였다.

바. 포로·일본군 노무자의 사망 숫자는 다음과 같다.

포로	약 50,000 명 중 약 10,000 (20%)
일본군	약 15,000 명 중 약 1,000 (7%)
일반 노무자	약 10만 명 중 3만 (30%) (도망 포함)

사. 남방군 철도대 위생대장 기타가와 마사타카(北川正隆) 대좌는 약물 보급을 위해 분주하던 중 비행기 사고로 전사하였다.

별지 제4

남방군 철도대 위생대 일람표

위생대장 기타가와(北川正隆) 군의대좌	전사 후 하야마(羽山良雄) 군의대좌
남방군방역급수부주력	일본령 싱가포르에서 전용
제2사단야전병원	말레이에서 전용
제21사단야전병원	인도에서 전용
제16병참병원	버마에서 전용
제56사단야전병원	버마에서 전용
제31사단방역급수부 및 위생대의 각1부	통과병단
제2사단방역급수부 및 위생대의 각 1부	말레이에서 전용
제54사단야전병원	통과병단
제16환자수송반	태국에서 전용
기타 철도부대병참기구대의 위생부원	

	포로위생근무자(특별편성)	
협력		현지 노무자 의사단
		남방군 제2육군병원(방콕)

② 환자발생 상황 및 그 대책

포로의 작업개시 후 1942년 11월 남방군 군의부 부원을 현지에 파견하여 포로의 급양 및 급여상의 대우를 다시금 개선할 수 있도록 선처하고 곧바로 급양 정량을 증가(주식 및 육류 각 50g)시키고 모기장·모포 등의 증가 지급을 실시하였다. 그런데 1943년 이후 우기에 접어들자 교통이 때때로 두절되어 오지에서는 급양 정량을 부득이하게 반감하게 되었으나 작업을 계속 강행한 것과 더불어 작업의 진전을 더욱 신속하게 하였고 게다가 노무자에게 여유가 없었기 때문에 숙영시설을 완비할 수 있는 시간적 여유 및 자재가 모두 부족하여 위생환경의 불량을 면할 수 없었다.

위와 같은 위생조건의 불리와 강행작업의 결과 1943년 중기 이후 포로의 체력저하는 현저하였고 다수의 영양실조 환자가 발생하였다. 사망자 또한 증가하였다. 이에 10월 중증환자는 차차 방콕 부근으로 옮겨 오로지 요양에 힘쓰도록 하고 회복기 환자는 깐짜나부리 (Kanchanaburi) 부근에 집결시켜 가벼운 노무를 부여하여 건강 회복을 도모하였다. 나머지는 일반적으로 노무를 경감시켜 급양을 지극히 양호하게 하도록 오로지 체력회복을 도모하였다. 이로 인하여 1944년에 들어서자 차차 체력을 회복하여 사망자가 감소함에 이르렀다.

가. 콜레라 발생 상황

급성전염병에 대한 방역은 말라리아 예방과 동시에 가장 고심하도록 한 바로 특히 수류 전염의 방지를 위하여 남방군이 사용할 수 있는 모든 위생관수기를 본 작업지에 투입하여 그 수가 454대(자동차 재식 7대 포함한다)에 달하였다. 그리고 포로에 대해서는 각 작업 중대마다 연합국 군의 1명, 위생하사관병 4명으로 구성된 방역급수반을 편성·배속하여 위생관수기(을 혹은 병) 1조, 방역용 및 급구용 위생재료 상당량을 준비하여 방역 및 진료에 만전을 기하였다. 위생대는 본부를 깐짜나부리(Kanchanaburi)에 두고 방역의 지도·균 검색·소독 등 만반의 방역에 활동하였다.

또한 본 작업지에서 전원에 대해 작업지로 출발하기 전에 콜레라 예방접종을 실시하여 그 예방에 만전을 기하였다. 콜레라의 발생은 먼저 1942년 11월 버마 쪽 현지인 노무자 측에서 발생된 데서 시작하여 필사의 방역에도 불구하고 1943년 4월 결국 태국·버마 국경을 넘어 태국 쪽에 파급됨에 이르렀다.

그 발생 상황은 당시 일진일퇴하였지만 결국 5월 이후 일본군 및 포로 중에도 발생함에 이르렀다. 이에 남방군은 누차 위생부원을 현지에 파견하여 방역을 맡겨 결국 7월 하순 일부를 제외하고 대체로 종식되었다. 또한 6월 육군성 의무국에서도 과원을 현지에 출장시켰다.

1943년 6월 말까지의 환자 발생 상황은 다음과 같다.

시기별	기간	발생수
제1기	1942년 11월 ~ 12월	43
제2기	1943년 2월 ~ 3월	48
제3기	동 4월 ~ 5월	586
제4기	동 6월 3일 ~ 6월 30일	2,046
계		2,723

이후 8월 10일까지의 소계 약 6,000명 내, 사망 약 4,000명에 달하였다. 이 중 포로의 발생은 약 1,200으로 그중 약 반수가 사망함에 이른 것은 지극히 유감스러운 바로, 이와 같은 다수의 발생이 일어난 주요한 원인은 (1) 콜레라에 감염된 현지인의 도망에 의하여 병원균이 살포되고 (2) 쾌노이강 상류로부터 발생하여 하류의 작업지를 오염시키고 (3) 포로관리의 군속 지식·능력·소질 불량으로 방역지도가 철저하지 않음과 더불어 (4) 수송난으로 인한 방역자재의 보급이 곤란한 점 등에 있었다.

그렇지만 이러한 악조건하에서 오히려 비교적 단기간에 종식시켰고 게다가 대폭발을 방지할 수 있었던 것은 위생기관의 활약이 기여한 바가 크다고 믿는다.

나. 말라리아 발생 상황

말라리아 예방은 가장 중점을 둔 위생근무로서 각대에 말라리아 예방대를 편성·배속하여(장교 이하 341명의 편제로 노무자 약 5,000명에 대하여 1개 비율로 배속되었다) 남방군방역급수부의 근무를 통할하고 있는 과학과 기술을 활용하였다.

예방대책은 다음의 5항목으로 한다.
- (a) 말라리아 예방에 대한 지식·능력의 철저
- (b) 모기물림방지, 모기장·의복 등의 정비, 연기 피우기 등
- (c) 모기발생방지 및 박멸, 배수, 살충, 청소 등
- (d) 예방 내복 철저, 1인 1개월 키니네 4~5정, 플라스모힌 3정
  일본군, 포로, 현지인 노무자 모두 동량으로 한다.
- (e) 환자 및 원충보유자의 조기 발견 격리와 더불어 치료에 힘씀과 동시에 또한 말라리아 예방연구에 권위 있는 열대의학연구소 교수 오오모리 난자부로(大森南三郎) 박사는 남방군 위탁으로 본 근무를 원조하였다.

본 작업 동안 말라리아 환자의 월간 발생률은 대체로 다음과 같다.

일본군	1 ~ 7%	(주) 뉴기니 방면에서 일본군의 월간 말라리아 발생률은 약 20%에 달하였다.
포로	0 ~ 11%	
현지노무자	10 ~ 20%	

위와 같이 말라리아 발생률은 일본군에서 약간 낮았으나 일본군도 건축 말기에는 원충보유자율이 100%에 가까워 겨우 예방 내복에 의하여 발병을 억제한 부대가 있었다.

그리고 전반적으로는 일본군과 포로를 통틀어 월간 대체로 4%로 작전에 비하여 오히려 양호한 성적을 보여 충분한 예방효과를 거둔 것으로 보인다.

다. 열대궤양에 대하여

포로에서 많이 발생한 열대궤양은 난치성으로 그 치료가 상당히 곤란하였다. 그 예방대책으로 대나무의 □당을 작□□하여 또한 힘써 신발을 신도록 하여 치료에는 리바이르, 살바르산의 사용 등 선책을 다하는 외 현지에서 돼지□로부터 연고를 제조하여 사용하였다.

따라서 포로들에게 질병이 많이 발생한 주요 원인은 피부 저항력이 약한 데다 종아리가 노출되었기 때문이며, 일본군이 관련 경험이 부족해 초기에는 소독 및 보약 재료가 충분하지 않았던 점도 영향을 미쳤다. 이를 해결하기 위해 전문가를 파견하여 대책을 연구하도록 했으나, 일본군 자체적으로도 경험이 부족해 충분한 치료 방법을 마련하지 못했다.

라. 기타 다수 질병

일반적으로 영양실조와 합병하여 이질, 설사, 위장병 등이 다수 발생하였다. 페스트 두창은 상당히 경계되었지만 1943년 초 산발됨에 그친 것은 다행이다.

위와 같이 각종 질병이 많이 초래한 포로의 취역률은 일반적으로 60%~70%, 오지의 가장 불량한 지구에서는 약 40%로 저감되었다. 반면 건강관리가 양호한 지구에서는 늘 80% 정도로 유지되었고, 입원 환자 수는 1943년 7월 8일 현지 약 5만 명의 포로 중 약 3,000명이었다.

마. 포로의 환자발생 상황 〈표 2〉, 〈표 3〉과 같다.

③ 위생재료의 보급

본 건설작업에 대한 위생재료는 남방군에서도 가장 중점적으로 정비되고, 특히 말라리아 약물방역자재 등의 준비에 만전을 기한 결과 키니네와 같은 것은 자바에서 생산되었기 때문에 풍부하게 보급되어 방역자재, 특히 위생관수기도 역시 대체로 충분하였으나 기타 위생재료는 부족하여 내지로부터의 추송에 의존하고 남방군에 대한 중앙으로부터의 보급량은 1943년도 약 5만꾸러미(梱)(약 1,700톤), 1944년도는 여름에 이에 반감하고 게다가 약 20%는 도중에 침몰한 상태였기 때문에 남방군은 전반적으로 위생재료의 부족으로 고민하고 본 건설작업지에 대하여 방콕야전화물창에서 극력, 보급에 노력하였음에도 불구하고 재고량의 불충분과 현지로의 수송 곤란 등으로 인하여 소기와 같이 풍부한 보급을 행할 수 없었다. 남방군은 포로와 일본군의 보급률은 동일하도록 하였다.

④ 요컨대 포로들의 위생 관리에 있어 주어진 상황에서 가능한 최선의 조치를 취했음을 확신한다. 그럼에도 불구하고 이러한 열악한 결과가 초래된 주요 원인은 다음과 같다.

가. 건설 공사를 강행하도록 한 결과 각지에서 무리가 발생하고, 특히 위생상 시설완성을 기다리지 않고 작업이 진행된 점.
나. 작업지의 위생환경이 극도로 불량하였던 점.
다. 도로 불량과 더불어 우기 기간의 교통두절로 인하여 보급이 극도로 곤란하고 특히 급양의 저하를 초래한 점.

라. 위생상 무지한 현지인 노무자의 혼입에 의하여 위생상 제공작을 혼란하게 한 점.

마. 포로관리의 주체가 조선인으로 그 관리 불량을 피할 수 없고 이에 따라 위생지도가 불철저했던 점.

위와 같은 제원인에 의하여 모든 위생재료·대책에도 불구하고 각종 불량한 점이 발생하여 결국 다수의 환자와 사망자를 나오게 한 것은 참으로 유감을 금할 수 없는 바이다.

2. '버마국' 독립 과정

1) 버마 중앙행정기관 설립준비 및 행정부 설립에 관한 자료

버마 공작을 먼저 수행한 것은 미나미기관(南機関)이었으나, 1942년 3월 8일 수도 랑군을 점령한 제15군이 군정부 편성에 착수하며 본격적인 군정을 추진했다. 3월 15일, 나스 요시오(那須義雄, 1897~1993)를 장으로 하는 군정부(軍政部)를 설치하였으며, 제15군 사령관은 「하야시집단(林集団) 점령지 통치 요강」을 선포하여 버마의 군정 시행 세칙을 규정했다. 이어 6월 3일, 하야시 집단장의 「군정 시행 및 중앙행정기관 설립 준비위원회에 관한 포고」를 통해 본격적인 군정을 시작했다. 또한 6월 4일에는 버마독립의용군의 지방 행정 조직 해산령을 발표하고, 6월 10일 미나미기관도 해산하였다.

미나미기관과 관련된 버마 독립운동가들을 배제한 채, 제15군이 지도자로 낙점한 인물은 당시 반영(反英) 운동으로 수감 중이던 바모였다. 한동안 행방이 확인되지 않았으나, 5월 13일 일본군 헌병대가 만달레이 북쪽 마을의 감옥에서 그를 찾아냈다. 이후, 제15군은 6월 4일 「버마 군정 시행에 관한 포고」를 발표하고 중앙행정기관 설립준비위원회를 발족시켰다.

이 사료는 버마 군정의 기본 뼈대에 관한 구상으로서 1942년 5월 21일에 작성된 것이다. 중앙행정기관 설립준비위원회 설치의 목적과 업무 내용, 위원회의 구성 및 운영 관한 내용을 담았다. 이 규정은 하야시집단(林集團) 집단장 이다 쇼지로(飯田祥次郎)의 이름으로 포고된 것이다. 별도의 명령으로 바모에게 행정부 조직을 명하는 한편, 행정부의 권한 및 역할과 조직에 관해 명시했다. 바모를 중심으로 하는 중앙행정기관에 대해 하야시집단 집단장이 지휘 감독하면서 주요 직원 임면권을 가지며 주요 정무에 관해서는 허가하는 권한을 갖는다는 점에 유의할 필요가 있다. 즉, 버마 군정 아래 바모 중앙행정기관은 자율권을 갖지 못하는 기관이라는 것이 이 문서를 통해 명확하게 드러난다.

중앙행정기관 설립준비위원회 설치에 관한 건(1942년 5월 21일)

1. 목적

1) 중앙통치기관의 부활에 관한 준비업무를 실시한다.

　　단 본격적 준비는 해당 요강 결정 후에 하도록 한다.

2) 국민의 일본에 대한 협력체제를 지도 강화하는 것을 도모한다.

3) 중앙행정부 수립까지 집단장에게 인정받은 긴급을 요하는 일부 사항을 실시한다.

2. 업무

위원회는 집단장의 지휘명령을 받아 제1항 목적에서 제시하는 사항에 대해서 그 긴급도에 따라 이를 행하도록 하는 것으로 하지만, 중앙행정기관 설립준비 외에 우선 다음 사업을 예정한다.

1) 현행정의 부활을 위해 도지사의 추천

2) 현행정의 지도

3) 농촌 산업의 부활

4) 도시 부흥

5) 인심의 안정과 대일협력체제의 배양

6) 기타 긴급을 요하는 사업

　　위의 업무실시를 할 때는 밀접하게 군정부와 연락하고 지도 감독을 받도록 한다.

3. 위원의 편성

1) 위원장을 두지 않는 합의제로 한다.

　　단 그들 사이에서 통제자를 만드는 것은 일단 인정하지만, 표면적인 것으로 한다. 또한 상황에 따라 위원장을 둘 수 있다.

2) '랑군'에서 9명, '만달레이'에서 3, 4명으로 하고 상황에 따라 약간 증가하는 것을 고려한다.

4. 사무소
우선 '정청'을 이용하는 것을 인정한다.

5. 비용
필요액을 군정부에서 교부한다.

6. 기타
1) 집단장은 본 위원회의 설립 건을 포로하고 위원명, 업무 등에 관해 인민에게 알리도록 한다.
2) 본 위원회로 하여금 설립 기타에 관해 집단장의 허가를 받아 고시하는 것을 인정한다.
3) 중앙행정부 설립의 본격적 준비에 착수할 시기 및 구체적 준비사항은 별도로 계획하여 지시 또는 명령한다.

군명 제1호
집단명령   1942년 6월 4일
                                   핀우린

1. 나는 중앙행정기관의 설립을 준비하는 것을 주목적으로 하고 나의 지휘하에 중앙행정기관 설립준비위원회를 설치한다.
2. 아래와 같이 중앙행정기관 설립준비위원회 위원장 및 위원을 명한다.

    아래
        위원장
        위원

3. 중앙행정기관 설립준비위원회는 아래에 준거하여 업무를 하여야 한다.
    아래
    1) 군정부와 협력하여 중앙행정기관의 설립을 준비한다.
    2) 버마 민중의 일본에 대한 협력체제를 지도 강화한다.

3) 중앙행정기관 설립 때까지 나에게 군정 시행에 관한 의견을 말하고 내가 위임한 사항에 대해 일부 행정사무를 집행한다.

4) 업무 실시 때에는 밀접하게 군정부와 연락하여 지도 감독을 받는다.
나에 대한 의견은 군정부 부장을 통한다.

4. 위원장은 위원회를 편성하여 통할하고 위원회의 업무수행에 관해 나에게 책임을 져야 한다.
위원장은 위원회의 인사, 위원 수의 증감에 대해 필요에 따라 나에게 의견을 말할 수 있다.

5. 위원회에 필요한 경비는 군정부에서 교부한다. 위원장 이하 직원의 봉급은 별도로 정하는 바에 따른다.

집단장 이다 쇼지로(飯田祥二郎)

군명 제16호

'바모' 박사에게 부여하는 집단명령　　　1941년 7월 29일
　　　　　　　　　　　　　　　　　　　　랑군

귀관은 전부터 내시한 바에 따라 행정부의 조직을 준비해야 한다.

준비 완료하면 각부장관, 차관 및 차관보의 후보자와 함께 보고해야 한다.

집단장 이다 쇼지로

군명 제12호

집단명령　　　　　　　　　　　　　　　1942년 8월 1일
　　　　　　　　　　　　　　　　　　　　랑군

1. 행정부의 권위 및 권한은 별책 행정부 조직요강과 같다.
2. 행정부는 오늘로써 개청하고 아래 요강에 준거하여 행정 시행에 임해야 한다.
   1) 모든 시정의 목표를 대동아전쟁의 완승에 두어야 한다.
   전쟁 승리를 위해 일본군의 요구는 절대 우선으로 취급해야 한다.

2) 일본을 중심으로 한 대동아공영권의 일환으로서 대동아공영권의 건설에 힘써야 한다.

3) 모든 면에서 영국의 굴레를 벗어나 영국 냄새를 지우고 아시아의 버마로 복귀해야 한다.

   오랫동안의 잘못된 관습을 타파해야 한다.

4) 시정에서는 번거로움을 피하고 더욱 간단명료한 직접 결재를 취지로 하는 중점주의에 철저해야 한다.

5) 조속히 치안을 복구하고 질서를 회복하여 인심을 안정시켜야 한다.

6) 산업은 대동아 자급 태세의 확립에 즉시 대응하는 진전을 도모하고 특히 농촌 진흥을 기해야 한다.

7) 재정의 운영에는 절약을 취지로 하여 중점주의에 의한 경비의 사용을 철저히 하여 수지 균형을 도모하고 장래에 걸쳐 강고한 재정적 기초를 확립해야 한다.

8) 교육에서는 영미숭배 사상을 절멸하고 대동아공영권 이념을 철저히 하도록 하며 속히 일본어를 보급하여 영어 사용을 삼가도록 해야 한다. 민중 특히 청소년에 대해 강건 근면한 자질을 부여하여 기술능력을 향상하도록 노력할 필요가 있다.

9) 보건위생의 향상에 힘쓰며 특히 열대지역 특유의 전염병 예방은 군과 협력하여 철저히 하고 민중의 복지건설에 힘써야 한다.

10) 토목은 군의 작전적 요구에 대응하는 것을 근본으로 해야 한다.

11) 버마에 거주하는 인도인 및 기타의 소수민족에 대해서는 이유 없는 압박을 삼가고 쓸데없는 마찰을 야기하지 않도록 유의해야 한다.

이상 각 항의 행정 실시에는 밀접하게 군정감부와 연락을 유지하며 사무의 원활한 진척을 기해야 한다.

군명 제21호

집단명령　　　　　　　　　　　　　1942년 8월 1일
　　　　　　　　　　　　　　　　　랑군

임명 행정부 장관

겸임 내무부 장관 행정부 장관
임명 재무부 장관
임명 농무부 장관
임명 림무부 장관
임명 상공부 장관
임명 교통관개부 장관
임명 교육위생부 장관
임명 사법부 장관
임명 토목부흥부 장관
행정부부를 명한다.
부장관 대우로 함.
장관회의에 참석함.

군명 제22호

집단명령　　　　　　　　　　　　1942년 8월 1일

임명 내무부 차관
임명 재무부 차관
임명 림무부 차관
임명 상공부 차관
임명 교통관개부 차관
임명 교육위생부 차관
임명 사법부차관
임명 토목부흥부 차관
임명 농무부 차관

행정부의 조직요령

제1 구성

제1 행정부는 옛 영국영토의 버마 중에 옛 영국총독직할 지구를 제외한 구역의 행정 사무를 시행한다.

제2 행정부의 구성은 별표와 같다.

제3 현 이하의 행정재판에 관한 모든 기구의 구성은 대체로 종전의 것을 답습하고 기타의 기관 구성에 대해서는 군사령관의 허가를 받아야 한다.

제4 종래의 의회를 설치한다.

제2 권한

제1 집단장은 통치의 대강을 파악한다. 이를 위해 행정부 및 재판과 검찰사무를 지휘 감독하고, 입법권을 행사한다.

제2 집단장은 아래의 사항을 직할한다.

1. 용병작전(버마방위군을 포함한다) 및 이에 직접 관련한 사항
2. 외교에 관한 사항
3. 몰수 및 압수 적산의 관리 또는 처분에 관한 사항
4. 회계검사에 관한 사항
5. 버마방위군에 관한 사항
6. 일본인 관계의 민사 및 형사에 관한 사항

제3 앞의 조항 직할 이외의 사항은 원칙으로서 집행을 행정부에 위임한다. 단 중요한 정무에 관한 아래의 사항은 미리 집단장의 허가를 받아야 한다.

1. 중요한 기관의 폐합 정리 및 신설에 관한 사항
2. 중요한 산업의 개발, 교통시설에 관한 사항
3. 행정부 예산의 편성에 관한 사항
4. 재정, 통화, 금융에 관한 제도의 중요한 개변에 관한 사항
5. 재정 경제 운영에 관한 중요한 사항

6. 중요한 명령의 제정, 개폐 및 시행에 관한 사항

7. 기타 정무 시행상 중요한 사항

제4 행정부 장관은 집단장의 지휘명령을 받아 각 부 및 직할국의 업무를 총괄한다.

제5 각 부 장관은 담당행정 사무를 집행하고 행정부 장관에 대해 그 책임을 맡긴다.

제6 행정부 장관 관방장은 관방 업무(정무 일반에 관한 장관의 막료업무)를 지휘하고 특히 군정 목적 달성에 유감이 없도록 행정부 장관의 정무 집행을 보좌한다.

제7 참정관은 소속부 장관을 보좌하고 중요 정무에 참여한다.

제8 행정부 장관의 직할 국장은 각 분담업무를 집행하고 행정부 장관에 대해 그 책임을 맡긴다.

제9 종전의 각의 제도를 폐하고 행정부장관, 관방장 및 각 부 장관으로 장관회의를 구성하여 행정부 장관이 통제한다.

제10 행정부장관 및 각 부 장관은 소관 사항에 관해 군정감의 승인을 받고 집단장에게 의견을 말할 수 있다.

제11 관리의 임면은 아래와 같다.

1. 집단장은 행정부장관, 관방장, 직할국장, 각 부 장관, 참정관, 차관, 차관보, 고등법원장, 판사 기타 특히 지정하는 직원을 임면한다.

2. 행정부 장관은 집단장의 허가를 받아 현지사, 장관 관방, 직할국 및 각 부의 주요 직원을 임면한다.

3. 위의 2항 이외의 직원은 행정부 장관의 승인을 받아 각 부 장관 또는 관방장이 임면한다.

4. 일본인 관리의 배치는 집단장이 정하고 그 임면 발령은 앞의 각호에 준하여 취급하도록 한다.

제12 일본인 관리의 복무 및 급여에 관해서는 별도로 제시한다.

2) 버마 독립지도 요강

오늘날 '미얀마'라는 이름으로 불리는 버마는 2010년 11월 17일에 국기와 국호를 현재 명칭으로 변경했으나 이전에는 다수 민족인 '버마족'의 이름을 따서 '버마'라고 불렀다. 이 책에서는 1940년대 사료를 번역했으므로 당시의 호칭대로 국호를 '버마', 수도를 '랑군'으로 부르기로 한다.

버마는 인도를 침략한 영국군에 의해 1824년부터 국토를 침략당하다 1885년에 인도제국의 한 주로 편입되었다. 1937년부터 인도제국에서 분리되어 개별 식민지가 되었다. 1941년 12월 26일 아웅 산이 이끄는 버마독립의용군이 건군되어 일본이 동남아시아를 침략할 때 일본군과 더불어 랑군을 함락시켰다. 처음에는 버마에 군정을 실시했던 일본은 종전 후 버마의 독립을 약속하여 1943년에 바모를 수반으로 하는 '버마국'이 수립되었다. 연합국 측은 아시아·태평양전쟁 시기에 일본이 명목상 독립시킨 국가들을 괴뢰국이라고 평가했는데, 이 시기의 버마를 '버마국'이라 부른다. 버마 독립에 이르는 과정과 관련된 사료를 살펴보기로 하자.

이 사료는 일본이 버마의 독립을 결정한 후 '바모(Ba Maw)'를 수반으로 행정조직을 구성하게 하여 버마를 '독립국'으로 지배하려는 구체적 내용에 관한 것이다. 버마의 독립시기, 국기 및 국명, 일본과의 관계, 재정과 경제 및 교통 등 제반 사항을 구체적으로 명시했다.

1943년 3월 10일
대본영 정부연락회의 결정

제1 방침

1. 팔굉위우의 황도에 근거하여 만방으로 하여금 각각 그 곳을 얻게 하는 대의에 따라 제국보도하에 힘써 버마의 창의와 책임을 존중하면서 대동아공영권의 일환인 신버마국

을 생성한다.

그리고 신버마로 하여금 먼저 신속히 제국과 긴밀하게 일체가 되어 대동아전쟁 완수에 협력할 수 있는 물심양면의 태세를 정비하도록 한다.

제2 지도요강

2. 독립준비의 목표와 해야 할 버마국 및 일본·버마 관계의 기본적 형태

   별책과 같다.

3. 3월 중순 경에 '바모(Ba Maw)' 및 필요한 버마 요인을 불러서 정부로부터 독립허가를 정식으로 시달하면서 독립 대강을 지시한다.

4. 현지 군사령관은 중앙과 비밀리에 연락하고 그 지도하에 '바모'를 중심으로 하여 필요한 인원으로 독립준비위원회를 편성하게 한다. 먼저 건국의 정신을 확립하고 뒤이어 독립 후의 신버마국의 형태, 조직 및 독립으로의 전이에 수반하는 제반의 시책 등을 입안 심의하도록 한다.

   일본인은 본 편성에 들어가지 않고 이를 지도하도록 한다.

5. 독립준비 기간부터 현행 정부장관 '바모'가 신버마국의 지도자인 것처럼 제반 시책을 추진하도록 한다.

6. 독립 시기는 1943년 8월 1일로 예정하고 그 준비 완료는 대략 6월 하순을 목표로 한다.

7. 독립에 즈음하여 미국·영국에 대해 전쟁을 선언하게 한다.

8. 독립과 함께 체결해야 할 일본·버마 간의 조약은 필요 최소한으로 한다.

   (별책)

버마국 및 일본·버마 관계의 기본 형태

제1 건국의 이념

1. 대일본제국을 맹주로 하는 대동아공영권의 일환으로서 도의에 근거하는 신버마국을 건설하여 이로써 세계 신질서의 창조에 기여한다.

제2 국가구성

2. 국체 및 정체는 힘써 버마인 자체의 발의에 기대하고 이를 결정하여도 정체에 대해서는 지도자 국가의 형태를 취하도록 한다.
3. 영역은 전체 버마에서 '샨'주 및 '케이인'주를 제외한 지역으로 한다.
   '샨'주 및 '케이인'주의 귀속은 별도로 정한다.
4. 국민은 버마민족을 주체로 하고 영역에 있는 모든 민족을 협화적으로 포괄해 구성한다.
   그리고 인도인에 대한 버마 국적의 부여는 위 항의 취지에 근거하여 버마국이 선택하는 바에 의한다.
   일본인은 버마국민이 될 수 없다.
5. 국명, 국기, 수도는 주로 버마 측의 발의에 따라 정한다.

제3 일본과 버마 관계의 대강

6. 제국의 버마 시책의 요점은 버마국으로 하여금 힘써 버마국 사람의 창의와 책임에 의해 참으로 대동아공영권의 일환인 독립국으로서의 명실을 갖추도록 하는 데 있다.
7. 제국은 버마국에 대해 전임의 특명전권대사를 파견하여 머무르게 한다. 당분간 현지의 특수사정을 감안하여 현지 제국 측 합헌의 업무실시에 관해서는 특히 군사상의 요청을 고려하고 실정에 들어맞는 조치를 하는 것으로 한다.
8. 제국은 버마국 정부 내에 소수 정예의 일본인을 배치하고 지도에 임하도록 한다.
   위의 일본인은 버마국 관리로 한다.

제4 국정

9. 정치기구 및 운용은 힘써 강력하고 간소하게 하는 방침으로 하고 국가대표 아래에 행정, 사법의 두 기구를 두고 당분간 국가대표는 행정기관의 장관이 겸한다.
   입법은 국가대표가 행한다.
10. 국민 참정의 범위 및 형태는 버마인의 의지를 존중하여 정한다.
    단 의회를 설치한 경우에서도 이를 위해 국가대표의 국무시행을 저해하지 않게 유의한다.

또한 정당의 분립 항쟁을 금한다.

중요 국무의 자문기관으로서 참의부(가칭)를 설치할 수가 있다.

11. 치외법권을 마련한다.

다만 일본인에 대해서는 버마인과 비교해 유리한 대우를 부여한다.

12. 외교는 제국에 긴밀하게 제휴하게 한다.

제5 군사

13. 제국과의 사이에 군사상 완전 협력을 약속하고 제국군대를 위해 일절 편의를 공여한다.

소요에 따라 제국군대를 위한 시설 등을 담임한다.

14. 버마 방위에 필요한 육해군을 보유한다.

단 병력량 및 편제의 결정은 실질적으로 제국이 지도한다.

버마 국군은 전시 용병작전에 관해 각각 재버마제국 육해군 최고지휘관의 지휘를 받는다.

제6 재정, 경제 및 교통

15. 경제는 대동아 경제건설의 계획에 따라 그 일환으로서 버마국의 주최하에서 공정 자유로운 활동으로 진흥을 기한다.

단 제국 측은 이에 필요한 원조를 제공하고 또한 대동아건설상 특히 필요한 것은 제국의 시책에 순응하도록 필요한 지도를 강구한다.

16. 금융에 관해서는 자금의 교류, 결제방법, 환산률 등에 대해 제국 및 기타의 지역과의 협력적 체제에 있어서 이를 정비한다.

발권 기구를 정비하고 새로운 통화제도를 확립한다. 단 실시 시기는 제반의 정세를 고려하여 별도로 정한다.

17. 재정은 신속하게 자립하도록 지도한다.

18. 교통 및 통신은 버마국의 주최하에 두어도 중요한 것에 관해서는 제국의 특별한 요청을 인정한다. 특히 작전용병에 지장을 초래하지 않도록 조치한다.

19. 버마국과 타지역과의 교통 및 물자의 교류는 대동아를 통하는 계획에 따르지만, 그 요

청은 당분간 대체로 현상을 유지한다.

단 할 수 있는 한 버마국 사람을 이에 참가 균점하게 한다.

20. 적산은 대동아전쟁수행상 및 대동아경영상 제국에서 파악하는 것을 필요로 한다. 특수하고 중요한 것 이외는 이를 버마국에 이양한다.

제7 '샨' '케이인' 지구와 버마와의 관계

21. 제국군에 있어 실제로 군정을 실시하고 '샨' '케이인' 지구에 대해서는 당장 의연한 군정을 속행하지만, 버마국과는 현재의 밀접한 관련성을 파괴하지 않는 취지하에 아래와 같이 시책한다.

    1. 두 지역의 자유로운 출입을 인정한다.
    2. 물자교류를 자유롭게 한다. 상호 관세를 징수하지 않는다.
    3. 본 지역에 있어서는 버마와 동일 통화를 사용한다.
    4. 교통, 통화 등은 힘써 버마의 기업체에 경영하게 한다.

3) 도조(東条) 내각총리대신 '바모' 버마 행정부 장관

이 문서는 1943년 3월 17일부터 4월 3일까지 일본을 방문한 버마 행정장관 일행이 3월 22일에 도조 수상과 회견한 내용을 정리한 것이다.

'버마국'을 독립시킨 후 일본과 버마 사이에 조약을 체결하며, 버마의 '독립'은 미국과 영국에 대한 대응이며, 군사적 의미도 띄고 있다는 것을 알 수 있다.

1943년 3월 22일
총리대신 관저에서

> 열석자(列席者)는 다음과 같음.

> 제국 정부 측
> 외무대신　　　　　　　　　다니 마사유키(谷正之)
> 대동아대신　　　　　　　　아오키 가즈오(青木一男)
> 내각서기관장　　　　　　　호시노 나오키(星野直樹)
> 버마방면군 사령관　　　　　가와베 마사카즈(河邊正三)
> 버마방면군 군정감부(軍政監部)
> 총무부장 겸 참모부장　　　 이소무라 다케스케(磯村武亮)

> 버마 행정부 측
> 내무장관　　　　　　　　　몽미야
> 재무장관　　　　　　　　　마웅 떼인(Maung Thein)
> 버마방면군 사령관　　　　　아웅 산 소장

1. 도조 총리대신은 버마의 독립에 관한 제국 정부의 의도를 피력하는 것이라고 말한 후 별지 제1대로 진술했다.

   또 별지 제1, 그 안의 '제3, 일본·버마 기본조약에 대해'에 관해 도조 총리대신은 다음과 같이 덧붙였다.

   "일본·버마 관계는 도의에 기초해서 정신적 연쇄(連鎖)를 주(主)로 하지만, 건국의 승인과 관련해서 양국 간의 기본관계를 관리하는 조약의 체결을 예상하고 있다. 또한 승인 후에는 신속하게 대사를 교환하기를 희망한다"

   끝으로 도조 총리대신이 다음과 같이 진술했다.

   "이상 진술했던 것 중 제국에서 공표한 것 이외에는 기밀로 하고 특히 선전(宣戰)에 관한 건과 독립 시기는 절대 비밀로 할 것을 희망한다."
2. 여기에 '바모' 장관이 별지 제2의 취지를 진술했다.

별지 제1

만방(萬邦)으로 하여금 각각의 자리에 때라 역할을 해서 만민이 그곳에서 안심하게 하는 것은 제국 부동의 국시(國是)이다.

제국은 이 국시에 기초해서 버마 민중의 다년간의 숙원이었던 신 버마의 독립을 승인함으로써 제국의 의도를 피력하며, 이것은 본 대신이 가장 흔쾌히 생각하는 것이다.

제1 건국의 정신에 대해

신 버마국 건설에 있어서 제국이 가장 관심을 갖고 있는 것은 건국의 정신이다.

신 버마국은 완전히 독립되어야 하며 그 건국 정신은 본래 버마 자체에서 결정해야 하지만, 제국은 신 버마국이 대동아공영권(大東亞共榮圈)의 일환인 도의(道義)에 기초하고 신국가가 세계 신질서의 창조에 기여할 것을 확신한다.

제2 국가의 구성에 대해

신 버마의 영역은 이전에 행정부 관할 구역이라고 발표했지만, 여기에 더해 '샨', '카렌니' 지역 이외의 전 버마도 포함한다는 것을 분명히 밝힌다.

국민은 버마 민중을 주체로 하며, 영역 내의 제민족을 협화적(協和的)으로 포용하는 취지로 결정하기를 희망한다.

정치 기구 결정에 대해서는 특히 국민의 운용(運用)을 강력, 간소하게 하는 것을 희망한다.

제3 일본·버마 기본 관계에 대해

제국은 신 버마국이 그 창의(創意)와 책임에 있어서 신속하게 독립국으로서의 실질을 갖추기를 희망하고 전폭적인 지원을 해야 하며, 신 버마국 또한 대동아공영권의 일환으로서 정치,

군사, 외교, 경제 등의 각 분야에서 장래에 제국과 밀접하게 제휴·협력하기를 기대한다.

제4 미국과 영국에 대한 선전 및 전시태세 확립에 대해

신 버마국은 독립과 동시에 미국과 영국에에 대해 전쟁을 선포하는 동시에, 신속히 전시에 즉응하는 제반 태세를 정비하고, 이를 통해 제국과 긴밀하게 하나가 되어 전쟁 완수에 매진하기를 간절히 희망한다.

제5 군사에 대해

신 버마국은 작전상의 요청을 감안해 군사상 제국과 완전히 협력하고 제국 군대를 위해 일체의 편의를 제공하는 동시에, 버마국군은 전시의 용병 작전에 대해 재(在) 버마 제국 육해군 최고사령관의 지휘에 따르게 하기를 바란다.

제6 경제에 대해

신 버마국의 경제는 대동아 경제 건설의 일환으로, 그 주권하에 공정하고 발전된 활동으로 경제 진흥을 꾀하기를 희망하며 제국은 이를 위해 필요한 원조를 제공할 준비를 한다.

제7 독립 준비에 대해

이상 모든 사항을 양해하고 신 버마국의 수반이 되는 귀하는 독립 준비위원회를 설치하고 독립에 관한 제반 준비를 추진하기 바란다. 그리고 독립의 시기는 8월 전후로 정하고 이를 위한 준비는 대략 6월 말까지 완료하기를 희망한다. 또 세부 사항에 관해서는 현지 군사령관의 승낙을 받기 바란다. 생각해 보면 한 나라를 세우는 것은 쉬운 일이 아니지만, 버마 민중 1천여 만의 열망은 반드시 이를 훌륭하게 완성시킬 것이다. 이를 지도하는 중책을 짊어진 귀하 등의 소망은 지나친 것이 아니다.

부디 제국의 의도하는 바를 명심해서 여러 가지 장애를 극복하고 건국의 위업을 완성하며 서로 협력해서 전쟁 완수, 대동아의 신질서를 건설할 것을 간절히 소망하면서 이만 줄인다.

1943년 3월 22일

대일본제국 내각총리대신 도조 히데키 (서명)

별지 제2

(역문)

각하

저는 버마 및 버마의 독립에 관해 각하가 말씀하신 성명을 깊이 감사하는 마음으로 들었습니다. 각하가 이전에 제국의회에서 우리에게 버마 독립을 약속해 주셨던 이후 전 버마 민중의 환희와 감사는 이루 말할 수 없을 정도입니다. 이것은 단지 환희와 감사의 마음에 그치는 것이 아니라, 신뢰의 마음입니다 – 일본의 지도(指導)는 동아(東亞)의 개방을 가져오는 커다란 신뢰의 마음이며, 여기에 감사와 신뢰를 더하고 있기에, 버마 민중은 일본이 동아 재건의 위업에서 보여준 현실주의에 공명(共鳴)하고 있다는 것을 덧붙이고 싶습니다.

이전에 각하는 직접 저에게 커다란 책임을 부여했습니다만, 저는 이것을 커다란 명예라고 생각하며, 미력한 힘이나마 힘써서 그 부탁에 부응하고자 합니다. 또 저는 각하의 성명을 앞서 말한 감사와 신뢰의 마음으로 이해하는데, 전력을 다할 것입니다.

끝으로 '버마' 전 민중이 각하에 대해 가지고 있는 두터운 존경과 신뢰의 마음을 피력하게 되어 진심으로 기쁘기 이를 데 없습니다.

도조 총리대신 '바모' 버마 행정부 장관 회견에서의 비공식 회담의 적요(摘要)

1943년 3월 22일
총리대신 관저에서
오쿠무라(奥村) 서기관 기록

도조 총리대신이 버마 독립에 관한 제국 정부의 의도를 시달(示達)하고 이에 대해 '바모' 장관은 마음 깊이 이것을 받아들여 미력이나마 힘쓰겠다는 취지의 응답을 한 후 비공식적인 (informal and off record) 담화를 교환했고, 그 요점을 다음과 같이 적었다

1. '바모' 장관은 작년 가을 도조 총리로부터 전달받은 서간, 총리 부처가 '바모' 장관 부처에게 보낸 기념품 및 버마의 공습 피해자에 대한 50만 엔의 위로금을 보내준 것에 대해 심심한 사의를 표하고 또 일본 방문 후의 두터운 대접, 특히 숙사를 총리 스스로 확인하는 등의 배려를 해준 것에 대해 깊은 감사의 말을 했다.

   총리는 맹폭으로 인한 버마 민중의 피해에 대해 진심 어린 동정을 금치 못했다. 이 때문에 전쟁 수행을 위해서는 소위 부득이한 부분이 있으며 행정부에서도 그 구제에 유감없이 나서야 하고, 제국 정부로서도 할 수 있는 것을 준비한다는 취지의 진술을 했다.

2. 총리는 일행에게 일본을 방문한 이래 다소 기이하게 느낀 점에 대해 질문받았는데, 대답은 다음의 세 가지 점에 대한 것이다.

   첫째, 일본은 아무리 생각해도 대규모 전쟁 중이라는 사실을 인식하지 못한 듯 보였으며 좋게 말하면 여유 있고 침착한 것.
   둘째, 현재 도쿄에서 보건대, 젊은이가 길거리에도 넘칠 듯이 있는 것.
   셋째, 일행의 행사 중에 황실에 관한 의식 및 메이지신궁(明治神宮), 야스쿠니신사(靖國神社) 등에 대한 참배를 제일로 하는 것.

이상이다.

첫째와 둘째에 대해 일본은 여전히 인적, 물적으로 충분한 여유가 있다는 것을 나타내며, 셋째는 일본이 황실을 중심으로 하는 정신주의를 중심으로 하고 있다는 것을 나타내는 것이라는 취지로 상세히 진술했다.

'바모' 장관은 이에 대해 도쿄에 온 이래, 메이지신궁, 야스쿠니신사를 방문하는 일본의 진짜 모습에 글자 그대로 개안(開眼)의 기쁨을 얻었다고 하였다. 우리는 일본에 오는 것이 30년 늦어진 상실감을 통감하고 있다. 만약 우리가 30년 일찍 일본을 방문했었더라면 버마의 독립은 격세(隔世)의 변동이 있었을 것이라고 진술했다.

또 총리가 인적 자원 문제에 대해 버마가 일본에 비해 면적에 큰 차이가 없는 반면, 인구는 겨우 1,600만이라는 것은 한 번 생각해 볼 필요가 있다는 취지로 진술하자 '바모' 장관은 버마의 인구 증가를 꾀하고 이를 최대의 자원으로 하고 싶다고 진술했다.

3. 총리는 일본은 지금 미국·영국을 상대로, 편승하느냐 반대하느냐의 전쟁을 수행 중이다. 단 일본 및 버마는 영원히 살아남아야 하는 사명과 운명을 갖고 있으며, 단지 1900년대에 생존하면 충분하다는 말이 아니다. 일본은 만주사변으로 만주국의 독립을 달성시켰고, 중일전쟁으로 중국을 미영의 핍박에서 벗어나게 해서 그 본연의 모습을 재현하고 있다. 또 이번 대동아전쟁에서는 버마의 독립을 꾀하고 태국에 대해서는 미영의 속박에서 벗어나게 해서 그 본연의 모습으로 돌려놓으려고 한다. 장래에 필리핀에 대해서도 그렇게 할 것이다. 그러므로 일본·버마 양국은 동아시아에서 형제국으로서 서로 제휴해서 대동아 신질서의 실현을 위해 함께 번영을 꾀해야 한다고 역설했다.

4. 또한 총리는 일본의 정신주의에 대해 가르치며, 예를 들어 일본군의 탁월한 점에 관해 설명했다. 즉, 미영은 물질로는 다소 유리할지 모르지만, 전쟁은 사람이 하는 것이다. 사람이란 무엇인가? 그것은 즉 정신이다. 미영은 현재 버마의 건너편 인도에서 백만의 군대를 보유하고 있다. 또 한편, 중국 영토에는 수십만의 군대가 있다. 일본은 버마에 수십만의 군대를 보유하고 있지만, 나(총리)는 늘 일본군의 병력 숫자에 0을 하나 더 붙이면 적에 대해 딱 그 정도의 실력을 보여줄 것으로 생각한다.

유럽의 전쟁에서는 한 번의 전투 당 몇만, 몇천의 포로가 나온다고 하지만, 일본군에서는 그와 같은 것을 꿈에도 생각할 수 없다. 일본의 병사가 포로가 된다고 하면, 그것은 전투의 부상 때문에 인사불성이 되었을 때뿐이고, 그들은 폐하를 위해 칼이 꺾이고 활을 다 쏜 이후라도 사지를 움직일 수 있는 한 계속 싸우는 자들이다. 실제로 일본군은 정신적인 훈련을 주(主)로 한다. 여기에 우수한 통수(統帥)도 있다. 영국군을 버마에서 불과 수개월 만에 석권한 것은 제군이 현실에서 목격했던 바이다.

5. 총리는 이처럼 동아시아의 제(諸) 민족, 특히 일본군에서는 정신을 중히 여긴다. 이것은 동아의 습관 및 전통으로서 이것으로 우리는 결합한다. 같은 피를 나는 친척이라고도 할 수 있다. 종교로 예를 들자면, 일본에는 신도 있고 부처도 있다. 버마에는 불교가 보급되어 있

다고 들었는데(마웅 떼인은 우리는 모두 불교도라고 말했다), 불교를 통해서만 보더라도 일본·버마 간에는 공통의 기초가 있다. 그러나 미영은 이를 혐오한다. 버마는 오랫동안 영국의 압제 하에 신음하고 있었으나, 그 정신은 여전히 죽지 않고 그 싹은 아직도 남아 있다. 이것을 가꾸고 이것을 키우며 이것을 동원하는 것이 중요하다.

단, 하나 유감인 것은 오랫동안 미영이 압박한 결과 우리는 이 자리에서조차 서로 영어를 사용하고 있는 형편이다('바모' 일행도 강하게 동감의 뜻을 표했다). 이후에는 서로 노력해서, 즉 일본인은 버마어를 배우고 버마인은 일본어를 배웠으면 한다.

6. (총리가 외무, 대동아 두 대신에게 무언가 할 이야기가 없냐고 재촉하자, 외무대신은 별도로 할 이야기가 없다고 말했다.) 대동아대신은 다음과 같이 진술했다. 즉, 대동아대신은 미영이 우리나라에 대해 압박을 가하고 이번 전쟁을 유발하기에 이르렀던 원인의 큰 부분은 그들이 우리나라의 실력을 과소평가했던 것에 있다고 하면서, 일본이 만주사변 이래 10년, 중국사변 발발 이후 3, 4년이 지나 경제력을 탕진했다고 판단했던 것이며, 나(대동아대신)는 당시 기획원(企劃院)에 있어서 우리나라의 경제통제를 담당했었는데, 일본의 통제는 미영이 생각한 것처럼 경제 압박 때문에 행해진 것이 아니라, 중일전쟁에 이어 국제정세의 어떠한 변화에도 대응하기 위해 우리나라의 예산, 물자 및 노동력을 기초산업 및 국방산업을 위해 집중시키기 위해 행해진 것이다. 그러므로 우리나라의 생산력은 최근 획기적으로 발전해 일본·만주·중국의 자원을 동원하는 생산력 확충계획은 1943년도에 제1기 계획이 완료될 것이다. 여기에 대동아전쟁 개시 이래, 우리나라는 남방에서 세계적인 자원을 영유하게 되어 점점 불패의 태세를 확립하기에 이르렀다고 설명했다.

7. 총리는 이것과 관련해서 전쟁 이전 미영의 선전은 일본의 경제적 취약성을 오로지 강조하며 일본은 개전 후 3개월이면 항복할 것이라는 등으로 주장하지만, 현실은 그야말로 아시는 그대로라고 말했고, '바모' 장관은 이에 적극적으로 동의하고, 전쟁 전 영미의 버마 및 인도 등에 대한 선전은 민중의 눈과 귀로부터 일본의 진상을 차단하려는 것에 집중되어 있기에 이번 방문 이래 크게 깨달음을 얻었다고 진술했다.

(이상)

4) 일본 '버마' 간 동맹조약안

> 일본은 버마를 독립시킨 후 버마와의 조약을 체결하여 영국과 미국에 대한 전쟁 기지로서의 역할을 수행하게 하려 했다. 버마의 독립이 선포되는 1943년 8월 1일을 기하여 동맹도 체결하려 함을 알 수 있다.

> **일본 '버마' 간 동맹조약안**
> **1943년 7월 19일**
> **대본영 정부연락회의 승인**

대일본제국 정부 및 '버마' 정부는 대일본제국 정부가 '버마'를 독립 국가로서 승인함에 따라 양국은 상호 그 자주독립을 존중하면서 각국과 긴밀하게 협력하여 도의에 근거하여 대동아에서의 공동 건설을 함으로써 세계 전반의 평화에 공헌하는 것을 기한다.

이것이 장애가 되는 일체의 화근을 제거하는 확고한 결의로서 아래와 같이 협정한다.

제1조
일본 및 '버마'는 대동아전쟁 완수를 위해 군사상, 정치상 및 경제상 모든 협력을 해야 한다.

제2조
일본 및 '버마'는 대동아 각국의 공영을 취지로 한 자주적 발전 및 대동아의 융성을 위한 공동 건설에 대해 상호 긴밀하게 협력해야 한다.

제3조
본 조약의 실시에 관한 세목은 필요에 따라 양국 해당 관헌 간에 협의 결정되어야 한다.

제4조

본 조약은 서명한 날부터 실시되어야 한다.

위의 증거로서 아래의 성명은 각 본국 정부로부터 정당한 위임을 받아 본 조약에 서명 조인한다.

1943년(昭和 18) 8월 1일 즉 　　연월일 '랑군'에서 　　본 서류 2통을 작성한다.

5) 바모 회고록

버마의 정치가 바모(Ba Maw, 1893~1977)는 버마에서 손꼽는 집안 출신이자 인도, 영국, 프랑스에서 유학하며 1924년 박사 학위를 받은 엘리트였다. 대학 졸업 후 반영활동가의 변호를 맡으며 자치정부운동을 펼치면서 영국령 인도제국에서 버마 분리를 주장했다. 빈민당을 이끌고 1934년 버마주정부의 교육대신에 취임했다. 정치가로서 그의 정치 노선은 영국령 버마를 캐나다나 오스트레일리아와 같은 자치령으로 해줄 것을 요구하는 입장이었으며, 1937년 버마가 인도에서 분리되어 개별 식민지가 되자 초대 식민지 정부 수상에 취임하여 1939년까지 재직했다. 제2차 세계대전에 버마가 영국군의 일원으로 참전하는 데 반대하여 1940년 8월에 체포되었다.

일본군의 특무기관인 미나미기관(南機關)이 아웅 산 이하 30인의 청년들을 훈련시켜 버마독립의용군을 조직하여 랑군을 점령하는 동안 그는 만달레이 부근 감옥에 수감되어 있었지만 일본 정부와 군 중앙은 바모를 일본 군정의 파트너로 선택했다. 일본은 그를 중앙 행정부 장관에 임명하고, 전쟁이 끝나면 버마의 완전독립을 승인할 것을 약속했다.

1943년 8월 1일 바모를 의장으로 하는 독립준비위원회는 일본의 지원을 받아 독립을 선언, 수상에 취임했다. 일본의 지원을 받은 '버마국'이 '만주국'이나 왕징웨이(汪精衛)의 난징(南京) 정부와 같은 '괴뢰 정권'인지에 대해서는 다양한 평가가 있을 수 있다. 그러나 '버마국'이 이른바 '독립'을 선언함과 동시에 일본과 동맹을 체결하고 연합국에 선전포고를 했다는 점은 '버마국'의 성격을 짐작하게 한다.

그는 1943년 11월 대동아회의에 버마 대표로 참가했으며, 일본이 패전하자 일본으로 망명했다. 1946년 일시 귀국하지만 1947년 아웅 산 암살에 관여했다는 혐의로 구속되었다. 1948년 1월에 버마가 영국으로부터 독립하자 일시적으로 정계에 복귀했지만 네윈정권하에서 구금되었다. 1968년 석방된 후 은거생활을 하다 1977년 랑군에서 사망했다.

다음 자료는 바모가 미국에서 출판한 그의 회고록 『버마의 돌파구(Ba Maw, Breakthrough in Burma-Memoirs of a Revolution, 1939-1946, Yale University Press, 1968)』 중 버마국 독립 과정에 관한 내용이다. 일본 사료가 아니라 버마 사료라는 점, 그것도 중심 인물인 바모의 시각을 통해 '버마국' 독립 과정을 정리했다는 점에서 매우 중요한 의미가 있는 책이다.

그러나 바모의 회고록을 읽을 때는 몇 가지 주의할 점이 있다. 일본의 패전과 1948년 독립 국가 버마의 탄생 이후인 1968년 시점에서 저술되었다는 점에서 친일정권의 수반이었던 자신의 입장에 대한 변명과 미화를 염두에 두어야 한다. 다음으로는 다른 청년 운동가, 특히 아웅 산을 일본의 입장을 추수하는 사람들로 묘사하고 자신은 그에 반대하면서 버마의 독자노선을 지향한 것으로 서술한 점도 비판적으로 읽어야 할 것이다.

Ba Maw, 1968, *Breakthrough in Burma-Memoirs of a Revolution*, 1939-1946, Yale University Press.

제10장 독립

독립준비위원회

버마 독립 출범을 위한 준비는 우리가 1943년 4월 초 일본에서 귀국하자마자 시작되었다. 첫 번째 임무는 독립준비위원회를 구성하는 것이었다. 궁극적으로 제정된 헌법에 담겨 있는 바대로 독립준비위원회는 "버마 국민과 그들의 의견을 진정으로 대표하는 대표부"이다. 그것은 전시 긴급한 업무를 수행하는 기구이고, 그래서 너무 운영하기 힘들고 느리게 움직이지 않도록 만들어졌다. 헌법에 명시된 바대로 그것은 "영구 헌법이 시행될 때까지 버마를 통치하는 임시 기구"가 될 것이다. 또 다른 조항에는 "국가 원수가 영구 헌법을 기초하는 제헌 기구를 소집할 것이고, 이는 전쟁 여건에 따라 버마 독립 출범 이후 1년 이내에, 그리고 어떠한 경우에도 전쟁 종료 후 1년 이내에 행해질 것이다." 따라서 준비해야 할 헌법이 완전히 일시적이고 전시 성격을 가졌음이 바로 처음부터 명백하게 드러났다.

위원회의 구성은 5월 8일에 발표되었으며, 그 직후 작업을 시작했다. 위원회는 25명의 위원, 10명의 정부 장관과 15명의 다른 위원으로 구성되었다. 여기에는 대법원장 미아 부(Mya Bu)경, 나중에 추밀원 의장이 된 우 뜨윈(U Thwin)경, 꺼잉(Karen) 공동체 지도자인 산 씨 포(San C. Po)경, 전 입법부 의장이자 베테랑 정치 지도자인 우 칫 흘라잉(U Chit Hlaing), 떠킹족(Thakin)의 후원자인 떠킹 코다우 흐마잉(Thakin Kodaw Hmaing), 전 법무감 우 떼인 마웅(U Thein Maung), 전 감사원장 우 셋(U Set), 버마 국방군 총사령관 아웅 산(Aung San) 소장, 그리고 영국 통치하의 입법부에서 여러 정당을 대표했던 사람들이 많았다. 대다수 소수 민족 출신 위원들은 그들의 미래 지위가 결정되지 않았기 때문에 포함되지 않았다. 나는 그 위원회의 위원장이었다.

그것은 당시 구성될 수 있었던 대표부로서의 기구로서 이 나라의 주요 정치적 견해와 정서를 광범위하게 반영하고 있었다. 한쪽 끝에는 세 명의 떠킹족이 대표하는 왕정주의자들이 있었는데, 즉 버마 왕들과 그들의 절대 왕정 시대에 대한 깊은 향수를 지닌 떠킹 코다우 흐마잉, 그리고 주된 이유로 일본인들이 왕정을 믿었다는 사실 군주제를 믿었던 떠킹 바 세인(Thakin Ba Sein)과 떠킹 툰 오케(Thakin Tun Oke)가 있었다. 다른 쪽 끝에는 진행 과정을 조심스럽게 지켜보았지만 거의 참여하지 않았던 공산주의자, 떠킹 딴 툰(Thakin Than Tun)이 대표하는 떠킹족이 있었다.

이 두 극단 사이에는 무엇보다도 아웅 산이 있었는데, 그는 헌법의 군사 조항에 대해 많이 이야기하였다. 그는 그들이 일본의 방식을 따르도록 최선을 다했고 성공했다. 그 당시에는 전체주의 형식의 정부를 신봉하는 사람들이 있었는데, 그들 중에는 우 누(U Nu)와 내가 있었다. 매우 실용적인 이유 때문이었는데, 그중 하나는 일본의 군국주의에 성공적으로 대항할 수 있는 것은 우리 고유 형식의 전체주의라는 확신이었다. 그러나 구성원의 대부분은 의회 민주주의를 믿었던 온건하고 전통에 얽매인 사람들이었다. 그 이유는 주로 의회 민주주의가 영국의 식민지하에서 그들이 알고 있던 정부 형태였고 그들은 다른 형태의 정부를 결코 생각해 본 적이 없었기 때문이다.

이러한 복합체는 필연적으로 복합적인 헌법을 생산해 내었다. 그러나 그것은 실제 작업에서 전쟁의 스트레스를 현저히 견딜 수 있음이 입증되었다. 만약 누군가가 결함을 찾으려 열심히 노력한다면 많은 결함이 발견될 수 있다. 그러나 기억해야 할 사실은 그것이 즉흥적으로 만들어진 국가를 위해 전쟁 중에 즉흥적으로 만들어진 헌법이었고, 그것이 효과가 있어서 결국에 가서 정말로 중요한 것이었다는 점이다.

"수년 동안 우리는 우리 국민을 해방시키겠다고 맹세했습니다." 나는 개회 연설에서 위원회에 상기시켰다. "그리고 이제 그 맹세를 지킬 때가 왔습니다. 버마인들은 머지않아 자유 민족과 국가가 될 것입니다. 우리는 새 국가를 위한 귀중한 기반이 될 헌법을 제정해서 우리의 서약을 지켜야 합니다." 이것은 최악의 전쟁 상황 속에서 위원회가 업무를 수행했던 정신이었고, 그리고 위원회는 독립 버마를 위한 최초의 헌법을 작성했다. 우리는 또한 전쟁 중에 새로운 독립 헌법을 제정한 최초의 식민지 국가였다.

예상할 수 있듯이 서둘러서 작성된 이 헌법은 기본적인 것들에 충실했다. 그것은 우리 국가 발전의 전체 방향을 바꾸기 위한 두 가지 선언으로 시작되었다.

　　버마는 완전히 독립적이고 주권적인 국가가 될 것이다.
　　정부의 모든 권력과 입법, 행정, 그리고 사법의 모든 권한은 국민으로부터 나온다.

위원회는 두 번째 선언을 수용하는 데 많은 용기를 보여주었는데, 이는 일본의 전체 정치적 개념과 전통에 어긋나는 것이었다. 나와 일군의 사회주의적 사상을 가진 위원들은 그것을 우리 기본법의 출발점으로 삼을 것을 주장하였고, 우리는 결국 성공하였다. 일본인들은 우리가 독립을 선언하고 나서야 비로소 그 의미를 깨달았다. 그러자 그들은 추밀원의 일부 위원들을 설득해서 그것을 수정하는 결의안을 제출하려 했지만, 위원회는 확고했다. 그래서 혁명적 개념이 처음으로 버마 헌법에 들어갔다.

다음으로 여하튼 전쟁 기간 가운데 이 헌법에 의해 이루어진 혁명적 변화는 지도력 원칙 또는 전체주의 통치의 도입이다.

버마는 나잉안다우 아디파디(Naingandaw Adipadi), 즉 국가 원수가 통치할 것인데 그는 완전한 주권적 지위와 권력을 가질 것이다.

한 사람의 손에 최종 권한을 부여하려는 이러한 시도는 길고 격렬한 토론을 야기했고 아슬아슬한 표결로 이어졌다. 나에게는 사적인 일이 될 수 있는 문제였기 때문에 나는 그것을 피했다. 우리 중 법학자인 우 떼인 마웅은 하루 종일 반대했지만 그의 정확한 전쟁 전 논리는 전시 사건들과 필요성의 논리에 의해 패배했다. 그는 패배를 당당하게 받아들였다. 그러나 그는 부분적으로 승리했는데, 왜냐하면 전쟁 기간 또는 전쟁 종료 후 1년으로 그 운영을 제한하는 내용의 마지막 구절이 헌법에 포함되었기 때문이다. 나는 이렇게 기한을 한정함이 전통주의자들이 더 쉽게 숨 쉴 수 있도록 만들었다고 확신한다. 일본의 군국주의에 직면할 때마다 나의 신속하고 전체주의적인 권력 뒤에서 피난처를 찾은 사람들이 전통주의자들이었음을 어쩌다 보니 언급했을 수 있다. 전체주의 원칙은 결국 "하나의 핏줄, 하나의 목소리, 하나의 지도자"라는 공식 슬로건으로 구현되었다.

군대와 관련된 조항을 둘러싸고 위기가 부글부글 끓어올랐다. 이것은 아웅 산의 영역이었고, 그의 뒤에는 심지어 위원회 내에서도 거의 저항할 수 없는 목소리를 가진 버마 군대가 있었다. 그 결과 아웅 산은 자신이 원하던 바인 일본식 모델의 군사 권력 체제를 얻었다. 말할 필요도 없이 일본인도 역시 그것을 원했다.

"국가 원수에 직접 책임을 지는 전쟁성 장관이 있어야 한다." 다시 말해서, 전쟁성 장관은 일본에서와 마찬가지로 각료 내각으로 대표되는 민간 행정부의 통제에서 독립되는 것이다.

"버마 국군의 모든 임무는 일본에서와 마찬가지로 전쟁성 장관의 추천에 의거해 국가 원수가 부여한다."

"최고사령관[즉, 국가원수]은 모든 군사 문제에 대해 전쟁성의 자문을 받고," 일본과 마찬가지로 전쟁성은 모두 군 장교로 구성된다.

일본과 마찬가지로, "전쟁성 장관은 항상 현역 고위 장교 중에서 선발된다."

내가 이러한 일본식 아이디어에 반대할 것임을 알고, 아웅 산과 일군의 버마 장교들은 위원회의 많은 위원을 만났고 사전에 그들의 지지를 얻었다. 그래서 그 문제가 논의될 때 나는 내가 거의 외톨이임을 알게 되었다. 내가 위원회에 했던 가려진 경고를 기억한다. "제발 현재만 생각하지 말고 미래도 함께 생각해 주세요." 나는 그들에게 말했다. "확실히 우리에게는 생각해 봐야 할 길고 불확실한 미래가 있습니다." 그러나 그것은 소용이 없었다. 버마 군대는 너무 최면에 빠져 있었고 나는 표결에서 완전히 패배했다.

그래서 가장 완전한 형태의 군국주의의 첫 번째 씨앗이 버마에 뿌려졌고, 미래를 잊은 우리의 최초의 헌법 제정 기구는 그것을 허용했다. 전쟁이 끝난 후 아웅 산은 그의 군국주의적 개념을 버린 것 같다. 적어도 아웅 산이 암살되기 전에 초안 작성을 도왔던 전후 헌법에는 그것들은 나타나지 않는다. 아마도 그는 더 이상 버마군을 지휘하지 않았기 때문에 마음을 바꿨거나, 일본 군국주의의 완전한 패배는 그가 그 장점에 대해 환멸을 느끼도록 했거나, 그를 다시 영국식 관념으로 돌아오도록 만든 것은 당시 그를 둘러싸고 있었던 영국식 분위기 때문이었을 것이다.

헌법의 나머지 조항에 관해서 그들은 전쟁이 허용하는 한 대체로 일반적인 민주주의 모델을 따랐다. 전쟁 상황에서는 그런 기구가 자유로이 선거를 할 수 없다는 명백한 이유 때문에 의회는 있을 수 없었고, 그래서 내각의 자문을 받은 후 국가 원수가 지명하는 추밀원이 그동안 기능을 담당해야 했다. 민주주의 헌법에 포함된 모든 필수 권리와 의무가 채택되었고, 기본적 인권, 사법부의 독립, 감사 및 회계 업무의 독립, 국가 원수에게만 책임을 지는 국가 봉사 위원회 등이었다. 마지막으로, 이미 언급한 바와 같이 적절하고 영구적인 헌법을 올바른 방식으로 제정하기 위해 정해진 시간 내에 제헌의회를 소집하는 가장 명확한 규정이 있었다. 우 떼인 마웅은 이러한 모든 민주적 조항을 포함시키기 위해 특히 열심히 노력했다. 우리의 전시 태생 헌법은 평시 기준으로 볼 때 많은 결함이 있는 문서였지만, 진리의 최고 실용적 시험을 완전히 충족하는 것이었다. 그것은 효과가 있었다.

일본 측에서는 항상 이소무라(磯村)가 대표로 나와서 위원회의 진행 과정을 가까이에서 지켜봤다. 이소무라는 거의 매일 초기 회의에 참석했지만, 우리가 하는 말들은 모두 버마어로 되어 있어서 한 마디도 이해할 수 없었고, 그래서 참석을 중단했다. 그러나 그는 다른 방식으로 활발히 움직였다. 예를 들어 위원회가 개회되는 동안 그는 내가 독립 후에 일본군과의 협정을 맺도록 하기 위해 나와 여러 차례 만남을 가졌다. 이소무라의 태도는 명백히 이 회의를 그와 나 사이에 비밀로 유지하는 것이었지만 바로 이러한 이유로 나는 우 떼인 마웅과 떠킹 미아(Thakin Mya)를 그 만남에 데려갔다. 이소무라는 가장 터무니없는 요구를 했고 나도 똑같이 터무니없는 반론을 내세워 전체 업무의 터무니없음을 보여줬다. 나는 독립 후 버마가 그러한 협정에 구속될 수 없다는 것을 아주 잘 알고 있었고, 특히 협정을 체결하라는 요청을 받은 나에게는 아직 그런 권한이 없었다. 예를 들어, 이소무라는 우리의 새로운 국가에서 일본의 사업에 대한 최대한의 권리와 특혜적 지위를 요청했고, 나는 무엇보다도 외국인이 버마에서 어떠한 사업을 운영하든 40% 이상을 소유하는 것을 허용해서는 안 된다고 제안하여 반박했다(참고로 이것은 내가 랑군에서 최종적으로 퇴각하기 전에 통과시킨 마지막 세 가지 법률 중 하나였다). 또한 나는 버마에서 일본군이 압수한 적산을 모두 버마 정부에 이양하여 전쟁 희생자에 대한 보상으로 사용하도록 요청했다. 나는 또한 다른 많은 것을 요구했다.

다음으로 이소무라가 한 일은 가장 어처구니가 없는 일이었다. 어느 날, 위원회가 시작되기 직전에 그는 나에게 군부에서 온 것으로 추정되는 통신을 가져왔다. 나는 그것을 직접 읽고 나서 위원들에게 회람시켰다. 그것은 폭풍같은 분노와 항의를 불러일으켰다. 독립 국가의 통치자의 의무에 대해 장황하게 이야기한 후, 그 통신은 요점으로 들어갔다. "만약 국가 수반이 부당하고 잔인하여 백성에게 고통을 준다면 하늘은 반드시 그를 벌하실 것입니다. 일본군도 그러한 잘못된 통치가 처벌되지 않도록 내버려 두지 않을 것입니다. 그런 통치자에게서 백성을 구하기 위해 개입할 것입니다." 그 의미는 분명했다. 독립 여부를 불문하고 일본군은 언제라도 버마 문제에 개입할 권리, 우리나라에서 자체 기준으로 어떤 사람이나 상황을 판단할 권리, 심지어 선출된 통치자를 폐위하고 그 자리에 다른 통치자를 세우는 데까지 무력을 사용해서 자신의 판단을 집행할 권리를 주장한 것이다. 위원회에게 이 말은 버마인의 뺨을 때리는 것과 같았다. 잇따른 연설에서 위원들은 이것이 우리의 미래 독립에 대한 위협이라고 비난했다. 이소무라는 차갑고 굳은 표정, 그가 휘저어 만든 폭풍을 파악한 듯이 자리를 떠났다. 그는 다시는 그 문서를 언급하지 않았으며 위원회는 이를 완전히 무시했다.

위원회의 업무가 끝나갈 무렵 나는 갑자기 싱가포르에 가서 도조 총리를 만날 것을 요구받았는데, 그가 잠깐 싱가포르를 방문할 예정이었다. 그래서 나는 내가 절대 따돌릴 수 없었던 우 누, 이소무라와 동행했다. 도조는 7월 5일에 싱가포르에 도착했고 거기에서 길게 도열한 많은 일본군에게 정복 영웅처럼 환영받았다. 최근 독일 잠수함을 타고 도착해 동양 전역을 전율케 한 수바스 찬드라 보스(Subhas Chandra Bose)도 거기에 있었다. 우리 둘을 보자 도조는 환한 미소를 지으며 의식 없이 곧바로 우리에게 걸어왔다. 그는 나에게 좋은 소식을 가져왔다고 말했고 바로 그날 오후에 회의를 잡았다. 우리가 다시 만났을 때 나는 일본이 태국에 양도할 가장 동쪽에 있는 두 지역인 쿵퉁(Kengtung)과 몽판(Mongpan)을 제외하고 모든 샨(Shan)주를 버마라는 새로운 독립 국가에 넘기기로 결정했다는 소식을 들었다. 카친(Kachin)주에 관해서는 영국의 공격이 임박했으므로 일본군이 한동안 계속 통치할 것이었다.

나는 만감이 교차하는 정보를 들었지만 행복이 실망을 뛰어넘은 것은 분명했다. 왜냐하면 다른 무엇보다도 일본의 행동은 만약 우리에게만 넘겨졌다면 심지어 상호 갈등과 폭력으로 이어질 수 있었던 샨족 관련 문제들을 문제를 해결해 주었기 때문이다. 나는 도조에게 깊이 감사했지만 동시에 버마인이나 샨족 모두 샨 영토와 그 사람들의 분리에 대해 완전히 기뻐하지는 않을 것이라고 말했다. 도조는 태국이 일본 편에서 전쟁에 참전할 때 일본이 태국에게 했던 약속을 지켜야 한다고 대답했다. "하지만 우리도 당신과 함께 왔고, 우리도 우리의 주장도 있습니다." 나는 고집했다. 도조는 웃으며 막연하게 버마인들이 다른 방법으로 보상을 강구할 수 있다고 말했다. 나는 그가 의미하는 바를 이해하지 못했지만 그것은 내가 좋은 거래를 추측하도록 만들었다. 카친주에 관해서는 군사적 위협이 끝난 후 버마에 복원되기로 합의했다.

나는 또한 버마 주둔 일본군의 정책과 행동에 대한 강한 불만과 도쿄 민간 정부의 직접적 연락 체계를 구축하고자 하는 열망을 오랫동안 표명했다. 도조 총리는 내가 말한 것 모두를 받아들였고, 내 제안과 마찬가지로 그가 버마에 있는 일본군에게 개인적으로 엄격한 지시를 내릴 것이라고 약속했다. 나는 또한 이웃 국가들 간의 보다 강하고 우호적인 관계와 전반적인 아시아 협력의 필요성을 촉구했다. 내가 도조와 그렇게 좋은 관계를 맺었다는 것은 내가 버마에 있는 일본 군국주의자들의 수뇌부를 넘어설 수 있고, 도쿄와 직접 거래함으로써 더 효과적으로 그들을 반대할 수 있다는 것을 의미했다. 이 모든 것은 전쟁의 마지막 시기에 일본 군대의 완전한 파괴로부터 버마를 구하는 데 매우 중요했다.

이번 싱가포르 방문은 다른 면에서도 많은 일이 있었다. 나는 그곳에서 처음으로 보스를 만났고, 그의 지도력하에 동남아시아의 모든 인도인들을 우리 편에서 전쟁에 적극적으로 참여시킨 거대한 전면적 운동의 시작을 보았다. 나는 네타지 보스(Netaji Bose)와 전쟁 중 우리의 친밀한 동지의식에 대해 더 많은 이야기를 할 것이다.

랑군으로 돌아오자, 나는 샨과 카친 주에 관한 일본 정부의 결정을 내각과 독립준비위원회에 보고했다. 대체로 그에 만족했다.

드디어 헌법 최종 초안이 완성되고 위원회가 이를 만장일치로 승인한 7월 중순의 날이 찾아왔다. 독립기념일까지 이것을 끝내기 전에 마지막 과제가 남아 있었다. 바로 그날 발표될 버마의 국가 원수를 선출하는 것이었다. 내가 뽑힐 거라고 믿을 만한 이유가 있었기 때문에, 나는 선거와 거리를 유지했다. 위원회는 관대하게 만장일치로 나를 선출했는데, 왜냐하면 심지어 그 선택에 반대하기를 원하는 두 명의 왕정주의자 위원들조차 불필요하게 표를 분산하지 말라고 했던 일본의 말을 들었기 때문이다.

위원회는 아직 수행해야 할 과제가 하나 더 있었다. 위원회는 독립기념일에 버마를 주권 독립 국가로 선포하고 새 헌법을 공포하기 위해 다시 모임을 가져야 했다.

독립선언

1943년 8월 1일, 때때로 가는 비가 내렸고 적의 비행기를 막을 수 있을 만큼 충분한 구름이 하늘에 떠 있는 맑고 화창한 날이었다. 이날 첫 번째 행사는 오전 10시에 개최되었고, 이때 버마 일본 원정군 최고사령관 가와베(河邊) 중장이 일군정의 철수를 알리는 명령을 발표했다. 이는 일본군 장교와 버마 정부 관계자들이 대규모로 참석한 가운데 일본군 본부에서 진행되었다. 그 후 행진단이 새로운 국가 원수의 공식 거주지가 될 총독 관저로 이동했다.

오전 11시, 독립준비위원회가 최종회의를 열었다. 그것은 현재 버마 국민의 대표부로서 그렇게 하고 있다. 오전 11시 20분, 위원회는 버마가 독립 주권 국가임을 선언하고, 새 헌법을 공포했으며, 내가 국가 원수인 나잉안다우 아디파디로 선출되었음을 공식적으로 발표했다. 이 마지막 행위 이후에 위원회는 자진 해산했다.

그런 다음 대강당에서 취임식을 거행했고, 버마와 일본의 민간인 및 군 장교들이 대규모 모임을 가졌다. 버마에서 일본군을 대표하는 가와베 중장이 여기저기 나타났고, 전쟁에서 그토록 멋진 역할을 수행했던 수바스 찬드라 보스도 그랬다. 보스는 이 행사를 위한 나의 특별 손님으로 싱가포르에서 왔다.

간소한 의식이 위엄있고 감동적으로 치러졌다. 독립 준비 위원회가 준비한 선언이 의식에서 선포되었고, 모인 사람들은 그들의 완전한 동의를 표현하며 오랫동안 박수를 보냈다.

다음으로 버마의 공식 독립 선언문 전체가 낭독되었고, 가장 엄숙한 취임 선서를 내가 행하도록 되었으며, 나는 적법하게 나잉안다우 아디파디에 임명되었다. 이로써 취임식은 끝이 났다.

오후에는 더 많은 의식과 다른 절차가 이어졌다. 오후 1시 30분, 일본군 사령부는 국가 수반이자 버마군 최고사령관인 나에게 버마방위군과 기타 관련 군사 조직의 지휘권을 양도했다. 최고사령관으로서 나의 첫 번째 행동은 현재 국방부장관이 된 아웅 산 소장을 대신하여 버마국군 총사령관에 네 윈(Ne Win) 대령을 임명하는 것이었다.

오후 2시에 내각, 추밀원, 대법원 판사들이 내 앞에서 임명되어 선서를 했다.

오후 3시 30분에 추축국과 다른 동맹 국가들에게 우리의 독립을 통보했다. 그들 모두는 즉시 버마를 독립 국가로 인정했다.

오후 4시에 버마는 영국과 미국에 선전포고했다.

오후 4시 30분에 일본과 버마 간의 동맹 조약은 버마 국가 원수인 나와 새로 임명된 주버마 일본대사인 사와다 렌조(沢田廉三)가 서명했다. 단 3개의 운영 조항으로 구성된 짧고 간단한 문서였다. 양국은 전쟁 수행에 있어 서로 협력할 것을 약속했다. 또 '대동아 각국의 자주적 발전을 위한' 상호협력을 약속했다. 마지막으로 조약의 세부 내용은 '양국간의 협의를 통해 결정한다'는 데 합의했다. 그것이 그 안에 있는 전부였다. 비밀 협약이나 양해사항은 전혀 없었다.

오후 6시, 나는 국가 원수로서 첫 기자회견을 했다.

새 국가의 모든 고위 인사, 버마와 일본의 군 장교, 그리고 네타지 보스와 그의 참모진이 참석한 연회로 하루가 마감되었다. 완벽하고 매우 감동적인 날이었고 모든 것이 순조롭게 진행되었다.

우리는 독립 선언문에서 억눌린 모든 감정을 배출하였다. 위원회에서 나에게 선언문을 쓰라고 했고, 나는 최선을 다해 과거의 기억과 반향, 현재의 감정, 그리고 당시 버마인들을 북받쳐오르게 미래에 대한 희망을 글로 표현하려 하였다. 바로 이 선언문이 우리가 새로운 독립 첫날에 어떤 감정을 느꼈는지를 여러분에게 전달할 것이다.

오늘, 50년 이상의 영국 점령 이후 버마는 세계의 자유 주권 국가들 사이에서 정당한 위치를 되찾았다. 버마는 아주 오랜 기간의 파괴되지 않은 역사를 통해 자랑스럽게 그 자리를 차지했고, 그동안 그 영광은 하늘의 해와 달과 같이 빛났다. 제국은 한때 북쪽, 남쪽, 동쪽, 서쪽의 언덕과 바다를 훨씬 넘어서며 영토를 확장했다. 그 백성 중에는 유명하고 위대한 사람이 많았다. 제국의 강대한 무력도 대단한 것으로 인정되었다. 그리고 버마는 동시대 인류 발전에 가치있는 기여를 하였다. 영국 침략 이전의 오랜 역사를 통틀어 버마인들은 수많은 전쟁에서 곧 모든 적을 굴복시키고 변함없이 독립을 유지했다.

약 50년 전 버마는 세 차례의 영국-버마 전쟁의 결과로 처음으로 독립을 잃었다. 영국은 이러한 전쟁을, 아시아가 갈라져 준비가 안 된 상태에 있고, 모든 해상 무력, 우수한 전쟁 장비, 그리고 산업 혁명으로 새로 발견된 방대한 자원들이 영국 편에 있던 시기에 수행했다. 이 불평등한 싸움의 결과로 대부분의 작은 아시아 국가들이 영국의 교활함과 물질적 우월성에 의해 파괴되었다. 그 작은 나라들에 속한 것이 버마의 비극이었다.

영국 점령 기간 동안 버마는 비탄에 잠겼다. 버마는 긴 속박에 들어갔다. 시간이 지남에 따라 버마인들은 민족의 본질에 해당하는 많은 것들, 방대한 물적 자원과 기회, 문화, 언어, 심지어는 자신들의 생활 방식까지 잃어버리면서 서서히 자신을 빼앗겼다.

그러나 버마의 민족 정신은 그 암흑기에 손상되지 않고 남아있었다. 침략자에 대한 투쟁은 기회가 허용되거나 무기가 사용 가능한 한 어떤 형태로든 계속되었고, 영국의 탐욕과 폭정은 모든 버마인의 마음속 분노를 뜨겁게 달구었다. 주기적으로 사람들은 절망에서 떨쳐 일어났고, 대규모 봉기를 일으켜 살인과 파괴를 했지만 그다음에는 가장 폭력적인 영국인의 보복이 뒤따랐다. 그러나 여전히 투쟁은 계속되었고 빈자리는 천천히 채워졌으며, 새로운 애국자들이 전면에 등장하여 완전히 헌신적 정신으로 똑같은 억압, 투옥, 망명, 고문, 그리고 종종 죽음 자체의 고통을 겪었다.

동아시아 해방을 위한 현재의 전쟁이 발발하면서 버마의 투쟁은 마침내 전환점에 이르렀다. 오늘날 버마인들은 끝없는 투쟁과 희생으로 오랜 세월 뿌린 씨앗에서 마침내 수확을 거두게 될 것이다.

그러므로 버마인들은 이제 자신들의 이름으로 이루어진 이 엄숙한 선언에 의해, 그리고 그들을 대표하는 제헌의회에 의한 민족적 의지에 따라 버마가 오늘부터 영원히 완전히 독립된 주권 국가임을 공개적으로 선언한다. … 버마는 또한 자신을 대동아공영권의 일원으로 선언한다. 버마가 이 자유롭고 평등한 파트너쉽을 구축하고 그래서 동아시아 전체의 자원, 의지, 노력을 통해 대체로 새로운 아시아적 질서와 경제가 모든 사람들에게 정의, 평화, 번영을 보장하는 세계 질서의 일부로 수립될 수 있을 것이다.

우리의 독립으로 인해 몇몇 지도자들은 기억에 남을 만한 연설을 했다. 나는 다음 날 저녁 전국 라디오 방송으로 이를 시작했다. 우리의 독립에 대해 말하면서, 나는 그들에게 "그것은 전쟁에서 태어났고, 결국 그 전쟁 태생의 모든 흔적을 남긴다. 그것은 전쟁으로 창조되었고 전쟁으로 살아남아야 한다. 오늘날 우리의 기쁨이 말로 표현할 수 없을 정도로 얼마나 큰지 내가 말할 필요가 없다. 많은 사람이 일생동안 볼 수 없을 거라 거의 좌절했던 해방의 날을 보면서 눈물을 흘렸다. … 그러나 우리는 꿈만 있는 것이 아니라 현실도 있다는 것을 알고 있다. … 독립은 이 전쟁에서 우리에게 온 것이니 우리는 이 전쟁에서 그것을 수호해야 한다.… 버마는 분명히 현재 전쟁의 최전방에 있다. 우리는 최전방 환경에서 살고 있으며 매일 최전방 문제에 직면해 있다. 우리가 최전방 정책을 채택해야 한다는 것은 분명하다"라고 말했다.

현 외무장관인 우 누 역시 열정적으로 말했다. 그는 역사상 일본의 지위를 강조했다. "역사적으로 어떤 국가도 지고한 이상과 숭고한 목적을 동기로 오로지 피압박 민중들의 해방과 복지를 위해 자신의 생명과 재산을 희생했던 단 한 차례의 사례도 아직까지 발견할 수 없는데, 일본은 인류의 연대기에서 처음으로 그 역사적 역할을 하도록 운명지워진 듯하다." 버마군의 신임 총사령관 네 윈 대령은 병사처럼 말했다. 8월 6일 열린 기자회견에서 그가 말하기를, "우리는 승리할 때까지 싸울 각오가 되어 있으며 적이 우리 땅 1인치도 들어오도록 허용하지 않을 것이다. … 강력한 일본군의 긴밀한 협력으로 우리는 곧 목표를 달성할 것이다"라고 했다.

여자들까지 발언을 했다. 전버마 민족여성연맹 회장인 킨마마 마우(Kinmama Maw)는 일본 언론에 이렇게 말했다. "우리는 지금까지 버마의 여성이었다. 이제 우리는 아시아의 여성이 되기 시작해야 한다."

여러 외국에서 행복과 친선의 빛나는 메시지가 도착했습니다. 도조 총리와 일본 정부는 우리를 새로운 동아시아 질서의 자유롭고 동등한 파트너로 환영했다. 네타지 보스도 같은 날 저녁 방송 연설에서 우리에게 메시지를 전했다. 그는 다음과 같이 말했다. "세계 역사상

제4장 일본의 동남아시아 지배와 '독립' 부여　**311**

이 중대한 위기에서 버마의 독립은 우리에게 두 가지 의미가 있다. 첫 번째로 그것은 한 국가가 역사가 제공한 기회를 잡는 방법을 안다면 그 국가는 무엇을 성취할 수 있는지를 보여준다. 두 번째로 인도의 정복이 19세기 영국인에게 버마에 대한 공격의 발판을 제공한 것과 마찬가지로 버마의 해방은 20세기 동안 동아시아의 인도 독립운동에 영국군의 인도 점령에 대한 공격의 발판을 제공했다. 이 날은 버마의 날뿐만 아니라 아시아의 날이었고, 아시아 전체의 해방이 시작되는 날이었으며, 그리고 그날 행해졌던 모든 말과 전달된 메시지는 아시아의 울림으로 가득 차 있었다.

3. 필리핀 지배와 '독립' 부여

1) 필리핀 독립 지도 요강

> 필리핀은 대항해시대 스페인의 동아시아 진출에 의해 스페인의 식민지가 되었다. '필리핀'이라는 국명은 펠리페 2세의 이름에서 유래한 것이다. 1898년 뒤늦게 식민지 전쟁에 뛰어든 미국이 1898년 스페인과의 전쟁에서 승리하자 필리핀은 미국의 지배를 받게 되었다. 1912년 윌슨이 필리핀 독립에 긍정적인 자세를 보이자 1918년 필리핀 독립위원회가 수립되었고 1934년에 자치법안도 통과되었다.
>
> 그런데 1941년 일본은 진주만을 기습한 후 곧이어 필리핀을 기습했다. 그리고 필리핀의 민심을 회유하기 위하여 필리핀에 '독립'을 제시했고, 1943년 10월 1일에 라우렐을 수반으로 독립을 선언한 것이 일본의 괴뢰정부인 필리핀 제2공화국이다.

1943년 6월 26일
대본영 정부연락회의 결정

1. 방침

팔굉위우(八紘爲宇)의 황도에 군거하여 만방에서 각각 그 곳을 얻게 하는 대의에 따라 일본이 이끌어서 필리핀의 창의와 책임을 존중하면서 대동아공영권의 일환인 신필리핀을 생성한다. 그리고 필리핀으로 하여금 신속히 제국과 밀접히 일체의 대동아전쟁 완수에 협력할 수 있는 물심양면의 태세를 정비하도록 한다.

2. 지도요강

1) 독립 준비의 목표와 필리핀 및 일본·필리핀 관계에서 이루어야 할 기본적 형태는

별책과 같다.

2) 현 필리핀 행정부를 쇄신 강화하여 독립 후 정부의 중심이 될 수 있도록 지도한다.
3) 현지 군에 대해 독립지도의 대강을 시달하고 그 지도하에 필리핀 측으로 하여금 가능한 한 신속하게 독립준비위원회를 편성하게 하여 독립에 관한 제반의 시책을 입안 심의하게 한다.
4) 독립 준비의 진척에 따라 필리핀의 국가대표인 자를 선정하게 한다. 선정 방법은 필리핀 측의 창의에 맡긴다. 그 외 필리핀 요인을 도쿄에 불러 독립허용에 관한 일본의 의도를 정식으로 시달하고 이후 현지 군 지도하에 더욱 독립준비를 완성하도록 한다.
5) 독립준비를 대체로 완료하는 것은 국가대표인 자이다.
6) 독립 시기는 대략 1943년 10월로 예정하고 그 준비 완료의 시기는 9월 하순을 목표로 한다.
7) 독립에 수반하여 적시에 미국·영국에 대해 전쟁을 선언하게 한다.
8) 독립과 함께 체결해야 할 일본·필리핀 간의 조약은 필요 최소한으로 한다.

〈별책〉

제1 신필리핀 및 일본·필리핀 간의 기본 형태
1. 대일본제국을 맹주로 하는 대동아공영권의 일환으로서 도의에 기초한 신필리핀을 건설하여 이로써 세계 신질서의 창조에 기여한다.

제2 국가구성
2. 필리핀의 국체 및 정체는 필리핀인 자체의 발의로 결정한다.
3. 영역은 구 미국령 전체 필리핀으로 한다.
4. 국민은 필리핀 민족을 주로 구성한다.
　일본인은 필리핀 국민이 될 수 없다.
5. 국명, 국기, 수도는 필리핀 측의 발의에 따라 정한다.

제3 일본·필리핀 관계의 대강

6. 일본의 필리핀 시책 요점은 필리핀이 필리핀인의 창의와 책임을 다하여 대동아공영권의 일환인 독립국으로서의 참된 명실을 갖추게 하는 데 있다.
7. 일본은 필리핀에 전임 특명전권대사를 파견하여 머무르게 한다.
   당분간 현지 일본 측 관헌의 업무실시에 관해서는 특히 군사상의 요청을 고려하여 실정에 들어맞는 조치를 하도록 한다.
8. 일본은 필리핀 정부 내에 소요 기간 필요한 고문을 배치하고 지도를 맡도록 한다.
9. '민다나오'섬에 대해서는 군사적·경제적 중요성을 감안하여 특별한 조치를 취할 수 있다.

제4 국정

10. 정치기구 및 운용은 애써 강력하고 간소하게 하는 것을 방침으로 한다.
11. 국민 참정의 범위 및 형태는 필리핀 측의 의지를 존중하여 정한다.
    단 의회를 설치한 경우, 그 성격은 행정의 민활한 운용을 저해하지 않도록 유의한다.
12. 치외법권을 마련한다.
    단 일본인에 대해서는 필리핀인에 비교해 유리한 대우를 부여한다.
13. 외교는 제국에 긴밀하게 제휴하게 한다.

제5 군사

14. 제국과의 사이에 군사상 완전 협력을 약속하고 제국군대를 위해 일절 편의를 공여한다.
    필요에 따라 제국군대를 위한 시설 등을 담임한다.
15. 필리핀 방위에 필요한 육해군을 보유한다.
    단, 병력량 및 편제의 결정은 실질적으로 일본이 지도하고 소수의 군사고문을 둔다.
    필리핀군은 전시의 작전 용병에 관해 각각 재필리핀 일본 육해군 최고지휘관의 지휘를 받는다.

제6 재정, 경제 및 교통

16. 경제는 대동아 경제건설의 계획에 따라 그 일환으로서 필리핀의 주권하에 공정하고

자유로운 활동으로 진흥을 기한다. 특히 농업, 광업 및 경공업에 중점을 둔다.

단 대동아건설상 특히 필요한 것은 일본의 시책에 순응하도록 필요한 조치를 강구한다.

17. 금융에 관해서는 자금의 교류, 결제방법, 환산률 등에 대해 일본 및 이외의 지역과의 협력적 체제에서 정비한다.

    발권기구를 정비하고 새로운 통화제도를 확립한다.

18. 재정은 신속하게 자립하도록 지도한다.

19. 교통 및 통신은 필리핀의 주권하에 두어도 주요한 것에 관해서는 제국의 요청을 인정하도록 한다.

20. 필리핀과 타 지역과의 교통 및 물자의 교류는 대동아를 통하는 계획에 따라 실시의 원활을 기한다.

    그리고 물자교류의 요령은 우선 대체로 현상을 유지하지만 가능한 한 필리핀을 참가 균점하게 한다.

21. 적산은 대동아전쟁 수행상 및 대동아 경영상 일본이 파악할 필요가 있는 특수하고 중요한 것 이외는 필리핀에 이양한다.

2) 일본국·필리핀국 동맹조약안

필리핀은 1943년 10월 1일 라우렐을 수반으로 이른바 '독립'을 선언하는 동시에 10월 15일에 일본과 동맹을 체결했다. 그 내용은 일본과 선린우호관계를 확인하며, 전쟁 수행에 협력하고, '대동아 건설'에 협력한다는 내용이다. 그러나 독립과 동시에 미국과 영국에 선전포고한 버마와 달리 필리핀은 독립과 동시에 선전을 포고하지 않았다. 이는 필리핀이 미국의 지배를 받았던 역사와 필리핀인들의 국민감정을 배려한 조치였다. 필리핀은 1944년 9월 23일에 미국과 영국에 선전포고했다.

1943년 10월 5일
대본영 정부연락회의 승인

　대일본제국 천황폐하 및 '필리핀'공화국 대통령은 일본이 '필리핀'을 독립 국가로서 승인함에 따라 양국은 상호 선린으로 그 자주독립을 존중하면서 긴밀하게 협력하여 도의에 근거하는 대동아를 건설하여 이로써 세계 전반의 평화에 공헌하는 것을 기하고 확고부동한 결의로서 장애가 되는 일체의 화근을 제거하기를 바란다. 이를 위해 동맹조약을 체결하기로 정하고 아래와 같이 그 전권위원을 임명한다.

대일본제국 천황폐하
[전권위원명]
'필리핀' 공화국 대통령
[전권위원명]

　위의 성명 전권위원은 서로 그 전권위임장을 제시하여 양호 타당함을 인정한 후 아래의 모든 조항을 협정한다.

　제1조 체약국 간에는 상호 그 주권 및 영토 존중의 기초에서 영구히 선린우호의 관계에 있어야 한다.
　제2조 체약국은 대동아전쟁 완수를 위해 정치상, 경제상 및 군사상 긴밀히 협력한다.
　제3조 체약국은 대동아 건설을 위해 상호 긴밀하게 협력해야 한다.
　제4조 본 조약의 실시를 위해 필요한 세목은 체약국 해당 관헌 간에 협의 결정되어야 한다.
　제5조 본 조약은 체약국에 있어서 그 비준을 완료한 날부터 실시되어야 한다.
　제6조 본 조약은 되도록 빨리 비준되어야 한다. 비준서의 교환은 '마닐라'에서 되도록 빨리 이루어져야 한다.
　위의 증거로서 각 전권위원은 본 조약에 서명 조인한다.
　　　　　　　　　　　　　　　　　　　　　　년　　월　　일
본 문서 2통을 작성한다.

3) 일본국 · 필리핀국 동맹조약 부속 양해 사항안, 자유인도 임시정부 승인에 관한 건

> 일본은 1942년 10월 1일 필리핀의 독립을 승인하고, 10월 5일 일본과 조약을 체결했다. 이 문서는 그에 따른 부속 양해 사항을 다룬 것이다.
> "필리핀국은 일본의 군사 행동에 모든 편의를 제공해야 하며, 일본국과 필리핀국은 필리핀의 방위를 위해 상호 긴밀히 협력해야 한다"는 내용은 필리핀의 '독립'이 허구적이며 괴뢰 정권임을 보여준다. 이에 따라 필리핀은 미국과의 전쟁 기지로서 많은 희생을 치르게 되었다.
> 한편, 이 문서에 첨부된 '자유인도 임시정부 승인에 관한 건'은 수바스 찬드라 보스를 수반으로 하는 자유인도 임시정부에 대한 일본의 승인을 표명하는 내용이다.

일본국 필리핀국간 동맹조약 부속양해사항안

일본국 필리핀국 간 동맹조약 부속 양해사항

조약 제2조에 대하여

본조에 규정한 대동아전쟁 완수를 위한 군사상 긴밀한 협력의 주요한 양태는 다음과 같이 한다.

필리핀국은 일본국이 행할 군사행동을 위해 모든 편의를 공여해야 하며 또한 일본국 및 필리핀국은 필리핀국의 방위에 대하여 상호 긴밀하게 협력해야 한다.

위의 증거로서 아래 적힌 이름은 각 본국 정부로부터 정당한 위임을 받아 본 양해사항에 서명한 것이다.

20부 중 제20호
자유인도 임시정부 승인에 관한 건

1943년 10월 9일
대본영 정부연락회의 결정

수바스 찬드라 보스(Subhas Chandra Bose)가 자유인도임시정부를 수립한 경우에는 인도시책, 특히 그 선전공세 강화를 위해 제국은 그 승인 의지를 표명하도록 한다.

위와 동반하여 임시정부와의 사이에는 당연히 정식 국제관계를 발생시키지 않는다.

[비고] 제3국의 본 임시정부 승인은 이를 방해하지 않는 것으로 한다.

4) 호세 라우렐 대통령 회고록

호세 파치아노 라우렐(José Paciano Laurel, 1891~1959)은 필리핀의 부유한 정치인의 집안에서 태어나 필리핀대학교와 예일대 법학대학원에서 공부했다. 1923년 필리핀 식민지 정부의 내무장관에 취임한 후 정부와 법조계의 요직을 두루 거쳤다.

일본이 필리핀을 점령한 후 케손대통령의 명으로 필리핀에 남았고, 이후 필리핀 행정위원회 위원을 거치며 일본이 부여하는 독립정부를 위한 헌법을 초안했다. 1943년 10월에 필리핀 제2공화국의 대통령에 취임한 후 11월에 대동아회의에 참석했다.

일본 패망 후 일본에 망명했으며, 전범으로 체포되어 요코하마 감옥과 스가모 감옥에서 복역했다. 1946년 필리핀으로 귀국한 후 친일협력 혐의로 기소되었지만, 마누엘 로하스 대통령의 사면을 받았으며 1957년 은퇴한 후 1859년에 사망했다.

요코하마 감옥에서 회고록(War memoirs of Dr. Jose P. Laurel, Jose P. Laurel Memorial Foundation, 1980)을 집필했다.

여기서는 필리핀 독립에 관련된 내용 일부만을 소개한다.

필리핀독립준비위원회 의장 취임

케손(Quezon) 대통령으로부터 받은 명령, 나 자신이 공표한 기록, 공공 기관에 35년 이상 근무했던 사소한 평가 등으로부터, 나는 일본 군정 당국의 강한 관심을 끌게 되었다. 그에 더해 필리핀 독립을 위한 준비 시책을 진행시키는 데 있어서, 필리핀독립준비위원회를 총괄하는 필리핀인 리스트의 가장 앞에 내 이름이 올라갔다.

이 위원회의 멤버는 특히 이 목적을 위해 임명된 칼리바피(Kalibapi)가 지명한 것이었지만, 그 선정은 일본군 경찰이 비공식적으로 제출한 리스트에 의해 실시된 것이 실상이었다.

내가 또 필리핀 제너럴 병원에 입원해 있는 동안, 나는 준비위원회의 의장에 임명되었다.

제1 부의장　돈 라몬 아반세니아(Don Ramon Avancena)가
제2 부의장　돈 베니그노 아키노(Don Benigno Aqino)가
위원　　　　클라로 M. 렉토(Claro M. Recto)
　　　　　　킨틴 파라데스(Quintin Paredes)
　　　　　　호세 율로(Jose Yulo)
　　　　　　바르가스(Vargas) 현 의장
　　　　　　에밀리오 아기날도(Emilio Aguinaldo)
　　　　　　술탄 사 라메인(Sultan Sa Ramain)
　　　　　　페드로 사비도(Pedro Sabido)
　　　　　　마누엘 로하스(Manuel Roxas)
　　　　　　카밀로 오시아스(Camilo Osias)
　　　　　　테오필로 시손(Teofilo SiSon)
　　　　　　안토니오 데 라스 알라스(Antonio de las Alas)
　　　　　　멜레시오 아란스(Melecio Arranz)
　　　　　　빈센테 마드리갈(Vincente Madrigal)
　　　　　　라파엘 알루난(Rafael Alunan)
　　　　　　마누엘 브리오네스(Manuel Briones)

에밀리오 트리아(Emilio Tria)

티로나(Tirona) 외

이와 같은 멤버였다.

예전부터 우리에게 요청되고 있던 바와 같이, 필리핀 공화국 헌법을 제정하도록, 우리는 그 기초 준비를 진행했다. 최초의 2회에 걸친 회의는 돈 라몬 아반세니아(Don Ramon Avancena)의 사회에 의해 진행됐다. 3회째부터는 내가 소집해서, 필리핀 제너럴 병원에서, 내 병실 맞은편 병실인 20호실과 22호실에서 진행되었다.

나는 양자 택일의 두 가지 안을 제시했다. 몇 차례 토의한 다음, 최초의 초안을 가결해서 칼리바피(Kalibapi)의 집회에 제출했고, 승인되었다. 이에 관한 토의 내용, 삽화, 곤란한 문제점에 대해서는 속기록과 그 밖의 기록을 참조해야만 하므로, 여기서는 기술하지 않겠다.

일본 방문

필리핀 공화국 헌법 승인 후, 국민의회를 소집해야만 했다. 실행위원회는 선거법을 공포하고, 이 법률에 따라 미리부터 준비해 둔 방법으로 선거가 치러졌다.

연방 공화국 통치(the Commonwealth) 시대의 전직 입법부원들은, 그 대부분이 복귀했다. 베니그노 아키노 의원(Hon. Benigno Aquino)이 만장일치로 의장에 선출되었고, 그다음 국회의 만장일치 채택에 의해 내가 새롭게 탄생한 필리핀 공화국 대통령에 지명되었다.

국회 의원 선거, 소집에 관한 세부적인 내용은 생략한다. 하지만 여기서 바르가스(Vargas) 의장이 칼리바피(Kalibapi) 총재에 취임한 것을 기록해야 할 것이다.

나와 아키노(Aquino) 의장을 선출한 다음, 아키노, 바르가스와 나는 경의를 표하고 보고를 하기 위해 도쿄에 가게 되었다(요구에 따름).

바르가스 씨는 전 실행위원회 의장의 자격으로서, 아키노 의원과 나는 각각 지금부터 만들어 가려고 하는 필리핀 공화국의 새로운 선출 국회의장 및 대통령의 자격이었다.

1943년 9월 29일이었다고 생각하는데, 그즈음 우리는 비행기로 필리핀을 출발해, 밤 후 쿠오카를 통과해서 다음 날 도쿄(하네다)에 도착했다고 기억하고 있다.

우리는 며칠간(3일 내지 4일) 도쿄에 머무르면서, 천황 폐하께 경의를 표하는 방문을 하고, 천황 일가 이외의 방문자로서 우리의 이름을 장부에 기입했다.

우리에게 경의를 표하기 위해, 수상 관저에서 도조 히데키(東條英機) 수상이 주최하는 축하연이 개최되었다. 또 육군, 해군, 외무, 대동아 등 각 성의 대신들이 의례적인 방문을 계속했다.

하지만 가장 이해할 수 없는 사건은, 도쿄에 도착한 다음 날 오후, 도조 수상에 의한 초대 석상에서 일어났다. 평범하게 인사를 나눈 다음, 우리는 수상 관저의 응접실 근처에 있는 회의실에 갇히게 되었다. 우리를 도쿄까지 수행한 호세 G. 산빅토레스(Jose G. Sanvictores)와 레온 마 곤잘레스(Leon Ma. Gonzales) 두 사람은 동석을 허락받지 못했다.

도조 수상, 시게미쓰(重光) 외무대신, 아오키(青木) 대동아대신, 무라타(村田) 대사, 와치(和知) 장군, 그 밖의 사람들이 직사각형의 테이블을 둘러싼 의자에 앉은 다음, 도조 수상이 일어나 미국 및 영국에 대한 (필리핀의) 선전포고를 요구하는 통고문을 읽었다. [하마모토(浜本) 씨 통역]

나는 도조 수상의 정면에, 바르가스 씨는 내 오른쪽에, 아키노 씨는 내 왼쪽에 앉아 있었다. 그것은 우리들 세 사람에게는 큰 충격이었다.

우리는 이러한 통고를 전혀 예상하고 있지 않았기 때문에 거기에 즉시 응답할 답변을 준비하지 않았다.

나는 조용히 신에게 기도하고, 그리고 기도의 말을 중얼거렸다. 도조 수상의 말을 하마모토가 통역한 다음, 나는 일어서서 가능한 한 정중하게 그 요구에는 응할 수 없다는 뜻을 전했다.

"우리 국민은 그것을 받아들이지 않을 것입니다. 나는 국민을 이해시킬 수 없습니다. 우리나라에서 실질적 권력을 가진 지도자는 케손(Quezon), 오스메니아(Osmena), 로하스(Roxas) 세 사람이며, 나는 결코 인망 있는 지도자가 아닙니다.

하지만 가령 그 세 사람이 (지금 일본의 요구에) 응할 것을 나에게 바라고, 내가 자진해서 그렇게 했다고 하더라도, 나는 지지하는 사람 하나 없는 지도자가 될 뿐일 겁니다.

왜냐하면 필리핀인은 이러한 수단에는 반대하기 때문입니다. 미국은 그들의 후원자이므로, 미국에 선전포고를 하는 것은 필리핀인에게 있어서, 동정심 없는 방식입니다. 아무리 보잘 것 없는 민중들이라 하더라도, 그러한 것을 바라지 않습니다."

아무런 준비도 없었던 내 즉답에, 바르가스, 아키노 두 사람은 감명을 받았던 모양으로, 나는 두 사람의 축복을 받았다.

그다음 나는 도조 수상의 통고문 사본을 받아서, 필리핀에 가지고 돌아왔다.

회담이 끝나고 나서 나는 응접실에서 우리를 기다리고 있던 산빅토레스(Sanvictores)와 곤잘레스(Gonzales) 두 사람을 만났다.

나는 내 신념을 관철한 이 건에 대해, 있는 대로 그 내용 모두를 내각과 국회에 보고했다. 아키노(Aquino) 의장도 또한 국민회의의 의원들에게 이 일을 설명했다고 생각한다.

나는 가장 곤란한 상황에 직면해 있다는 것을 깨달았다. 우리가 들은 가혹한 요구, 즉 일본인의 봉건적이고 잔인한 수단은, 일본인에 대한 깊은 증오의 감정을 불러 일으키는 결과를 가져왔다. 이것과 똑같은 상황이 내 리더십 중에서는 일어나지 않기를 바라 마지않았다. 이 순간(1943년 9월 30일) 미국과 영국에 대해 선전포고하도록 요구 받은 때, 독립은 그 대가와 교환해서 주어지는 것이구나 하는 점이 확실해졌다. 도조의 말에 대한 우리들의 선택은, 절멸인가 자유인가, 둘 중 하나였다(영빈관 방문).-비공식 회담-1943년 1월-바르가스 위원

동맹조약 조인

바르가스, 아키노, 산빅토레스, 곤잘레스(Vargas, Aquino, Sanvictores, Gonzales)와 나는 10월 초순 필리핀에 귀환했고, 그 달 14일, 고유의 의식을 동반한 필리핀 공화국 건국식전을 거행했다(식전의 세부 내용은 후술할 예정). 그날 오후-내 기억이 정확하다면-동맹조약-정치, 경제, 군사(필리핀의 독립과 영토의 보전에 필요한 군사)-에 조인했다.

이 조인은 신생 공화국의 외무 장관 클라로 M. 렉토(Claro M. Recto)에 의해 이루어졌다.

공화국의 발족에 의해 실행위원회의 전 위원은 곧바로 새로운 조직에 흡수되었고, 그 뒤 새롭게 하나, 또는 두 개의 부를 창설하기에 이르렀다.

이에 관련한 사람들은 실질적으로는 거의 전원이 정부 기관에 편입되었다.

내각에 속하는 기관 이외에, 법률에 의해 큰 규모로 신설된 것을 다음과 같은 순서로 말한

다면, 주요한 것으로는 국회의장, 최고재판관, 대통령이 있고, 그 밖에 D. 라몬 아바세나(D. Ramon Avacena)를 의장으로 하는 헌법에 규정된 국회의 구성, 전 의장 마누엘 로하스(Manuel Roxas)를 장관으로 하는 경제기획부의 신설, 나릭(Naric)(편집부 주)의 재편성과 비가산 바얀(Biba)의 신설, 특히 중요한 식량 문제 해결을 위한 과학자 회의, 의료설비 분야의 조사를 담당하는 부국의 설립, 그 밖의 분야에 대한 공적 활동 기관이 있었다. 이들은 당시 기록에 의해 확인될 것이다.

독립과 일본군의 간섭

일본군 사령관의 빈번한 경질[역주: 제14군(1944.7.28 이후 제14방면군) 사령관은 혼마 마사하루(本間雅晴, 1941.11.6) → 다나카 시즈이치(田中静壱, 1942.8.1) → 구로다 시게노리(黒田重徳, 1943.5.19) → 야마시타 도모유키(山下奉文, 1944.9.26) 순으로 교체됨], 시민의 체포와 고문, 재산의 소실, 민중의 이익을 지키기 위한 우리의 변호에 대해 일본군이 보인 무관심과 무시는 갈수록 명확해졌다. 또한 가옥과 가축, 승용차, 트럭 등 사유재산의 징발, 식량 몰수, 인권의 완전한 무시, 정복자의 복잡한 심리, 크리스트교 문명에 대한 몰이해와 부족한 지식, 우리 정부와 관료들에 대한 우월감과 명령적인 태도(실제 행동과는 정반대인 설교) 등이 점차 드러나며 상황을 악화시켰다. 게다가 필리핀인이 일본군에 의해 점령당하고 그 영향 아래 놓이는 것은 피할 수 없는 운명이며, 우리는 우리 국민이 장래에 희망을 가지고 현재의 난국을 타개하기 위해, 이러한 목적에 부응하기 위해, 오직 해야 할 일을 수행하는 것이 올바른 일이라는 것, 또 정부의 기본적 방침은 "국민의 생존"에 있다고 내가 반복해서 성명을 냈던 것은 올바른 일이었다는 점 또한 명확해졌다.

내 의무를 다하기 위해, 또 개인적으로 존경하고 있는 인물이라는 이유로-국가를 파멸로부터 구하기 위해- 나는 로하스(Roxas) 장군에게 어떠한 자격이라도 좋으니 정부에 입각해 달라고 부탁했던 것도 이 시기였다.

프란시스코(Francisco) 장군을 치안과 질서에 관한 나의 고문으로 삼기 위해서는, 그를 말라카니안(Malacañán)으로 이동시켜야만 했다. 다시 말해 그는 게릴라와 연락을 취했던 일이 발각되어, 포트 산티아고(Fort Santiago)에서 곤란한 처지에 빠져 있다는 것을 들었기 때문이다.

나는 그의 후임에 경찰 총지휘관으로 파울리노 산토스(Paulino Santos) 장군을 임명하기로 했다. 또 나는 마테오 카핀핀(Mateo Capinpin) 장군에게 신변의 안전을 지킬 것을 충고해야만 했다. 그는 일본 군사 경찰의 협박을 직접 체험한 사람 가운데 하나였다.

알베르토 라모스(Alberto Ramos) 장군, 시메온 드 제우스(Simeon De Jesus)장군, 마티(Martinez) 대령, 포블레테(Poblete) 대령, 세빌리아(Sevilla) 대령, 카스타네다(Castaneda) 대령, 그 밖에 많은 전직 필리핀 군장병도 똑같은 처지에 놓여 있었다.

대통령 취임 후는 내게 있어서 흥분이 이어지는 나날이었다. 매일이 반성과 기도의 나날이기도 했다.

대통령 취임 후 나는 산토 토마스(Sto. Tomas) 강제수용소를 방문해서 미국의 친구에게 약간의 물자를 넣어 주고 싶다고 생각하고 있었다. 특히 내가 고향의 마을에 있던 때, 최초의 미국인 교사이자 소년 시대의 변호사이며, 이후 필리핀 대학 시절 내 법률 교수가 된 클라이드 C. 데윗(Clyde C. Dewitt) 씨를 만나고 싶었다. 하지만 일본군에게 오해받을 것이라는 이유로 강하게 만류당했다.

그 대신 나는 필리핀 제너럴 병원을 방문해서, 거기서 테오 로저스(Theo Rogers, Free Press 지의 비즈니스 매니저)를 만나서 인사를 나눴다. 그는 상황을 이해하고 있다고 내게 속삭였다. 여기서는 바탕가스(Batangas) 학교의 전직 교장이었던 하이덴라이히(Heidenreich) 씨도 만났다. 이때 병원장 안토니오 G. 시손(Antonio G. Sison) 박사가 나를 수행하고 있었다. 나는 셀 S. 라파엘(Calle S. Rafael)에 있는 필리핀 상이병 시설이나 마닐라 전체의 자선, 사회 복지 시설을 위문했다. 내가 얼마나 진심으로 그들 편이 되었는지는 신이 알고 있다.

나는 케손 대통령으로부터 받은 명령(맥아더 장군이 승인한)을 마음에 잊지 않고, 신에게 기도하며 숙고를 거듭한 다음, 연설, 회담, 회의에서 대담하게 나의 국가 정책, 나의 정치 이데올로기, 나의 도의 철학을 발표했다.

"기본적 국가 정책은 국민의 생존이다"라고 나는 말했다.

우리들 주변은 황폐와 고통에 가득차 있다. 식량도 없고, 약도 없고, 생명을 유지하는 데 필요한 최소한의 물자조차 충분하지 않다. 통신망도 교통로도 토막나 있다.

일본군은 강력하고, 우리는 이를 내쫓을 수 없다. 하지만 우리는 하나의 민족으로서 생활하고, 목숨을 이어 가야만 한다.

우리는 밝은 장래를 향해, 우리 민족에게 닥쳐올 고난을 타개해야만 한다.

이 목적을 위해 우리는 단결하고, 서로를 사랑하고, 상호간의 살육을 멈춰야만 한다. 왜냐면 필리핀인이 필리핀인을 사랑하도록 하는 길은, 이 이외에는 없기 때문이다. 어떠한 외국인이라도 필리핀인 이상으로 필리핀인을 사랑한다고 속이는 것은 불가능하다.

정치적 이데올로기에 대해 나는 다음과 같이 말했다.

"필리핀의 영웅이나 애국자들의 꿈과 열망은 언제나, 필리핀인에 대해 완전하고 절대적인 자유가 주어지는 것이었다. 그리고 진정한 필리핀인에게는 모두 그 이상의 실현을 약속하겠다."

그래서 나는 외국 세력의 개입, 강제, 명령이 없는 필리핀인에 의한, 필리핀인을 위한 필리핀의 정부를 만들 것을 제창한다. 나는 다음과 같은 말도 했다.

"나의 도의 철학-내 통치 이념의 근본적 기초를 이루는 것-은 정의의 철학이며, 그것은 신이 내게 주신 것으로 그 이름에 걸맞는 모든 종교에 공통된 것이다. 인간은 육체와 지식과 도의의 세계를 살아가는 것이다. 인간의 생명은 체력과 정신력(mens sana in corpore sano)만이 아니라, 도의의 힘에 의해 향상되어야만 한다."

그렇기 때문에 정의는 진정 보편적으로 정치적 리더십의 기본이다, 라고 나는 결론지었던 것이다(정의의 기반 위에 민중을 위한 봉사가 있다).

내 내각은 당시로서는 가장 학식을 갖추고, 적극적이며, 경험을 쌓은 필리핀인에 의해 구성되었다. 그들은 모두 애국심에 불타고, 국민의 고난을 경험했으며, 국민을 구하기 위해 성의를 가지고 나를 보좌해 주었다.

이러한 칭찬은(비록 반대되는 무례한 의견도 있을 수 있겠지만) 각료로 구성된 내각뿐만 아니라, '확대 각료 회의(Cabinet at Large)'의 구성원들에게도 적용될 수 있다.

이 가운데는 내각의 통상 멤버, 또는 장관급(heads of departments or ministries) 인사들만이 아니라, 국민의회 의장(the Speaker of the National Assembly), 최고재판관(the chief justice of the Supreme Court), 국민경제계획위원회 의장(the Chairman of the National Economic Planning Board), 국가회의 의장(the Chairman of the Council of State), 정보위원회 의장, 식량관리 장관(the Food Administrator), 총무 장관(Executive Secretary)이 포함된다.

확대 각료 회의 모임은 매주 목요일 오전 11시 30분 경에 개최되었고, 그 뒤 한 코스의 점심 식사가 제공되었다. 이 모임에는 대통령이 제출한 정책상의 과제, 일반 정세, 특별 보고 사항에 대해 토의했다.

이 내각에는 한 사람의 친일 분자도 없었고, 그들은 모두 나를 지원해서 국민의 생존을 도모한다는 내 기본 정책과 정부의 정치 철학-어떠한 외국 세력으로부터도 간섭받지 않고, 강제되는 일 없는, 필리핀인에 의한, 필리핀인의 정부를 만듦과 동시에 도의 철학은 정의를 기반으로 하는-을 마음속 깊이 지지해 주었다. 나는 내 확대 각료 회의 멤버들로부터 받은 성의 어린 지원과 용기 이상의 것을, 다른 누구로부터도 기대할 수 없었다.

헌법에 의해 새로 설치된 국가회의(the Council of State)의 멤버들과는, 주 2회로 매주 토요일 모임을 가지고 회의가 끝난 뒤 의장과 점심 식사를 함께 했다.

국가 회의에 상시 출석하고 있던 의장 돈 라몬 아반세니아(Don Ramon Avancena)는 현재도 생존해 있고, 가장 고령이며 존경할 만한 필리핀인인데, 그는 최고재판장관을 용퇴하고, 이때 의장으로 일하고 있었다. 멤버는 돈 미겔 운손(Don Miguel Unson), 돈 라몬 페르난데스(Don Ramon Fernandes), 돈 라파엘 코르푸스(Don Rafael Corpus), 돈 페드로 아우나리오(Don Pedro Aunario), 돈 호세 파에스(Don Jose Paez)(마지막 한 사람은 뒤에 공공 사업 통신 장관이 되었다)였다.

나는 파에스(Paez)가 빠진 공석을 메우기 위해 마누엘 카무스(Manuel Camus)를 임명하려는 뜻을 가지고 있었지만, 실현되지 않았다.

이들처럼 매우 경험이 많고 사려 깊으며 유능한 필리핀 노정치가 그룹과 교류할 수 있었던 것은, 내 생애가 끝날 때까지 즐거움과 자랑스러움을 가지고 떠올릴 수 있는 나의 특권이다.

때로는 구두로, 때로는 문서로 제시된 그들의 충고와 의견은 우리 국가와 국민에 대한 현명한 보전책이었으며, 열렬한 애정에 넘치는 최고의 명령이었다.

나의 내각-확대 내각-과 마찬가지로, 또 국가회의의 멤버들에도 단 한사람의 친일파도 없었다. 국가회의도 또한 전원, ① 국가 정책, ② 정치 이데올로기, ③ 도의 철학을 승인하고 있었다.

새로운 제도로서 각 성의 차관 회의(The Council of Vice-Ministers)가 설치되어, 정식으로 조직화되고 승인되었다. 이 회의는 그 직책에 있는 모든 차관과 사무관들에 의해 구성되어 있었다.

총무 장관(The Executive Secretary)이 의장이며, 매주 한 차례(목요일) 회의가 열렸다. 나는 이

회의에도 항상 출석했다.

회의 참가자는 회의가 끝난 뒤 대통령과 점심 식사를 함께 했다. 이 회의는 매우 유익했고, 효과를 높여 갔다. 이 회의는 내각이나 국가 회의(Council of State)의 토의를 거친 뒤, 대통령이 승인한 명령, 법령, 권고를 실제로 법제화하고, 발령하는 역할을 담당하는 대통령의 보좌역으로 활약했다. 내각의 결정이나 결의는 모두 차관 회의에서 신속하고 적절하게 그 법제화를 거쳐 실행에 옮겨졌다. 차관들은 전문행정관이었고, 각 처부의 실정에 통달하고 있었으며, 담당 분야의 필요한 일들을 잘 파악하고 있었다.

이들 각 분야의 사람들과 빈번하게 접촉하는 것에 의해 대통령은 당면하고 있는 사태의 실정과 각 처부 특유의 문제점에 대해 명확한 지식을 얻을 수 있었다.

미국과 영국에 대한 선전포고

1943년 9월 말 경 일본을 방문했을 때, 우리가 도조 수상으로부터 미국 및 영국에 대한 선전포고를 요구받았던 일에 대해서는 이미 언급한 바대로이다. 그로부터 1년이 경과했다. 나는 일본 대사로부터 중국(난징), 시암, 버마, 인도 지방정부(보스)는 이미 미국과 영국에 대해 선전포고를 했다고, 정중한 표현으로 통보를 받았다.

나는 동맹조약을 떠올리면서, 경찰이 담당하는 분야 이외를 담당하는 조직, 혹은 독립 경찰, 나아가서는 필리핀의 영토 보전을 담당할 소규모의 군대에 이르기까지, 그 필요성에 대해 이리저리 생각했다. 이즈음 이미 다바오, 마닐라, 그 밖의 필리핀 각지에서 연합국 공군의 폭격을 받고 있었다.

낮과 밤으로 나는 자기 자신에게 되물었다. 최선의 길은 무엇인가? 나는 신에게 기도했다.

나는 내각과 국가회의 멤버들과 협의했다. 또 로하스, 프란시스코, 카핀핀(Roxas, Francisco, Capinpin)등 각 장군과 그 밖의 사람들과 함께 회담하고, 그들의 의견을 구했다. 나는 내각에 상황을 설명하고, 다음과 같은 방안을 제시하고 그 가운데 선택하도록 했다.

(1) 압력에 저항한다. 그 경우, 우리는 소멸할 것을 각오해야 한다.
(2) 가족과 함께, 혹은 가족을 남겨두고 산악지대로 향한다.

(3) 우리의 종교로는 금지되어 있으나, 전원 가족과 함께 자결한다.
(4) 미국이 우리의 상황을 이해할 것이라는 희망 아래, 어떤 종류의 성명을 발표하고, 그에 따라 모종의 해결, 혹은 타협을 꾀한다.

나는 최후의 제안에 동의한 로하스 장군과 개별적으로 상담했고, 내각의 전원 확대 각료회의에 이 방침을 내세울 뜻을 전달했다. 그리고 이러한 상황이 충분히 이해될 것이라고, 국가회의에서도 같은 태도를 취할 것을 결정했다.

일본 측의 압력이 가해지는 것을 예상해서, 나는 공화국에 주어진 계약서를 방패로 삼아 선수를 쳐서 유리한 조건을 만들어 냈다. 즉, "이 문서에 제시된 이유에 따라, 공화국은 군사 목적을 위한 필리핀인의 징병을 받아들일 수 없다" 하고 성명했던 것이다.

로하스 장군은 나에게 말했다.

"동맹조약, 필리핀 공화국의 영토 조약에 대한 침범, 일본 제국 정부 대표에 의한 거듭된 요구 등을 생각하면, 비참한 결과를 초래하는 일 없이 선전포고의 요구를 거절하는 것은 불가능하다."

결국 몇 명의 각료가 말한 것처럼, 군사 목적을 위해 필리핀인을 징집하는 일은 없으므로, 선전포고도 그럴 듯한 편법이었다. 다른 방법은 불가능했다.

미국과 싸우기 위한 징병은 하지 않는다, 또 필리핀인의 징집은 하지 않는다는 공화국의 정책을 발표한 것에 의해, 야마시타(山下奉文) 장군의 참모들은 공화국과 상의하는 일 없이, 베니그노 라모스(Benigno Ramos), 피오 듀란(Pio Duran)을 장으로 하는 마카필리(Makapili)를 편제했다.

이는 공화국의 권한 바깥에 있는 필리핀인 무장집단으로, 일본 제국 군대의 직접 지휘하에 설치되었다. 내각, 국가회의, 차관회의의 멤버 전원은, 나와 마찬가지로 이러한 부대는 우리 국민이 입고 있는 재해와 위협을 더욱 부채질할 것이라는 의견을 가졌고, 나는 이러한 입장에서 부대 편제에 항의했다.

이 부대 편제에 대해서는 아무런 원조도 하지 않았던 우리들(대통령과 내각)이긴 했지만, 마카필리가 일반에 공개되는 당일, 그 행사장에 출석하도록 요청되었다.

식은 입법부 건물(the Legislative Building)의 앞뜰에서 치러졌다. 우리는 거절했지만, 이에 일본 대사 무라타 쇼조(村田省蔵)가 와서, "출석을 거부하면, 비협조 행위로 간섭을 받게 될 것이다. 특히 군 당국의 요구에 대해, 필리핀인의 징병을 거부한 데다 더욱이 베니그노 라모스, 아르테니오 리카르테(Artenio Ricarte) 두 사람의 입각 요청을 거절한 뒤이므로, 당신의 태도는 더욱더 그렇게 오해될 것이 틀림없다"라고 나에게 충고했다.

우리는 다시 입법부 건물 앞에 모인 100명도 채 되지 않을 것 같은 이 집회에 출석을 할 수밖에 없게 된 것이었다.(이 행사에 관한 치욕)

선전포고 이후, 나는 일본군 당국으로부터 계엄령 포고 초안을 받은 것을 기억하고 있다.

이 초안은 아벨로(Abello) 장관이 조문화해서 공포했다. 이 포고령에 따라 테오필로 시손(Teofilo Sison) 내무부 장관이 계엄사령관에 임명되었다.

1944년 9월 하순, 마닐라의 군사 목표에 대한 미국 공군의 폭격이 개시되었고, 이에 더해 레이테, 민다나오에 대한 상륙작전이 시작되어, 마닐라 지구의 공습은 더욱더 격렬해졌다.

1944년 10월 14일, 공화국은 공습을 피하면서 그날 오후, 말라카니안의 정원에서 제1회 건국기념 행사를 거행했다. 그것은 공포, 고통, 기아, 불안의 한가운데서 치러진 자그마한 축하행사였다.

4. 태국과 일본의 관계

1) 영토 문제에 관한 일본 태국 간 교환 공문

　태국은 동남아시아 여러 나라 중에서 일본에 협력적인 국가였다. 때문에 일본은 1940년 6월 17일 프랑스가 독일에 점령된 후 프랑스령 인도차이나를 상대로 옛 영토를 회복하려는 태국의 입장에 동조했다. 태국은 프랑스 비시 정권에 대해 1893년 전쟁 당시 태국이 할양한 메콩강 서안의 프랑스 보호령 라오스 영토와 주권, 그리고 프랑스 보호령 캄보디아의 바탐방(Battambang)과 시엠리아프(Siem Reap)의 반환을 요구했다. 그러나 프랑스가 이를 거절하자, 9월경부터 태국과 프랑스령 인도차이나 사이에서 군사적 충돌이 발생했다. 태국의 승리로 프랑스령 인도차이나가 영토 반환을 인정한 후에도 프랑스가 이를 번복하는 등 분쟁이 이어지자 일본은 중재에 나섰다. 1941년 일본의 중재로 5월 9일 도쿄협정을 체결하고 프랑스로부터 옛 영토 대부분을 반환받은 후 태국은 일본과의 협력을 더욱 강화했다.

　1941년 12월 8일 일본이 미국과 영국에 대한 전쟁을 시작하자 일본군은 태국 남부에 기습 상륙해서 태국 영토를 경유해서 영국령 말레이에 침략하려 했다. 당시 제2차 세계대전에 대해 중립을 선언했던 태국으로서는 피분 수상이 일부러 자리를 비우며 일본의 요구에 동의하지 않았지만, 그 사이에 양군의 충돌로 수백 명의 사상자를 내자 12월 27일 일본과 공수동맹조약을 체결했다. 조약 체결을 알게 된 영국과 미국이 1942년 1월 8일부터 태국 도시를 공격하기 시작하자, 태국은 1월 25일 영국과 미국에 선전포고하며 추축국의 일원이 되었다.

　이 자료는 일본군의 전쟁 수행을 위해 태국이 편의를 제공한다는 내용을 담고 있다. 또한 자원 개발과 관련하여 일본의 경영을 용인하고, 광물 조사 등에 협력할 것을 명시하고 있으며, 통화 정책 등에서도 일본과 협의한다는 내용을 포함하고 있다.

1943년 7월 31일
대본영 정부연락회의 승인

(보내는 편지)

편지로 드릴 말씀은 '말레이' 및 '샨' 지방의 '태국'의 영토에 관한 일본 '태국' 간 조약에 서명할 때 위의 조약 제5조의 규정에 근거하여 본인과 각하와의 사이에 아래의 승인이 성립한다는 취지를 확인하는 영광을 갖게 되었습니다.

1. 일본과 '태국'과의 사이에 존재하는 조약, 규정, 기타 일체의 규정은 양국 간에 특별히 합의가 없는 한 조약 제1조 및 제2조에 규정하는 지역에 당연히 적용되어야 한다.
2. 경계는 조약 제4조에 근거하여 현재의 주 경계에 의해 정하지만 주 경계의 확정에 대해서는 필요에 따라 별도 협의한 후에 조치하는 것으로 한다.
3. '태국' 관헌은 조약 제1조에 규정하는 지역에서 일본군의 전적 보존 또는 일본군 장병의 무덤 기타 기념건축물의 설치 및 보존에 관해 필요한 편의를 공여해야 한다.
4. 조약 제1조에 규정하는 지역에 있어서 전쟁 수행상 일본이 필요로 하는 자원의 개발에 관해서는 전쟁 기간 중은 아래와 같이 조치하고, 전후는 이에 대해 필요한 조정을 해야 한다. 단 제국 신민이 개전 이전부터 소유한 기득 권익은 전후에도 '태국'에 의해 존중받아야 한다.

세목에 관해서는 필요에 따라 양국 해당 관헌 간에 협의 결정되어야 한다.

(1) 권한 및 형식 여하를 불문하고 일본 측이 현재 경영하는 광산 및 제철사업 및 이에 부대하는 사업은 계속 일본 측에서 경영한다.
(2) 일본 측은 필요에 따라 전쟁 수행상 필요로 하는 광물자원에 관하여 조사하여 얻을 수 있도록 '태국' 정부는 위 조사에 대해 가능한 한 편의를 제공하고, 또한 그 결과 일본 측에서 개발을 요구하는 것에 대해서는 일본 측의 경영을 용인하도록 한다.
(3) '태국' 정부는 앞의 (1) 및 (2)의 사업에 의해 생산하는 물자의 수출, 기타 처분 혹은 위 사업을 위해 필요로 하는 자재의 취득 및 노무의 취득 및 송금은 차입에 의한 자금의 조달에 대해 가능한 한 일본 측에 편의를 공여해야 한다.

5. 조약 제1조 및 제2조에 규정한 지역에서 장래 '태국' 정부가 현재 유통하는 통화를 처리하거나 이에 중대한 영향을 주는 통화정책을 취하려는 경우에는 일본 정부와 협의한 후에 그 조치를 결정한다.
6. 조약 제1조에 규정한 지역에서 일본군이 압수한 적산 중에 일본군의 작전상 특히 필요로 하는 것 및 앞의 4의 (1)에 기재한 사업에 속한 것은 전쟁 기간 중 일본 측에서 계속 사용하지만, 그 이외의 것은 일본 측 행정이 끝나면 모두 '태국' 측에 이관되어야 한다. 구체적 세목은 일본 해당 관헌에서 '태국' 관헌에 통보한다.
7. 조약 제3조에 규정한 일본 측 행정이 끝남에 따라 해당 지역 이관의 원활을 기하기 위하여 양국 해당 관헌 간에 별도로 필요한 협의를 이루어야 한다.
8. 조약 제1조에 규정한 지역의 이관에 따라 작전상 특히 조치를 요하는 사항에 관해서는 양 국군 관헌 간에 별도로 협의해야 한다.

위의 말씀과 아울러 본인은 이에 거듭 각하에게 경의를 표합니다.
삼가 올림

5. 인도에 대한 정책

1) 대동아전쟁 관계 1건: 인도 문제〈'수바스 찬드라 보스'의 인도 임시정부 수립 관계〉

> 인도의 과격한 독립운동가 수바스 찬드라 보스는 독일의 힘을 빌려 인도 독립을 이루고자 했지만 히틀러의 선전 전술에 이용당했을 뿐이었다. 일본이 인도에 접근하자 그는 1943년 일본에 건너가 협력을 구했다. 그는 1943년 10월 21일 일본의 후원과 동남아시아 인도인들의 지지로 자유인도 임시정부를 수립하고 주석 겸 수상으로 취임했다. 한편, 말레이반도와 싱가포르에서 포로로 잡혀 전향한 인도인 45,000명을 모아 인도국민군을 조직해서 최고사령관이 되었다.
>
> 일본에게 인도는 영국제국주의의 압제를 폭로하는 국가이자 버마와 중국의 주요지역을 연결하는 국가였다. 일본은 동남아시아 정책의 일환으로 인도 및 보스에 대한 정책을 추진했고, 임팔작전을 통해 인도로 진격했다.
>
> 다음 사료는 일본의 인도 시책의 내용을 보여주는 자료이다.

대동아전쟁 관계 1건: 인도 문제
'수바스 찬드라 보스'의 인도임시정부 수립 관계

자유인도 '임시정부' 승인에 관한 법률상의 의견(1943.6.11. 조약국 제2과)

본건 승인에 있어서는 사실상의 승인 형식을 취하고, 승인의 전제로서 영국령인도 중 우리쪽에 의해 해방된 '안다만' 제도(諸島)를 우선 동 정부의 영토로 삼게 하는 것이 마땅하다고 생각한다. 그 이유는 다음과 같다.

(1) 국가의 존재 전에 정부만을 승인하는 것에 관해서는 의거할 만한 선례가 없다(제국은 1918년 '체코슬로바크' 국민위원회를 승인했으나, 이는 정부의 승인이 아니다). 대개 이미 정부의 승인이라고 하는 이상은 이론상 당연히 국가의 존재를 전제로 한다. 그리고 국가는 국가 주권의 객체인 영토 및 인민이 없이는 존립할 수 없다. 따라서 전혀 국가의 근거를 갖지 않은 정부에 대해서 승인을 부여하는 것은 법리적으로 설명할 수 없다.

(2) 만일 제국에서 국가의 근거를 갖지 않은 정부를 승인한다고 하면, 이번 전쟁에 즈음해서 실제로 영국 등에 망명하여 단순히 상징적인 의의를 갖는 데 불과한 모든 망명 정권 또는 충칭(重慶)의 조선 독립정부 등과 같은 존재를 역으로 이론상 근거 짓는 결과가 될 것이다.

(3) 이미 본건 조치가 주로 모략 선전상의 효과를 노리는 정략적 고려에서 실시하려는 것인 이상, 국가의 근거를 갖지 않은 정부를 승인하기보다는 한 걸음 더 나아가 현재 유일의 자유인도 지역인 '안다만' 제도를 우선 그 영토로 삼게 하여 조금이라도 국가로서, 따라서 정부로서의 체재를 갖추도록 하는 것이 득책이라고 할 것이다.

국가의 존재 전에 정부만을 승인한 선례 (1943.6.11. 조약국 제2과)

1. 국가의 존재 전에 정부만을 승인하는 것은 국가 주권의 객체인 영토 및 인민이 없는 정부를 승인하는 것이 되므로 상례에 어긋나고 의거할 만한 선례가 거의 없으나, 이에 관해 참고로 할 수 있는 제국의 선례는 대개 다음과 같다.

(1) '체코슬로바크' 국민위원회에 대한 승인
① 승인 시기: 1918년 9월 9일
② 승인 방법: 재영국 제국 대사가 재파리 '체코슬로바크' 국민위원회 이사장에게 보낸 서한으로 승인의 선언을 통고하다.
③ 승인에 관한 국내 절차: 각의 결정을 거쳤다.
(2) '라트비아' 국민의회에 대한 사실상의 승인
① 승인 시기: 1919년 1월 4일

② 승인 대상: '라트비아' 국민의회('내셔널 카운실')

③ 승인 형식: 사실상 독립단체로서의 임시 승인

④ 승인 방법: 재영국 제국 대사가 '라트비아' 국민의회 재영국 대표자에게 서한을 보냄으로써 통고하다.

⑤ 승인에 관한 국내 절차: 기록 미비로 불명

(3) '에스토니아' 국민의회에 대한 사실상의 승인

① 승인 시기: 1919년 3월 15일

② 승인 대상: '에스토니아' 국민의회('콩세이 나시오날')

③ 승인 형식: 사실상 독립단체로서의 임시 승인

④ 승인 방법: 재영국 제국 대사가 '에스토니아' 임시정부 재영국 대표자에게 서한을 보냄으로써 통고하다.

⑤ 승인에 관한 국내 절차: 각의 결정을 거쳤다.

2. 또한 이번 전쟁 후 발생한 망명정권의 사례도 참고가 될 수 있다.

1943년 15585 암호

방콕: 9월 25일 14시 15분 발신, 외무성: 9월 25일 23시 50분 착신

쓰보카미(坪上) 대사 → 시게미쓰(重光) 외무대신

제139호 부외(部外) 절대극비

자유인도 임시정부 승인의 건

아사다(淺田) 참사관으로부터

1. 자유인도 임시정부 수립에 관해서는 '보스'의 누차 성명에 의해 가급적 빨리 그 실현을 요하는 시기가 되었는데, 이에 대한 승인의 문제에 관해 도쿄 방면에서 난색을 표하고 있다. 그 이유는 승인에 따르는 국내 절차를 회피하려는 의향이라는 뜻을 전달받았으

나, 배후에 복잡한 사정이 있으리라고 상상된다.
2. '보스'는 임시정부에 대한 일본의 태도가 불명료할 때는 ① 적 측의 역선전에 이용되고, ② 인도 국내외 인도인의 시의심(猜疑心)을 조장하여 독립운동에 악영향을 줄 우려가 있음을 강조하고, 일본은 국내 절차상 여러 곤란한 사정이 있겠지만 대국적 견지에서 명확한 승인을 부여해 주면 좋겠다고 요청하고 있다.
3. 대인도책은 단순한 군사모략이 아니라 전략과 병행하여 웅대한 구상하에 정략을 추진할 필요가 있음은 말할 것도 없는 바로서, 특히 본건에 관해서는 인도에 인접한 버마, 태국, 기타 동아시아 각 독립국뿐 아니라 유럽 동맹국까지도 동원하여 외교 공세를 취할 필요가 있다. 이를 위해서는 우선 일본 자신이 명확한 승인을 부여하는 것이 선결 문제라고 생각되므로 외무성으로서도 본건에 관해 고려하기를 바란다.

인도 임시정부 승인에 관한 건

1943년 10월 9일
대본영정부연락회의 결정

'S.C.보스'에 있어서 자유인도 임시정부 수립의 경우, 인도 시책, 특히 그 선전 공세 강화를 위해 제국은 그 승인의 의지를 표명하기로 한다. 이에 따라 본 임시정부와의 사이에는 정식 국제관계를 발생시키지 않음은 물론이다.

[비고] 제3국의 본 임시정부 승인은 방해하지 않기로 한다.

이상

이리하여 동년 10월 21일 싱가포르에서 개최된 인도독립연맹 동아대표자대회('보스' 씨는 동년 7월 동 연맹 총재 및 인도국민군 최고지휘관에 취임했다)에서 '보스' 총재는 자유인도 임시정부 수립을 제안하고 만장일치로 가결, 그날로 임시정부가 성립하여 '보스' 씨는 동 정부 수석(首席)에 추대되었다.

동 정부는 그 전투적, 과도적 성질에 비추어 기구를 간소화하여 수석 아래에 군사, 외무, 재정, 선전, 여성의 5부를 두고(군사부장 및 외무부장은 수석이 겸임), 그 외에 무임소장관 및 내각고문 약간을 두었다. 그리고 인도국민군은 임시정부에 소속되어 '보스'의 통수하에 놓이고, 종래의 독립연맹은 임시정부와 표리일체가 되어 독립운동을 추진하게 되었다.

> **1943년 15909 암호**
> 랑군: 10월 21일 13시 35분 발신, 외무성: 10월 22일 9시 00분 착신
> 사와다(澤田) 대사→아오키(靑木) 대동아대신
> 제93호(극비)

인도 임시정부 수립에 관한 건

귀 전보 合第 2156호에 관하여

20일 본 대사는 '바모' 총리를 방문하여 귀 전보의 취지를 설명하고, '버마' 정부도 제국의 조치에 동조하여 임시정부로서 승인함이 마땅하다는 취지를 말하니, 동 총리는 곧바로 필요한 준비를 갖추어 임시정부로서 승인하는 절차를 취할 것이다, 임시정부는 장래 이곳으로 이동해올 것인데 '버마'로서는 이와의 관계를 어떻게 해야 하는가라고 물었다. 이에 대해 본 대사는 제국으로서도 인도 임시정부와의 사이에는 정식 국제관계를 발생시키지 않을 방침이므로 '버마' 정부로서도 마찬가지로 조치하여 임시정부로서 사실상의 우호관계를 유지함이 마땅하다고 말하니 바모 총리는 이를 수긍했다.

외무대신에게 전달해 주기 바란다.

> 발신: 시게미쓰(重光) 외무대신
> 수신: 스코틀랜드, 스위스, 프랑스, 터키, 스페인, 스웨덴, 아프가니스탄, '아르헨티나'(독일)
> 건명: 자유인도 임시정부 성립 통고의 건.
> 합제920호

  자유인도 임시정부 수반 '수바스 찬드라 보스'로부터 별전(別電) 합제 921호 동 정부 성립 통고문을 귀 재임국 정부에 전달해 줄 것의 의뢰가 있었으니 조처해 주기 바람.
  스위스 수신: 본 대신의 훈령으로서 별전과 함께 헝가리, 루마니아, 불가리아, 더블린, 바티칸에 전보를 보내기 바란다.
  스페인 수신: 본 대신의 훈령으로서 별전과 함께 포르투갈에 전보를 보내기 바란다.
  스웨덴 수신: 본 대신의 훈령으로서 별전과 함께 폴란드에 전보를 보내고, 덴마크 정부에 전달할 것을 조처해 주기 바란다.

> 1943년 66023 암호
> 랑군: 11월 9일 15시 00분 발신, 외무성: 11월 10일 21시 10분 착신
> 기타자와(北澤) 대리 대사→아오키 대동아대신
> 제140호

'버마'의 인도 임시정부 승인에 관한 건

왕복 전보 제11호에 관하여
  '버마' 정부에서는 임시정부로부터 정부 성립의 통고를 기다려 이를 승인할 예정이었으나, 10월 23일 제국 정부의 승인이 있은 후에도 통고를 받지 못함으로써 본 대사관과 협의한 위에 23일 임시정부 주석에게 전보로 승인의 절차를 취했다.
  그 후 10월 말에 이르러 싱가포르 총군으로부터 이곳의 군에 대해 임시정부 주석 '보스'로부터의 의뢰에 의한 것으로, 10월 21일 임시정부 수립의 취지를 '버마' 정부에 전달해 주기

바란다는 뜻의 전보가 있었으므로 군과도 협의한 위에 11월 2일 자 공문으로 본관(本官)으로부터 '버마'국 외무대신에게 이런 사정을 전달해두었다.

'안다만' 및 '니코바르' 제도를 자유인도 임시정부에 귀속시키는 데 대해 취해야 할 방식에 관한 건

1943.11.11. 조약국 제2과

11월 6일 도조 수상이 대동아회의에서 "현재 일본군이 점령 중인 인도령 '안다만' 제도 및 '니코바르' 제도를 조만간 자유인도 임시정부에 귀속시킬 용의가 있다"고 천명한 바, 이에 관해서는 다음의 방식에 의거해야 하리라고 생각된다.

(1) 우선 두 제도(諸島)의 군정은 철폐하지 않는다는 방침을 취할 것.
(2) 현지군 사령관과 자유인도 임시정부 수반 사이의 양해로서 하나의 각서를 작성할 것.
(3) 그 각서에서 임시정부 수반은 군사령관의 인가를 얻어 두 제도에서의 민정(일반행정)을 집행하는 것임을 정하고, 그 권한에 관한 규정(군사령관의 인가를 거쳐야 할 사항을 열거하는 형식을 취하는 것이 좋다)을 둘 것.
(4) 그 각서 작성에 대해서는 국내 법제상의 절차를 거칠 필요가 없다. 그 이유는 다음과 같다.
　① 자유인도 임시정부의 특수성에 비추어 두 제도에서의 제국의 군정을 즉시 철폐하고 이를 동 임시정부에 최종적으로 귀속시키는 방식을 취하는 것은 당장 불가능한 한편, 예를 들어 '버마' 독립 전 '바모'의 경우에서와 같이 그 점령지 행정에 대한 협력을 인정하면서도 법률상으로는 완전히 군에 종속하는 것으로서 취급하는 것은 이미 제국에서 임시정부의 성립을 인정하고 있는 이상 타당하지 않다. 즉, 본건의 경우에는 이 양자의 중간 방식을 선택해야 한다.

② 제국군의 점령지 행정은 국제법에 준거하여 행하는 것인 바, 육전조규(陸戰條規) 제43조에는 "국가의 권력이 사실상 점령자의 손으로 이동했을 때는 점령자는 절대적인 지장이 없는 한 점령지의 현행 법률을 존중하고, 가능한 한 공공의 질서 및 생활을 회복하기 위해 동원할 수 있는 일체의 수단을 다 써야 한다"라고 나와 있으며, 또한 점령지의 행정 및 사법 기관은 특별히 지장이 없는 한 종래의 해당 주민 기관으로써 충당하는 것이 일반적인 관행으로 되어 있다. '자바'에서의 후지(侯地) 행정, '세레베스' 및 남'보르네오' 등에서의 수장('술탄', '라자')의 활용 등은 그런 관행의 답습이다.

자유인도 임시정부는 종래부터 잔존한 기관은 아니지만 인도 민중의 자발적 의사에 따라 설립되었으니 인도령인 '니코바르' 제도 및 '안다만' 제도의 민정을 임시정부에 담당시키는 것은 그 실질에 있어서 일종의 주민 기관의 활용과 다를 바 없다고 할 수 있을 것이다.

특히 이와 같은 각서를 작성하는 방식에 의거하기로 한 것은 임시정부가 가진 특수한 격식 지위에 비추어서이나, 이는 현지군 사령관의 책임으로 행하기로 해도 하등 지장이 없다고 생각된다.

③ 그러나 위의 각서는 그 성질상 하등 법률적 효과를 갖지는 않으므로, 유효기간 등에 관한 규정은 두지 않도록 하고, 그 작성에 대해서는 국내 법제상의 절차를 거칠 필요가 없다.

참고

우리나라의 점령지 행정에 관한 선례에서 신분상 군에 속하지 않는 자가 점령지에 관한 정무의 일부를 관장한 사례로서 본건에 관해 참고가 될 만한 것은 다음과 같다.

(1) 1918년 '시베리아' 출병에 즈음하여 블라디보스토크 파견군 사령부에 정무부가 특설되었는데, 동 부(部)의 권한 등은 별도 법령으로 정함 없이 다음과 같은 육군대신 및 외무대신 사이의 각서로 규정되어, 동 부는 군사령관에 예속하고 외무대신의 지시를 받아 섭외 정무를 관장하게 되었다.

각서 (1918년 8월 12일)

1. 외무대신은 섭외 정무에 관해 직접 정무부장에게 지시할 것.
2. 정무부장은 전항의 지시 사항 집행에 있어 군사령관의 승인을 받을 것.
3. 군사령관은 군사상의 필요가 있을 때는 정무부장에게 그 지시 사항 집행의 연기 또는 정지를 명할 수 있다.
4. 전항의 경우에 군사령관은 참모총장을 거쳐 그 취지를 외무대신에게 통첩할 것.
5. 정무부장은 섭외 정무의 시행에 관해 군사령관의 승인을 거쳐 수시로 외무대신에게 보고를 하거나 지시를 요청할 것.

(2) 1920년 니콜라예프스크사건으로 인한 사할린주 점령에 즈음해서 파견군 사령부에 외교관을 두기로 하고, 그 직권 등을 규정하는 데 있어서는 앞의 (1)의 사례에 의거했다.

각서(1920년 5월 22일)

1. 외무대신은 섭외 정무에 관해 직접 사령부 부속 외교관에 지시할 것.
2. 사령부 부속 외교관은 전항 지시 사항 집행에 있어 사전에 사령관의 승인을 받을 것.
3. 사령관은 군사상의 필요가 있을 때는 사령부 부속 외교관에게 위의 지시 사항 집행의 연기 또는 정지를 명할 수 있다.
4. 전항의 경우에 사령관은 곧바로 이유를 붙여서 육군대신을 거쳐 그 취지를 외무대신에게 통첩할 것.
5. 파견 지방의 제국 거류민 구원에 관한 사항에 대해서는 사령관은 사전에 격의 없이 사령부 부속 외교관의 의견을 구하여 실행할 것.

　이 각서는 1920년 12월에 이르러 다음과 같이 수정되었다.

　　1. 사령부 부속 외교관은 군사령관의 명을 받아 점령지에 관한 섭외사무를 담당한다.
　　2. 외국 또는 외국인(점령지역 내에 거주하는 러시아인을 제외), 또는 외국과의 조약에 관계가 있는 사항[군정부(軍政部) 관장 사항을 제외]은 모두 섭외 사항에 속하도록 한다.

3. 군정부 관장 사항이라 할지라도 중요한 것에 대해서는 군사령관은 격의 없이 사령부 부속 외교관의 의견을 구할 필요가 있다.
4. 외무대신은 섭외 사항에 관해 직접 사령부 부속 외교관에 지시할 수 있다.
5. 사령부 소속 외교관은 전항의 지시 사항을 집행하기 전에 반드시 군사령관의 승인을 받아야 하며, 외부에 발표하는 내용은 군사령관의 이름으로 진행해야 한다.
6. 군사령관이 만약 군사상의 필요에서 제4항 지시 사항 집행의 연기 또는 정지를 명했을 때는 곧바로 이유를 붙여서 육군대신을 거쳐 그 취지를 외무대신에게 통첩한다.

1943년 66126 암호
방콕: 11월 12일 18시 00분 발신,
외무성: 11월 20일 20시 05분 착신
쓰보카미 대사→시게미쓰 외무대신

제165호
자유인도 임시정부 승인에 관한 건

귀 전보 합제915호에 관하여

'보스'로부터 직접 통전(通電)이 없어서 싱가포르에 사정 조회 등을 하는 가운데 시일이 경과했으나, 본건은 남방군을 통하여 통보하고 임시정부로부터 직접 전보를 내지 않기로 중앙 결정이 있었다는 취지를 아오키 대신 발 전보 합제 2268호 및 육군 무관의 연락에 의해 알게 됨으로써 본 대사로부터 태국 측에 통보해 두었으나, 이런 종류의 통보는 선례가 없기도 하여 태국 측에서는 당장 별전(別電) 제166호와 같이(8일 접수) 축의를 표했다. 정식 승인에 대해서는 여전히 심의 중이라고 한다. 단, 승인을 부여하는 것에는 별 이의가 없음은 확언하고 있다.

대동아대신에게 전달해 주기 바란다(전달 완료).

자유인도 정부 승인 문제에 관한 법률상의 의견 (1944.4.17. 조약국 제2과)

자유인도 임시정부를 해소하고, 새로 자유인도 정부를 조직하게 하여 이에 대해 승인을 부여하는 것에 대한 법률상의 의견은 다음과 같다.

(1) 원래 모든 정부는 국가의 정부여야 하므로 아직 국가가 존재하지 않는데 정부만이 존재하는 경우는 있을 수 없다. 그리고 이에 대해서는 정부가 정당한 정부 내지 법률상의 정부인지, 혹은 임시정부 내지 사실상의 정부인지는 따지지 않는다. 대개 임시정부 내지 사실상의 정부란 이미 정부로서의 실질을 갖고 있으나 해당 국내법상 확고한 기초가 없는 것을 의미하며, 국가의 존재를 전제로 하는 점에 있어서는 정당한 정부 내지 법률상의 정부와 하등 다를 바가 없기 때문이다. 그리하여 이미 국가 없이는 어떤 의미에서도 정부라는 것은 있을 수 없는 이상, 국가 없이 정부의 승인이라는 것도 어떤 의미에서도 있을 수 없다.

(2) 따라서 새로 자유인도 정부를 조직하게 하여 여기에 승인을 부여한다고 해도, 그 때 '자유인도국'이라는 신국가를 독립시키는 것이 아니라면, 이것은 적어도 법률상의 효과는 발생하지 않는다. 즉, '자유인도 정부의 승인'을 법률상 의미 있는 것으로 만들기 위해서는 한발 더 나아가 자유인도국의 독립을 승인하지 않을 수 없는 것이다.
　① 자유인도국을 독립시키는 경우에는 신국가는 당연히 그 정부뿐만 아니라 어떠한 영토와 인민을 보유해야 한다. 그리고 제국 정부에서 그 독립을 승인한다면 이것과 정식의 국교를 개시하는 것이 당연하며, 단순히 그 영토에 대한 일본군의 진주(進駐)를 합법화하기 위해서만이라도 이것과 조약관계를 설정할 필요가 있다.
　② 자유인도국을 독립시키지 않고 '자유인도 정부의 승인'을 할 경우는 법률상으로는 '자유인도 임시정부'라는 단체의 명칭이 '자유인도 정부'로 변경되어 제국 정부에서 그 사실을 승인하는 것을 의미하는 데 불과하다. 즉, 제국 정부와 동 단체의 관계에는 하등의 변경이 없다.

(3) 그럼에도 불구하고 정치상의 이유에서 자유인도국을 독립시키지 않고 자유인도 정부를 조직하게 하여 여기에 승인을 부여할 필요가 있을 때는 이전의 자유인도 임시정부 승인의 경우에서와 같이 '자유인도 정부를 자유인도 정부로서 승인한다'는 방식을 취하는 수밖에 없다고 생각한다. 즉, 자유인도 임시정부 승인의 제국 정부 성명에서 '이를 자유인도 임시정부로서 승인'한다고 한 것은 적어도 법률상으로는 단순히 '자유인도 임시정부'라는 명칭을 가진 하나의 단체를 승인하는 것을 의미하는 데 불과하며, 이것을 국제법상의 임시정부로서 승인한다는 의미를 갖지 않는 것으로 해석해야 하는데, 자유인도 정부 승인의 경우에도 법률상으로는 이와 같은 해석을 취하는 수밖에 없기 때문이다. 이 경우 어쨌건 자유인도 정부는 어떤 의미에서도 국제법상의 정부는 아니다. 따라서 그 승인도 또한 법률상 정부의 승인으로서의 의미를 갖지 않는 것이므로, 이것을 '정부로서' 또는 '정식정부로서' 승인하는 것은 용어 타당성을 결여하는 것이라고 하지 않을 수 없다. ['자유인도 정부를 자유인도 정부로서 승인한다'는 방식에 따르는 경우도 원래 아무런 정부로서의 실질을 갖지 않은 것을 '임시정부'로 칭하는 것 자체가 이미 법률적으로는 변태(變態)인 정치적 편의 조치이기 때문에 실질에 변경을 가하지 않은 채 다시 이를 '정부'로 칭하게 하는 것은 여전히 법률적으로는 변태임을 면치 못한다.]

(4) 국가의 존재 전에 정부만을 승인하는 것에 대해 의거할 만한 선례가 없음은 당연한 일이다. 이전 대전에 즈음하여 각국은 '체코슬로바크' 국민위원회, '라트비아' 국민의회, '에스토니아' 국민의회 등에 대해 각기 승인을 부여했으나, 이들 단체는 모두 법률상 또는 사실상의 정부라는 성질을 갖는 것이 아니다(단체의 명칭에도 정부 또는 임시정부라는 단어를 사용하고 있지 않다). 따라서 제국이 이들 단체에 부여한 승인도 정부의 승인이 아니다. 즉, '체코슬로바크' 국민위원회의 승인에 있어서 제국 정부는 "'체코슬로바크'군을 오스트리아에 대한 정규의 전투에 종사하는 연맹 교전군으로 간주하고, '체코슬로바크' 국민위원회가 해당 군을 통리(統理)할 권한을 가짐을 승인"하는 데 그치고, '라트비아' 국민의회 및 '에스토니아' 국민의회에 대해서는 각기 '사실상의 독립 단체로서의 임시 승인'을 부여한 데 불과하다.(註)

(주)작년 10월 23일 제국 정부가 자유인도 임시정부에 부여한 승인은 법률상의 정부로서의 승인이 아닐 뿐만 아니라 사실상의 정부로서의 승인도 아니다. 왜냐하면 '자유인도'라는 것은 국가가 아니다. 따라서 '자유인도 임시정부'라는 것은 본래 의미의 임시정부는 아니기 때문이다. 이 승인의 의사를 성명한 제국 정부 성명에서는 "이번에 '수바스 찬드라 보스'를 수반으로 하는 자유인도 임시정부의 성립을 보았으니, 제국 정부는 인도인 다년간의 염원인 독립 인도 완성으로의 대약진임을 확신하고, 이를 자유인도 임시정부로서 승인하며, 그 목적 달성의 노력에 대해 모든 협력과 지원을 할 것임을 여기에 성명한다"라고 했는데, 자유인도 임시정부를 '자유인도 임시정부로서 승인'한다는 것은 곧 단순히 '자유인도 임시정부'라는 명칭을 가진 하나의 단체를 승인하는 의미를 갖는 데 불과하다고 해석해야 한다.

자유인도 임시정부에 대한 외교 사절 파견에 관한 건

1. 11월 1일 방일한 자유인도 임시정부 '보스' 수반은 동 29일 도쿄를 떠나 귀환길에 올랐으나, 그 사이 동 수반은 자유인도 임시정부와 일본 측의 협력관계 증진 방책에 관해 관계 각 대신 및 군 수뇌부와 간담하고 여러 가지 의견 및 희망을 개진했는데, 특히 제국 정부와의 사이에 외교관계 수립을 열망하는 바 있었다.

2. 즉, 자유인도 임시정부는 작년 10월 21일 성립하고, 제국 정부는 동 23일 이를 승인했다. 이후 동 정부는 순조로운 발달을 이루어 올봄 인도·버마 국경작전에는 동 정부 소속의 인도국민군이 참전하여 상당한 성과를 거두었으나, 그 후 작전상 필요에 의해 동 군의 후퇴를 보기에 이르러 자유인도 임시정부는 인도인 회유상 또는 대외 선전상 불리한 지위에 서게 되었다. 이에 '보스' 수반은 차제에 자유인도 임시정부와 일본 정부 사이에 직접 관계를 설치하여 제국의 외교 대표를 맞이할 수 있다면 단순히 동 정부와 일본 정부의 관계에 공헌할 뿐만 아니라 인도 및 세계에 대한 동아 정책 선전에도 기여하는 바가 클 것이라는 취지를 역설했다.

3. 그러나 자유인도 임시정부와 일본 측 사이에는 군사관계의 사항이 많은 관계상 인도

시책에 관해 지도를 맡고 있는 것은 대본영이므로 본건에 대해서는 대본영 측과도 충분한 연락 위에 신중히 고려한 결과, 이번에 제국과 자유인도 임시정부의 특수적 관계에 즉응하면서도 군사상의 요청에 반하지 않는 방법으로 제국 정부로부터 임시정부에 대해 외교 대표를 파견하기로 결정함으로써 '보스' 수반의 열망에 부응하려는 제국 측의 성의를 표시하는 동시에 동 임시정부와의 협력관계를 한층 더 긴밀화하고, 아울러 대외 선전상의 효과를 거둘 것을 기하는 바이다.

4. 위의 외교 대표에는 재버마 대사를 겸임시키는 안도 있었으나, 다음에 적는 여러 이유에 의해 겸임안을 배제하고, 특파공사를 파견하고 이에 필요 최소한도의 수행원을 붙이기로 결정했다.

① 본 조치에 의해 자유인도 임시정부의 국제적 지위를 높여 대인도, 기타 대외 선전상의 효과를 거두기 위해서는 재버마 대사의 겸임으로는 자못 명색만 갖추는 것 같아 충분한 효과를 기대할 수 없다.

② 임시정부 측에서는 동 정부에 대한 독립된 외교기관 설립을 열망하고 있어 겸임으로는 도저히 저쪽을 만족시킬 수 없다.

③ 전황의 추이에 따라서는 임시정부 소재지를 이전할 필요가 있으며, 더욱이 그 실현이 머지 않다는 관측이 강하니 사전에 이러한 사태에 즉시 대응할 조치를 취하는 것이 적당하다.

각의 설명 자료(1944년 12월 1일)

자유인도 임시정부에 대한 외교 대표 파견에 관한 건

1. 11월 1일 방일한 자유인도 임시정부 '보스' 수반은 동 29일 도쿄를 떠나 귀환길에 올랐으나, 그 사이 동 수반은 자유인도 임시정부 및 인도국민군과 일본 측의 협력관계 증진 방책에 관해 관계 각 대신 및 군 수뇌부와 간담을 하여 상호 간의 의견 소통에 이바지한 외에 수차례에 걸쳐 강연을 하고, 대미국, 대인도, 대독일, 대내 각 방면을 향해 방송을 하여 크게 우리 선전에 공헌하는 바 있었다.

2. '보스' 수반이 이번 방일 중 개진한 의견 및 희망의 대부분은 군사에 관한 것으로, 그것은 군부와의 사이에서 의견을 나눈 것으로 생각하나, 동 수반은 제국 정부와의 관계에 있어서는 특히 외교관계 설정을 열망하였다.

3. 본래 자유인도 임시정부는 작년 10월 21일 성립하고, 제국 정부는 동 23일 이를 승인했다. 이후 동 정부는 순조로운 발달을 이루어 올봄 인도·버마 국경작전에는 동 정부 소속의 인도국민군이 참전하여 상당한 성과를 거두었으나, 그 후 작전상 필요에 의해 동 군의 후퇴를 보기에 이르러 자유인도 임시정부는 인도인 회유상 또는 대외 선전상 불리한 지위에 서게 되자, '보스' 수반은 정치적 공세로 위의 군사적 수세를 보충하고자 하여 그 한 방책으로서 제국과의 외교관계 설정을 고수하는 것이다.

4. 그러나 자유인도 임시정부와 일본 측 사이에는 군사관계의 사항이 많고, 따라서 우리 쪽에 서 동 정부의 지도를 맡고 있는 것은 대본영이므로 군사적 견지에서 보면 대본영 인도 시책 기관 외에 독립된 외교 대표를 파견하는 것은 반드시 적당한 것은 아니라고 여겨졌으나, 대본영 측과도 충분히 연락을 취한 위에 신중히 고려한 결과, 이번에 제국과 자유인도 임시정부의 특수적 관계에 즉응하면서도 우리 군사상의 요청에 반하지 않는 방법으로 제국 정부로부터 임시정부에 대해 외교 대표를 파견하기로 함으로써 '보스' 수반의 열망에 부응하려는 제국 측의 성의를 표시하는 동시에 동 임시정부와의 협력관계를 한층 더 긴밀화하고, 아울러 대외 선전상의 효과를 거둘 것을 기하는 바이다.

5. 외교 대표는 제국 측에서 일방적으로 파견하는 것이며, 현재로서는 인도 측으로부터의 대표자 파견을 예상하고 있지 않다. 또한 자유인도 임시정부의 성격에 비추어 이는 정당한 외교관계 수립을 의미하는 것이 아님은 물론이다.

6. '보스' 수반의 간절한 바람도 있어 동 수반 도쿄 체재 중에 이를 결정하고, 대외 선전에 이를 이용하기 위해 본건 공표를 서둘러 며칠 전 정보국 발표를 한 사정을 양해하기 바란다.

[비고] 각의 후 또는 전에 대장대신(大藏大臣)에게 조만간 예산을 사무적으로 절충하겠다는 뜻을 거듭 확인해 둘 것.

자유인도 임시정부에 대해 부여한 승인에 관해 외부에의 응수에 관한 건

(조약국 제2과 1944년 12월 20일)

○모의질문: 이전 '보스'를 수반으로 하는 자유인도 임시정부의 성립에 즈음하여 제국 정부는 작년 10월 23일 이를 자유인도 임시정부로서 승인하는 취지의 성명을 발표했는데, 그 승인의 성질은 무엇인가.

　모의응답: 제국 정부의 그 성명은 국제법상의 이른바 정부 승인의 성질을 갖는 것이다.

○모의질문: 국제법상의 정부 승인이라는 것은 해당 정부가 국제법상의 주체인 하나의 국가를 대표하는 자격을 가진 것임을 정식으로 인정하는 것인데, 자유인도 임시정부는 어떤 국가를 대표하는가.

　모의응답: 자유인도 임시정부에 의해 대표되는 국가는 목하 완성 도상에 있는 독립 인도이다.

○모의질문: 독립 인도는 아직 영토를 갖고 있지 않은데, 영토를 보유하고 있지 않아도 여기에 국가의 개념을 부여할 수 있는가.

　모의응답: 독립 인도는 아직 영토를 보유하고 있지 않으나 완성 도상에 있는 것은 사실로서 가까운 장래에 영토를 획득할 것이다. 또한 적어도 작년 11월 6일 대동아회의에서의 도조 내각총리대신의 성명에서 제국은 인도 독립의 제1단계로서 현재 제국군이 점령 중인 인도령 '안다만' 제도 및 '니코바르' 제도를 조만간 자유인도 임시 정부에 귀속시킬 용의가 있다는 뜻을 명확히 한 바 있으니, 머지않아 어떤 범위의 영토 보유를 기대할 수 있을 것이다. 전시의 특례로서 자신의 영토에서 쫓겨난 소위 망명정권이 일반적으로 그 존재를 용인받고 있는 현재의 실정과 대조하여 불완전하나마 일단 국가로서 관념하는 것이 마땅하다.

○모의질문: 새로 성립한 정부(또는 임시정부)가 그 고유의 영토 취득 이전에 정부로서 승인받은 사례가 있는가.

　모의응답: 지난번의 유럽대전 중 '체코슬로바크'국의 독립에 즈음하여 동국이 일단 영토적 기초를 갖게 된 것은 1918년 11월 14일(이날 '프라그'에서 소집된 국민의회

에서 '체코슬로바크'국 공화국의 성립을 선언하는 동시에 '마사리크'를 대통령으로 선거하여 정식 정부를 조직한다)이나, 이에 앞서 동년 10월 파리에서 '체코슬로바크' 임시정부라는 것이 조직되자 10월 15일 프랑스, 동월 24일 이탈리아로부터 정부의 승인을 받은 사례가 있다.

○모의질문: 자유인도 임시정부의 승인이 정부 승인의 성질을 갖는 것이라면, 이에 대해 곧바로 정식의 상주(常住) 사절을 교환하기로 하면 어떤가.

모의응답: 정부로서 승인하는 것의 결과 곧바로 정식의 상주 사절을 교환해야 할 이유는 없다. 독립 인도의 발달 모습을 본 뒤에 정식의 상주 사절을 교환하고자 한다.

○모의질문: 독립 인도 완성 시 다시 국가의 승인을 요하는가. 아니면 현재 부여한 정부로서의 승인이 국가의 승인까지 포함하는 것인가.

모의응답: 독립 인도는 일단 관념으로서 존재하지만 그 구체적 범위 등은 명확하지 않은 사정도 있으므로, 독립 인도 완성 시에 다시 여기에 국가로서의 승인을 부여하느냐 마느냐는 그 때의 정세에 따라 결정해야 한다고 생각한다.

자유인도 임시정부 승인에 관한 공표

○ 정보국 발표(10월 23일 오전 11시)

이달 21일 '수바스 찬드라 보스' 씨가 자유인도 임시정부를 창립하였으니 제국 정부는 23일 그 임시정부를 승인하고 곧바로 이 뜻을 통고했다.

○ 제국 정부 성명

이번에 '수바스 찬드라 보스' 씨를 수반으로 하는 자유인도 임시정부의 성립을 보았으니, 제국정부는 그것이 인도인의 다년간 염원인 독립 인도 완성으로의 일대 약진임을 확신하고 이를 자유인도 임시정부로서 승인하며, 그 목적 달성의 노력에 대해 모든 협력과 지원을 할 것임을 이에 성명한다.

'체코슬로바크'국의 독립 승인(1944.12.12. 조약국 제2과)

1. '체코슬로바크'국 형성의 경위

(1) 1916년 초 '마사리크'를 회장으로 하는 '체코슬로바크' 국민평의회(National council)가 조직 되어, 그 본부를 파리에 두고 독립국 건설의 주장을 세계에 호소하는 동시에 오스트리아에 반항해서 '체코슬로바크' 군대를 편성하여 프랑스, 이탈리아, 러시아 등의 전선에서 동맹 및 연합국 측의 국가들과 협력했다.

(2) 이 국민평의회는 1918년 9월 말부터 파리에 '체코슬로바크' 임시정부라는 것을 조직하고, 10월 14일 자로 각국에 이 임시정부의 성립을 통지하는 동시에 '마사리크'(대통령. 수상 겸 재무장관) 이하를 각료에 임명하고, 각기 런던, 파리, 로마, 워싱턴 및 러시아에서의 그 대표자를 임명했다.

(3) 한편, 오스트리아, 헝가리 국내에 있는 독립운동가는 1918년 7월 '프라그'에 '체코슬로바크' 국민위원회(National committee)라는 것을 조직하여 외국에 있는 동지와 연락하여 활약 중이었는데, 동년 10월 28일 마침내 '프라그'에 혁명정부를 수립하고 국민위원회는 이후 '정부'로 칭한다는 취지의 성명을 발표했다. 파리에 있는 임시정부와 협력하여(국민위원회의 대표자가 '주네브'에서 재파리 임시정부 측 대표자와 직접 연락을 하여 '프라그'로 귀환한 것은 11월 5일이다) 수일 안에 '보헤미아', '모라비아', '실레지아', '슬로바키아' 지방을 그 지배하에 두고, 동년 11월 14일 '프라그'에서 소집된 국민의회에서 '체코슬로바키아' 공화국의 성립을 선언함과 더불어 제1대 대통령으로서 '마사리크'를 선출하고 동시에 정식 정부가 조직되었다.

2. 열국의 '체코슬로바크'국 승인

(1) 프랑스 정부는 1918년 '체코슬로바크' 국민평의회 이사장에게 보낸 서한에서 국민평의회를 동 민족의 최고기관으로 인정하는 동시에 동 민족군을 연합국 측 교전군으로 인정하며, 장래 독립 완성 시에는 그 승인에 인색하지 않을 것을 분명히 하고, 이탈리

아도 같은 날 국민평의회와의 사이에 체결한 조약에서 대체로 같은 태도를 표명했다. 영국은 동년 8월 9일 자 선언으로, 미국은 동년 9월 3일의 선언으로 모두 대략 같은 태도를 밝혔다.

(2) 그 후 열국에 대해 '체코슬로바크' 임시정부(재파리)의 성립이 통보되자 프랑스 외상 '비숑'은 10월 15일 "임시정부를 유보 없이(unreservedly) 승인한다"는 취지의 성명을 발표하고, 이탈리아 외상 '손니노'도 10월 24일 같은 성명을 발표했다. 또 1919년 1월 18일 이후 파리에서 열린 동맹 및 연합국의 강화(講和)예비회의에 '체코슬로바크'국 대표는 열국의 전권위원과 나란히 참가하는 것이 인정되었고, 동년 6월 28일에는 동맹 및 연합국의 일원으로서 대독일 평화조약에 조인했다.

(3) 1919년 9월 10일 서명한 「주요 동맹 및 연합국과 '체코슬로바크'국과의 조약」은 동 조약의 성립 이전에 이미 '체코슬로바크'국이 열국의 승인을 얻은 것이라는 방침을 취하여 그 전문(前文) 속에 "'체코슬로바크' 공화국은 실제로 앞에 기재한 제 지방에 주권을 행사함에 의해, 또한 주권 있는 독립국으로서 조약국에 의해 이미 승인됨으로 인해" "(미국, 영국, 프랑스, 이탈리아 및 일본국은 오스트리아와의 평화조약에 따라 정해진 또는 정해질 경계 내에 있어서) 국제 단체의 주권 있는 독립된 일원으로서 '체코슬로바크'국을 승인하는 것을 확인하고"라고 기술하여 동 조약은 이미 열국이 '체코슬로바크'국에 부여한 독립의 승인을 확인하는 것임을 명확히 했다.

3. 제국 정부의 '체코슬로바크'국 승인

(1) 1918년 8월 11일 재파리 '체코슬로바크' 국민평의회 이사장으로부터 동 평의회의 이름으로 재영국 제국대사를 통해 동 민족의 과거 및 현재의 반오스트리아적 노력을 서술하여 연합국 측 국가들의 동정적인 태도를 지적하고, 시베리아 출병에서의 일본과 '체코슬로바크'군의 관계를 들어 일본 정부가 동년 8월 9일 자 영국 정부의 선언과 마찬가지로[앞의 2의 (1) 참조] 그런 태도를 표명해 줄 것을 간청해 온 것에 대해, 제국 정부는 동년 9월 9일 자로 영국 주재 일본대사로 하여금 위의 내신(來信)에 대한 회답의

형식으로 '체코슬로바크'군을 오스트리아에 대항하여 정규의 전투에 종사하는 연합국 교전군으로 간주하고, 그 국민평의회가 해당 군을 통리(統理)할 권한이 있음을 승인한다는 취지를 선언하도록 했다.

(2) 그 후 동년 10월 17일 자로 국민평의회에서 발전한 재파리 '체코슬로바크' 임시정부 외무대신의 이름으로 임시정부의 성립을 통보해 왔는데, 이에 대해서 제국 정부는 별다른 조치를 취하지 않았으나, 같은 해 12월 도쿄에 거주하는 체코슬로바크인 '네메크'가 제국 외무성에 국민평의회장의 서명이 담긴 위임장을 제출하며, 자신을 체코슬로바크 국민평의회의 우리나라 주재 대표로 승인해 줄 것을 요청했다. 제국 외무성은 해당 신청에 대해 단순히 접수만 했다는 취지의 회신을 보냈다. 그러나 이듬해인 1919년 2월, 그 대표자는 자신이 일본 주재 체코슬로바크 임시대리공사로 임명되었으며, 정식 임명이 이루어질 때까지 우선 그 자격을 승인해 줄 것을 요청하는 신청을 다시 제출했다. 이에 대해 제국 정부는 심의 결과 그 자격의 승인을 결정하고, 4월 25일의 관보에 이를 게재했다. 그 후 제국은 주요 동맹 및 연합국의 일국으로서 대(對)오스트리아 평화조약, 그리고 주요 동맹국 및 연합국과 '체코슬로바크'국과의 조약에 각각 조인하여 '체코슬로바크'국의 독립을 정식으로 승인했다.

2) 제2차 세계대전 중 우리의 인도 시책 경위 개요

유럽이 인도항로를 개척한 이래 제국주의 열강들이 차례로 인도에 진출했으며, 1600년에 설립된 영국동인도회사가 오랜 시간을 들여 인도에 영향력을 확대해 갔다. 영국은 인도와 버마를 식민지로 지배하게 되었고, 인도 국내에서는 다양한 형태의 독립운동이 일어났다. 버마를 비롯한 동남아시아 각지에서는 장사수완이 뛰어난 인도인들이 경제권을 장악하고 있었는데, 제2차 세계대전 중 영국과의 전쟁을 상정한 일본은 동남아시아를 중심으로 '인도 공작'을 추진했다.

외무성 외교사료관에 소장된 「제2차 세계대전 중 우리의 인도 시책 경위 개요」는 1940년대 일본의 인도 시책에 관한 사료이며, 일본 정부 및 군부의 동남아시아정책의 한 단면을 보여준다. 이 사료는 기본 초안과 정서된 글씨, 타이핑 원고 등으로 내용이 중복되어 있지만, 당시 인도 독립운동의 전모와 주요 인물들을 알 수 있고, 인도공작을 담당한 일본의 특부기관 및 담당자에 대해서도 자세히 서술하고 있다. 정책 건의나 입안, 결정에 관한 내용이라기보다 외무성 차원에서 일본의 인도 공작을 전면적으로 정리한 내용이라고 할 수 있다.

1.

제2차 세계대전 중 제국의 인도 시책은 대본영에서 이를 담당할 것을 고집하여 실제로 육군이 주재하게 되고 외무성은 이에 협력하기로 결정되었으나, 육군은 더 나아가 현지에 히카리기관[光機關, 당초 이와쿠로기관(岩畔機關)]을 설치하여 현지 공작을 담당시켰다. 한편, 동아에 있는 인도인의 인도 독립운동은 '수바스 찬드라 보스' 씨의 도착 후 조직적, 적극적으로 전개되었으나, 육군 특히 히카리기관과 '보스' 씨의 관계는 원활하지 못하여 외무성은 시종 양자의 마찰에 대한 조정자 역할을 했음은 후술하는 바와 같다.

그 마찰의 원인은 '보스' 씨가 전반적인 전쟁 수행에 있어 제국의 최고 지도권을 인정하면서도, 인도 시책과 관련해서는 자신의 창의성과 임시정부 및 국민군 활동의 자주성이 존중될 것을 기대한 데 있었다. 반면, 육군 측은 '보스' 씨의 인도 독립운동에서의 역할과 그 활용 가치를 충분히 인식하면서도, 인도 시책을 정치적 의미보다는 작전 수행을 유리하게 하는 '모략'의 관점에서 접근했다. 이에 따라 임시정부와 국민군에 대한 내면적 지도권을 장악할 필요가 있다는 입장을 취했으며, 이러한 내면적 지도 방식이 '보스' 씨의 기대와 어긋났기 때문이라고 할 수 있을 것이다.

2.

'보스' 씨가 마음에 품고 있던 견해를 요약하면 ① 정치적으로는 동아에 있는 100만 인도인을 조직하여 그 총력을 동원해서 인도 내부에 대한 활발한 선전공작을 실시함과 더불어 자주적 기초 위에 일본뿐만 아니라 동아 각국 및 유럽 추축국(樞軸國)들과 연계하고, 동시에 충칭(重慶) 및 소련 관계까지 고려한 세계적 규모의 독립운동을 전개할 것, ② 군사적으로는 인도 독립은 무력에 의한 영국 통치의 복멸 이외에 수단이 없으므로 인도국민군을 강화하고, 일본의 군사력을 배경으로 가급적 신속하게 인도 진격작전을 실시하는 것이라고 할 수 있다.

3.

이에 대해 ① 정치면에 관해서 육군은 임시정부는 간소한 기구를 갖는 전투정부로서의 성격을 지녀야 하므로, 함부로 외교적 규모를 확대하지 말고 육군의 작전에 호응하여 현지에서의 반영(反英) 선전공작에 전념해야 한다는 견해를 갖고 있었다. 이에 비해 외무성은 제국이 전쟁 목적으로서 천명한 피압박민족 해방이라는 글자 그대로의 실천, 즉 대동아선언의 정신을 기초로 한 인도 독립시책의 추진을 주장하여 항상 운동의 방향, 규모, 성격 등에 관한 '보스' 씨의 의견을 지지하고 결국은 그 대부분이 실현되었다고 할 수 있으나, 육군이 그 주장을 받아들일 때까지 항상 어떤 기간을 낭비하게 되어 급변하는 전황(戰況) 하의 시간적 요소를 고려할 때 이로 인해 정치적 효과가 감쇄되는 것은 부정할 수 없는 바이다.

② 작전면에 관해서 당초 대본영은 남방작전의 범위를 인도·버마 국경까지로 하고, 인도에 대해서는 해상 봉쇄를 시도하는 데서 그칠 방침이었으나, 그 후의 연합국 측 전력의 급속한 증강에 의해 '버마'방면군으로서는 겨우 전선을 유지하는 데 불과한 상황이 되었다.

'보스' 씨도 점차 제국 전력의 한계를 인식하기에 이르렀으나, 여전히 전면적 진격작전이 불가능하다면 부분적 진격작전을 실시해야 한다는 주장을 갖고 있었다. 전쟁 후기 육군이 전황이 전면으로 불리한데도 다분히 정치적 고려로 실시한 '임팔'작전은 실패로 끝나고, 그로 인해 인도 시책도 좌절한 채로 종전하게 되었다.

제2차 세계대전 중 우리의 인도 시책 경위

1.

1942년 1월 10일 자 대본영정부연락회의 결정 「당면한 시책에 관한 건」 중 인도에 관한 부분은 우리의 인도 시책의 중점을 ① 인도의 해상교통로 차단과 ② 인도의 반영(反英)열을 조성하여 반영운동을 격화시키기 위한 선전의 강화에 두기로 하고, 인도 시책은 대본영이 이를 담당하고 관계 각 기관이 밀접하게 협력할 것을 서술하고 있다. 이 결정에 기초하여 대본영 육군부는 이와쿠로(岩畔) 소장(당시는 대좌)을 장으로 하는 '이와쿠로기관'을 설치하고 인도 시책의 실시 기관으로 삼았다. 이와쿠로기관은 방콕에 본부를 두고(후에 '싱가포르'로, 다시 '랑군'으로 이전했다), 앞의 대본영정부연락회의의 결정에 기초하여 동아에 거주하는 2백만 인도인을 조직하여 그 인도 독립운동의 물결을 앙양하고, 그 낙차를 이용하여 인도 내부의 반영 기운을 자극하는 활동을 개시했다.

한편, '싱가포르' 함락에 의해 동아 각지의 인도인 사이에 독립운동의 기운이 크게 일어나고, 일본에서는 체재 중인 'R.B.보스', '사하이' 등이 조직을 지휘하고 있었다. 인도인 포로 중 '모한 신' 대위는 인도국민군의 이름으로 포로 중의 동지에게 호소하여 점차 운동은 활발해지기에 이르렀다.

1942년 4월 'R.B.보스', '모한 신' 대위, 기타 말라이, 태국 등에 있는 인도인 대표는 도쿄에서 회합하여 독립운동을 논의하고 "방콕에서 대회를 열어 독립운동 활동의 활발화를 기도할 것"을 의결했으나, 동시에 본 운동은 어디까지나 인도인의 자주적 운동으로서 일본의 주구가 되는 것을 피한다는 주의를 분명히 했다. 동 회의에는 일본인의 방청도 인정하지 않은 상황이었다.

이 회의에 기초하여 동년 7월 방콕('오리엔탈 호텔')에서 대회를 개최했는데, 'R.B.보스' 의장하에 말라이, '버마', 홍콩, 상하이(上海), 필리핀, '자바' 등의 대표들 40명이 참집하여 인도독립연맹을 수립하고(회장 'R.B.보스' 하에 위원 5명이 있고. 본부를 방콕, 지부를 동아 각지에 둔다), 독립운동의 통일 실시를 의결했다. 본 대회에서 약 40개조로 구성되는 소위 방콕결의가 채택되었다. 본 결의에는 무기 공여, 차관 공여, 일본과 정식 대표 교환, 인도국민군을 동맹국군과 같은 수준으로 취급할 것 등을 요청하는 외에 장래 일본이 영국의 인도 통치를 복멸할 경우를 상정하여 그 때 일본의 인도에 대한 정치적 경제적 야심을 봉쇄하기 위해 모든 각도에서 인도의 완전 독립을 규정하고, 이 각 조항에 대해 그 승인을 일본에 요청했으나 당시의 도조(東條) 총리 겸 육군대신은 이를 불손하다 하여 해답을 주지 않았다. 때문에 인도독립연맹 내부에서 의혹이 점차 심화되기에 이르렀으므로 이와쿠로 대좌는 어쩔 수 없이 이와쿠로기관의 이름으로 제국 정부는 위의 결의를 지지할 것이라는 취지의 해답을 했으나, 일반

인도인 사이의 대일 불신감을 해소하기에는 이르지 못한 경위가 있었다.

동년 7월 인도인 포로 중 일본에 적의를 갖지 않는 자를 해방하여 일본 측으로부터 노획(鹵獲) 병기와 피복의 공여 등을 하였고, 이에 인도국민군은 정식으로 성립하여(약 1,5000명) 그 보조부대로서 각지의 의용군을 모집하기로 하고, '모한 신' 대위는 스스로 소장의 지위에 서서 인도국민군의 사령관이 되었다.

그러나 동년 말부터 이듬해 1943년 2월에 걸쳐 인도독립연맹은 위기에 봉착하게 되었다. 방콕결의에 대한 일본 측 회답의 문제를 계기로 한 인도인 일반의 대일 불신감은 점차 짙어졌을 뿐만 아니라 '모한 신' 사령관의 무단(武斷) 독재적 경향에 대해 다른 문치파 위원이 반대했고(한편으로 'R.B.보스'는 일본의 허수아비라는 반감도 있었다), 내부 통제가 흐트러져 국민군 사이에서 소요사건도 야기되었다. 이에 그 해산 제의 등이 등장하여 마침내 1943년 2월에는 '모한 신' 사령관이 사직하고 위원도 동반 사직을 하면서 'R.B.보스' 외에 위원 1명만 잔류하는 위기에 처했다. 마침 그때 'S.C.보스'의 동아 진출이 있었고, 이에 동아시아에서의 인도 독립운동은 활기를 띠며 새로운 발전을 보게 되었다.

2.

태평양전쟁 개시 전 인도의 감옥에서 탈출하여 '아프가니스탄', 소련을 경유하여 독일에 가서 체재 중이던 '수바스 찬드라 보스' 씨는 전쟁 개시 후 동아에서의 전술한 인도 독립운동의 정세에 대해 많은 관심을 보이고, 인도독립연맹에 대해 고무, 격려하는 방송을 했다. 당시 유럽의 군사 정세는 독일에 유리하여, 특히 1942년 여름 '롬멜'의 이집트작전은 커다란 성과를 거두어 '나일' 계곡을 위협하기에 이르렀으므로 독일은 인도에 대한 선전에 'S.C.보스' 씨를 이용하고, '보스' 씨 또한 독일에서의 활동에 흥미를 갖고 있었다. 그러나 원래 독일의 인도 독립운동에 대한 열의는 단순히 인도에 폭동을 야기하여 영제국의 전쟁 수행 능력을 감쇄시키는 범위를 넘지 않을 뿐만 아니라 그 동맹국 정책 또는 소련 정책은 '보스'가 전혀 찬동할 수 없는 바였으므로, 1942년 11월 이후 '아프리카'에서 독일 측의 전세가 불리해지자 보스는 동아시아로 가겠다는 희망을 표명하게 되었다.

독일 주재 오시마(大島) 대사를 통해 그런 희망의 통보를 받은 외무성은 당초 '보스'의 일본행에 찬동하지 않아 꼭 오고 싶다면 맞이하겠지만 일본에 오기 전에 관여하는 것은 피하겠다는 의향을 가지고, 독일 측의 본건에 대한 태도가 명확해질 때까지는 '보스'에 대해 뭔가 그의 일본행을 종용하는 것과 같은 일은 피해야 한다는 취지를 오시마 대사에게 훈령했다.

원래 인도 시책의 담당기관인 대본영 육군부는 마침 그때 동아시아에 있는 인도인 사이의 운동이 전술한 바와 같이 위기에 처해 있었으므로 '보스' 씨를 동아시아로 맞이하여 궁지에 몰린 인도 공작을 타개하고픈 희망이 있었다. 육군 측에서 외무 측과 연락하지 않고 뭔가의 조치를 취했을지도 모른다. 어쨌든 독일 측도 '보스'의 동아시아행에 찬성을 표해, '보스'는 독일 잠수함에 의해 유럽에서 '마다카스카르' 부근의 해면까지 와서 해상에서 일본 잠수함으로 갈아타고 '수마트라'의 '사반섬'에 도착했다(외무성은 '보스'가 독일을 떠나기 직전 일본에 온다는 계획을 통보받았다).

이리하여 1943년 5월 'S.C.보스' 씨의 동아시아 진출을 보자 대본영 육군부는 그 연락기관으로서 히카리기관을 설치했다. 동 기관은 남방총군 사령관 예하에 있으면서 군사, 정치, 외교 등 제반의 인도 시책에 관해 남방군 총사령관 및 대본영의 지휘를 받아 활동했다. 히카리기관장은 1943년 5월부터 이듬해 1월까지 야마모토(山本) 대좌, 1944년 1월부터 이듬해 8월까지 이소다(磯田) 중장이다.

3.

1943년 5월 'S.C.보스' 씨가 일본에 오자 독립운동 실시 방침에 관해 여러 가지 제국 정부에 대해 헌책하는 바가 있었다. 그중에서 동년 6월 7일 시게미쓰(重光) 외무대신에게 제출한 각서에서 '보스'는 당시의 인도 '간디'파가 영국과의 타협을 목표로 하는 제2의 정치공세 전에 영국과 화협(和協)의 가능성이 있으며, 한편으로는 일본의 인도 작전 개시의 지연이 인도 내 동지의 실망을 조성하고 자유인도군의 사기 침체를 초래하고 있다. 이 위기에 즈음해서 영국이 일본의 인도에 대한 야심 내지 인도를 희생으로 하는 대영 타협 의사를 선전하고 있는 상황에 비추어 ① 가급적 신속하게 인도 진격작전을 개시할 것, 만약 전면적 진격작전의 실시가 불가능할 때는 '아삼', '벵갈' 등 동부 인도에 대한 부분적 진격작전을 개시할 것, ② 인도 독립운동에 대한 일본 및 그 동맹국의 강력한 지지를 인도 내부에 반영하기 위해 자유인도 임시정부를 수립하여 추축(樞軸) 각국의 승인을 얻을 것을 역설하는 바 있었다. ①에 대해서는 대본영은 소극적인 태도를 보였으나, ②에 관해서는 제국 정부가 이를 고려할 것이라는 구두 약속을 받고 '싱가포르'에 가서 운동 실천의 제1보를 내딛게 되었다. '보스' 씨는 현지에서 인도국민군의 정비에 힘쓰는 동시에 임시정부 수립의 계획을 추진한 모양인데, 남방총군이 이에 대해 매우 냉담한 태도로 나왔기 때문에 한때 좌절했으나, 결국 시게미쓰 대신 이하 외무성 측의 중앙에서의 노력에 의해 10월 9일 대본영정부연락회의에서 다음과 같은 결정이 채택되었다.

인도 임시정부 승인에 관한 건
1943년 10월 9일
대본영정부연락회의 결정

'S.C.보스'가 인도 임시정부를 수립할 경우, 인도 시책 특히 그 선전 공세 강화를 위해 제국은 그 승인의 의지를 표명하기로 한다. 이에 따라 본 임시정부와의 사이에 정식 국제관계를 발생시키지 않음은 물론이다.

[비고] 제3국의 본 임시정부 승인은 방해하지 않기로 한다.

이리하여 동년 10월 21일 싱가포르에서 개최된 인도독립연맹 동아대표자대회('보스' 씨는 동년 7월 동 연맹 총재 및 인도국민군 최고지휘관에 취임했다)에서 '보스' 총재는 자유인도 임시정부 수립을 제안하고 만장일치로 가결, 그날로 임시정부는 성립하여 '보스' 씨는 동 정부 주석(主席)에 추대되었다.

동 정부는 그 전투적, 과도적 성질에 비추어 기구를 간소화하여 주석 아래에 군사, 외무, 재정, 선전, 여성의 5부를 두고(군사부장 및 외무부장은 주석이 겸임), 그 외에 무임소장관 및 내각고문 약간을 두었다. 그리고 인도국민군은 임시정부에 소속되어 '보스'의 통수하에 놓이고, 종래의 독립연맹은 임시정부와 표리일체가 되어 독립운동을 추진하게 되었다.

4.

이에 제국은 기정(既定) 방침에 기초하여 동월 23일 동 정부를 승인했다. 본건 승인의 법적 성질과 관련해서는 순수한 국제법상의 논의로서는 아직 자유인도국의 성립 없이 그 이전에 어떠한 정부의 승인도 있을 수 없다. 당시의 제국 정부 성명에도 있는 것처럼 결국 자유인도 임시정부를 자유인도 임시정부라는 명칭을 가진 단체로서 승인한다는 의미에 불과하다고 해야 할 것이다. 또한 동 승인은 목하 완성 도상에 있는 자유인도국 정부의 승인이라고도 할 수 있으니, 환언하면 장래 자유인도국이 성립할 경우에 이 승인은 국제법상 정상의 정부 승인이 될 것이므로 이른바 정지조건부의 정부 승인으로서, 일종의 정부 승인이라고 할 수 있을 것이다. 공적으로 제국 정부는 이 견해를 취하기로 했다.

제국의 승인에 이어서 '버마'는 10월 23일, 독일은 동 28일, 필리핀은 동 29일, 중화민국 및 만주국은 11월 1일, 이탈리아는 동 2일, 태국은 동 17일, '크로아티아'는 동 19일 각각 자유인도 임시정부를 승인했다. 또한 동 임시정부의 의뢰에 따라 제국 정부로부터 중립국들에 대해서도 임시정부 성립의 취지를 전달했으나, 중립국들 중에서 그 통고에 대해 어떤 조치를 취한 나라는 없었다.

임시정부 승인 문제가 연구되고 있던 당시부터 일부에서는 승인의 전제로서 '안다만' 및 '니코바르' 제도를 동 정부의 영토로 삼게 한 뒤 동 정부를 승인하여 국제법상 정상 승인이라는 실질을 갖추게 하려는 착상도 존재했었는데, 마침 동년 10월 31일 임시정부 승인에 대한 사의(謝意) 표명을 위해 입경한 '보스' 주석이 11월 5일 및 6일의 대동아회의에 옵서버로서 출석했을 때 제국 대표 도조(東條) 수상이 인도 독립의 제1단계로서 현재 일본이 점령 중인 인도령 '안다만' 제도 및 '니코바르' 제도를 조만간 자유인도 임시정부에 귀속시킬 용의가 있다는 성명을 발표했다. 제국에서는 이 성명에 기초하여 본건 제도(諸島)의 이관 방식 등을 연구 중이었으나, 실현에 이르지 못하고 종전(終戰)이 되었다.

5.

'보스' 씨의 제2차 방일(訪日)은 10월 하순에서 11월 중순에 걸쳐 이루어지고, 그 사이 11월 5일 및 6일의 대동아회의에 옵서버로서 참석했다. 정부 및 통수부 수뇌자와의 회견에서 '보스' 씨가 꺼낸 요망은 ① 히카리기관의 개조와 외교 사절의 파견, ② 인도 진격작전의 조속한 실시라는 두 가지이다. 전자는 히카리기관이 임시정부 및 국민군의 자립적 활동에 대해 너무 간섭적이어서 독립운동의 발전을 저해하는 동시에 한편으론 군 내부에서의 발언권이 미약하여 인도 측의 의향을 남방총군, 대본영 및 제국 정부에 충분히 반영할 수 없으므로 제국 정부에 대해 외교 사절의 파견을 요청하여 임시정부와 제국 정부의 관계는 이 채널에 의거하는 것으로 하고, 군사적으로는 히카리기관을 '밀리터리 미션'으로 개조하여 이를 맡게 하거나 아니면 히카리기관을 폐지하고 남방총군 및 '버마'방면군과 직접 교섭하는 것이 마땅하다고 주장하는 것이었으나, 결국 종전에 이르기까지 해결을 보지 못했다. 후자는 이듬해 1944년 4월 이후의 '임팔'작전으로 되어 나타났다.

인도 진격작전에 관해서 '보스'는 제1차 방일 시에 이미 급속한 실시의 필요를 역설했다. 인도인은 자력만으로는 도저히 영국 세력을 인도에서 격퇴할 수 없음을 숙지하고 있는 한편, 인도 대중은 싱가포르의 함락, '버마'의 패전에도 불구하고 여전히 인도 내 영국군의 불패를 믿고 있으나, 만일 일본군이 인도에 침입하여 인도 대중의 눈앞에서 영국군을 격파한다면 인도의 반영(反英)운동, 독립운동은 큰 자극을 받아 급속히 치열해질 것이다. 그리고 일본군이 시기를 놓치지 않고 인도에 침입하면 인도인 병사의 25%는 일본에 가담할 것이다 등을 말했다. 제2차 방일 시에는 도조 수상 및 스기야마(杉山) 참모총장과 회견하고 그 필요를 강조했으나, 외무성이 아는 바로는 스기야마 참모총장으로부터 준비가 되는대로 실시할 것이다, 준비 완료의 시기는 지금 명확히 말할 수 없다는 정도의 회답을 얻었을 뿐인 모양이다. 이것과 관련하여 부언할 것은 군령부 당국은 시종 인도 진격작전에는 소극적으로, 특히 전쟁 후기에는 태평양 정면의 방어에 부심하고 있었으므로 인도·버마 국경 방면으로의 전력 분산에는 강경한 반대 의견을 표명했다.

1944년 봄 '임팔'작전이 개시되자 '보스' 사령관은 직접 인도국민군의 주력(2개 사단)을 이끌고 이에 참가, 3월 중순 일본군과 함께 인도·버마 국경을 넘어서 인도 강역 내로 진출했다(당시 인도국민군의 전 병력은 3개 사단이다. 각 사단은 유격연대 3 내지 4, 경리, 위생, 보급 등의 제 기관이 부속하고, 장비는 열세이다. 인도작전 개시 당시 '버마'에 2개 사단, 말라이에 1개 사단이 있었다). 이 작전에 즈음해서는 대본영 발표에서 보듯이 제국은 "인도국민군을 지원하고,…인도 영내(領內)로 진입"했음을 선전했다. '보스' 주석도 4월 4일의 제2차 성명에서 인도국민군의 인도 진입을 발표하는 동시에 자유인도 임시정부는 인도 국민 유일의 합법적 정부라는 것, 해방지구 인도 민중은 인도국민군 및 임시정부가 임명한 행정 관리에 대해 협력할 것을 요청했다.

6.

대인도 진격작전 실시 전부터 이미 악화 일로에 있던 히카리기관과 임시정부 및 인도국민군의 관계는 이 작전의 실패로 수습할 수 없는 상황에 빠져, 괴멸한 인도국민군의 재건 문제, 신사태에 대처하기 위한 대인도 공작의 재검토 문제 등 중요한 사항이 산적해 있음에도 불구하고 하등 현지에서 해결할 수 없는 상태였으므로 '보스' 씨는 누차 방일의 희망을 표명했으나, 육군, 특히 현지 육군 기관은 그의 방일을 기꺼워하지 않아 이를 저지했다. 그러나 도조 내각이 퇴진하고 고이소(小磯) 내각이 성립하기에 이르러 신내각과 협의하기 위해 가까스로 '보스' 씨의 방일이 이루어져 1944년 11월 1일 도쿄에 도착했다.

제3차 방일 시 '보스' 씨와 대본영 사이에서 인도국민군의 취급에 관해 각서를 교환했다. 그 내용은 인도국민군의 제국 군대에 대한 협력 시 지휘 계통 절차, 국민군의 병력, 노무(勞務) 협력, 인도국민군에 대한 병기·기재(器材)·양말(糧秣) 등의 보급, 군사비 대여, 교육 등의 제 사항에 걸쳐 있었으나, 그중 우리 쪽의 원조에 관한 제 항목은 사실상 실시 불가능으로 끝났다. 특히 국민군의 병력 증강 및 장비 개선 문제는 '보스'가 당초부터 열심히 주장한 바이나, 일본군 자신 병기 부족 및 보급 곤란에 처해 있었으므로 결국 실시를 보지 못하고, '보스' 씨는 이에 강한 불만을 갖고 있었다.

임시정부에 대한 외교 사절 파견에 대해서는 전술한 바와 같이 이는 당초부터 '보스'가 열망한 바로서, 임시정부를 승인한 이상은 외교 사절의 교환이 있어야 한다는 지론이었다. 이 무렵에 이르러 히카리기관과 임시정부의 마찰이 점차 심해져 이대로 추이하면 '보스'가 주석의 지위를 포기할 위험조차 존재했으므로 시게미쓰(重光) 외상은 이를 깊이 우려하여 국면 타개에 고심한 결과 결국 육군 측을 설득해서 임시정부에 대해 특명전권공사를 파견하기로 했다.

그러나 임시정부의 지도는 군사에 관한 것이 많기 때문에 군 측에서는 계속해서 임시정부의 지도 절충을 맡고 싶은 의향이었으므로 동 공사의 사명은 순연한 의례적인 것에 그치게 되었다. 이는 곧 당시 11월 21일의 최고전쟁지도회의에서 다음과 같은 보고가 있었던 이유이다.

최고전쟁지도회의(1944년 11월 21일, 최고전쟁지도회의 보고)
보고 제7호

인도 임시정부 지도에 관한 건

1. 제국 정부는 외교 대표를 인도 임시정부에 파견한다.
2. 인도 시책에 관해서는 앞으로 대본영이 이를 맡고, 관계 각 기관이 이에 협력한다.
3. 제1항의 외교 대표는 인도 시책에 관해 대본영 인도 시책기관 장의 처분을 받도록 한다.

이상

본건 특파공사는 이와 같은 성질이었기 때문에 임시정부 측으로부터 교환적으로 외교사절의 파견을 받지 않기로 되어 있었다. 우리로서는 정식 외교관계 수립은 아니라는 방침을 취하고 있었으므로 따라서 본건 공사로 임명된 하치야(蜂谷) 공사는 폐하의 신임장을 갖고 가지 않았다. 한편 '보스' 주석은 우리 쪽의 공사 특파를 정식 외교관계의 개설로 이해하고 있었으므로 신임장 없는 공사를 접수할 수 없다고 주장하여 물러서지 않았다. 이에 제국 정부에서는 신임장이 아닌 국서를 준비해서 이를 제시할 것으로 다시 정했으나, 이에 이르지 못하고 종전이 되었다.

또한 히카리기관 개조에 대해서도 제2차 방일 시 대본영과 '보스' 씨 사이에서 일단 논의가 정리되었으나, 실시가 임박하고 누차 '보스' 씨로부터 독촉을 받았지만 종전 시에 이르러서도 여전히 해결을 보지 못했다.

7.

'보스' 씨는 그 친중 및 친소적 의견을 항상 공공연히 표명하고 있었고, 제2차 방일에서 돌아가는 길에 난징(南京)에 들러 그 대리로서 비서 '핫산' 대위를 충칭에 파견하려고 했으나 실현을 보지 못했다. 누차 독일의 대소 개전을 비난하는 말을 입 밖에 내고 있었으나, 1944년 중엽 경부터 독일의 패배가 불가피하다는 견해를 가지면서 제3차 방일 시 시게미쓰 외무대신에게 자유인도 임시정부의 대소 접근에 대해 의향을 타진했으나, 외무대신은 소련 측에 이를 받아들일 가능성이 없다며 반대한 경위가 있다. '보스' 씨는 결국 자신의 발의로 재경 소련대사에게 두 차례에 걸쳐 서한을 보내 면회를 희망한다는 뜻을 전달하려고 했으나, 두 번째는 서한 수리를 거부당했다.

 그 후 전황의 악화와 더불어 '보스' 씨는 일·소 양해 촉진의 중개자 역할을 하려는 생각을 갖게 되었고, 도고(東郷) 외상에게 그런 의사를 표명했다. 외상은 상하이 부근에서 '타스'통신 대표자에게 접근해도 좋을 것이라는 의향이었으나, '보스' 씨의 중국행이 불가능했으므로 중지되었다.

8.

 종전에 즈음해서 일본 정부는 '보스' 씨에게 원한다면 일본으로 오라는 뜻을 전달했다. 주석은 이 시사를 받아들여 상경길에 올랐으나, 도중 타이완(臺灣)에서 비행기사고(이륙 후 50여 미터를 가다가 프로펠러가 날아가서 추락, 크게 다쳐 병원에서 사망)로 인해 서거하게 되었다. 동 주석의 부상에서 죽음에 이르기까지의 태도는 용감, 강건 그 자체로서 사람들을 크게 감격시켰다.

제5장

대동아회의

해제

대동아회의는 1943년 11월 5일에서 6일에 도쿄에서 개최된 아시아지역 수뇌회의를 말한다. 같은 해 5월 31일 어전회의에서 결정된 대동아정략지도대강(大東亜政略指導大綱)은 중국 및 만주국에 대한 정책 및 동남아시아 각국에 대한 정책을 나라별로 제시하고, 필리핀을 독립시킨 후 대동아 각국의 지도자를 도쿄에 모아 강력한 전쟁 완수 결의와 대동아공영권의 확립을 내외에 널리 밝히는 데 있었다. 당시 총리 도조 히데키(東条英機)는 점령지의 민심 장악을 목표로 삼았던 반면, 외무대신 시게미쓰 마모루(重光葵)는 일본의 패전을 염두에 두고 전쟁 목적을 명확히 하여 전후 질서의 원칙을 수립하려 했다. 그는 동남아시아 지배를 대중국 정책의 전환 수단으로 활용하려 했으며, 식민지의 독립이나 약소민족의 민족 자결 자체를 목표로 삼지는 않았다. 또한 이는 8월 14일 발표된 미국과 영국의 대서양 헌장에 대한 대응이기도 했다.

대동아회의 개최에 앞서 일본은 버마(8월 1일)와 필리핀(10월 14일)의 독립을 승인하고, 11월 1일 행정기관으로 대동아성을 설치했다. 그러나 말레이시아와 보르네오 등은 직할령으로 두어 독립시키지 않았다. 회의에는 일본의 동맹국과 일본이 독립을 승인한 국가들이 참가했으며, 인도는 옵서버로 참석했다. 난징 정권의 왕징웨이(汪精衛), 만주국 총리 장징후이(張景惠), 필리핀의 호세 라우렐, 버마의 바모, 태국의 완와이타야콘이 참석했지만, 식민지였던 조선과 타이완뿐만 아니라, 동남아시아 총인구의 60%를 차지하는 인도네시아, 말레이, 프랑스령 인도차이나가 제외된 것은 대동아회의의 근본적인 한계로 볼 수 있다. 그러나 참가국들조차 일본의 의도대로 움직이지 않았으며, 태국 피분 수상이 불참하고 대리를 파견하는 등 연합국과의 관계를 고려하는 움직임도 있었다. 일본은 본래 대동아회의를 매년 정기적으로 개최할 계획이었기 때문에 1945년 4월 중순에 제2차 대동아회의 개최를 준비했지만 전황이 불리한 상황에서 결국 연기했다.

1. 대동아회의 개최 결정과 그 성격

1) 제10회 어전회의에서 내각총리대신 설명 1943년 5월 31일

> 도조 히데키(東条英機) 수상이 1943년 5월 31일 어전회의에서 '대동아정략지도대강'을 결정하기 전에 천황 앞에서 설명한 내용이다.
>
> 일본·독일·이탈리아의 긴밀한 제휴를 기본 골격으로 하되, 만주국과 중국에 대한 정책 및 동남아시아 각국에 대한 정책을 매우 구체적으로 명시하고 있다. 버마 및 필리핀의 독립을 허용하면서도 말레이, 수마트라, 자바, 보르네오, 셀레베스를 일본제국의 영토로 결정하고 있는 점, 10월 하순경에 도쿄에서 대동아회의를 개최하겠다는 계획을 설명하였다.

> 20부 내 제9호
> 제10회 어전회의에서 내각총리대신 설명
> 1943년 5월 31일

지금부터 개회합니다.

허가를 받음에 따라, 오늘 회의 전체 진행은, 제가 담당합니다.

먼저 오늘 의제에 대하여 설명드리겠습니다.

대동아전쟁 완수를 위한 제국의 정략 지도에 대해서는, 일본·독일·이탈리아의 긴밀한 제휴와 대동아 여러 국가와 민족의 결집이 가장 중요한 것으로, 종래에도 이러한 견지에서 여러 노력을 해왔습니다만, 세계 전국(戰國)의 추이를 감안하여, 기회를 놓치지 말고 신속하게 이러한 정략 태세를 다시금 정비·강화하는 요령이 점차 긴요하고 간절하다고 생각합니다.

독일·이탈리아와의 제휴 강화와 관련하여서는 일찍이 파견한 연락사절로 하여금 현재

베를린과 로마에서 대사 및 육해군무관을 보좌하도록 하여, 독일·이탈리아 측과 연락·협의 중입니다.

대동아 여러 국가와 민족의 결집과 관련해서는 만주국을 비롯하여 각국 및 각 민족은 일본의 대동아전쟁 수행에 동조·협력하고 있는데, 더욱 이 결집을 한층 강화하는 것이 긴요하다고 생각하여 본 의제의 심의를 부탁드리는 바입니다.

먼저 의제를 낭독하겠습니다.

제1.

1. 방침

대동아의 제국가·제민족의 결집은 대동아전쟁 완수를 위해 제국가·제민족의 전쟁 협력 강화를 주안으로 하는 것으로, 특히 이를 구현하여 중국 문제의 해결에 이바지하고자 합니다.

한편 세계정세는 독일과 소련의 전쟁 여하에 따라 상당한 변혁이 있을 것이며, 그 전망은 대략 11월경이라 예상되고, 또한 미국과 영국의 반격이 차차 격렬해질 것으로 생각되므로, 신속히 대동아의 정략태세를 정비·강화하여, 의연하게 전쟁지도의 주도성을 견지하고자 합니다.

제2. 요령

1. 만주국과 중국에 대한 방책

(1) 대만주방책

만주국은 그 건국 정신에서 제국과 일덕일심(一德一心)의 관계가 있으므로, 건국 이래 10년이 지나 상당한 발전을 이루고 있습니다.

대동아전쟁 이후에는 직접 이에 참전하지는 않으나 물심양면으로 전력을 다하여 제국에 협력하고 있습니다.

특히 전쟁이 발발하였을 때 조서에도, 또 제가 만주국 방문 당시 배알을 허하셨을 때 폐하의 말씀에도 이러한 생각을 배찰할 수 있어 감격을 금하지 못하였습니다.

요컨대 만주국은 제국을 부모의 나라로 생각하고 있으며, 일만 관계는 이미 동맹 이상의 관계이므로 흠잡을 곳이 없는 상태입니다.

(2) 대중국방책

앞서 결정을 받든 '대동아전쟁완수를 위한 대중국처리근본방침'에는 국민정부의 충실·강화와 더불어 대일협력의 구현 등에 조응하여 적시에 일화기본조약에 소요 수정을 가하는 것을 고려할 것이라는 뜻을 정하셨습니다.

국민정부는 참전 이래 제반에 걸쳐 자강의 길을 강구하고 있으며, 더불어 제국의 진의를 적절히 파악하여, 대동아전쟁 완수에 협력하고 있으므로, 이때 제국은, '대중국처리근본방침'을 다시금 철저히 구현시키기 위해 이에 즉응하면서 별도로 제정하는 바에 따라 일화기본조약을 개정하여 일화동맹조약을 체결하고자 합니다.

또한 대중국처리근본방침에는 '제국은 충칭(重慶)에 대하여 이를 적대시 하는 일체의 화평공작을 행하지 않는다. 형세가 변화하여 화평공작을 행하는 경우에는 별도로 이를 결정한다. 국민정부 또한 제국의 태도에 순응하도록 한다'와 같이 제정되어 있는데 이후 대중국처리근본방침과 더불어 이에 기초한 모든 시책의 결과가 차차 침투하여, 충칭 측에도 상당한 동요를 가져온 상황으로, 지난 번 팡빙쉰(龐炳勳)의 국민정부 참가도 그 한 증좌로 관찰되고 있습니다.

한편 충칭 측은 점점 곤궁해지고 있어 전술한 대중국 제방책 등의 진전에 조응하여 적시에 국민정부에게 대충칭 정치공작을 실시하도록 지도하였습니다. 이러한 가운데 충칭 항전 진영의 중추가 국민정부의 정치공작에 지금 신속하게 응해올 것은 더욱 기대하기 어려우며 그 시기를 그르친다면 영구히 이로 인한 피해가 적지 않을 것입니다. 따라서 그 시기에 관해서는 정부와 통수부가 함께 협의·결정할 것입니다.

2. 대태국방책

태국에 대해서는 독립국이라는 체면을 유지하도록 하면서 대동아전쟁 수행에 이심 협력하여 제국의 시책에 적극적으로 협조하도록 지도하고 있는데, 국민의 일반이 전쟁으로 인한 생활의 부자유가 걸핏하면 '피분 송크람(แปลก พิบูลสงคราม)' 정권의 대일정책 및 일본군의 주둔에서 유래한다는 생각을 품고 있고 적성제국의 일본과 태국에 대한 이간책, 반정부분자의 책동과 맞물려 일반적인 대일 분위기는 반드시 만족할 수 있는 상태라고는 말하기 어렵습니다.

제국으로서는 '피분송크람' 정권의 곤란한 입장과 태국민의 심리적 동향을 감안할 때, 일태동맹계약 부속비밀요해사항 제1조에 기초하여 일본군 점령 지대였던 '말레이'의 실지(失地)를 회복하도록 함과 더불어 경제협력을 한층 강화하는 것이 중요합니다.

또한 '시암' 지방의 일부도 이를 태국 영토에 편입하게 하여 그 실시에 관해서는 '버마'에 미칠 영향 등까지도 고려하여 그 시기와 지역 등을 결정해야 합니다.

3. 대프랑스령 인도차이나 방책

프랑스령 인도차이나에 대해서는 제국의 대동아전쟁 수행에 실질적으로 이용하는 것과 더불어 그 정밀(靜謐)을 유지하고, 적측의 책모를 봉쇄하고, 제국에 대한 제반 협력을 한층 적극적으로 하도록 하는 것과 같은 시책 중에 있어 오늘날까지 이른 바 프랑스령 인도차이나 당국의 대일협력에는 상당히 살펴볼 점이 있는데, 세계정세를 반영하고 또한 미·영·충칭 측의 집요한 선전과 같은 제반 사정으로 인하여 프랑스령 인도차이나 측의 동조적 태도가 아직 충분히 철저한 수준에 이르지 않아 점차 전술한 방침을 강화하는 것이 중요합니다. 단, 프랑스령 인도차이나를 본국에서 이탈하도록 하는 것과 같은 극단적인 시책은 대동아전쟁의 현 단계에서는 피해야 합니다.

4. 대버마방책

대버마방책에 대해서는 1943년 3월 10일 대본영정부 연락회의결정 '버마독립지도요령'에 기초한 시책에 있는데, 5월 8일 독립준비위원회를 결성하여 6월 말에 준비를 완료할 것으로 정하고 준비를 촉진 중입니다.

5. 대필리핀방책

필리핀에서는 제81회 제국의회에서 필리핀 독립의 재확인과 관련된 제국정부의 성명으로 인하여 돌연 대일신뢰도가 단단해져 행정부 장관 이하가 제국의 진의를 이해하고, 치안의 숙정(肅正), 행정의 침투에 예의(銳意) 노력 중으로 대동아공영권의 일환으로서 갱생하고 있습니다. 그 일단을 지난 번 현지에 방문한 저도 눈앞에서 목격하였습니다.

따라서 제국은 누차 성명에 기초하여 이를 독립하도록 하여 그 시기는 치안이 아직 완성되지 않았더라도, 전쟁지도상 요청과 필리핀 측의 자발적 협력 촉진의 견지에 따라 대략 올해 10월경이라 예정하고 준비를 촉진할 예정이었습니다.

6. 기타 점령지역

'말레이', '수마트라', '자바', '보르네오', '셀레베스'는 민도가 낮아 독립 능력이 결핍되고, 또한 대동아 방위를 위해 제국에서 확보할 필요가 있는 지역이므로 이들은 제국 영토로 결정하여 중요자원의 공급원으로 개발하고 더불어 민심 파악에 힘쓸 생각입니다. 이들 지역에서는 당분간 군정을 지속하고 있으나 원주민의 민도에 응하여 힘써 정치에 참여하도록 하는 방침으로 현재 정치 참여를 요망하고 있는 '자바'에 대해서는 특별히 이를 승인할 예정입니다. 그런데 본 예속 결정은 적측의 선전에 도움이 될 수 있는 바가 있으므로 당분간 발표하지 않을 것이지만 원주민의 정치 참여와 관련해서는 이를 적절하게 발표하는 것이 적당하다고 생각하고 있습니다. '뉴기니' 등 전술 이외 지역의 처리에 대해서는 이미 서술한 바에 준하여 제정할 것입니다.

7. 대동아회의

이상 각 방책의 구현에 동반하여 올해 10월 하순 (필리핀 독립 후) 대동아 각국의 지도자를 참집하도록 하여, 전쟁 완수와 대동아공영권 확립이라는 견고한 결의를 천명하여 전쟁 완수에 매진(邁進)하도록 할 것입니다. 이상으로 저의 설명을 마칩니다.

2) 대동아정략지도대강(1943.5.29 연락회의 결정, 1943.5.31 어전회의 결정)

> 도조 히데키(東条英機) 내각은 1943년 4월 20일에 내각 개조를 통해 재중국 대사 시게미쓰 마모루(重光葵)를 외무대신으로 입각시켰다. 시게미쓰의 외교정책의 기본정책은 중국과의 평등과 호혜를 규정할 뿐 아니라 '대동아' 각국과의 관계 구축의 기조가 될 내용이었다. 그는 일화(日華)기본조약을 체결한 후 이어서 태국, 만주국, 필리핀, 버마와 같은 취지의 조약을 체결하겠다는 구상을 제시했다.
>
> 도조 수상은 필리핀 방문 후 5월 12일 육해군사무국장 및 내각서기관장에게 '본년도 11월경까지 기간에 취해야 할 대외방책 대강(大綱)'을 연구하게 했고, 그 결과가 5월 31일에 어전회의에서 결정되는 '대동아정략지도대강'이다.
>
> 이 내용 중에 10월 하순경에 도쿄에서 대동아회의를 개최하겠다는 내용이 명시되었다. 한편, 버마와 필리핀의 독립을 추진하면서도 말레이, 수마트라, 자바, 보르네오, 셀레베스를 일본제국의 영토로 결정하고 있는 점에도 주의해야 할 것이다.

> **대동아정략지도대강**
> **1943년 5월 29일 대본영정부연락회의 결정**
> **1943년 5월 31일어전회의 결정**
>
> **제1. 방침**
> 1. 제국은 대동아전쟁 완수를 위해 제국을 중핵으로 하는 대동아의 제국가 제민족 결속의 정략태세를 다시금 정비 강화하여 전쟁지도의 주동성을 견지하여 세계정세의 변전에 대처한다.
> 정략태세의 정비 강화는 늦어도 올해 11월초 경까지 달성하는 것을 목표로 한다.
> 2. 정략태세의 정비는 제국에 대한 제국가 제민족의 전쟁 협력 강화를 주안으로 하여 특히 중국 문제를 해결한다.

제2. 요령

1. 만주국과 중국에 대한 방책

제국을 중심으로 하는 일·만·화 상호 간의 결합을 다시금 강화한다.

이를 위해

　(가) 만주국에 대한 방책

　　기정 방침에 의거한다.

　(나) 중국에 대한 방책

　　대동아전쟁 완수를 위해 대중국처리근본방침의 철저한 실현을 도모하기 위해 이에 즉응한 것과 같이 별도로 제정한 바에 의거하여 일화(日華)기본조약을 개정하여 일화동맹조약을 체결하고 이를 위해 신속히 제준비를 갖춘다.

　　위와 관련해 기회를 보아 국민정부가 대충칭정치공작을 실시하도록 지도한다.

　　전항을 실행하는 시기는 대본영 정부 협의를 거쳐 이를 결정한다.

2. 대태국방책

기정 방침에 기초하여 상호협력을 강화한다. 특히 말레이에서 실지(失地) 회복, 경제협력강화를 신속하게 실행한다.

샨 지방의 일부는 속국령으로 편입하는 것으로 하여 그 실시에 관해서는 버마와의 관계를 고려하여 결정한다.

3. 대프랑스령 인도차이나 방책

기정 방침을 강화한다.

4. 대버마방책

1943년 3월 10일 대본영 정부연락회의에서 결정한 버마독립지도요강에 기초하여 시책한다.

5. 대필리핀방책

가능한 빨리 독립하도록 한다.

독립의 시기는 대략 올해 10월경으로 예정하여 극력 제준비를 촉진한다.

6. 기타 점령지역에 대한 방책을 다음과 같이 정한다.

단, (나), (라) 이외는 당분간 발표하지 않는다.

(가) 말레이, 수마트라, 자바, 보르네오, 셀레베스는 제국영토로 결정하여 중요자원의 공급지로 극력 그 개발과 더불어 민심파악에 힘쓴다.

(나) 전례 각 지역에서는 원주민의 민도에 따라 힘써 정치에 참여하도록 한다.

(다) 뉴기니 등 (가) 이외 지역의 처리에 관해서는 전에 예에 준하여 따라 정한다.

(라) 앞에 기록한 각지에서는 당분간 군정을 계속한다.

7. 대동아회의

이상 각 방책의 구현과 동반하여 올해 10월 하순경(필리핀 독립 후) 대동아 각국의 지도자를 도쿄에 참집하도록 하여 견고한 전쟁완수의 결의로 대동아공영권의 확립을 국내외에 선명한다.

2. 대동아회의의 내용

1) 1943년 10월 2일 대동아회의에 관한 건

대동아회의 개최에 관하여 참석할 나라들을 구체적으로 정하고 자유인도 임시정부를 옵서버로 초청하는 것을 결정했으며, 개최 일시와 장소를 확정한 문서이다.

대동아회의에 관한 건

대동아전쟁 완수를 위해 제국을 중핵으로 하는 대동아의 제국가 결집의 정략태세를 다시금 정비·강화할 필요가 있음을 감안하여 위 정략태세의 정비강화에 □하기 위하여 대략 다음 요령에 의거하여 대동아회의를 개최한다.

1. 참집범위
    제국
    만주국
    중화민국
    태국
    버마
    필리핀

(주) 인도임시정부대표를 배청자로 참가하도록 할 것이다.

2. 참집대표의 구성

제국: 내각총리대신 (대동아대신 및 외무대신 출석)

만주국: 국무총리

중화민국: 행정원장

태국: 총리대신

버마: 총리대신 (국가를 대표하는 자 혹은 행정부의 수반 자격으로)

필리핀: 대통령 (행정부의 수반 자격으로)

각국대표는 전권위임장을 소지하지 않는다.

각국대표의 수행원은 필요 최소한에 그친다.

3. 시기

1943년 11월 5일부터 2일간으로 예정한다.

4. 장소

도쿄

5. 의제

전쟁완수와 대동아건설의 방침에 관한 건

회의에서 협의한 뒤 견고한 전쟁완수의 결의와 대동아공영권 확립의 방침을 국내외에 천명한다.

(주) 우선 원안은 우리 측에서 준비하되 사전에 각국 측 의견까지도 충분히 참작하여 제안할 것.

6. 의사일정 기타

1) 의사일정

　　제1일　　제국총리대신 인사

　　의사에 관한 각국 대표 소견 개진

의안심의

제2일 의안 채택[일본어를 본문으로 하고 이에 한역문(漢譯文) 및 영역문(英譯文) 첨부]

제국총리대신 인사

2) 용어

일본어를 정식용어로 한다. 다만 각국대표의 발언에 대해서는 소요한 번역을 추가한다.

3) 의사진행의 의결

의장은 전 회기(會期)를 진행한다. 일본국 대표를 추천하도록 한다.

의결은 전원일치로 한다.

4) 석차

국명의 이로하(イロハ) 순서로 한다.

회의와 관련된 행사 역시 동일하게 한다.

5) 의사는 원칙상 공개하지 않는다.

회의에 관한 발표는 회의 이후 가능한 한 신속하게 이를 행한다.

6) 초청장

초청장은 10월 중순까지는 발송하는 것으로 한다. 사전에 비공식으로 내의를 통당한다.

위 초청장에는 의제로서 '전쟁 완수와 대동아건설의 방도에 관한 건'을 게재하여 각 출장대사가 설명하도록 한다.

7) 발표가 있기까지 극비로 한다. 특히 방첩에 유의하도록 한다.

2) 대동아공동선언

대동아회의에서 발표될 '대동아 선언'에 대해서는 외무성 안에서 여러 차례 논의를 거치며 초안이 작성되었으며 이를 시게미쓰 외무대신이 수정했다. 그러나 대동아성이

> 준비한 내용과 조율을 거치는 가운데 '도의에 기초한 새로운 질서'가 강조되었다.
> 10월 23일 대본영정부연락회의에서 이 공동선언안은 최종적으로 심의되어 육군과 해군, 외무성과 대동아성의 입장 차이가 조율된 형태로 결정되었다.

전문(前文)

애당초 세계 각국이 각자의 자리에서 서로 의지하고 서로 도와 만방공영의 즐거움을 서로 나누는 것은 세계 평화 확립의 근본 요의이다. 그러나 미국과 영국은 자국의 번영을 위해서는 타 국가, 타 민족을 억압하고 특히 대동아에 대해서는 끊임없는 침략과 탈취를 행해 대동아 예속화의 야망을 단단히 하고 결국 대동아의 안정을 근본적으로 뒤집어 놓았다. 대동아전쟁의 원인은 여기에 있다. 대동아 각국은 서로 연계하여 대동아전쟁을 완수하고 대동아를 미국과 영국의 질곡에서 해방시켜 그의 자존자위를 온전히 하고 다음과 같은 강령에 기초한 대동아를 건설하여 이로써 세계 평화의 확립에 기여하고자 한다.

본문

1. 대동아 각국은 협동하고 대동아의 안정을 확보하여 도의를 기본으로 하는 공존공영의 질서를 건설한다.
2. 대동아 각국은 상호 각국의 독립을 존중하고 서로 돕고 친목을 두텁게 하는 결실을 맺어 대동아의 친화를 확립한다.
3. 대동아 각국은 상호 각국의 전통을 존중하고 각각 민족의 창조성을 신장시켜 대동아의 문화를 고양한다.
4. 대동아 각국은 호혜 아래 긴밀하게 연계하고 그 경제발전을 꾀하여 대동아 번영을 증진한다.
5. 대동아 각국은 만방과의 교의를 돈독하게 하고 인종적 차별을 적폐하며 널리 문화를 교류하여 나아가 자원을 개방함으로써 세계 진운(進運)에 공헌한다.

제6장
일본의 종전 전략과 동남아시아

해제

미국과 영국을 상대로 화려한 서전(緖戰)을 장식했던 일본은 점차 연합군에 밀리면서 1942년 6월의 미드웨이해전 패전을 시작으로 1943년 2월의 과달카날섬 철수, 1944년 7월의 사이판 함락, 1944년 10월의 레이테만 해전 패배 등 패색이 짙어갔다.

이미 1943년 11월 27일 카이로 선언에서 영국, 미국, 중국이 일본의 무조건 항복까지 공동 투쟁할 것을 천명하였으며, 1945년 2월 4일 얄타 회담에서는 대일전에 관한 비밀 협정이 체결되었다.

그 사이 일본은 도조 히데키(東條英機) 내각이 사임하고 1944년 7월 22일 고이소 구니아키(小磯國昭) 내각, 1945년 4월 7일 스즈키 간타로(鈴木貫太郎) 내각으로 교체되었지만 급박한 전황이 도쿄 공습과 오키나와 상륙으로 이어지는 가운데도 전쟁을 끝내지 못했다.

제6장에서는 7개의 사료를 소개하며, 1943년과 1944년 일본의 세계 정세 판단과 1945년 수상의 상주를 통해 전쟁 종결 과정을 살펴보며 동남아시아에 대한 정책 변화를 고찰할 것이다.

구체적인 동남아시아 대책으로는 프랑스령 인도차이나, 네덜란드령 동인도에 대한 대책을 소개하며, 특히 인도네시아 독립에 대한 일본과 인도네시아 내부의 움직임에 대한 사료를 엮었다.

그리고 마지막으로 인도(자유인도 임시정부) 독립운동의 일환으로서의 임팔전투의 경위에서 결말까지를 설명하는 사료를 실었다.

1. 일본의 세계 정세 판단

1) 1943년 9월 25일 세계 정세 판단

1943년 9월 25일 세계 정세 판단에서는 미국, 영국, 중국, 장제스정권, 소련, 독일의 전력을 분석하고 있는데, 독일 히틀러의 지위가 공고하다고 평가하고 있는 점이 특징이다. 따라서 소련과의 전쟁에서도 현상을 유지할 것으로 보았다. 한편, 동아시아에 대한 미국과 영국의 반격을 경계하고 있다.

일본은 전쟁 수행상 태평양 및 인도양 방면에서 반드시 확보해야 할 요역으로 쿠릴, 오가사와라, 내남양(중서부) 및 서부 뉴기니, 순다, 버마를 포함하는 지역을 꼽았으며 동아시아 여러 국가와 민족에 대해 민심을 파악하여 일본에 대한 전쟁협력을 확보해야 한다고 보았다.

목차

제1절 각국의 전쟁지도
제2절 각국의 전쟁수행능력
제3절 올해와 내년 주요한 정세의 추이
제4절 종합판단
부록 각국 전쟁수행상 주요한 강약점

제1절 각국의 전쟁지도

1. 미국

미국의 전쟁 목적은 자국을 중심으로 하는 세계체제의 확립을 도모하여 일본과 독일, 특히 일본을 완전 굴복시키는 데 있다. 이에 따라 미국은 신속한 종전을 기도하여 올해나 내년 중에 승전 태세를 모두 갖출 것을 도모하여 우월한 물적 전력을 극도로 발휘하여 영국과 협력하여 소련 및 충칭을 이용하여 일본과 독일 타도를 도모할 것이다. 그 공격 병력의 중점은 동아시아로 몰릴 것이며 또한 소련을 대일전에 끌어들이려고 힘쓸 것이다.

전쟁에서 양쪽 군대가 모두 물러나 일본과 독일을 완전히 굴복시키는 것이 어렵다고 판단할 경우에는 일본과 독일 세력을 가능한 한 압박하여 영국과 더불어 패전국에게 자기세력을 부식(扶植)하는 정도에 그쳐 전국의 수습을 기도할 것이다.

2. 영국

영국의 전쟁 목적은 대체로 전쟁 전 세력을 유지하기 위해 일본과 독일, 특히 일본을 완전 굴복시키는 데 있다. 이에 따라 영국은 미국과의 제휴를 점점 긴밀하게 하여 그 중점을 독일로 향하고, 소련을 이용하여 먼저 독일의 굴복을 도모하는 한편 미국과 협력하여 동아시아 전선에서 공세를 가중하여 전후에 동아시아 처리에 부동의 지보를 확보하려 하는 것이다. 그 동안 영제국의 결속 및 근동(近東), 아프리카에서 종래의 지위를 확보하는 데에 힘쓸 것이다.

그렇다고 하더라도 유럽의 세력균형을 헤아릴 수 있는 범위에서 독일의 존재를 승인하고 소련의 유럽 적화 방지에 이용하여 자국의 건재를 꾀할 것이다. 이에 따라 승전을 위해서는 미국을 따라야 한다고 하더라도 독일의 위협이 줄어들면 미국에 대한 자주적 태도로 복귀할 것이다.

3. 충칭(重慶)

충칭의 항전 선언 목적은 외국세력을 배제하고 그 영토 및 주권의 안정을 도모하는 데 있다. 이에 따라 일본에 대하여 주로 미·영 전력에 의한 일본의 굴복을 바라며 적어도 중일전쟁 전의 태세로 복귀하기를 도모하면서 스스로는 대체로 수세를 유지하여 전력의 소모를 회피하고,

그 사이 가능한 한 자력갱생책을 강구하여 전후의 자주적 지위의 확립을 도모할 것이다.

4. 소련

소련은 여전히 세계적화정책을 수행할 것이나 현 전쟁 목적은 당분간 독일의 위협을 제거하여 독소 개전 전의 영토를 회복하는 데 있으며 더불어 가능한 한 슬라브 민족의 통일, 발칸, 서아시아 방면에 대한 세력의 신장을 기도할 것이다.

이를 위해 소련은 자주적으로 세계전쟁에 대처하고 힘껏 영미를 이용하면서 먼저 독일의 굴복에 전념함과 더불어 전후처리에 대한 발언권을 확보하기 위한 정치적 모략을 활발히 할 것이다.

소련은 일본에 대해서는 당분간 평온을 유지하는 것을 주지로 할 것이다.

5. 독일

독일의 전쟁 목적은 소련의 위협을 없애는 동시에 영국의 구 지배 세력을 타파하고 대독일 민족국가를 조직하여 그 생존을 위해 유럽광역생활권을 건설하는 데 있다.

이에 따라 독일은 불패태세 확립을 꾀하고 당분간 지구태세를 지속하여 국방력의 충실, 특히 항공세력의 증강에 힘써 그 사이 가능한 한 소련 전력을 감살하여 전쟁주동권의 회복을 도모하고 또한 호기를 잡아 영미의 진공, 특히 제2전선 구성을 격쇄함과 동시에 교통 파괴전과 더불어 대영 공습을 강화하여 그 전의를 상실하게 하는 데 힘쓸 것이다.

영국에 대한 본토 상륙 및 서아시아 방면 진출은 당분간 전망은 없다.

제2절 각국의 전쟁수행능력

1. 미국

1) 국민의 단결력은 여전히 공고하여 그 물적 우월감을 감안하면 전쟁을 계속할 의지는 동요하지 않을 것이다. 그렇다고 하더라도 그 지기(志氣)는 주로 전세의 진부에 의존하여 급수적으로 증감할 것이다.

　인적 자원은 점차 어려움을 겪고 있다.

2) 루스벨트의 지위는 공고하여 그 정치력은 전세가 유리한 한 동요하지 않을 것이다. 대통령 선거를 앞둔 시기의 동향에는 주시를 요한다.

3) 공업생산력은 1943년 말경 거의 정점을 달성하고 이후 대체로 그 수준을 유지할 것이다.

다만 비행기 등이 중점, 군수공업은 그 다음이라고 하더라도 상당기간 오히려 상승하고 있는 듯하다.

식량의 국내자급은 충분하지만 동맹국에 대한 보급은 중남미에 의존하지 않을 수 없다.

4) 지상병력 126사단을 기간으로 하는 현 육군의 확장은 1944년 중기에 우선 달성될 것이다. 전함 23척, 항공모함 37척 보유를 목표로 하는 현 해군의 확장은 1945년경까지는 대체로 완료할 것이다.

2. 영국

1) 국민의 단결력은 점점 공고해져 전세가 불리해지고 국민생활이 궁핍해져도 최후의 승리를 믿고 전쟁을 계속할 의지는 동요하지 않을 것이다.

본국의 인구자원은 이용 최대한도에 달해 있다.

2) 처칠의 지위는 공고하여 그 정치력은 동요하지 않을 것이다.

3) 본국의 생산력은 상승할 여지가 없으나 미국의 원조에 의해 현상유지가 대체로 가능할 것이다.

식량은 해외 의존성이 상당히 크지만 아직 그 수급이 궁핍하지 않다.

4) 육해공군은 미국의 원조와 자치령, 속령 등의 이용에 의해 상당한 증가세를 보일 것이다.

3. 충칭

1) 전쟁을 계속할 의지는 상당히 공고하다.

인적 자원은 풍부하다.

2) 장제스의 지위는 또한 공고하여 그 정치력은 아직 쇠하지 않았다.

3) 경병기(輕兵器) 및 식량 자급은 가능하다.

4) 군대 장비는 열등하지만 현상 정도의 전투에는 지장이 없다.

재중국 미 공군은 점차 증강하는 추세가 있어 그 활동을 경시해서는 안 될 것이다.

4. 소련

1) 국민성의 점착력과 스탈린의 지도력에 의한 국민의 전쟁 계속 의지는 공고하여 동요하지 않을 것이다.

인적 자원은 대체로 한도에 달하고 있다.

2) 스탈린의 지위는 상당히 공고하여 그 정치력은 동요하지 않을 것이다.

3) 생산력은 내년 말 기초공업에서 독소 개전 전의 약 7, 8할 정도를 회복할 것이다.

다만 비행기 및 전차의 생산량은 올해 말경에는 전전 생산량을 능가할 것이지만 이후 급속한 상승은 기대하기 어려울 것이다.

식량은 상당히 궁핍하지만 아직 국내 동요를 가져올 정도는 아니다.

4) 년도의 절대손모를 대체로 작년 정도(약 250만)라고 하더라도 내년 말 현 보유병력(약 900만)의 유지가 가능할 것이다.

5. 독일

1) 국민생활은 상당히 궁핍하지만 국민의 사기는 왕성하여 그 단결은 공고할 뿐만 아니라 국민의 애국심과 제1차 세계대전 경험을 감안할 때 전쟁의지는 동요하지 않을 것이다.

2) 히틀러의 지위는 상당히 공고하여 그 정치력은 동요하지 않을 것이다.

3) 생산력은 향상할 전망이 없지만 현 전력의 유지는 대체로 가능하다.

항공기 생산의 급속한 증가를 기도하고 있으나 공습 및 노동력의 상황에 따라서는 예상한 성과를 가져올 수 없을 수도 있다.

식량은 세력권 내의 수요를 대체로 충족할 수 있다.

4) 년도의 절대손모가 약 6, 7만(작년도 절대손모 약 80만)이내로 그치지 않는다면 내년 말에는 현 보유병력(약 1,000만)을 유지하기는 어려울 것이다.

6. 각국 전쟁수행상 주요한 강약점은 부록과 같다.

제3절 올해와 내년 주요한 정세의 추이

1. 독소전의 전망

소련은 영미의 유럽진격에 대응하여 동절기에 이르러서도 여전히 자주적 공세를 자행할 것이며 독일은 수세를 취하여 극력 적측의 인적·물적 자원의 소모를 도모할 것인가도 그 전선은 수차례 서쪽으로 이동하고 대체로 벨라루스지방 및 드니프로강을 낀 요역에서 정돈하고 있는 듯하다.

이에 따라 드니프로강을 낀 요역의 상실은 독일에게 식량, 석유 등의 자원의 취득과 더불어 산하제국의 장악에 미치는 영향 등이 상당히 클 것으로 독일은 극력 이를 유지하는 데 힘쓸 것이다.

2. 서유럽 영미의 제2전선

영미는 먼저 독일 산하 제국의 교란과 더불어 중립국의 반추축 진영 도입을 꾀하여 소련을 이용하여 극력 독일 전력의 감살을 도모하고 또한 대독공중폭격을 격화할 것이며, 이 사이 주요 지중해 지방 일부를 이용하여 북유럽 방면 등으로부터 시행하는 대독포위공세에 힘쓸 것이다.

또한 독일 전력의 정도와 더불어 영미의 대륙진공작전의 준비 진척도를 교량하여 결전적 서유럽진공작전을 기도할 것이며 그 시기는 내년 봄 여름경이 될 확률이 클 것이다.

이에 따라 영미와 소련 사이의 미묘한 관계는 위 제2전선 구성의 시기 및 반면의 선정에 상당한 영향을 가져올 것이다.

독일은 이미 대영미는 물론 대소련과 조기 결전의 기회를 놓쳤고 취약한 소질까지 가진 국방권에 입각하여 대규모 공중폭격하에 방어태세를 취하는 부득이한 상황에 처해 있으나 영미의 대독일 포위공세작전에 대해서는 극력 크게 저지하는 데 힘쓰고 있으며, 서유럽 진공작전에 대해서는 호기를 기다려 가급적 큰 전력을 집중하여 그 격쇄를 기도하는 듯하다.

3. 동아시아에서 미국과 영국의 반격

미영은 제국의 불패태세 확립에 먼저 신속히 그 파쇄를 기도하여 유럽전국의 추이 여하에 구애하지 않고 각 방면에서 포위공세를 강화해 올 것이다.

특히 이번 가을·겨울을 기하여 남동 방면의 공세가 점점 치열해지는 동시에 버마, 안다만, 수마트라 방면에 대하여 대규모 공습을 감행하여 전국의 급전을 도모할 듯하다.

또한 우리 해상교통의 파괴와 더불어 전략요점 및 자원요지에 대한 공중폭격을 격화할 것으로 특히 해상 및 중국 본토로부터 우리 본토 및 교통선에 대해 가할 공습에 대해서는 크게 경계를 요한다.

미국과 영국은 무력공세에 책응하여 정치적 모략을 격화하여 대동아 제국가 제민족의 대일 이간을 꾀할 것이다.

4. 소련의 대일 동향

소련은 당분간 자발적으로 혹은 미영의 강제에 의하여 대일 개전은 물론 기지 공여와 같은 조치를 취하는 것이 선결은 아닐지라도 정세의 추이, 당시에 제국 및 소련의 국력 여하에 따라서는 그 가능성이 절무하다고 할 수 없다.

5. 유럽에서 화평

당분간 소련, 영미가 무엇보다도 화평을 제의할 계산은 거의 없을 것이다.

그렇다고 하더라도 제반 정세, 특히 인적 자원의 손모 고갈, 공중폭격의 격화, 정치적 모략의 치열화 등에 의하여 전쟁을 싫어하고 평화를 추구하는 사상이 대두하는 것을 볼 수 있으며 전국의 추이를 동반하여 독영미, 독소, 유럽화평 등 각종 화평문제의 구체화를 이룰 계산이 없다고 할 수는 없고 또한 예상할 수 없는 이변을 직접 동인으로 급격히 화평 실현을 볼 가능성도 또한 전혀없다고 할 수는 없다.

제4절 종합판단

미영소는 전쟁의 주동권을 파악하고 있는 현재 상황에 힘입어 새삼 전력을 기울여 정(政)·

전(戰) 양략에 걸친 정세를 연속적으로 강행하려고 한다. 이에 대하여 일본과 독일은 이미 얻은 전과를 활용하여 어디까지나 이를 저지·격파에 힘쓰고 있어 이에 세계전쟁은 내년 봄·여름을 지나면서 가장 치열할 것이다.

부록
각국전쟁수행상 주요한 강약점

1. 미국
약점
1) 전쟁 목적에 패도성(覇道性)이 있다.
2) 민족이 복잡하고 국민은 개인주의이다.
3) 작전이 정략의 영향을 받는다.
4) 인플레이션에 대한 취약성이 크다.
5) 사상(死傷)에 대한 감정이 예민하다.

강점
1) 물적 전력이 크다.
2) 국방상의 지리적 조건이 유리하다.
3) 국민은 진취, 적극, 모험적이다.

2. 영국
약점
1) 국방상의 지리적 조건이 불리하다.
2) 본국은 인적 자원이 부족하다.
3) 본국은 자원, 특히 식량, 석유 등의 해외의존도가 크다.

강점
1) 국민성이 강인하다.

3. 충칭

약점

    1) 전략 태세상 고립되어 있다.

    2) 군수 공업력이 빈약하다.

    3) 국내불안요인 인자(국공 상극, 민중사상, 항전 명목 상실 등)를 내재한다.

강점

    1) 국민의 생활력이 강인하다.

    2) 국토가 팽대하여 인적 자원이 풍부하다.

4. 소련

약점

    1) 군수능력이 부족하다.

    2) 인적소모에 의한 영향이 크다.

    3) 식량이 부족하다.

강점

    1) 국토가 넓고 국민의 생활력이 강인하다.

    2) 정치지도력이 공고하여 국가총력 발휘가 쉽다.

5. 독일

강점

    1) 국방국가체제가 확립되어 있다.

    2) 자원의 해외의존도가 적다.

약점

    1) 산하 제국과의 결속에 취약성이 있다.

    2) 석유 및 인적 자원의 여유가 없다.

    3) 공중폭격에 대한 국방권이 협소하다.

6. 연합군 측 종합 강약점

약점

1) 미국, 영국, 소련, 충칭 간의 전쟁 목적은 일치하지 않는 점이 있다.
   특히 미영과 소련 간에 그러하다.
2) 연합군 측의 전쟁수행은 미국이 부담하는 바가 커서 미국의 계전의지에 좌우될 우려가 크다.

강점

1) 물적 전력의 질량이 모두 우월하다.
2) 상호 연락 협동이 용이하다.

7. 일본과 독일 측 종합 강약점

강점

1) 함께 건설적 전쟁 목적을 가지고 있다는 점에서 일치한다.
2) 대체로 자강불패권을 취득하여 각각 자력으로 전쟁수행이 가능하다.

약점

1) 직접 연락이 곤란하다.
2) 전력 통합의 지향이 곤란하여 각개 격파를 받을 위험이 있다.

이후 취해야 할 전쟁지도의 대강

1943.9.30
어전회의 결정

방침

1. 제국은 금명년 내에 전국의 대세를 결정하는 것을 목표로 하여 적 미영에 대하여 그 공

세 기도를 파쇄하면서 신속히 필승의 전략태세를 확립하는 것과 더불어 결승전력 특히 항공 전력을 급속히 증강하여 주동적으로 대미영전을 수행한다.
2. 제국은 더욱 독일과의 제휴를 긴밀히 하여 공동전쟁의 완수에 매진하는 것과 더불어 자발적으로 대소련 관계의 호전을 도모한다.
3. 신속히 국내 결승태세를 확립하는 것과 더불어 대동아의 결속을 점점 강화한다.

요령

1. 국난을 벗어나는 것을 대체로 1944년 중기를 목표로 하여 미영의 반격에 대응할 수 있는 전략태세를 확립하면서 수시로 적의 반공세력을 포착 파쇄한다.

    제국전쟁 수행상 태평양 및 인도양 방면에서 반드시 확보해야 할 요역을 쿠릴, 오가사와라, 내남양(중서부) 및 서부 뉴기니, 순다, 버마를 포함하는 국역으로 한다.

    전쟁의 종식을 통하여 국내 해상교통을 확보한다.

2. 소련에 대해서는 극력 일소전의 야기를 방지하고 자발적으로 일소 국교의 호전을 도모함과 동시에 기회를 보아 독소간의 화평을 실시함에 힘쓴다.

3. 충칭에 대해서는 부단한 강압을 계속하고 특히 중국대륙으로부터 행해지는 우리 본토 공습 및 해상교통의 방해를 액살하면서 기회를 보아 신속히 중국문제의 해결을 도모한다.

4. 독일에 대해서는 수단을 다하여 제휴 긴밀화를 도모하고 다만 대소전을 야기하지 않도록 한다.

5. 대동아의 제국가 제민족에 대해서는 민심을 파악하고 제국에 대한 전쟁협력을 확보 증진하도록 지도한다.

    적국의 정치적 모략에 대해서는 엄하게 경계하여 기선을 제압해 필요한 조치를 강구한다.

6. 통수와 국무와의 연락을 더욱 긴밀하게 하여 전쟁지도를 활발하게 한다.

7. 신속하게 국내 총력을 결집 발휘하기 위해 결전시책을 단행하여 결승전력 특히 항공전력을 증강하여 나라가 힘을 합쳐 어려움을 이기도록 사기 앙양을 도모한다.

8. 적에 대한 선전모략은 일관된 방침 아래 강력하게 행하여 그 중점을 추축하고, 도의의 선양, 우리 대동아정책을 철저하게 함과 더불어 주적 미국의 전의 상실, 미영소중의 이간 및 인도 독립을 지향한다.

이후 취할 전쟁지도의 대강에 기초한 전략방책

1943년 9월 25일
연락회의

제1. 이후 우리 작전 및 병비의 전망 여하
참모차장

1. 이후 우리 작전 전망에 대해서

(1) 중서부 태평양 방면

솔로몬, 동부 뉴기니 방면에서는 적이 우세한 항공 세력으로 인해 유감스럽지만 제공권(制空權)의 대세는 적이 보유하고 있는 바, 이로 인해 아군의 용전에도 불구하고 동 방면의 우리 전략 태세는 점차 적에게 잠식되고 있어 이후의 전국 추이 전망은 낙관을 허용할 수 없다. 한편 중부 태평양 및 서부 뉴기니 방면 후방의 주요 선은 제국국방상 반드시 확보해야 할 전략 주요 선으로 만약 이를 잃을 시 우리 국방태세는 중대한 사태에 빠질 위험이 크기 때문에 현재 상당히 불완전한 상황에 있다. 동 방면의 방비를 급속하게 강화하여 늦어도 내년 중반기까지는 이를 정비함과 동시에 우리의 반격 전력 특히 항공 세력 강화를 도모하여 모든 수단을 다하여 확보하도록 하여 반격에 나서지 않으면 안 된다.

(2) 남서 방면

연합국 측 특히 영국의 인도양 정면에 대한 반격 기도는 점차 명료해지고 있다. 특히 지중해 방면의 정세를 감안할 때 우기 전후 버마 특히 아라칸 및 안다만, 니코바르에 대한 적의 반격은 불가피하여 수마트라 방면에 대한 반격 가능성도 현저하게 증대하고 있다고 판단된다.

이에 대하여 우리 측은 해상으로부터 시행되는 적의 반격 격쇄의 근간이 될 수 있는 항공 및 해상세력의 열세, 특히 수마트라 방면에 대한 지상병력의 부족, 수마트라 유전지대 방위의 방공병력의 부족 등의 결함이 있지만 이후 군이 기도할 항공 병력의 증강, 방비 강화 등의 대책을 촉진할 것.

다만 수마트라 유전에 대한 적의 공습에 대한 방위에 대해서는 낙관을 허용할 수 없는 정황이다.

(3) 기타 방면

북동방면의 방위는 현재 급속하게 강화되고 있어 올해 동절기 전에는 일단 달성할 수 있을 것이다.

중국 방면에서는 적의 공군이 날뛰었지만 군은 적시에 이를 봉쇄하고 있다. 요컨대 앞으로 전국의 추이는 점점 심각한 결전의 양상을 띠어야 한다. 실로 제국의 존망을 정하는 중대 기구를 결집하여 극력 항공세력의 증대를 도모하여 해상기동력을 증강하고 육군과 해군이 일체가 되어 적절한 작전 지도를 꾀한다면 적의 반격 기도를 철저하게 막아 유리한 전국으로 진전시킬 수 있다는 확신이 있다.

2. 이후의 병비에 대해서

육해군을 종합하여 이후 작전 수행상 소요 병비에 대하여 서술하면 대략 다음과 같다.

(1) 육해항공병력

대동아전쟁 완수 상 국군으로서 소요되는 최소한도의 항공 병력은 일본에 대하여 정면으로 전개될 적 항공 병력에 대항할 수 있으며 또한 기회에 응하여 적어도 국소에서는 절대우세로 적에게 괴멸적 타격을 입힐 수 있는 것이어야 한다. 이에 따라 위 병력량은 늦어도 1945년도 초두까지 이를 완성할 필요가 있다.

이를 위해 1944년도에서 육해군 소요 기수는 55,000기이다. 이에 따라 위 소요기의 필성을 꾀하기 위해서는 국가가 총력을 기울여 이후 상당한 노력을 필요로 할 것이다.

(2) 육상병력

대동아 서부에서 행해지는 적의 반공에 대하여 필승불패의 □□태세를 확립하기 위해서는 항공 세력을 근간으로 하며 이에 부수하는 육상병비 특히 해양 정면 및 버마 방면의 병력과 더불어 본토 및 대동아 요역의 방공병력의 증강이 필수적일 뿐만 아니라 대중국 대소 정면 또한 적어도 현상 정도의 군비를 필요로 한다.

그렇지만 국력 전반적 관계상 대중국 대소 군비에 대해서는 특히 그 장비에서 저하를 감내하고 항공 강화에 우선 전념하고자 한다.

(3) 해상병력

본 전쟁 완수 상 제국 해군으로서는 동서 양 정면으로 오는 공격을 예상하면서 미영 해상병력에 대공 가능한 병력을 보유하는 것이 필요한 바로 우리 국력의 현상에서는 현행 계획이상으로 함정의 증세를 행하는 것은 지난할 뿐만 아니라 항공 병력의 획기적 증강을 위함과 더불어 □□의 □□ □□□ 등을 삭감시키지 않을 수 없는 상황이다.

이를 위해 해상병력의 정비는 해양항공세력의 확보 추진을 주안으로 하는 것 외 특히 어떤 공격적 병력 및 대잠비행력에 집중하여 이외 병력을 모두 충실히 하고 그 결점은 다른 이점 및 이를 활용할 항공 병력의 활약으로보충하도록 한다.

제2. 제국 전쟁 목적 달성상 반드시 확보를 요하는 권역 여하

해군 차장 설명

1.

제국 전쟁 목적 달성상 반드시 확보를 요하는 권역은 제2설명의 취지에 기초하여 대체로 다음과 같이 개정(概定)한다.

쿠릴, 오가사와라, 내남양(중서부) 및 서부 뉴기니, 순다, 버마를 포함하는 권내

2. 설명 요지

(1) 선정 근거

전쟁에서 적을 굴복시킬 자유를 유지하면서 다음 정·전략상의 요청을 충족할 수 있는 최소한도의 요역으로 한다.

① 본토 및 대동아권 중요자원지역[미영 대항 전력의 조출(造出) 및 국민생활 최저한도유지에 필요한 것]에 대한 침습(侵襲) 저지

② 권내 해공륙 수송의 안전 확보

③ 대동아권내 중요 각 민족의 정략적 파악

본 국방권 축소는 작전 수행 및 국력 배양상 피아 관련하여 결함을 심각화하여 장기전 수행을 불가능하도록 할 위험이 크다.

(2) 확보 정도

위 권내에서 적의 대거점을 차지하도록 하고 또한 권내 중요지점(정치, 산업 등의 치명적 중추부)에 대한 적의 공습을 방지하고 그 피해를 줄인다.

(3) 확보상 착안

① 적의 대반격을 봉쇄하고 또한 이를 격퇴함과 동시에 기회를 놓치지 않고 적극적으로 반격작전을 취하기 위하여 적당한 지리적 이점을 활용한다.

(항공작전 및 보급이라는 견지를 주안으로 하여 작전 수행의 근거로 삼는다)

② 적의 항공세력권을 본 국방권 내에 침입시키지 않도록 하기 위해 권역 외곽에는 필요한 전위거점을 설치하도록 한다.

③ 권내 작전 교통을 확보한다.

제3. 선박 손모 감소방책 및 그 전망

해군 차장 설명

1. 선박 손모 감소방책에 대하여

(1) 선박 손모방지의 성패는 첫째로 먼저 호위함정, 항공기 등 호위병력의 급속한 정비에 있다. 따라서 해군으로서는 종전보다 항공 전력의 증강과 더불어 전비의 2대 안목으로 모든 노력을 기울여 급속 정비에 힘쓰고 있지만, 아직 예상한 병력을 달성하지 못하고 제한된 시설과 기재로는 소모 격화에 대응하는 병력 실현이 어려운 실정이다.

선박 문제가 상당히 중대한 현 단계에서는 국가로서 항공전력 다음으로 충족하는 데 다시금 상당한 노력을 기울일 필요가 있다고 생각한다.

또한 선박 보유량은 현 전망을 기초로 하여 잠수함으로 인한 손모를 월 평균 3만 톤 정도로 억제하기 위해서는 대략 호위함정 360척, 대잠비행기 2,000기 정도를 상시 정비 보유해두어야 할 필요가 있다.

(2) 호위함정기의 증강과 더불어 각 대잠병기의 획기적 진보와 함께 정비는 (선박 자위 병기의 강화 보급을 포함한다) 손모 방지상 상당히 유효한 방책으로 그 정비에 힘쓰고 있는 바 그 제산(製産)에 관해서는 관계 각부의 해군에 대한 전폭적 협력을 절실히 바라는 상황이다.

(3) 전세의 변화, 수송에 대한 요망 및 호위병력 정비의 상황 등을 감안하여 적시 적절하게 호위방식을 개정하여 □□에 즉응하도록 하는 한편 호위작전 요구에 응하는 것과 같이 합리적 수송 방식을 확립할 필요가 있다.

이를 위해 수송과 호위의 연계 긴밀화에 관하여 다시금 관계 각부의 협력이 필요하다고 생각한다.

(4) 선박 손모는 적 잠수함에 의한 것 외에 비행기, 해난에 의한 것 등 매년 3만 톤 전후에 달하고 있는 실상으로, 특히 장래 비행기에 의한 상실이 증대하는 경향이 있다고 여겨지고 있는 바, 급히 다음 여러 방책을 취하여 손모를 국한시킬 필요가 있다

고 생각한다.

(가) 적 항공 위력권 내에 있는 중요 엄호 및 교통선의 방공(防空) 강화

(나) 호위함정 및 선박의 대공 병장기 강화

(다) 구조선의 확충 및 선박응대시설 정비

(라) 선원의 소질 향상(대우 개선 및 양성기관의 내용 충실)

(5) 선원의 소질 저하 및 인원 부족에 바탕을 둔 파수, 경계, 응급, 자위병기의 사용법 등에서의 결함이 선박 상실의 원인으로 경시할 수 없는 점이라는 것을 감안하여 급히 그 대책을 강구할 필요가 있다고 생각한다.

(6) 선박 손모 감소에 관해서는 그 중요성을 통감하여 이미 해군은 온갖 노력을 기울이고 있지만 다시금 여러 가지 대책을 세워 감소하도록 노력해야 하는데, 이를 위해 필요한 전비 및 수송, 기타 요망에 관한 국력의 중점을 두어 관계 각부를 통하여 긴밀히 협력해야 한다.

2. 선박 손모의 전망

(1) 기정 계획의 호위병력 및 조선량으로 추이하면 전세에 큰 변화가 없는 한 보유 선박량이 바닥이 날 시기는 대략 올해 말 내지 내년 초일 것이며, 내년 4월 이후 점차 약간이나마 보유량이 증가할 전망이다.

또한 이러한 경우 잠수함에 의한 피해상황은 올해 말경 10만 톤, 내년 중반기에는 6만 톤 정도로 예상된다.

(2) 이상은 잠수함에 의한 피해를 주체로 예상되는 것으로 비행기에 의한 피해와 더불어 해난 등의 격증하는 부분에서는 스스로 다른 경로를 찾아야 할 것이다.

3. 개전 이후 선박 피해 일람표(1943년 9월 20일 현재)

피해정도 원인	침몰		손상		합계	
	척	천 톤	척	천 톤	척	천 톤
잠수함	290	1233,0	146	910,7	436	2143,7
비행기	75	303,7	97	536,2	172	839,9

기뢰	29	85,7	22	106,2	51	191,9
해난	51	135,0	149	556,7	200	691,7
합계	445	1757,4	414	2109,8	859	3867,2

비고: 총 톤 수 500톤 이상의 선박을 계상함.

2) 1944년 8월 19일 세계 정세 판단

1944년 8월 19일 세계정세 판단은 1943년과는 달리 본토 공습과 태평양, 버마 및 인도양 방면, 중국 방면에서의 위기의식이 드러난다. 유럽 전선에서도 독일의 열세에 대한 불안감이 보인다.

각국의 전력 평가에서도 미국과 영국 국민의 단결력을 평가하면서 전력 우세를 진단했다. 또한 중국과 소련에 대해서는 미국 원조에 의한 전쟁능력 향상을 예견했으며, 독일에 대해서는 아직 전쟁수행에는 지장이 없다고 보면서도 국내 상황을 불안하게 판단하고 있는 점이 주목된다.

목차

제1절 동아시아 정세
제2절 유럽 정세
제3절 소련의 대일동향
제4절 세계정국의 동향
제5절 종합판단
부록
제1 각국의 전쟁지도
제2 각국의 전쟁수행능력

제1절 동아시아의 정세

적은 제국에 대한 단기 종전을 목표로 하여 각 방면에서 서로 호응하면서 조직적 총공세를 속행할 것이며, 특히 본토 공습과 본토, 남방지역과의 분단을 목표로 하여 태평양 및 대륙 방면으로부터 시행하는 공세 작전에 의하여 전국의 급속한 진전을 기도할 것이며, 또한 위 전국과 동반하여 본토 상륙의 기회까지도 엿보고 있을 것이다.

또한 적은 그 무력공세를 호응하여 정치적 모략을 점점 격화하여 우리가 전의를 상실하도록 꾀함과 동시에 대동아제국과 제민족의 대일 이간을 격화할 것이다.

1. 본토 공습

제국 본토의 생산설비, 교통시설 및 주요 도시의 철저한 파괴를 통하여 우리 전의 상실, 국력 저하, 국민생활의 혼란을 기도하고 아울러 본토 상륙작전의 기회를 만들려는 적의 공습 기도는 중국 및 태평양 기지의 정비와 기동부대의 활동에 의하여 대체로 8월 이후 점차 연속적으로 집요하게 대규모로 실시되어 그 공습 피해가 제국전쟁수행력에 미치는 영향은 경시할 수 없을 것이다.

2. 해상교통 파괴

앞으로 적의 우리 해상교통 파괴작전은 중국에 있는 항공부대의 활동과 맞물려 남서제도, 필리핀 방면에 대한 잠수함의 집결사용, 기동부대의 □진 행동 등에 의하여 점차 활발화하여 선박의 피해는 증가할 것이지만 필리핀 및 남서제도 방면에 대한 적의 항공기지 획득 기도를 달성하지 않는 한 본토와 남방지역과의 해상 교통은 대체로 유지할 수 있을 것이다.

3. 태평양 방면

중부 태평양 방면의 적은 수시로 우리 함대와의 결전을 기도하면서 마리아나 및 서부 캐롤라인의 요충지에 해공(海空) 기지를 추진하여 남태평양 방면으로부터의 진공에 책응하여 필리핀 및 남서제도 방면을 공략하여 제국 본토와 남방 지역과의 교통 차단을 기도하는 듯하다. 위 공격은 대략 10월경까지는 실현할 확률이 높다.

4. 버마 및 인도양 방면

북버마와 임팔 방면에 대해서는 우기 중이라도 하더라도 계속 압력을 가중할 것이며 특히 인도차이나 루트 재개를 위해 전력을 집중할 것이다. 또한 태평양 방면의 공세와 책응하여 유력한 기동부대로 시행하는 안다만, 니코바르 등에 대한 상륙작전과 수마트라 유전지대에 대한 공습은 실현될 가능성이 크다.

5. 중국 방면

충칭 국민정부는 극력 항전에 힘쓰며 특히 남중국방면 항공기지의 유지를 도모하면서 우리의 오지 진공을 저지함과 동시에 인도차이나 지상 루트의 재개 작전을 집요하게 계속하여 이후 전력의 회복증강과 동반하여 반격을 실시할 것이다.

또한 미국, 중국 공군의 증가 태세는 여전히 계속될 것이며 본토 및 조선·만주·북중국 등의 요역에 대한 공습과 더불어 해상교통의 파괴 기도는 점점 증대할 것이다.

더욱이 동소련 및 외몽골을 통한 장제스 원조 루트의 재개에 관해서는 소련의 이후 동향과의 관련하여 경계를 요할 것이다.

6. 대동아 여러 나라의 동향

대동아 여러 나라는 만주를 제외하고 현 정세에서 이미 그 대일협력적 태도가 소극화되는 조짐이 있다. 앞으로 동아시아 및 유럽에서 추축국 측 전국의 추이와 적측의 정치적 모략의 격화와 맞물려 정부 및 민중의 동요, 치안의 악화 등은 점차 증대할 것이다. 그중에서도 중국에서 우리 점거지역 민중의 대일 비협력화, 필리핀 민중의 일본을 벗어나 적성화되는 움직임, 태국내의 동요 등을 차차 초래할 우려가 크다.

자유인도 임시정부의 대일 동향에는 변화가 없지만 인도에서 영국과 인도의 상극의 정도가 전국의 추이에 따라 변동할 것이다.

제2절 유럽 정세

유럽의 전황은 미영군의 북프랑스 상륙 및 소련군의 하계 공세 개시에 동반하여 점차 본격적 결전 단계에 돌입하여 그 대세는 일반적으로 독일 측에 불리해지고 있어 이후 독일 측에서 정전국의 전기를 유리하게 파악하지 않는 한 그 전쟁지도는 점점 곤란해질 것이다.

1. 독소 전선

독소전쟁에서는 소련은 이후 주로 정략적 견지에 기초하여 자주적 작전을 지도할 확률이 큰데, 올해 하반기에는 실지의 대부분을 회복할 뿐만 아니라 다시금 서부 폴란드와 더불어 동프로이센 및 헝가리 일부에 침입함과 동시에 루마니아 및 핀란드 대부분까지도 장악하지 못할 것이라고는 말할 수 없다.

2. 서유럽 제2전선

서유럽 제2전선 방면 작전의 성패는 독일 운명에 가장 중대한 영향을 미칠 것이다. 독일로서는 이후 호기를 잡아 반격을 실시하거나 혹은 미영군의 보급을 충분히 차단할 수 있는 경우에는 전세를 만회할 수 있겠으나 그렇지 않은 경우에는 미영 전선은 차차 내륙으로 확대될 것이다.

3. 독일 산하 여러 나라 및 중립국의 동향

앞으로 독일의 군사적 정세는 낙관할 수 없는 것으로, 특히 제2전선 방면에서 단호하게 결승적 공세를 취하여 작전에 성공을 거두지 않는 한 동부전선에서 잇따라 후퇴와 맞물려 독일 산하의 여러 나라와 중립국 등이 점차 반 추축국 측의 책모에 굴복하는 사태를 보게 될 것이다.

제3절 소련의 대일동향

동아시아 및 유럽의 정세가 추축국에 불리하게 진전되는 경우 소련이 계속 종래와 같이 대일 중립태세를 견지할 것인지 아닌지는 의문이지만 특별한 사태가 발생하지 않는 한 구태여 대일 참전은 물론 미국에게 군사기지를 공여하는 일도 없을 것이다.

제4절 세계정국의 동향

각 교전국은 사투를 계속하고 있으나 새삼 내재한 궁핍함이 점차 표면으로 노정되고 있어 이에 피아 전세의 균형 파탄 및 예상할 수 없는 이변이 발생한다면 곧바로 정국이 바뀌는 동인으로 포장하려는 현상이 현저하다.

이에 따라 앞으로 상세 추이에 따른다면 유럽에서 독소 또는 독영미 화평 문제의 발생 및 중립제국의 배반 혹은 독일 산하 여러 나라의 탈락을 보지 않으리라고는 장담할 수 없으므로 엄중히 경계해야 한다.

또 충칭은 전국의 추이를 미국, 영국, 소련의 동향 및 일본의 태도 여하에 따라서 장래 정국 전환을 고려할 가능성이 없지 않다.

제5절 종합판단

지금 적은 전쟁의 주동성을 파악하고 있는 현상을 틈타 전력을 기울여 정(政)·전(戰) 양략에 걸친 진면목의 결전공세를 속행 강화하고자 한다. 이번 여름 가을경부터 전(戰)·정(政) 국면의 추이는 점점 중대화할 것이며, 이에 대하여 제국은 유럽정세의 추이 여하에 구애되지 않고 결전적 노력을 기울여 적을 파쇄하고 정략적 대책과 더불어 어디까지나 전쟁완수에 매진해야 한다.

부록

제1. 각국의 전쟁지도

1. 미국

미국의 전쟁 목적은 자국을 중심으로 하는 세계제패를 꾀하며 일독, 특히 일본을 완전 굴복시키는 데 있다. 따라서 미국은 가능한 한 신속하게 전승을 결정지을 것을 도모하고 영국과 협력하여 소련 및 충칭을 이용하여 일본과 독일의 타도를 도모할 것이며, 그 공격병력의 중점은 동아시아를 지향할 것이다. 또한 소련을 대일전에 도입하는 것에 힘쓸 것이다.

2. 영국

영국의 전쟁 목적은 대체로 전쟁 이전의 세력을 유지하기 위한 일본과 독일, 특히 독일의 강압에 있다.

따라서 영국은 미국과의 제휴를 점점 긴밀히 하여 그 중점을 독일로 향하고 소련을 이용하여 먼저 독일의 강압을 도모하는 한편, 미국과 협력하여 동아시아 전선에서 공세를 가중하여 전후에 동아시아 처리에서 부동의 지위를 확보하려고 하는 듯하다. 그동안 영제국의 결속 및 근동, 아프리카에서 종래의 지위 확보에 힘쓸 것이다.

영제국을 보전하는 견지에서 미소의 세력이 유럽에서 확대되지 않을 것을 희망하는 것과 전화가 크다는 것을 감안할 때 국민들이 종전을 몹시 원하는 있는 기운이 없지 않다. 또한 이를 기조로서 유럽처리문제를 둘러싼 영미소 간에 상극이 없지 않지만 독일이 건재하는 한 조급히 미소와의 제휴에 파탄을 발생시키는 것은 없을 것이다.

3. 충칭

충칭의 항전·건국의 목적은 외국세력을 배제하고 그 영토 및 주권을 완전히 갖추는 것을 도모함에 있다. 따라서 제국에 대해서는 주로 미영 전력에 의한 일본의 굴복을 원하여 이른바 실지 회복을 꾀하고 있어 <u>스스로</u>는 대체로 방어 태세를 유지하여 전력 소모를 회피하고 그 사이 가능한 한 자력갱생의 책을 강구하여 전후에 자주적 지위의 확립을 도모할 것이다.

일본의 굴복을 희구하는 것은 전술한 바와 같다고 하더라도 그 완전 굴복은 모두 미영의 압박에 의한 고난을 자국에 불러들이는 원인이 될 우려가 없지 않다.

4. 소련

소련은 여전히 세계적화정책을 수행하고 있어, 현재 전쟁 목적은 당초 독일의 위협을 제거하여 독소개전 전의 영토를 회복하는 데 있었으나 그 전세가 유리하게 진전됨에 따라 영토회복에 그치지 않고 슬라브 민족의 통일, 발칸, 서아시아 방면에 대한 세력의 신장을 꾀할 것이다.

이를 위해 소련은 자주적으로 세계전쟁에 대처하고 극력 영미를 이용하면서 먼저 독일의 굴복에 전념함과 더불어 전후처리에 대한 발언권을 확보하기 위한 정치적 모략을 활발히 할 것이다.

소련은 제국이 대미영전에 건투하고 있는 한에서는 당분간 동아시아의 평온을 유지할 것을 꾀할 것이다.

5. 독일

독일의 전쟁 목적은 소련의 위협을 제거함과 더불어 영국의 구 지배 세력을 타파하여 대독일 민족국가를 조직하고 그 생존을 위한 유럽광역 생활권을 건설하는 데 있다.

따라서 독일은 미영의 진공, 특히 제2전선을 격쇄함과 더불어 교통파괴전과 대영 공습을 강화하여 그 전의를 상실하게 하는 데 힘쓸 것이다.

부록

제2. 각국의 전쟁수행능력

1. 미국
   (1) 국민의 단결력은 여전히 공고하여 그 물적 우월감을 감안할 때 전쟁을 계속할 의지는 당분한 동요하지 않을 것이며, 그렇다고 하더라도 그 사기는 주로 전쟁 사기에 의하여 급수적으로 증감할 것이다.
   전국이 예상대로 진전하지 않을 경우에는 국내 사정도 있어 전쟁 수행상 미묘한 문제가 생길 가능성이 없지 않다.
   인적 자원은 점차 곤란을 느끼고 있다.
   (2) 루스벨트의 지위는 공고하여 그 정치력은 전세가 유리한 한 동요하지 않을 것이다.
   대통령 선거 결과 여하가 전쟁을 계속할 의지에 영향을 줄 것이다.
   (3) 공업생산은 대체로 1943년 말경 수준을 유지하고 있으나 그 생산력은 오히려 탄력성을 보유하고 있다.

식량의 국내자급은 충분하지만 동맹국에 대한 보급은 중남미 이용에 의존할 수 있을지 기다려보지 않을 수 없다.

(4) 지상병력 116사단을 근간으로 하는 현 육군 확장은 올해 중반기에 우선 달성하고, 해군 확장 또한 속행 중으로 올해 말 고속항공모함 약 25척의 보유를 도모할 것이며, 또한 동시기에 상륙용 주정(舟艇)의 건조량은 약 250만톤(약 8만척)에 달하여, 항공기는 제1선기 약 1만기(함전기 1,900기를 포함)를 대일작전지역에 전개할 수 있을 것이다.

2. 영국

(1) 국민의 단결력은 아직 공고하며 전쟁을 계속할 의지는 동요하지 않는다.
   본국의 인적 자원은 이용 최대한도에 달하였다.
(2) 처칠의 지위는 공고하여 그 정치력은 동요하지 않는다.
(3) 본국의 생산력은 상승할 여지가 없으나 미국의 원조에 의해 현상유지는 대체로 가능할 것이다.
   식량은 해외의존도가 상당히 높으나 그 수급이 궁핍하지 않다.
(4) 육, 해, 공군은 미국의 원조와 자치령, 속령 등의 이용에 따라 현재 수준의 유지가 가능할 것이다.

3. 충칭

(1) 전쟁을 계속할 의지는 상당히 견고하다.
   인적 자원은 풍부하다.
(2) 장제스의 지위는 아직 공고하며 그 정치력을 보유할 것이다.
(3) 경병기 및 식량의 자급이 가능하다.
(4) 군대는 현재 장비가 열등하지만 미국의 원조에 의해 그 장비가 차차 향상될 것이다.
   재중국 미 공군은 점차 증강하고 있어 그 활동은 엄중한 경계를 요한다.

4. 소련

(1) 국민성의 점착력과 스탈린의 지도력에 의해 특히 전황이 호전되는 것과 맞물려 국

민의 전쟁을 계속할 의지는 아직 공고하다.

인적 자원은 대체로 한도에 달하였다.

(2) 스탈린의 지위는 상당히 공고하여 그 정치력은 동요하지 않는다.
(3) 생산력은 올해 말 기초공업에서는 대체로 독소개전 전의 수준을 회복할 것이며, 또한 비행기와 전차의 생산량은 이미 전전의 생산량에 필적하지만 이후 급속한 상승은 기대할 수 없을 것이다.

또한 소련의 전쟁수행력은 미영의 원조물자에 의존하는 바가 크다.

식량은 상당히 궁핍하지만 아직 국내 동요를 불러올 정도는 아니다.

(4) 올해 8월 이후의 손모를 약 70만이라고 추정한다면 올해 말에 현 보유 병력(약 1,000만)을 유지하고 또한 약 200만의 동원 여력을 보유할 것이다.

5. 독일

(1) 국민생활은 상당히 궁핍하고 구시대 군인 등의 모반사건이 일어나는 등 국민의 단결이 반드시 공고하다고 할 수 없는 감이 있지만 제1차 세계대전과 같은 경험을 감안할 때 오히려 상당한 전쟁의사가 파악되고 있다.

인적 자원은 한도에 달하였다.

(2) 히틀러의 정치력은 당분간 동요하지 않을 것이다.
(3) 생산력은 전세의 불리, 특히 점령지의 축소, 중립국의 배신, 공습의 증대, 노동력의 부족 등에 의하여 차차 저하하는 부득이한 상황에 처해있으나 아직 전쟁수행에 큰 지장을 줄 정도는 아니다.

식량은 세력권 내의 수요를 대체로 충족할 수 있다.

(4) 올해 8월 이후의 손모가 약 70만 이내에 그치지 않는다면 올해 말에 현 보유 병력(약 970만)을 유지하기는 어려울 것이다.

2. 일본의 동남아시아 대책

1) 1945년 2월 1일 정세의 변화에 대응하는 프랑스령 인도차이나 처리에 관한 건

이 자료는 방위연구소가 소장하고 있는 '1944년 8월 4일~1945년 3월 29일에 결정된 중요 국책결정 문서철'에 수록된 문서 중 하나이다. 전쟁 상황이 급박한 가운데 프랑스령 인도차이나에 대한 정세 판단과 대응에 대한 1944년 2월 1일 최고전쟁지도회 결정 내용이다.

미군이 프랑스령 인도차이나를 공격해올 가능성에 대비하면서 프랑스령 인도차이나 총독에 대해 일본과의 협력을 요구하는 내용이다. 베트남의 독립적 위치를 인정하면서 현지인의 민심을 이용하되, 만일 프랑스령 인도차이나가 요청에 협조하지 않을 경우에는 일본이 선제적으로 무력을 행사하겠다는 내용을 담고 있다.

최고전쟁지도회의 결정 제 16호
1945년 2월 1일

정세 변화에 대응하는 프랑스령 인도차이나 처리에 관한 건

제1 방침
1. 제국은 전쟁 국면의 추이 및 프랑스령 인도차이나의 동향에 비추어보아 자존자위(自存自衛)상의 절대적 필요에 기반해 프랑스령 인도차이나에 대해 시기와 형편에 비추어보아 자주적으로 무력 처리를 행한다.
   무력 처리 발동의 시기는 따로 이를 정한다.
2. 무력 처리 발동의 시기에 이를 때까지는 엄격하게 우리 의도를 숨기도록 한다.

제2 요령

1. 무력을 발동하기에 앞서 매우 단시간 내에 외교 조치를 완료하도록, 먼저 대사가 프랑스령 인도차이나 총독에 다음 아래 요지를 기한부로 요구하도록 한다.

    다음

    전반적인 정세, 특히 미군의 인도차이나 영역에 대한 무력행사의 사실, 그리고 그 추세에 비추어 볼 때 제국은 인도차이나의 방위를 다하기 위해, 일본-프랑스령 인도차이나 공동 방위의 근본정신에 기반하여 프랑스령 인도차이나 총독이 미국, 영국의 인도차이나에 대한 무력행사에 대해 제국과 협력해서, 어디까지나 인도차이나를 방위할 뜻이 명확하다는 결의를 구체화하기 위해, 아래 내용에 동의할 것을 요구한다.

    (가) 현 사태가 계속되는 한 프랑스령 인도차이나 군 및 무장 경찰대는 제국군의 통일 지휘하에 들어가도록 하며, 부대, 병기, 자재의 편성, 배치, 이동 등에 대해 전면적으로 그 지시하에 행동하게 할 것, 그리고 철도, 해운, 통신 등 작전상 필요한 기구를 우리 군 관할하에 둘 것.

    (나) 프랑스령 인도차이나 전 기능에 대해 제국의 요청에 전면적이고 충실하게 협력할 뜻을 즉시 지령할 것.

    (다) □시간 내에 앞 두 항목을 전면적으로 수락할 것.

    위 기한이 경과한 다음에는, 제국군은 프랑스령 인도차이나 총독부가 공동 방위를 수행할 성의가 없다고 보고, 필요한 수단을 강구할 것이다.

2. 프랑스령 인도차이나가 전면적으로 우리 요구를 수락할 경우에도 프랑스령 인도차이나 군대 및 무장 경찰대를 재편성한다.

3. 프랑스령 인도차이나가 우리 요구에 응하지 않는 경우에는 제국은 무력을 행사해서 프랑스령 인도차이나를 처리하고, 당분간 이를 군 관리하에 둔다.

4. 안남국(安南國) 등에 대한 조치는 다음을 따른다.

    (가) 현지군이 적절히 안남국 등의 독립적 지위를 향상시키고 지원해서, 적극적으로 우리에게 협력하도록 시책한다.

    (나) 일반 정세를 감안한 다음 안남국 등의 독립을 승인한다.

    독립 승인의 시기, 방법 등에 관해서는 따로 정한다.

5. 제국 정부는 무력 처리에 동반하여, 기회를 놓치지 않고 성명을 발표한다.
6. 소련에 대해 필요한 바에 따라 제국의 진의, 특히 그 비침략성을 설명한다.
7. 독일에 대해서 제국의 프랑스령 인도차이나 처리의 진의를 통보하고, 제국의 시책에 동조하게 한다.
8. 광저우만(廣州灣) 조차지, 그리고 기타 지역에 있는 프랑스 군대 등에 대해서는 프랑스령 인도차이나에 준해서 처리한다.

주의
일반 프랑스인, 권익 등에 대해서는 온건하게 취급하도록 노력할 것.

2) 1945년 2월 2일 내각 총리대신 상주문

이 자료는 '1944년 8월 4일~1945년 3월 29일에 결정된 중요 국책결정 문서철'에 수록된 문서 중 하나로서, 앞의 사료와 연결된 문서이다. 전쟁 상황이 급박한 가운데 프랑스령 인도차이나에 대한 정세 판단과 대응에 대한 1944년 2월 2일의 천황에 대한 내각 총리대신 상주의 내용이다.

미국, 영국, 프랑스(드골 정권)와 싸우고 있는 일본으로서는 본국의 지도를 받는 프랑스령 인도차이나가 일본에 협력적이라고 생각하지 않으며, 적이 이곳을 기반으로 반격해올 위험성을 지적하는 내용이다. 그리고 베트남 독립운동 용인 등 현지인의 민심을 이용하며, 제3세력인 소련의 움직임도 주시하고 있는 것이 특징이다.

내각 총리대신 내주 자료
1945. 2. 2

삼가 대본영 육해군부 및 정부를 대표해서, '정세의 변화에 대응하는 프랑스령 인도차이나 처리에 관한 건'에 대해 말씀드립니다.

작금의 정세를 보건대, 프랑스령 인도차이나 측은 표면상 제국에 대해 협력적 태도를 보이고 있지만, 대동아 및 유럽에서의 정세 진전과 함께, 제국에 대해 적대하는 태도를 표명하고 있는 프랑스 본국 '드골' 정권 및 적 미국 영국과 몰래 연락하고, 기회를 엿보아 제국에 대해 반격하고자 하는 것이 아닌가 하고 생각되기에 이르렀습니다.

한편 인도차이나의 위치는 남방에 대한 제국의 작전 지도상 중핵 지대에 있을 뿐 아니라 남북 교통 연락의 요충에 해당하며, 제국이 이를 확보하고 있느냐 아니냐는, 전쟁 지도상 중대한 관계가 있습니다. 그리하여 정세는 이미 적의 프랑스령 인도차이나 진공을 예상하기에 이르렀습니다.

따라서 제국으로서는 자존자위(自存自衛)상의 절대적 필요에 기반하여 이 시기에 가능한 한 빨리 자주적으로 프랑스령 인도차이나를 안정 확보하고, 이후의 작전 및 전쟁 지도에 유감이 없도록 기약해야 한다고 생각하는 바입니다. 이를 위해 무력을 행사하는 것을 각오한 다음 우선 프랑스령 인도차이나에서 적성 세력을 배제할 것을 필요로 한다고 생각합니다.

앞서 기술한 현재의 프랑스령 인도차이나 사태로부터 볼 때, 본 □□ 발동의 시기에 관해서는 새롭게 폐하의 결정을 기다리고자합니다. 다음으로 그 발동할 때에 대해서는 제국의 공정한 태도에 대해 조금의 의심도 갖게 하지 않도록 하기 위해, 작전상 이를 허락하는 범위 내에 대해서는 외교 교섭을 완료하도록 일본 대사로부터 프랑스령 인도차이나 총독에 대해 기한부로 요구를 제출하게 하려합니다.

그 결과 프랑스령 인도차이나 총독이 제국의 요구에 응한다면 일단 프랑스령 인도차이나 측과 협력의 형태를 통해 우리의 군사상 목적 달성에 힘쓰겠지만, 프랑스령 인도차이나 군대 및 무장 경찰 대원은 재편성할 필요가 있습니다. 프랑스령 인도차이나 총독이 제국의 요구에 응하지 않을 경우에는 제국은 무력을 행사해서 프랑스령 인도차이나를 처리하고, 인도차이나는 당분간 제국군의 관리하에 두고자 합니다.

제국의 프랑스령 인도차이나 처리에 동반하여 프랑스의 보호하에 있는 안남국 등에 대해서는 당연히 독립 운동이 활발해질 것으로 예상되므로, 원주민으로 하여금 적극적으로 우리 편에 협력하도록 하기 위해 이를 지원하고자 합니다. 그렇지만 제국이 요구를 제출한 이후의 프랑스령 인도차이나 정세는 상당히 혼란할 것으로 예상되므로, 이들의 독립 승인에 관해서는, 일반 정세의 진전을 확실히 본 다음 따로 폐하의 결정을 부탁드리고 싶다고 생각합니다.

제3국 특히 소련에 미칠 영향에 대해서, 미리 충분히 검토를 했는데, 소련은 지난번 '드골' 정권과 동맹 및 상호 원조 조약을 체결하는 등, '드골'과의 친밀도를 점차 증가시키고 있는 것으로 보입니다만, 현재까지 판명된 바로서는, 소련-프랑스 동맹 조약의 내용은 일□□문제(一□□問題)는 언급하고 있지 않다고 관찰될 뿐만 아니라, 소련의 최근 대일 동향 및 유럽 방면에 대한 정세 등을 감안할 때, 소련의 제국에 대한 태도에 중대한 변화는 없다라고 생각됩니다.

또한 정부로서는 이 이상 대소관계를 악화시키지 않기 위해서는 충분한 주의를 기울이고자 합니다.

무력 처리를 발동할 경우에도 일반 프랑스인 및 권익 등에 대해서는 온건하게 취급하도록 힘쓰겠습니다.

이상으로 설명을 마치겠습니다.

3) 1945년 2월 26일 인도차이나 정무 처리 요령

이 자료는 '1944년 8월 4일~1945년 3월 29일에 결정된 중요 국책결정 문서철'에 수록된 문서 중 하나이다. 전쟁 상황이 급박한 가운데 프랑스령 인도차이나를 전쟁에 협력시키기 위하여 베트남의 독립운동을 용인하고 프랑스의 영향력을 배제시킨다는 내용이다. 제2차 세계대전이 진행되는 가운데 연합국인 프랑스를 동아시아에서 구축하려는 일본의 의도가 담겨 있는 문서이다.

최고 전쟁지도 회의 보고 제 11호
1945년 2월 26일

인도차이나 정무 처리 요령

프랑스령 인도차이나 처리에 동반하여 정무처리는 본 요령에서 정하는 바에 따른다.

1. 프랑스령 인도차이나가 전면적으로 우리 요구를 승낙할 경우
 (가) 일본-프랑스령 인도차이나 관계는 계속해서 협동 방위 관계이다.
  총독 이하 프랑스령 인도차이나 측의 통치 기구는 그대로 존속시키고, 이를 통해 적극적으로 우리에게 협력하도록 힘쓴다.
 (나) 재편성에 있어서 불필요한 프랑스령 인도차이나 군인 및 무장 경찰대원은 일반인과 마찬가지로 취급하고 포로로서 취급하지 않는다. 단 우리에게 저항하는 자는 프랑스령 인도차이나 당국으로 하여금 처단하게 하거나 우리 측에서 포로로서 억류한다.
 (다) 일반 프랑스인 및 프랑스인의 재산 등을 취급할 때는 대체로 현재와 같이 한다.
 (라) 안남국 등의 독립운동에 대해서는 제국은 이를 방해하지 않도록 한다.
 (마) 통화는 재래 통화를 사용하는 것으로 한다.

2. 프랑스령 인도차이나가 우리의 요구에 응하지 않고 무력을 행사할 경우
 (가) 일본-프랑스 관계는 전쟁상태가 아닌 것으로 한다. 단 프랑스령 인도차이나에 관한 기존 일본-프랑스간의 조약에 구속받지 않는다.
 (나) 프랑스령 인도차이나 총독 이하 수뇌진의 직무 집행을 인정하지 않지만, 그 처우는 노력하여 온당하게 한다.
  총독부 하부 기구는 이를 활용할 것을 꾀한다.
 (다) 프랑스령 인도차이나 군인, 무장 경찰대원은 무장을 해제하고 저항하는 자는 이를 포로로 삼고, 저항하지 않는 자는 가능한 신속히 재편성한 다음 이를 활용할 것을 꾀한다.
 (라) 프랑스인 및 프랑스인 재산은 이를 적국인 및 적 재산으로서 취급하지 않는다. 단 작전상 특히 필요한 경우에는 우리 측에서 재산을 관리하고, 거주 행동 등에 제한

을 가할 수 있다.

(마) 제3국 관헌 및 제3국인의 취급은 당분간 상태를 유지하도록 한다.

(바) 인도차이나 관리에 동반하여 안남국, '캄보디아', '루앙프라방'국에 대해서는 각국 고유의 통치 기구를 존중하고, 우리 측의 내면 지도하에 적절히 그 통치를 맡긴다. 프랑스 직할인 지역에 대해서는 군정을 시행한다. 단 외부에 대해서는 그 뜻을 명시하는 것을 피하고, 일본군이 일시적으로 그 행정 관리를 담당한다는 방침을 취하도록 한다.

인도차이나 전역에 걸친 공통 사항에 대해서는 당분간 우리 측이 실시한다.

(사) 안남국 등의 독립에 관한 지도는 다음 내용에 준거한다.

　(1) 신속히 안남국 등으로 하여금 자발적으로 프랑스와의 보호 조약 파기 등의 행동에 나서게 해서, 독립 회복의 사항을 천명하게 한다.

　단 구체적 독립 시책(施策)에 대해서는 작전에 지장이 없는 범위에서 행하도록 한다.

　(2) 안남국 등의 독립적 지위 향상을 지원하는 데 있어서는, 원주민으로 하여금 적극적으로 우리에게 협력하게 만들고, 이를 근간으로 특히 민족의식의 앙양(昂揚)을 꾀한다.

　(3) 안남국 등의 독립을 승인하는 시기, 방법 등에 관해서는 중앙에서 따로 정한다.

(아) 발권 은행은 우리 측에서 관리하고, 재래 통화를 사용한다. 단 필요에 따라 당초 로 □(ろ□) 군표를 병용할 수 있다. 이 경우에는 이후 신속히 이를 회수하도록 한다.

3. 경제 대책은 자급 자족 태세의 강화를 제1 과제로 삼고, 더하여 현지 민생의 유지를 꾀하는 것을 주로 한다.

통화의 방출은 극력 억지한다.

[비고] 광저우만 조차지에 대한 정무 처리에 관해서는 본 요강에 준한다.

4) 동인도 독립 설치에 관한 건

1945년 7월 17일 자 외무성 문서에 포함된 '고이소 성명'은 '가까운 장래에 네덜란드령 동인도의 독립'을 약속함으로써, '대동아 정략 지도 대강'의 기본 노선을 변경하였다.

외무성 외교사료관에 소장된 이 사료는 「대동아전쟁 관계 일건/동인도 문제(네덜란드령 포함)」라는 문서철에 포함되어 있다. 이 문서군은 인도네시아 독립과 관련된 다양한 정책 시안을 담고 있으나, 내용이 대부분 중복되므로 본 책에서는 1945년 7월 17일 자 외무대신 설명 자료만 소개한다.

우선 일본의 패전이 임박한 시기에 인도네시아의 독립을 인정하려고 했다는 점, 그러면서도 인도네시아가 지역에 따라 민도가 다르다는 점, 독립의 시기를 확정하지 못했다는 점에서 실효성 있는 내용이라고 보기는 어렵다.

동인도 독립 조치에 관한 건

외무대신 설명자료
1945년 7월 17일

1. 동인도에서는 네덜란드 시기부터 격렬한 독립운동이 있었는데, 인도네시아인을 위한 인도네시아를 이들 독립운동가가 열렬히 요망하는 바, 대동아전쟁이 발발하여 우리 군의 동인도□ 완성되자, 이들 선각자는 무엇보다도 독립할 호기에 이르렀다는 기대 아래 우리 쪽에 전면적 협력을 행하여, 혹은 중앙참의원 의원으로, 혹은 각 주 지방기관의 관리 또는 의원으로, 활동하여 그 성과를 볼 수 있었다. 다른 한편 작년 11월 대동아공동선언이 발표되어, 대동아 각국의 자주독립을 존중하는 제국의 대방침이 선명되었고, 동시에 버마, 필리핀의 독립, 자유인도임시정부 수립 등 동인도에서도 독립운동가의 희망이 한층 촉진됨에 따라, 일본으로서도 대동아선언의 취지를 관철하고, 또한 동인도 주민의 우리 쪽에 대한 협

력과 기대에 보답하기 위해서도, 동인도의 독립문제에 관한 어떤 의사표시를 하는 것이 타당하다고 생각하기에 이르렀다. 따라서 전 내각에서는 작년 9월 5일 최고전쟁지도회의에 부의한 뒤, 9월 7일 제85 임시의회 시정연설에서 고이소 전 총리는, "제국은 동인도 민족의 영구한 복지를 확보하기 위해 장래 그 독립을 승인하려 한다"는 뜻을 성명하여, 이로써 본 문제에 대한 제국의 의도가 명백해졌다. 다만 9월 5일 최고전쟁지도회의에서는 위 취지의 성명을 의회에서 행하는 것을 결정한 것일 뿐, 독립을 허용할 지역에 관해서는 자바 및 수마트라에 대해서는 문제가 없지만 나머지 지역에 대해서는 명백한 결정을 보지 못하고, 그저 종래 금지되어 있던 인도네시아 노래 및 인도네시아 깃발 사용을 허가하고, 또한 주민의 정치 참여를 강화 확대하여, 현지 주민을 독립에 필요한 사항의 조사연구를 행하도록 하였다.

2. 위 제국정부의 성명에 호응하여, 자바에서는 독립조사위원회가 설립되고, 수마트라, 셀레베스 등의 지역에서도 현지 주민의 정치 참여 강화 조치가 취해져, 필요한 준비가 진척 중인데, 작년 9월 7일 성명에는 다만 "장래 그 독립을 승인하려 한다"는 뜻을 말한 것뿐 그 시기는 명시되지 않은 바, 독립을 약속하면서 그 실현을 오래 책정하지 않은 상태로 방치하는 것은 제국의 결의에 대한 의심을 일으키는 바가 없지 않아, 특히 적의 반격이 이미 동인도의 일각에 미치고 있는 오늘날 현지 주민의 대일협력을 점점 적극화할 필요에서 보아도, 이러한 때에 작년의 성명을 다시금 구체화하여, 독립 시기를 확실히 정하여 국내외에 발표하고 이를 통해 대동아 자주 완정(完整)에 대한 제국의 진정한 의도를 선명할 필요가 있다. 이상의 견지에서 이번 별안과 같은 결정을 행하려고 한 것이었다.

3. 다음으로 결정안에 대하여 약간 설명할 것이다.

(1) 요령1에 대하여

동인도의 민도는 각 지역이 모두 같지 않은데, 가장 민도가 높고 실질적으로도 독립의 자격을 구비한 곳은 물론 자바이다. 나머지 지역은 반드시 곧바로 독립의 자격을 갖추었다고는 볼 수 없으므로 이에 따라 자바만 독립을 허용하고 다른 지역은 다시금 그 실질적 완비를 갖추어 독립하도록 해야 한다는 논리도 가능한 바, 종래 동인도의 독립을 앞장서서 주장해

온 이른바 독립운동가는 마땅히 네덜란드령 동인도를 하나로 생각하고 있어 이를 일체로 독립시키는 것을 요망하고 있다. 이러한 때 자바만을 분리하여 독립시키는 것은 이들을 실망시켜 모처럼의 효과를 반감할 뿐만 아니라 혹 제국이 나머지 지역에 대한 어떤 야심을 가지고 있는 것이 아닌가하는 의구심을 생기게 할 우려가 없지 않으므로 독립시킬 지역은 구 네덜란드령 동인도 전부라는 뜻을 명확히 해야 하는 상황이다. 또한 본 항은 독립시킬 지역은 구 네덜란드령 동인도로 영국령 말레이 및 북보르네오를 포함하지 않음을 의미하고 있는 바, 이들 지역은 지리적으로는 구 네덜란드령 동인도와 근접하지만 종래의 역사적 전통에서는 완전히 별개의 존재인 것으로 이를 구 네덜란드령 동인도와 일괄 독립시키는 것은 적당하지 않고 불필요하다고 생각하여 이는 논외로 한다.

(2) 요령2에 대하여

제1항은 주요지역 즉 자바, 수마트라 등의 독립 준비가 완료되었을 때 독립시킬 지역으로 지정된 구 네덜란드령 동인도 전 지역에 걸쳐 신국가의 독립을 선언하게 할 것을 의미하는 것이었다. 혹은 준비가 완료된 지역부터 먼저 독립시키고 다른 지역에 대해서는 그 준비를 완료하는 것을 기다려 차차 이를 신국가에 참가하도록 하는 방법도 생각할 수 있는데, 이와 같은 방법은 전술한 구 네덜란드령 동인도 전부를 일체로 생각하는 소위 인도네시아 독립운동가의 오해를 불러올 우려가 있을 뿐만 아니라, 다른 지역의 준비가 완료되는 대로 신국가에 편입할 때의 법리적 설명에도 곤란함이 있고, 오히려 주요 지역이 준비가 완료되는 대로 전 지역에 걸쳐 일제히 독립선언을 행하도록 하는 것이 적당하다고 생각한다. 따라서 아직 준비가 완료되지 않은 지역에 대해서는 우선 이를 신국가의 영역으로 하지만, 여전히 우리 측의 군정을 계속하고, 준비 완료를 기다려 차차 이를 신국가에 이관하려고 하는 상황이다(제2항).

제3항에 이른바 독립준비위원회는 전 지역에 걸친 독립준비를 위한 위원회지만 신국가의 중심은 결국 자바로, 또한 현재 준비진척상황도 자바가 가장 진행되어 있어, 편의상 독립준비위원회를 자바에 설치하려고 한 것이다. 물론 자바 이외의 지역에서도 위 독립준비위원회는 준비진척상황에 호응하여 독립준비를 촉진할 것은 당연하다. 또한 자바에 설립될 독립준비위원회는 전 지역의 독립을 준비하는 것으로 당연히 각 지역으로부터 대표자의 참

가를 예상하는 바, 혹은 현재 교통 상황에 따라 동인도 각지에서 대표자를 자바로 파견하는 것은 곤란하다고도 생각되는 바, 위와 같은 상황에서는 자바에는 동인도 각지의 대표적 인물이 거주하고 있어 이들이 대리하도록 하는 것을 고려해 볼 수 있다.

(3) 요령3에 대하여

신국가 독립의 시기는 방침에도 명시되어 있는 대로 가급적 이를 신속하게 하길 원하는 의견으로 하여 현지에서 준비 상황이 있어야 하지만 전국의 상황과 더불어 국제정세를 감안할 때 늦어도 올해 가을에는 실현시킬 필요가 있다고 여겨지고 있다. 그렇지만 급속도로 전개되는 국제정국에 대처하기 위해서는 독립의 예정시기를 신속하게 모두 정하여 신국가의 영역이 될 지역과 함께 이를 발표하는 것이 적당하며, 또한 본건의 발표를 우리 측에서 승인하지 않고, 독립준비위원회가 하도록 하는 취지는 본건 신국가의 독립이 우리 측의 지도 내지 승인에 기초한 형태를 취하지 않고 어디까지나 동인도 민족의 자발적 발표에 기초한 것이라는 자연발생적인 형태를 취하도록 하는 것이 적당하다.

(4) 요령4에 대하여

본 항도 전 항과 동일하게 신국가의 독립을 동인도 민족의 자발적 발표에 기초하도록 하는 취지를 나타내도록 하여 '민의에 의하여 이를 정한다'라는 것은 구체적으로는 독립준비위원회가 결정하여 이에 따라 진행시킨다는 것이라고 판단하였다.

5) 인도네시아 독립

> 일본군의 남방작전이 발동하기 직전, 1941년 12월 7일, 런던에 망명정부를 두고 있었던 네덜란드는 빌헬미나 여왕에 의한 해외 대상 라디오 방송을 통해, 네덜란드령 동인도와의 '평등한 파트너십'에 근거한 인도네시아의 장래 구상을 처음으로 발표했다. 그 방송에서 네덜란드는 연방제를 도입해 식민지 체제의 개편에 착수하겠다는 방침을 분

명히 밝혔다. 한편 개전 약 1년 전부터 일본 측도 군 당국이 관여한 해외 대상 단파방송을 통해 일본 유학 중인 인도네시아 청년에게도 협력을 촉구하고, 일본이 '인도네시아 해방'을 위해 협력과 지원을 아끼지 않는다는 내용의 선전방송을 반복하면서 일정한 정치심리적 효과를 올리고 있었다.

개전 후 초기의 승리에 고무되고, 게다가 싱가포르 함락까지 목전에 다가온 다음 해 1942년 2월 12일에 책정(대본영 정부연락회의)된 도조 수상의 의회 연설(원고)에서, 처음으로 '인도네시아' 민족의 이름이 등장한다. 내용은 그들이 '대동아 건설에 협력'한다면 영미 양국의 괴뢰인 네덜란드의 '압정에서 해방'하고 그 땅을 그들의 '안주의 땅'으로 만들겠다라는 조건부 '해방'론이었다. 하지만 '해방'이 무엇을 의미하는지에 대해서는 구체적인 언급이 없었다. 그 후 얼마 지나지 않은 3월 9일, 제16군 관할하의 자바를 비롯한 네덜란드령 동인도가 일본군 지배하에 들어가, 일본군에 의한 점령 통치가 시작된다.

그런 와중에 다음 해 1943년 1월 28일, 도조 수상은 제81 제국의회에서 일본은 '절대불패의 전략적 우세'에 서 있을 때, 기정 방침대로 버마와 필리핀에 연내 독립을 공여한다는 방침을 다시금 명시했다. 이 성명은 버마, 필리핀 양 당사국은 물론, '대동아공영권' 각지의 군정 당국에 의해 대대적으로 보도되었다. 이때 제외되었던 인도네시아에 대해서는 「고이소 성명」(1944년 9월 7일)에서 독립이 언급되었으며, 1945년 3월 10일에 드디어 독립조사위원회 설치가 발표되었다. 그 후 1945년 8월 11일에 독립 허용이 전달되었다. 그러나 결국 '일본과 관계없는 독립'을 주장하는 급진파 청년지도자들의 격렬한 압박[두 사람을 8월 16일 밤에 연금한 렝가스뎅클록(Rengasdengklok) 사건으로 상징됨]에 굴하는 형태로, 8월 17일 이른 아침에 수카르노, 하타 두 사람이 '인도네시아 민족의 이름으로' 세계의 식민지에 앞서 독립을 선언하게 되었다.

다음 사료는 미요시 슌키치로(三好俊吉郎)의 『자바점령군정회고록』(『ジャワ占領軍政回顧録』, 2009) 중에서 인도네시아에 대한 독립 허용의 경과와 그 필요성을 설명하는 부분을 번역한 것이다.

인도네시아에 대한 장래의 독립용인 성명

장래의 독립 용인을 성명하기에 이른 내외 정세

버마와 필리핀에 대해서는 1943년 8월과 10월에 연달아 독립을 허용했음에도 불구하고, 인도네시아는 전쟁 수행에 가장 중요한 병참기지로서 독립을 인정할 수 없는 사정이 있었기 때문에 민족지도자들의 거듭되는 읍소와 애원도 거부하고, 1943년에 겨우 형식적인 정치 참여를 인정한 데 불과하다. 정치 참여의 답례사로서 방일(訪日)한 수카르노 등의 최소한의 간청이었던 민족기(旗)와 민족가(歌)의 사용조차 허가하지 않았던 것이다.

그러나 1944년에 들어 전황은 점점 더 악화하여 사이판, 티니언 등 태평양의 기지가 차례로 함락 당했기 때문에 인도네시아의 각 지방은 최악의 사태에 대비하여 방위 태세가 강화되고, 의용군이나 현지인 보조병 및 노무자의 모집, 식료나 건설자재의 공출 집하 등에 인도네시아인의 협력이 한층 더 강하게 요망되기에 이르렀다. 한편, 주민의 생활은 궁박했으므로 전술한 바와 같은 반일 폭동사건이 각지에서 속출했다. 특히 각지의 함락이나 패전으로 인해 적의 다음 공격 목표가 어디로 향할지, 셀레베스, 보르네오를 거쳐 프랑스령 인도차이나로 향할지, 아니면 자바, 수마트라를 공격할지 전혀 알 수 없으므로 남방 각 군은 전역에 걸쳐 최악의 사태에 대비하여 결전 방위태세를 갖추었다. 자바에서도 각 주(州) 단위로 요새를 구축하고, 군인·군속의 최후의 죽을 곳이 될 복곽진지(腹廓陳地)를 산간에 설치했으며, 식료·무기의 저장 준비에 관한 내명도 내려져 있었다. 이처럼 안팎으로 최악의 사태에 있었으므로 일본정부로서도 인도네시아에 대해 독립을 약속하지 않을 수 없는 지경에 이르렀다.

장래의 독립 용인 성명

이리하여 1944년 9월 7일 고이소(小磯) 총리대신은 임시 제국의회의 시정방침 연설에서 제국정부는 인도네시아에 대해 장래의 독립을 용인한다는 중대한 성명을 발표했다. 그러나 인도네시아의 독립에 대해서는 군부 내에 여러 의견의 대립이 있었으며, 특히 수마트라를 점령하는 제25군과 남동지역의 투항군을 통할하는 제7방면군에서 강력한 반대가 있어

인도네시아를 독립시킬 경우는 수마트라를 제외한다는 강경한 태도를 취하고 있었다. 이와 같은 사정으로 이 독립 용인 성명에서도 독립국가의 영역은 전혀 밝히지 않고, 독립의 시기도 명시하지 않은 채 막연히 장래의 독립을 약속한 것에 불과하다. 또한 현지군 사령관에 대한 이 성명의 취급 요령에 대해 다음과 같이 지령했다.

(1) 독립의 시기는 명시하지 않는다.
(2) 인도네시아인 측에서 자발적, 비공식적으로 행하는 독립의 준비나 연구 등은 상관없으나, 독립 준비에 관한 공식 위원회 등의 설치는 인정하지 않는다.
(3) 정치 참여의 조치를 확충 강화한다.
(4) 독립 의욕의 앙양 선전을 꾀한다.
(5) 민족 깃발과 민족가의 사용을 인정하지 않는다.

이상과 같이 너무나 막연한 내용으로, 특히 인도네시아인이 종래부터 집요하게 열망하고 있던 독립 의욕의 앙양에 불가결한 민족 깃발과 민족가의 사용 금지는 이것이 독립용인 성명인 만큼 화룡점정을 결여한 것이며, 도리어 일본에 대한 감사와 협력의 열의를 냉각시켜 역효과를 낼 우려가 있으므로 정부에 진언한 결과, 민족기와 민족가의 사용을 허가하게 되었다.

이리하여 수카르노, 하타, 데완타라, 만수르 등 민족지도자 다수를 군사령관 관저로 초대하여 성대한 식전을 거행하고, 장래의 독립용인 성명의 전달식을 했다. 민족지도자들은 성명 내용이 막연한 점, 특히 독립의 시기나 영역의 명시가 없는 점에 대해서 나중에 많은 불만을 제기했으나, 그러나 처음으로 독립 용인을 공식적으로 약속받은 것에 대해 크게 감격했다.

독립 용인에 따라 실시된 조치

(1) 정치 참여 제도의 강화: 국정에 새로 인도네시아인 고급 관리를 채용하고, 참여 제도를 확충함과 더불어 참여 회의를 설치하여 행정 각 부에 관한 연구와 진언의 기회를

부여했다.

나아가 처음으로 각 주에 부장관을 임명하고, 중앙참의회 의원을 확충하고, 중앙참의원 의원은 종래의 의원 34명을 60명으로 증원했다. 종래 의원은 인도네시아인과 화교로 한정되어 있었는데 여기에 아랍인 및 혼혈인, 암본인, 미나하사인을 추가 임명하고, 주 참의회 의원은 정원 10명에서 12명을 15명으로 증원했다.

(2) 긴급 전시태세의 강화: 전력 강화를 목적으로 자바의 인적, 물적 자원을 활용하기 위해서 일부 주민의 제언에 기초하여 의용군의 증강을 꾀하고, 나아가 이슬람교도의 열렬한 요망에 부응하여 이슬람 의용군 히즈브라를 결성하는 동시에 의용군, 현지인 보조병, 히즈브라의 후방 원호(援護)를 위해 원호회 및 노무자의 원호회를 설립하고, 도나리구미(隣組)제도를 활용하여 최전선과 후방의 협력 강화에 힘썼다.

독립 용인이 일반에게 미친 반향과 조치

일본 당국의 다수의 의견으로는 인도네시아는 지정학적으로 많은 종족과 언어가 다른 다수의 도서(島嶼)로 구성되는 광역으로 나뉘고, 종교상으로도 복잡한 문제가 있는 데다가 이백 수십 개에 이르는 대소의 술탄 자치령 등이 있어서 설령 곧바로 독립 준비를 허가하더라도 연방제냐 단일국가냐, 공화제냐 왕제냐, 혹은 민주주의국가냐 아니면 국민의 9할을 차지하는 이슬람교에 의한 종교국가로 하느냐와 같은 여러 가지 어려운 문제를 해결해야 하므로 독립 준비에는 적어도 몇년이 필요하다고 예상되었다. 따라서 독립의 실현은 적어도 수년 뒤의 일이므로 그때까지 국내외 정세를 지켜보면서 일본 측, 특히 육군과 해군 사이의 견해를 통일하여 최종적 방침을 결정하면 된다고 낙관하고 있었던 것 같다.

그러나 민족의 독립 통일을 유일무이의 염원으로 삼고 계속 투쟁해 왔던 인도네시아 민족은 우선 독립이다, 독립을 선언한 후라도 기구나 제도의 정비는 가능하다, 일반의 준비나 마음가짐은 이미 되어 있다는 태도로 무슨 일이 있어도 독립 획득에 매진할 뿐이라는 방침을 지도자 사이에서 논의하며 주야로 회합, 협의하고 있었던 것이다.

일본 측으로서는 이러한 사정은 알 도리도 없고, 다만 점점 더 치열해지는 전황에 대처하기 위해 인도네시아의 풍부한 인적, 물적 자원을 최대한으로 활용할 시책을 차례차례 실시했다. 이를 위해서는 우선 무엇보다도 중요한 전력(戰力)은 인적 전투력이다. 다행히 장래의 독립용인에 의해 주민의 사기가 한층 더 높아졌고, 주민 측에서도 장래에 대비해서 인도네시아인 군대의 편성을 요망하는 소리가 중앙참의원의 건의나 종교단체 등을 통해서 등장했다. 이에 호응하여 다음과 같은 조치를 실행했다.

(1) 의용군의 확장: 1943년에 창설한 의용군의 성적이 의외로 좋으므로 우선 이것을 확장하기로 하고, 나아가 간부 지도원의 양성과 의용군의 확장 모집을 행할 약 육십 여 개의 대단(大團)까지 증강했다.
(2) 회교 의용군 히즈브라의 편성: 일반적으로 이슬람교 신앙이 두터워 향토 방위와 종교 수호를 위해서는 결사적인 광신성이 있으며, 종교의 장로나 지도자에 대해서는 맹종적이다. 장로들로부터도 히즈브라의 결성에 관한 진정이 있었으므로 이를 방위 전력으로 이용하게 되었고, 각지에 이슬람교 장로를 대장으로 해서 속속 히즈브라가 편성되었다.
(3) 향토 방위심의 향상 지도와 단체 훈련의 강화: 각지의 청년단, 경방단(警防團), 부인회 및 도나리구미에 이르기까지 총동원해서 방위 진지의 구축, 경방 연락, 방화 작업 등의 훈련을 활발하게 지도했다. 이러한 것에 대해서는 일반 주민도 큰 관심을 갖고 있었으므로 금세 전국으로 퍼져 각 지방에 자발적으로 향토방위 자폭대(自爆隊)나 정신대(挺身隊)가 결성되었다.
(4) 의용군 및 현지인 보조병 원호회의 설립: 이상과 같은 방위 태세를 강화하는 동시에 그들의 사기 앙양과 훗날에 대한 걱정 없이 임무에 전념할 수 있도록 원호회를 설치하여 가족의 보호구제, 가족과의 연락 등 일체의 원호를 담당하게 하였다.
(5) 노무자 원호회의 설립: 의용군이나 현지인 보조병과 마찬가지로 다수의 노무자를 징용하고 있었으므로 의용군 등과 마찬가지로 이들을 원호하기 위한 기관으로서 설립되었다.

독립 준비 시책 실시

독립 용인 성명은 군정 실시 이후 인도네시아 민족에 대한 가장 중요하고 획기적인 행사로서, 이것에 의해 종래의 민족운동 지도자는 물론, 일반 민중에 이르기까지 전국적으로 큰 감격과 용기를 부여하고, 당국도 주민의 요망에 부응하여 각종 조치를 취했던 것이다. 그러나 일단 독립을 약속한 이상, 시일이 경과함에 따라 전 주민의 관심은 오로지 독립의 시기와 독립의 구체적 내용에 집중되고, 수카르노 등의 지도자는 기회가 있을 때마다 그 실현에 관해 점점 더 절실한 요구를 반복하여, 대세는 더 이상 허송세월로 방관하는 것을 허용치 않는 사태로 내몰렸다. 그들은 3월의 자바점령 기념일에는 반드시 오랜 염원이었던 중대한 낭보가 있으리라고 확신하면서 기대하고 있었고, 만일 그들의 기대를 저버린다면 어떤 예기치 못한 사태가 발생할지 모를 정도가 되어가고 있었다.

이와 같은 상황에서 중앙정부에 상신하여 협의한 결과, 마침내 독립준비를 실시하기로 하고 1945년 3월 1일 다음의 조치를 취할 것을 발표했다.

(1) 독립준비조사위원회의 설치
(2) 건국대학의 창설
(3) 언론자유 제한의 완화

위 내용 중 건국대학은 장래 독립국가의 인재 양성을 위한 최고 학부이며, 언론자유 제한의 완화도 독립용인과 관련해서 당연히 취해져야 할 조치이므로 이에 관해서는 생략하고, 이하 독립준비조사위원회에 대해 서술한다.

독립준비조사위원회 설치

위원회의 성격과 목적

위원회는 인도네시아 전역으로 구성되는 독립국가를 건설하기 위해 필요한 일체의 문제에 대해 조사 연구를 하고, 각 위원의 의견을 종합·조정한 위원회의 결의를 일본군에게 보고하는 중요한 임무를 갖는다. 그러나 전시 하의 제반 사정과 자바가 인도네시아의 중추적 지위에 있다는 점, 인도네시아 각 지방 주민대표가 자바에 거주하고 있는 점을 고려하여 자바 이외에서는 위원을 임명하지 않고, 자바에 거주하는 각 지역, 각계의 대표자로 위원회를 구성했다. 이미 서술한 바와 같이 독립용인 성명에는 독립국가의 성격, 영토 및 독립의 시기에 대해서는 아무런 방침도 시사도 주고 있지 않으나, 일본 당국으로서는 전술한 여러 사정이 있으니 위원회의 최종보고 결정까지는 상당한 기간을 필요로 하며, 따라서 마침내 독립준비에 착수하기까지는 많은 세월이 걸릴 것으로 예상하고 있었다. 그러나 인도네시아 측으로서는 일본 측의 예측과는 전혀 반대로 한시라도 빨리 민족의 독립이라는 수년간의 바람을 달성하는 것을 생각하여, 무엇보다도 우선 독립을 선언하고 그런 후에 내용을 정비해야 한다는 태도와 방침에 집중하고 있었다. 이들의 민족감정이라는 것은, 외국의 지배를 받은 경험도 없고 독립이라는 것이 얼마나 민족적 최대의 유일한 비원(悲願)인지를 몸과 마음으로 고뇌한 적이 없는 자에게는 도저히 상상도 할 수 없는 일이다. 따라서 독립준비조사위원회의 조사라는 자구에 각 위원이 큰 불만을 늘어놓았던 것이다.

일본 측으로서는 독립에 필요한 기본적 조사만 정비되면 그 후의 독립준비는 용이하리라고 생각하여 기정방침대로 추진하기로 했다. 그러나 후술하는 바와 같이 인도네시아 측은 오로지 독립국의 성격, 이념 등 헌법적 대강(大綱)에 논의가 집중되고, 하루라도 빨리 위원회의 결론을 정리할 방침으로 주야로 열심히 의사(議事)를 진행했다. 일본 측 당국은 의사진행에 대해서 완전히 불간섭주의를 취하고, 위원회의 결정에 일임했다.

위원회의 구성

군정 당국은 이 구성에는 매우 신중을 기하여, 우선 참여회에 자문하여 위원 후보자를 추천케 하는 동시에 각계의 지도자와 협의하여 민족지도자, 관계(官界), 정계, 종교계, 사회사업계의 지도적 인물을 망라하고, 또한 화교, 아랍, 혼혈주민, 여성대표 등으로 합계 60명의 위원을 선발했다. 이 외에 일본 측과의 연락 및 일본의 여러 제도 등에 관해 필요한 자료 제공이나 조언을 하기 위해 일본인 중에서 8명의 특별위원이 임명되었다.

위원회의 의장에는 민족운동의 최연장자 라지만 웨디오디닝랏, 부의장에 케두주(州) 장관 스로소와 일본인 한 명을 임명했다. 의사(議事) 진행은 의장에게 일임하고, 의사의 결정은 다수결 제도로 했으나 결의 보고에는 소수의 의견도 기록하도록 했다. 위원회의 사무국을 설치하고, 국장에는 스로소 부의장을 겸임시켰다.

독립준비조사위원회 설치(계속)

독립준비조사회의 경과

(1) 제1회 회의 : 위원회는 5월 28일 발회식을 거행하고, 29일부터 6월 1일까지 4일간에 걸쳐 중앙참의원에서 제1회 회의를 개최했다. 회의는 라지만 의장 사회로 독립의 기본적 제 문제에 대해 자유롭고 활발한 의견이 전개되었다. 각 위원으로부터는 득의양양한 의견이 솔직하게 제시되었는데, 그것을 요약하면 다음과 같다.

① 군주제체(體)와 공화제체(體)론 : 이것은 가장 중요하고 곤란한 문제로서 상당히 치열한 논의가 예상되었으나, 의외로 화협적으로 진행되어 공화제체론이 압도적 다수를 차지했다. 민족운동자나 학식자들은 역사와 현 상황을 분석하여 민주공화제를 주장했다. 당시 인도네시아에는 약 270개의 크고 작은 술탄령이 있었으나, 군주제를 주장하는 의견은 완전히 모습을 감춘 것이 특히 인상적이었다.

② 단일국가와 연방국가제 : 이 문제는 가장 중요하고 곤란한 것으로, 시종 활발한 논전이 벌어졌다. 표결의 결과는 전혀 예상할 수 없다고 생각되었으나, 각 위원의 의견을 종합하자 단일국가제가 우세하여 결국 이것으로 결정되었다. 이 점에서 특히 유력한 의견은 수마트라 출신의 박학한 현실론자인 하타 박사의 논리 정연한 다음의 의견이다.

중국과 같은 세계에서 가장 광대한 나라가 단일국가인 것에 비해 스위스와 같은 소국이 연방국가인 것은 지정학적으로 보면 커다란 모순이지만, 거기에는 그만한 현실적 이유가 있으며 또한 실제로 실행되고 있다. 인도네시아도 지리적으로 생각하면 연방제로 가야 한다고도 생각되지만, 내용적, 현실적으로 보면 연방제로는 자치가 불가능한 지방이 많다. 또한 자바의 입장에서 보더라도 인구는 압도적으로 많지만, 산업적으로나 경제재정적으로나 자치는 불가능하다. 그래서 결국 단일국가 이외는 생각할 수 없다. 특히 오랜 염원인 민족의 독립을 실현하기 위해서는 무엇보다도 민족의 친화 통일이 필요하다고 말하고 있다. 분명 하타의 말대로 인도네시아의 인구 및 산업분포의 상태에서 볼 때 연방제를 하기에는 너무나 큰 불균형이 있음은 명백하다.

③ 종교문제: 인구의 9할이 이슬람교도인 점에서도 가장 중요하고 곤란한 문제로 시종 치열한 논전이 벌어졌다. 특히 보수적이고 거의 광신적이라고도 할 수 있는 이슬람교의 지도자들은 이슬람교를 국교로 하자는 정교일치론을 집요하게 주장하여 논의는 혼란에 빠졌고, 의장(議場) 밖에서도 주야로 협의가 계속되었다. 이슬람교의 가장 경건한 신자였던 하타는, 종교에 충실하고 열심인 것은 존경해야 하지만, 이슬람교의 대종가(大宗家)였던 터키에서조차 케말 아타튀르크와 같은 대정치가에 의해 정교일치의 종교국가에서 벗어나 민주국가가 되지 않았는가, 종교의 자유는 당연히 인정해야 하지만 이슬람교를 국교로 하는 것은 세계의 진보적 추세에 역행하는 일이라며 반대했다.

④ 국민: 인도네시아에는 당시 200만 명의 화교 외에 아랍 및 인도인들이 다수 거주하고 있는데, 그들은 종래부터 유통 경제계에 커다란 지반과 세력을 갖고 있으므로 독립국가의 국민을 정하는 경우에 문제가 된다. 위원의 의견도 구구하여, 독립 시에 일정한 외국 국적을 선정하지 않는 자는 자동적으로 신국가의 국민이 되어야 한다는 의견이나 일정 기한을 설정하여 국적을 선택하게 한다는 의견도 나왔다. 화교 측은 신국가의 국적을 취하면 종래의 경제 지반을 상실하고 중국으로부터의 보호를 상실할 것을 두려워하여 국적의 선택은 본인의 자유의사에 맡겨야 한다는 의견이 많았고, 아랍, 기타는 특히 이론(異論)은 없고 대세에 순응하는 태도였다.

⑤ 영토: 신국가의 영토는 구 네덜란드령 동인도의 영역이라고 하는 자가 대부분이었으나, 일부에서는 말라야, 북보르네오 및 포르투갈령 티모르까지 주장하는 자도 있었다.

(2) 제2회 회의: 제2회 회의는 7월 10일부터 15일에 이르는 5일간 개회되었는데, 회의의 안팎을 둘러싼 공기는 다음과 같은 사정으로 전회에 비해 매우 긴박했다.

① 인도네시아 측의 독립실현 촉진 활동: 제1회 회의 종료 후 각 위원은 출신지로 돌아가 위원회의 경과를 보고하는 동시에 각 지방 주민과 협의하여 독립준비에 필요한 구체적 대책이나 여러 가지 자료를 연구했던 것 같다.

특히 독립국가의 형태보다는 우선 하루라도 빨리 독립의 실현을 희망하는 민족지도자들은 수카르노나 하타, 기타를 중심으로 주야로 회합하여 제2회 회의의 대책을 가다듬는 동시에 헌법 초안의 준비를 추진했다. 또한 봉공회, 의용군 및 청년단 등의 조직을 동원하여 독립 실현을 위한 선전이나 여론의 지도 활동을 계속했다. 중부자바 출신의 위원들은 마겔랑에서 비밀회의를 개최하여 군주제 국가의 주장에 관한 비밀협약을 맺었고, 한편 이슬람교의 유력 장로들도 종교국가의 주장을 관철하기 위해 여러 가지 책동을 벌였다. 그러나 어느 쪽도 신속히 기본적 요강을 결정하여 독립준비조사회는 제2회 회의로 종료하고, 즉각 정식의 독립준비위원회 설치를 촉구하려는 태세를 보이기에 이르렀다.

이러한 사정으로 제2회 회의는 전 주민의 관심이 집중되고, 회의장 주변에는 학생이나 청년이 밀어닥쳐 방청 강요 등의 사건이 일어나 벽두부터 안팎으로 긴장된 공기가 감돌았다.

② 회의의 심의 방법 및 의사(議事) 절차의 변경 : 당초의 심의 절차는 우선 기본문제에 대해 각 위원으로부터 가능한 한 자유롭게 현실적 의견을 청취하고, 이들 의견을 정리 분류한 후 다시 분과회를 설치해서 안(案)을 정리하여 이것을 본회의에서 채결한 결과를 일본군에 보고하기로 되어 있었다.

그런데 전술한 바와 같이 각 위원으로부터도 신속히 조사위원회의 종료를 희망하고, 심의 방법의 변경을 요망하는 의견이 나왔다. 특히 재회 둘째 날에 수카르노로부터 긴급동의가 제출되어 의사 방법과 절차는 바뀌게 되었다. 수카르노의 동의(動議)는 다음과 같은 것이다.

독립국가의 기본적 문제에 관한 의견은 이미 다 나와 있다. 따라서 이들 의견을 집약하여 헌법 초안을 작성한 위에 축조(逐條) 심의를 하여 조사회로서의 최종 의견을 결정하면 된다. 인도네시아 민족은 모두 하루라도 빨리 독립의 실현을 열망하고 있다. 각 위원은 독립 실현에 대한 중대한 책임을 지고 있으니 설령 불면불휴(不眠不休)의 노력을 거듭하더라도 헌법 초안을 결정하기까지는 회의를 속행하고, 독립준비조사회는 이 제2회 회의를 최종 회의로 삼아야 한다. 이 폭탄 동의에 대해 전 위원이 열광적으로 찬성하여 가결했다.

일본군 측으로서는 이러한 사태가 일어나리라고는 전혀 예상하지 못했으나, 어쩔 수 없이 동의의 결과를 인정하지 않을 수 없었다.

이리하여 일단 각 위원이 준비한 의견 발표를 끝내고, 수카르노 등이 미리 준비하고 있던 헌법 사안(私案)을 발표한 뒤 이를 중심으로 각 위원이 기본문제에 대한 토의를 거듭한 위에 수카르노 사안과 각 위원의 주요 의견을 정리해서 헌법 초안 기초(起草)를 위한 소위원회가 설치되었다. 소위원회가 기초한 헌법 초안은 본회의에서 다시 토의하여 7월 15일 표결한 결과, 찬성과 반대의 양 의견을 붙여서 16일 라지만 위원장으로부터 일본군에 보고서와 함께 제출되었다.

이렇게 해서 독립준비조사회는 일본 측의 예상과 달리 겨우 2회, 합계 9일간의 회의로 극히 간단하게 종료했다. 지금까지 일찍이 외국의 식민지 지배의 쓴맛을 본 적이 없고, 태어나면서 독립 국민으로서 자유를 향유하고 있는 우리들로서는 전혀 감지할 수 없는 점이 많으나, 수백 년간 이민족의 압제하에서 고뇌를 거듭해 온 민족에게 민족의 독립이라는 것이 얼마나 중대한 전 민족적 공통의 염원인가 하는 것을 똑똑히 알게 되었다.

위원회가 결정한 헌법 초안의 요강

헌법 초안은 전문과 본문 53조로 구성되어 있다. 전문은 같은 해 6월 수카르노, 하타 등 지도자의 비밀회의에서 결정한 이른바 자카르타헌장의 요지를 제시한 것이다.

(1) 전문: 민족으로서 독립 해방을 요망하는 이념, 독립운동의 약력, 세계의 평화와 인류의 번영·행복의 증진에 기여하려는 민족의 염원에 관한 선언
(2) 국가의 정체(政體): 민주주의에 입각한 입헌공화국
(3) 영토: 구 네덜란드령 인도의 전 영역
(4) 주권: 주권은 국민에 있으며, 국민의 대표기관인 최고국민협의회가 이를 행사한다. 국민협의회는 5년에 한 번 자카르타에서 소집한다.
(5) 국정의 최고기관: 국정의 최고기관으로서 대통령을 둔다. 대통령을 보좌하기 위해 한 명의 부대통령을 둔다. 정·부대통령은 만 30세 이상의 인도네시아 국민 중에서 국민협의회가 선거하여 임명한다. 정·부대통령은 이슬람교도여야 하고, 이슬람 교법에 기초하여 선서한다.
(6) 내각: 대통령의 정무를 보필하기 위해 내각을 설치한다. 내각총리대신 및 각 대신은

대통령이 임면한다.

(7) 의회 : 입법기관으로서 이원제 의회를 설치한다. 의회의 구성 및 선거에 관해서는 법률로 규정한다(독립선언 후 국가위원회에서 의회는 일원제로 결정했다).

(8) 사법권 : 사법권의 행사 및 재판소의 구성과 소송절차 규정은 법률로 정한다.

(9) 국민 : 국민은 원주(原住) 인도네시아 민족과 외국인 및 그 자손으로 인도네시아 국적을 취득한 자로 한다. 국적에 관한 규정은 별도로 법률로 정한다. 국민은 인종, 종교 여하를 불문하고 법 아래 모두 평등하다.

(10) 신앙의 자유 : 국민은 모든 신앙의 자유를 보장받는다. 단, 이슬람교 신자는 이슬람교의 교의와 관습을 준수해야 한다.

(11) 사상, 언론의 자유 : 국민은 모두 사상, 언론, 집회결사의 자유를 보장받는다.

(12) 병역의 의무 : 국민은 병역에 복무할 의무를 갖는다.

(13) 납세의 의무 : 국민은 납세의 의무를 갖는다.

(14) 의무교육 : 국민의 교육은 의무제로 한다.

(15) 국어 : 국어는 인도네시아어로 한다.

(16) 국기 : 국기는 적백(赤白) 이색기(二色旗)로 한다.

(17) 재정 : 국가의 재정 및 회계에 관한 규정은 별도로 법률로 정한다.

(18) 헌법의 개정 : 헌법의 개정은 최고국민협의회의 결의로 한다.

독립준비조사위원회에 대한 주민의 태도

독립에 대한 주민의 요구와 관심은 지식계급은 물론 지방의 농민, 노동자 등 일반대중에 이르기까지 매우 강렬하며, 장래의 독립용인 성명 이후 각지의 공중 라디오탑이나 신문 게시장에는 항상 군중이 밀어닥쳤다. 독립준비조사위원회의 설치 이후 이에 대한 주민의 관심도 한층 높아져 민족지도자나 각 단체의 선전과 더불어 도처에서 주민대회 등이 열리고, 독립이 머지않았다는 기대가 일반의 일상 화제를 고조시켰으며, 주민의 일상적 인사에도 무르데카(독립이라는 뜻)라는 용어가 유행하기에 이르렀다.

또한 학생이나 청년들도 각지에서 집회를 열어 독립 문제를 논의하고, 새로 안카탄 바루(신청년단)이라든가 안카탄 푸무다 인도네시아[인도네시아청년단의 의미인데, 그 머리글자를 따서

AP-즉, 불(火)이라는 의미-가 크게 일반의 인기를 끌었다] 등의 신운동 단체가 속출하여 독립에 대한 추진대로서 기세를 올리게 되었다. 요컨대 인도네시아인은 관민이라든가 계급 여하를 불문하고, 전황(戰況)이 점점 화급을 고함에 따라 일반의 경제생활이 곤궁을 거듭하고 있던 때에, 비록 형식은 어떻든 간에 하루라도 빨리 독립을 획득하고 정신적으로도 해방감을 맛보고 싶다는 초조함을 숨길 수 없게 되었다. 따라서 각 위원들도 기본적인 중요 문제에 대해 신중한 조사 연구를 거듭하기보다는 우선 대강(大綱)을 빨리 결정하여 위원회를 끝내고, 하루라도 빨리 독립준비위원회의 설치를 촉구하여 독립 승인을 획득하려는 책략으로 나왔다고 생각된다.

독립준비위원회 설치

설치에 이르기까지의 경위의 대요(大要)

여러 번 서술한 바와 같이 인도네시아의 독립용인에 관해서 일본정부는 전쟁 수행이라는 점에 최고 목표를 집중하고, 당초부터 독립의 구체적 구상은 없이 현지의 정세 추이를 감안하여 임기응변의 방침을 취하고 있었다. 현지에서도 인도네시아는, 수마트라는 남방총군의 직속이라고 할 수 있는 육군 제25군의 점령하에 있고, 자바 제16군이 점령한 이들 이외의 보르네오, 셀레베스를 비롯한 동부제도(諸島)는 해군 제2 남견(南遣)함대 지휘하의 각 부대의 담당 구역으로 나뉘어 있었다. 이들 각 지역의 점령 담당 부대는 각각의 작전 목적과 지역 내의 문제에 직접적인 관심을 두고, 당면한 문제의 처리에 전념하고 있었다. 게다가 자바 이외는 인구도 적고, 민족운동 지도자의 거물은 거의 전부 자바에 집중해 있었기 때문에 민족운동에 관한 일반적 지식도 없었으며, 하물며 장래의 통일 독립 등의 문제는 전혀 관심 밖의 일이었다고 해도 과언이 아니다.

이에 반해 자바는 인구도 많고 종래부터 정치경제 및 문화의 중심으로서, 또한 오랜 동안 민족운동의 중심으로서 각 제도(諸島) 출신의 민족운동 지도자가 다수 영주의 거처를 이곳에 마련하고 있다. 따라서 군 당국도 주민 지도와 관련해서는 푸트라, 봉공회, 청년단, 의용군의 결성 지도에는 당초부터 많은 관심을 기울이는 동시에 이들의 발전과정에서의 여러 사건이나 민족운동이 궁극의 목적으로 하는 독립에 관한 분위기의 조성, 그리고 지도자의 요망에 대한 수많은 고심과 경험을 겪어왔다. 그렇기 때문에 정치 참여의 허용이나 독립준비조사위원회의 설치 등 다른 지역에 없는 것을 적어도 다른 지역에 앞서 실시하고 있다. 따라서 민족의 장래에 관한 인도네시아 측의 구상이나 일본 측의 태도 방침에 대해서도 일단 연구와 의견의 초안은 고려되고 있었다. 그러나 그런데도 앞의 독립준비조사위원회의 경과와 조급한 결론에 망연했던 것처럼 현실의 추이와는 완전히 격화소양(隔靴搔癢)의 큰 차가 있었다.

그러나 전황의 급변과 현지의 정세는 더 이상 잠시의 유예도 허락하지 않게 되었다. 7월에는 전화(戰火)가 보르네오의 타랑카 석유지대로까지 미쳤다. 1945년에 들어가서 남방총군이나 싱가포르의 제7방면군에서는 누차 관계 군 당국과 회의를 열고 인도네시아 문제도 협의했는데, 7월에 들어 중앙의 최고 전쟁지도회의에서 이 문제를 협의한 결과, 일체 현지군의 결정에 일임한다는 중대 결정을 내리기에 이르렀다. 이리하여 8월 2일 남방총군으로부터 중앙정부에 대해 인도네시아 독립준비위원회 설치에 관한 방침과 시기에 관한 보고가 이루어지고, 자바점령군에 대해서도 통고해 왔다. 이것에 기초하여 자바점령군 사령관은 8월 7일 인도네시아의 독립을 신속히 실현할 방침으로 조만간 독립준비위원회의 설치를 인정한다는 취지를 발표했다.

독립준비위원회

독립준비위원회는 앞서 독립준비조사위원회에서 결정한 헌법의 골자인 요강, 기타에 기초해서 다시 심의 연구를 하여 국체, 정체, 중앙 및 지방의 정치조직기구 등을 결정하여 헌법을 결정하고, 그 외 독립에 필요한 법률 절차 등의 심의 결정을 임무로 하는 창국(創國)의 최고기관이다. 위원은 전국 각 지역의 주민대표로써 임명하기로 하고, 각 관계 지역 담당 군 당국으로부터 후보자를 추천 받아 이에 기초하여 남방총군 사령관이 임명하기로 했다.

이리하여 7월 29일 싱가포르에서 관계 각 지방군 점령 담당자와의 회의에서 독립준비위원회 위원 후보자에 대해 심의한 결과, 자바의 주민대표 12명(각 지방 출신자로 자바에 영주하고 있는 지도자를 포함), 스마트라 주민대표 5명, 보르네오, 셀레베스 및 소(小)순다, 기타 동부 제도(諸島)의 지방 주민대표자 각 1명, 합계 20명의 위원을 결정하고, 곧바로 독립준비위원회를 정식으로 개설하게 되었다. 독립선언의 시기는 대체로 9월을 목표로 하고 있었다.

독립 허용에 관한 일본정부의 명령 하달식

독립 허용에 관한 일본정부의 명령 하달식은 버마 및 필리핀의 경우와 마찬가지로 본래라면 도쿄에서 행해져 천황폐하로부터 직접 인도네시아 대표에게 명령서를 하달하실 터이나, 도쿄는 매일 적의 공습이 있는데다가 먼 거리 도쿄로의 왕복이 불가능해졌으므로 인도차이나의 다랏에서 데라우치(寺內) 남방총군 사령관이 일본정부를 대표해서 거행하게 되었다.

인도네시아 대표로서는 독립준비위원회의 정·부위원장에 내정되어 있던 수카르노와 하타, 독립준비조사위원회 위원장을 지냈던 라지만에 의사인 수하르토(현 공업대신)가 수행하고, 일본 측은 자바 군정감부의 총무부 기획과장 노무라(野村) 중좌, 미요시(三好) 사정관, 마사키(正木) 중위, 싱가포르의 제10방면군 참모부장(副將) 시무라(志村) 소장과 동 부관(副官) 아카사카(赤坂) 중위가 동행했다.

일행은 전야부터 극비리에 호텔 데스인데스에 집결하여 8월 9일 이른 아침 엄중 경계 중인 크마요란 비행장을 출발, 도중 싱가포르에서 잠시 휴게한 후 각지의 공습 경계 상황을 확인하고 오후 3시 사이공을 향해 출발했다. 저녁 무렵 6시 사이공 가까이에 도달했는데, 호우로 인해 불어난 물로 비행장에 착륙할 수 없으므로 말라야의 코타바루로 회항하라는 무선 연락을 받았으나, 가솔린 부족으로 회항도 할 수 없어 해안에 불시착하기로 결의했다. 다행히도 부근에 불시착용 비행장이 있는 것을 비행사가 기억해내서 그곳을 찾아 가까스로 7시경 무사히 착륙했다. 그러나 부근에는 인가도 사람도 전혀 없었으므로 아카사카 중위가 부근을 수색하다 롱탄의 경비대를 발견하고, 거기에서 자동차를 타고 9시경 롱탄 경비소로 들어갔다. 경비대에서는 이미 소등 취침할 시각이었으나, 진귀한 손님이 불의의 방문을 했으나 비상소집을 걸어 저녁 준비가 시작되었다. 식사 중에 사이공으로부터 일행의 비상착륙을 알고 많은 사람들이 자동차로 마중 나왔다. 이리하여 약 2시간 심야의 시골길을 달려 10일 오전 1시경 사이공에 도착하여 데라우치 원수의 숙사인 제1공관에 들어갔다.

소련의 대일 선전포고 소식을 듣다

사이공으로 가는 자동차 안에서 마중 나온 후지와라(藤原) 대좌로부터 청천벽력과 같은 중대 뉴스를 들었다. 9일 이른 아침 소련이 일본에 대해 전쟁을 선포하고 만주를 침공하여 각지에서 격전이 전개 중이라는 내용이다. 놀람과 무념(無念), 전신의 피가 역류하는 듯한 뭐라 말로 표현할 수 없는 기분이 되었다. 지금 우리는 인도네시아의 염원인 독립 실현을 위해 최후의 특별한 행사에 참가하는 도중이다. 이런 사태의 급변으로 인해 인도네시아의 독립은 어떻게 되는 것일까, 만일 예정이 변경되기라도 한다면 어떤 예기치 못한 가슴 아픈 사태가 발생할지도 모른다. 가령 예정된 행사를 치루고 독립은 실현한다고 하더라도 사태가 이처럼 악화하여 만일 일본의 패전이 결정된다고 한다면 어떻게 될 것인가, 인도네시아의 일본에 대한 태도와 감정은 어떻게 급변할지도 모른다, 그리고 우리들은 대체 어떻게 될까… 라고 불길한 상상이 마음속을 휘저어 어지럽혀 참으로 암담한 기분에 빠졌던 것이다.

사이공에서 다시 마련되어 있던 야식을 먹고, 아무 것도 모르는 수카르노 등과 글자 그대로 동상이몽의 침실에 든 것은 오전 3시 지나서였다. 다음 날 10일은 휴양과 시내 관광을 했다. 귀국 도중 비행편이 없어서 사이공에 체류 중인 자바의 군정고문 하야시 규지로(林久治郎) 사정장관(司政長官)을 수카르노 등과 방문했는데, 여기서도 더 비참하고 생생한 일본의 상황을 듣고 아연할 따름이었다.

6일 히로시마(廣島)는 폭격(원폭인지는 아직 몰랐다)을 당해 시 전체가 불타버렸다는 것, 소련의 참전으로 일본정부는 마침내 포츠담선언을 수락하기로 결정한 모양이다. 소련은 얄타협정에서 독일의 패전 후 3개월 이내에 참전하기로 되어 있었는데, 일본으로서는 더 이상 전쟁을 계속하면 전국적으로 괴멸적 손해를 입어 많은 국민의 희생자를 내게 되므로 황실의 안태(安泰)를 유일한 조건으로 한 포츠담선언의 수락을 연합군에게 전하고 그 회답을 기다리고 있다는 것이었다. 바로 그때 대사관의 요시카와(吉川) 서기관이 와서 어제 9일 나가사키(長崎)가 또 폭격을 당해 시 전체가 숯이 되었다는 외국의 라디오를 수신한 뉴스를 보고했다. 수카르노, 하타 등에게는 일체를 비밀로 하고 잡담으로 얼버무렸지만, 우리들의 마음속은 애타게 초조한 생각으로 가득했다.

저녁 무렵 총사령부에서 불러서 고급 참모 고지마(小島) 대좌를 방문했다. 고지마 대좌로부터 데라우치 원수가 수카르노 대표에게 건넬 일본정부의 명령서의 인도네시아어 번역을 의뢰받았다. 그것을 일독하고 놀랐다. 수카르노 등이 즉석에서 수락을 꺼리지 않을까 하는 내용의 항목이 있었기 때문이다. 만일 인도네시아 대표들이 독립준비위원회와 상의해야 하니 즉석에서 수락할 수 없다고 하면 어떻게 할 거냐고 질문하자 고지마 대좌는 그런 일은 전혀 상상하지 못했다며 곤란해 했다. 그래서 노무라 중좌와 함께 시무라 소장에게 보고하고 대책을 협의한 결과, 이미 일본정부가 최고회의에서 결정한 것이고 현지기관에서는 어쩔 도리가 없으니 이대로 명령을 하달하고, 만일 우려한 바와 같은 사태가 발생할 경우는 데라우치 총사령관 등의 협의에 일임하는 수밖에 없다는 결론에 도달했다. 그날 밤에는 수카르노 씨 등이 식에서 착용할 연미복용의 넥타이를 시내에서 팔지 않아 대사관원의 부인에게 부탁해서 마련한 장면도 있었다. 그날 밤 나는 걱정으로 거의 잠들지 못했다.

이렇게 해서 마침내 하달식의 11일이 밝았다. 아침 일찍 사이공을 출발하여 약 1시간 비행기로 다랏 부근의 산 위 비행장에 도착, 나카도(中堂) 해군소장 등 접대위원의 마중을 받고, 다시 30분 차로 달려서 다랏 호반의 호화로운 호텔로 들어갔다. 여기서도 총참모부장 니시오에다(西大條) 중장을 비롯하여 구시다(櫛田) 대좌 등 많은 사람들이 현관에 정렬하여 독립 용인에 어울리는 대환영을 해주었다. 수카르노 씨 등도 만면에 홍조를 띠고 인사를 나누었다.

명령 하달식은 정오부터 데라우치 총사령관의 공관에서 거행되었으므로 수카르노 등은 잠시 휴식 후 준비를 갖추었다. 필자는 명령서의 마지막 번역을 하고 있었는데, 곧 식을 위한 협의에 데라우치 원수의 부름을 받고 한발 먼저 식장에 갔다. 데라우치 원수로부터 식의 순서, 명령서 읽는 법, 번역 방식 등에 대해 주의가 있었으나, 수카르노 등의 태도에 대해서는 아무런 이야기도 나오지 않았다.

독립명령 하달식

식은 정오 공관의 살롱에서 시작되었다. 중풍으로 약해져 있던 데라우치 총사령관은 예복용 기모노 차림에 지팡이를 짚고 서고, 양측에 니시오에다 총참모부장(누마타(沼田) 총참모장은 와병 중), 나카도 소장, 시무라 소장, 고지마 대좌, 야노(矢野) 대좌, 구시다 대좌, 후지와라 대좌, 노무라 중좌, 기타 참모가 정렬했다. 데라우치 총사령관의 앞에 인도네시아 대표인 수카르노, 하타, 라지만과 통역인 필자가 나란히 서서 곧바로 명령의 하달이 이루어졌다.

독립허용에 관한 일본정부의 명령

(1) 인도네시아의 독립에 대한 제반의 기초적 준비는 각 지도자의 노력에 의해 대체로 순조롭게 완료했고, 또한 인도네시아 주민의 열렬한 독립 의욕과 전쟁 완수에 대한 협력

의 열의가 왕성한 것에 비추어 대일본제국 정부는 가급적 신속히 인도네시아의 독립을 허용하는 방침을 결정했다. 이에 자바에 독립준비위원회를 설치하고, 신속히 구체적 독립 준비에 착수시키고자 한다.

(2) 신국가의 영역은 구 네덜란드령 인도의 지역으로 한다.

(3) 독립은 우선 자바에서의 준비 완료를 기다려 자바에서 시작하고, 순차적으로 자바 이외에 준비가 완료된 지역으로 미치게 한다.

(4) 현재는 전쟁 중이니 제국정부는 전쟁 수행에 필요한 제 조치를 강구하고, 기타 이에 필요한 권익을 제국정부에서 보유한다.

(5) 독립준비위원회는 별도로 자바에 설치할 독립준비지도연락위원과 긴밀히 연락해서 그 지도를 받는다. 독립준비지도연락위원회의 장은 방면군 지휘관으로 한다.

명령에 대한 인도네시아 대표의 수락 선서

명령 하달 후 인도네시아 대표에 대해 별실에서 명령에 대한 수락 선서와 관련해 협의를 하기 위해 10분간이 주어졌다.

명령서는 데라우치 총사령관이 낭독한 뒤 이것을 인도네시아어로 통역하여 구두로 하달하고 아직 문서로서 건넬 준비는 되어 있지 않았다. 허나 앞에 서술한 바와 같이 인도네시아 대표의 수락에 대한 태도는 전혀 알 수 없었고, 특히 명령의 제3항 및 제4항은 가장 중대한 문제를 포함한 데다 매우 추상적이고 포괄적이어서 만일 수카르노 씨 등이 의심을 품고 설명을 요구하거나 독립준비위원회와 상의 없이 독단으로 즉답은 곤란하다며 뭔가의 유보 조건을 제출한다면 어떻게 할지 매우 곤란한 사태에 당면할 가능성이 마침내 다가왔던 것이다.

데라우치 총사령관 이하 총군사령부의 수카르노 씨 등의 태도에 대한 긴장된 주목 태도도 물론이지만, 별실에 동행하여 필요에 따라 조언하는 입장에 선 필자의 불안과 초조는 정말 말로 표현할 수 없는 것이었다. 다음에 서술하는 바와 같이 모두가 기우로 끝난 것이 명확해졌을 때는 감격으로 가슴이 두근거리고 눈물이 나와 하늘의 가호와 신에게 감사할 따름이었다.

수카르노, 하타 씨로부터 수락 선서의 내용과 형식에 대해 상담을 받아 우선 명령의 임시 번역문의 원고를 보여주자 수카르노 씨는 명령을 대단히 감격해서 들었으므로 거의 암기하고 있으니 그럴 필요는 없다면서 수락 선서를 어떻게 쓰면 좋을지에 대해 조언을 해달라고 했다. 나는 통역할 경우의 참고로서 미리 명령서에 대한 승낙서의 선례를 따라 번역한 것을 갖고 있었으므로 희망한다면 보여주겠다고 하니, 필히 보여 달라고 하여 그것을 건넸다. 둘은 일독하고서 이것으로 됐다며 크게 기뻐하고, 하타 씨가 인도네시아어의 자구를 수정하여 곧바로 완성했다. 이리하여 식은 참석자 일동의 긴장 속에서 재개되고, 수카르노 씨가 다음과 같은 요지의 수락 선서를 했다.

선서

이번에 대일본제국 정부는 인도네시아에 대해 가급적 신속히 독립을 허용하려는 방침을 결정하고, 곧바로 독립에 관한 구체적 준비에 착수하기 위해 자바에 독립준비위원회의 설치를 명하시니, 지금 이에 관한 대일본제국 정부의 명령을 배수(拜受)하였다. 수카르노는 이에 인도네시아 민족을 대표하여 삼가 그 명령을 수락함과 더불어 대일본제국 정부에 대해 인도네시아 민족의 이름으로 진심으로 감사의 성의(誠意)를 표하는 바이다. 자바로 귀환한 후에는 곧바로 대일본제국 정부의 명령을 받들어 독립준비위원회를 열어 신속히 독립을 위한 준비를 완료함으로써 대일본제국 정부의 기대에 부응할 것을 엄숙히 선서한다.

일본의 항복에서 인도네시아의 독립선언까지(一)

수카르노 일행이 다랏에서 돌아온 다음 날 8월 15일 일본의 무조건 항복에 의해 대동아전쟁은 마침내 끝났다. 옥음(玉音)방송에 의한 종전 명령 이외는 아무런 세부의 지령도 없어 혼돈스러운 불안에 휩싸여 있었다. 인도네시아 측은 아무런 공보(公報)도 없음에도 라디오의 도청 등으로 비밀정보를 입수한 모양으로, 시내는 차츰 어수선한 불온의 공기가 감돌기 시작했다.

일본으로서는 무조건 항복을 위해 독립준비 행사의 일체로부터 손을 떼는 동시에 군사적, 정치적 활동을 완전히 정지하고, 연합군에 항복하기까지 현 상황을 유지하고 치안 확보를 담당하게 되었다. 인도네시아 측에 대해서는 8월 18일 수카르노 씨 등에게 종전의 사실을 전달함과 더불어 일본군으로서는 독립준비위원회에도 관여할 수 없게 되었음을 전했다.

종전에 관한 정식 발표는 22일에 이루어졌다. 이리하여 독립준비는 인도네시아 측이 독자의 방법으로 하게 되었는데, 독립선언을 둘러싸고 한창 여러 가지 유언비어 등이 나돌았으므로 이하 하타 씨의 수기를 인용한다.

수카르노, 하타 및 라지만은 8월 11일 다랏에서 남방총군 사령관 데라우치 원수로부터 인도네시아의 독립에 관한 일본정부의 허용 명령의 전달을 받았다. 그때 데라우치 원수는 인도네시아가 언제 독립할지는 여러분들의 결정에 맡긴다고 말했다. 우리들은 돌아오는 길에 싱가포르에서 독립준비위원회의 수마트라 대표 통크 핫산, 아미르 및 아바스 등과 만나 자카르타까지 동행했다. 우리들은 소련이 일본에 대해 선전포고를 하고 만주로 침입한 것도 듣고 있었으므로 수마트라 대표와 협의한 결과, 일본의 항복은 이제 수개월이 아니라 몇 주간의 문제라는 것, 따라서 인도네시아의 독립은 가능한 한 빨리 해야 한다는 것에 의견의 일치를 보았다.

자카르타로 돌아온 14일 오후 수탄 샤리르는 나에게 일본이 연합군에 화평을 신청한 것을 보고하고, 우리들의 독립은 어떻게 되느냐고 물었다. 이에 대해 나는 그것은 전적으로 우리들의 가슴속에 있다고 답했다. 샤리르는 인도네시아의 독립은 독립준비위원회에 의해 선언하는 것은 좋지 않다. 만일 그렇게 한다면 연합군 측은 인도네시아의 독립은 일본제(日本製)라는 낙인을 찍게 될 것이라고 말하면서 독립은 수카르노가 민족대표로서 민족의 이름으로 라디오에서 선언하는 것이 가장 좋다고 했다. 그러나 나는 수카르노도 독립준비위원회의 위원장으로서 위원회와 상의 없이 독단으로 선언할 수는 없다는 이유에서 샤리르의 제안에 반대했다. 또한 수카르노로서는 일본의 항복에 관한 보도에 대해 군정감부로부터 설명을 들을 필요가 있었다. 그런데 8월 15일에 일본의 항복이 사실이 되었으므로 우리들은 8월 16일 오전 10시에 독립준비위원회를 소집하게 되었다.

인도네시아의 독립은 가능한 한 빨리 선언할 필요가 있었다. 헌법은 별로 논의하지 않고 가결하고, 중앙 및 지방의 행정기구도 수일 내로 조직하지 않으면 안 되었다. 자바 이외에서 와있는 준비위원들은 독립 정부로부터의 상세한 훈령을 가지고 각자의 출신지로 돌아갈 필요가 있었다. 잠시의 유예도 허락되지 않았다. 우물쭈물하다가는 그들의 돌아가는 길을 일본군에 의해 방해받을 위험이 있었다. 왜냐하면 일본군은 항복했으므로 연합군의 군령의 집행자라는 지위에 불과해지기 때문이다. 일본이 인도네시아의 독립을 인정한 것은 사실이지만, 일본군은 연합군으로부터 독립 인도네시아를 압박하여 해방시키도록 명령을 받을지도 모른다. 또 우리들은 연합군이 인도네시아에 네덜란드령 동인도 정권의 부활을 기도할지도 모른다는 점도 고려해야만 했다. 따라서 조직적인 혁명이 필요했다.

일본의 항복에서 인도네시아의 독립선언까지(二)

우선 무엇보다도 전 인도네시아 민족을 하나로 뭉치게 하는 투쟁에 의해 독립을 사수해야 한다. 이런 확신하에 나는 같은 날 오후 고 수비안토 및 현재 국회의원인 수바디오가 제시한 청년과 의용군 및 민중에 의해 일본군으로부터 정권을 탈취하자는 제안을 거절했다. 그들은 정권 탈취에 앞서 수카르노가 라디오 방송에서 독립을 선언해야 한다는 것이었다. 나는 이 두 청년에게 혁명에는 찬성이지만 폭력에는 반대임을 설명했다.

수카르노·하타 등의 유괴사건

독립준비위원회는 8월 16일 오전 10시부터 열리고, 각 위원이나 초대된 요인, 신문기자는 예정대로 회장에 모였으나, 정작 위원회의 주최자인 수카르노 위원장과 하타 부위원장은 모습을 보이지 않았다. 그들은 같은 날 이른 아침 4시에 수카르니 등 청년단원에 유괴되었던 것이다. 하타의 수기는 그 때의 모습을 다음과 같이 적고 있다.

이른 아침 자고 있는 사이에 수카르니 등에게 습격을 당해 수카르노 부부와 함께 자카르타 동남 60km에 있는 렝가스뎅클록의 의용군 병사(兵舍)로 연행되었다. 수카르니가 말한 바에 의하면 수카르노가 그들 청년이 요망했던 방법으로 독립선언을 하기를 거부했기 때문에 청년과 의용군이 민중을 이끌고 직접행동을 일으키게 되었고, 자카르타에서는 일본군으로부터 정권 탈취의 혁명이 발발할 것이므로 수카르노와 하타를 렝가스뎅클록으로 피난시켜 그곳에서 인도네시아의 독립을 선언시키려고 했다는 것이다. 나는 이 이야기를 듣고 크게 놀랐다. 드디어 예감하고 있던 슬픈 비극이 현실화했다. 청년들의 미친 행동은 대실패로 끝날 것이라는 생각에 기운이 빠졌다. 이 실패는 인도네시아 독립혁명의 운명을 좌우하게 될 것이라고 고민했다. 그러나 그날 중에 청년들의 계획은 실행되지 않았음을 알고 가슴을 쓸어내렸다. 일본군은 완전무장을 하고 어떤 사태의 돌발에도 대처할 수 있는 태세를 취하고 있었던 것이다.

렝가스뎅클록에서는 특별히 협의는 이루어지지 않았다. 우리들은 종일 하는 일 없이 불안 속에서 청년들의 비현실적인 계획이 실패하기를 기다리는 것 이외에 아무 것도 할 수 없었다. 렝가스뎅클록에서는 의용군이 지방관헌 및 미곡 관리를 하고 있던 일본인 몇 명과 우연히 당일 저장미의 상황을 시찰하러 와 있던 스타르조 장관을 감금하고 있었다. 이 사건들은 극비리에 이루어져서 지방 주민은 아무 것도 알아채지 못했다. 그날 오후 스바르조가 군정감부로부터 파견되어 우리들을 맞이하러 왔다. 수카르니 등은 저항하지 않았기 때문에 우리들은 그날 저녁 스타르조와 수카르니 등을 데리고 자카르타로 돌아왔다. 자카르타에 도착과 동시에 군정감부 총무부장 니시무라(西村) 소장을 방문한 결과, 일본군은 무조건 항복을 하고 연합군의 명령 집행자에 불과한 지위에 있음이 판명되어 우리들은 즉시 그날 밤부터 독립준비위원회를 개최했던 것이다. 운운.

수카르노, 하타 씨의 실종사건은 일본군 측에 큰 충격을 주었다. 이로 인해 어떤 최악의 사태로 발전할 지도 모르므로 군으로서는 라디오나 전화로 자바 전역에 비상수사망을 펴서 긴급 수사한 결과, 오후가 되어 가까스로 행선지를 밝혀내고 스바르조를 파견하여 복귀시키게 되었던 것이다.

필자 등은 그날 밤 니시무라 총무부장 관사에 모여 일행의 귀환을 기다리는 동시에 여러 대책을 협의하고 있었는데, 밤중이 되어 수카르노, 하타 씨가 이곳을 방문했다. 수카르노 씨는 인도네시아의 독립에 관한 일본 측의 최종적 태도와 방침에 대해 한 시간여 교섭을 했으나, 니시무라 소장은 항복한 일본군으로서는 연합군의 명령을 엄수해야 하는 입장에 있으며 연합군에게 현지 항복을 할 때까지는 치안과 현상유지에 전념하는 것 이외는 아무 것도 할 수 없으므로 독립문제에는 일체 관여할 수 없다는 뜻을 반복해서 말했다. 이에 대해 수카르노 씨 등은 오늘밤 모처에서 각 지방의 민족대표가 모여 중요한 회의를 할 것이니 이를 승낙하고 군 측에서 이를 금지하거나 방해하지 않도록 호소했으나, 일본군으로서는 허락한다고도 금지한다고도 할 수 없는 괴로운 입장에 있어 확답을 할 수 없었으므로 여러 가지로 언쟁을 벌이다 결국 결렬로 끝났다.

독립선언

수카르노와 하타 씨는 비창한 얼굴로 곧바로 어두운 밤에 모습을 감추었다. 그날 밤 최후의 독립준비위원회가 나소가(街)(지금의 이만본조르가)의 마에다(前田) 해군소장의 관사에서 열렸다. 필자는 무슨 일이 일어날지도 모른다는 것과, 회의의 모습을 알기 위해 혼자서 그들의 뒤를 좇았다. 마에다 소장의 관사 주변은 무기를 지닌 청년정신대(挺身隊)로 엄중하게 경계의 진이 쳐져 일본군이나 경찰관의 접근을 한 발짝도 허용하지 않을 태세를 취하고 있었다. 만일 일본군이 방해하는 일이 있다면 큰 충돌사건을 낳았을 것이다. 필자가 문 안으로 들어가자 울창한 수목 사이에서 형형한 눈빛으로 칼을 든 청년 몇 명이 달려와서 누구냐고 물어 이름을 대니 무사히 입장이 허가되었다.

넓은 방에는 독립준비위원회 위원 외에 각 지방의 대표 등 약 50명이 회합하여 역사적인 독립준비위원회가 개최 중이었다. 독립선언안에 관한 협의이다. 회의는 신중하고 활발한 발언이 새벽까지 계속된 결과, 17일 오전 3시를 지나 독립선언이 가결되었다. 그것은 노트를 찢은 종잇조각에 적힌 간단한 것으로, 여기에 수카르노, 하타 씨가 민족대표로서 서명했다.

이리하여 역사적인 독립준비국민대표회의는 1회로 끝났다. 각 위원은 감격과 흥분으로 잠잘 틈도 없이 같은 날 오전 10시 프강사안가(街) 56번지에 있는 수카르노 저택의 정원에 집합하고, 수천 명의 남녀 주민도 속속 참가, 정렬하여 독립선언 국민대회가 열렸다.

이날을 위해 태어난 수카르노. 민족의 독립해방을 위해 사투 40년의 형극의 길을 밟아온 세기의 행운아 수카르노는 철야의 피로도 잊고 만면에 홍조를 띠고 감격의 눈물에 젖은 눈을 깜박이면서 다음과 같이 인도네시아공화국 역사의 한 페이지를 장식할 연설을 한 후 독립을 선언했다.

여러분,
나는 여러분이 우리 역사상 가장 중요한 사건을 목격하기 위해 이곳에 참석하기를 바랐다. 우리 인도네시아 민족은 우리의 향토를 자유롭게 만들기 위해 수십 년 간 싸워왔다. 아니, 수백 년 간 싸워왔다. 우리의 독립을 획득하기 위한 투쟁의 물결은 때로 높낮이는 있었으나, 우리의 혼은 항상 이상을 향해 돌진했다. 일본 점령시대에도 민족의 독립 달성을 위한 우리의 노력은 한시라도 결코 멈춘 적이 없다. 일본시대에 우리는 완전히 무력하여 일본에 의존하고 있는 것처럼 보였다. 그러나 실은 결국에 우리는 우리의 힘을 계속 결집하고 우리의 힘을 신뢰해 왔던 것이다. 이제 우리가 정말로 민족과 향토의 운명을 우리 스스로의 손으로 장악할 때가 왔다. 자신의 운명을 자신의 손으로 쥐는 용감한 민족만이 강하게 독립할 수 있다.

이를 위해 우리는 어젯밤 전국의 인도네시아 국민지도자와 협의회를 열었다. 이 협의회는 지금이야말로 우리의 독립을 선언할 때가 왔다는 것을 만장일치로 결정했다.

여러분, 우리는 이에 우리의 일치된 확고한 의사를 성명한다. 우리의 선언을 들으라.

선언

우리 인도네시아 민족은 인도네시아의 독립을 선언한다. 주권의 이양 및 기타에 관한 사항은 완전한 방법으로 최단기간 안에 실행한다.

여러분, 이와 같다. 우리는 이제 독립했다. 더 이상 우리 향토와 우리 민족을 속박하는 그 어떤 구속도 없다. 지금부터 우리는 우리의 국가를 조직한다. 독립국가를. 영구히 독립의 인도네시아공화국을.

신이시여! 우리의 독립에 은혜를 내려주소서.

계속해서 독립국가로서의 최초의 국기 게양식이 거행되었다. 국기 게양 후 수카르노 씨는 줄줄 흐르는 눈물을 닦지도 않고 한층 더 엄숙한 목소리로 "여러분, 독립은 선언되었다. 우리는 스스로를 안도하고 이 독립을 수호해야 한다. 국기는 높이 내걸렸다. 이 국기는 이제 내릴 수 없다. 여러분, 모두 약속하겠는가"라고 외치며 대회의 선서를 요구했다. 참집한 전원이 높이 손을 들어 국기에 충성을 맹세했다.

그때 일본의 경찰관이 몇 명 들어와서 수카르노 씨를 안쪽의 한 방으로 연행했다. 수카르노 부인과 청년대원이 이를 좇았다. 청년들은 죽창을 가지고 그 방 앞에서 경계했다.

경찰관은 격노하여 수카르노 씨에게 누구의 명령과 허가로 독립을 선언했냐고 격하게 힐문한 후 수카르노 씨와 하타 씨를 연행하려고 했다. 수카르노 씨는 완전히 냉정하게 "인도네시아 민족의 이름으로 독립을 선언했다. 주위를 보시오. 우리들을 연행하려면 하시오"라고 답하자 경찰관들은 두려워하며 돌아갔다.

독립선언 방식을 둘러싼 대립 문제

독립선언은 8월 17일에 민족대표로서 수카르노와 하타의 이름으로 수카르노에 의해 선언되었는데, 선언 때까지 선언 방식을 둘러싸고 청장년 간부나 학생 그룹과 민족독립 지도자 사이에 의견의 대립이 있었다. 그런 관계도 있고 해서 수카르노, 하타의 유괴사건이나 기타 여러 사건이 연달아 발생했다. 이런 것에 대해서 하타는 그들 지도자가 취한 태도에 대해 다음과 같이 발표하고 있다.

자카르타의 청장년, 의과대학생 및 샤리르(제2차 내각의 수상)의 그룹들은 인도네시아의 독립선언은 혁명적 방법으로 행해져야 한다, 방식은 어떤 것이라도 좋으나 일본제라는 의혹을 갖게 하는 방법은 결코 취해서는 안 된다. 일본제의 독립선언은 연합군으로부터 무시, 말살당할 것이 확실하니 독립선언은 일본군에 의해 설치된 독립준비위원회로서 하지 말고 민족의 지도자로서의 자격으로 수카르노가 라디오를 통해 전 세계를 향해 인도네시아 민족은 일본군 정권으로부터 독립을 탈취했다는 취지를 선언해야 한다고 주장했다.

그러나 우리는 독립준비위원회는 전 인도네시아 민족을 대표한다고 인정해야 하므로 인도네시아의 독립선언은 인도네시아 독립준비위원회에서 해야 한다는 의견이었다. 독립준비위원회는 필요하다면 사회의 각 계층을 대표하는 위원을 늘릴 수도 있다.

또한 각 위원은 일본 측이 임명한 사람이기는 하나, 각 위원은 각 지방 및 각 종족의 의사를 대표하는 자로서 그들의 참가는 전 인도네시아 민족의 일심동체적인 이상과 염원을 상징한다. 이와 같은 일치단결감은 민족혁명의 실행에 가장 중요한 것으로, 독립준비위원회가 일본 측의 임명에 의한 것인지 아닌지와 같은 형식적, 법이론적 해석보다도 한층 더 중요하다.

우리들이 연구해야 할 것은 이제는 항복하여 무력해진 일본에 관한 것이 아니라, 실은 인도네시아에 네덜란드 정권을 회복하려는 연합군에 대한 우리들의 태도이다. 이런 이유에서 혁명을 위한 준비는 이미 과거가 된 일본을 향할 것이 아니라 다시 인도네시아의 지배를 회복하려고 돌아올 네덜란드를 향해야 한다.

이와 같이 청장년이나 학생 그룹과 우리 민족지도자 사이에는 주의나 의견의 대립이 있었다. 그들은 민족 독자의 이니셔티브에 의한 독립이라는 형식에 너무 집착하고 있는데, 그러나 현실의 사태를 생각하면 형식적인 논쟁은 아무런 의미가 없다. 혁명이라는 것은 형식이나 법률적인 것을 고려함 없이 가능성과 실력 여하에 따라 결정되는 법이다. 인도네시아의 지배권을 회복하려는 네덜란드로서도 독립이 일본에 의해 선동된 것인지 아닌지에 신경을 쓰는 것은 아니다. 네덜란드로서는 네덜란드에 저항하는 어떤 정권도 격멸(擊滅)하지 않으면 안 될 것이다.

형식적으로도 법률적으로도 인도네시아의 독립준비가 일본 군정시대에 시작된 것은 사실이다. 인도네시아의 헌법도 독립준비위원회에서 기초된 것이다. 만일 과거의 인연과 전혀 관계없이 진정으로 혁명적 행동을 취하는 것을 염원한다면, 독립선언은 아마도 일본과의 협력과 전혀 관계없는 신인에 의해 행해져야 한다. 적어도 수카르노나 하타에 의해서는 아니여야 한다. 그러나 청년이나 학생들은 그것을 할 수 없었다. 그들은 혁명을 지도할 만큼 성장해 있지 않았으므로 수카르노, 하타에게 독립을 선언시키는 수밖에 없었던 것이다. 또 그들은 그들의 혁명을 실현하기 위해 수카르노를 괴뢰로 만들려고 여러 수단을 사용했다. 그것은 협박과 집단위협이었으나 실패했다. 이는 그들이 혁명은 괴뢰나 위협수단으로 성공하는 것이 아니라는 혁명의 법칙을 이해하지 못한 것을 입증하는 것이다. 그 한 예를 들면 그들은 8월 15일 밤 수카르노에게 오늘밤 중에 인도네시아는 일본으로부터 해방되어 자유의 독립국이 되었다는 취지를 라디오로 방송하라, 만일 그렇지 않으면 내일은 대규모의 유혈사건이 속발할 것이라고 협박했다. 이에 대해 수카르노가 격노하여 "내 목은 여기에 있다. 내일까지 기다릴 필요는 없으니 지금 여기서 목을 베라"고 호통을 치니 그들은 놀라서 "결코 당신을 죽일 생각은 없다. 다만 내일이 되면 주민 대중이 폭동을 일으켜 불신을 품은 사람들을 살육하는 사건이 일어날 것이라고 주의를 주었을 뿐이다"라고 하며 도망친 사건이 있다.

이러한 문제는 각지에서도 빈발했다. 이는 일본의 무조건 항복이 아직 공표되지 않았으나 그럼에도 인도네시아인 일부는 금지되어 있던 국제 라디오의 도청을 통해 일본의 포츠담선언의 수락과 무조건 항복을 알고 있었기 때문에, 일본에 의한 독립 승인은 불가능해지고 연합군의 진주(進駐)에 의해 네덜란드의 식민지 지배권이 회복될 것을 두려워한 나머지 일본군에 대한 혁명적 독립의 실현을 기도하고자 했음을 보여주는 것이다.

독립선언 후 일본군의 입장과 취해진 조치

일본은 포츠담선언을 수락하고 연합군에 대해 무조건 항복을 했으므로, 자바의 일본군은 연합군에 점령지의 인도와 현지 일본군의 항복을 할 때까지 점령지의 현상유지와 치안확보에 대한 책임을 지게 되었다. 따라서 점령지의 행정은 현상유지와 치안확보를 위해 필요한 최소한도의 것에 한정되고, 인도네시아의 독립 준비에 대한 관여, 협력은 일체 할 수 없게 되었다.

그러나 중앙 정부로부터의 종전 처리에 관한 지령 등은 쉽게 오지 않았고, 8월 15일에 싱가포르의 제7방면군으로부터 일본의 포츠담선언 수락에 관한 공전(公電)을 받았을 뿐이다. 게다가 현지의 인도네시아인 사이에는 일본의 무조건 항복의 정보가 점점 더 확산되어, 인도네시아 독립선언의 흥분과 더불어 일반의 정세는 시시각각 변화하고 있었다. 그래서 군정감 야마모토 소장은 상사로부터의 지령은 없지만 현지 정세의 추이를 무턱대고 방임할 수도 없으므로 8월 18일 아침 수카르노 등 인도네시아 독립준비위원회의 수뇌를 불러 일본정부가 포츠담선언을 수락한 취지를 비공식적으로 전달했다. 이것은 야마모토 소장 개인으로서 인도네시아 지인에 대한 인사라는 형태로 이루어진 것이다. 동시에 군에 대한 종래의 협력을 감사하고, 일본군으로서는 앞으로 인도네시아 민족의 독립에 대해 협력할 수 없게 되었다는 것 및 연합군이 도착할 때까지 오로지 현상(現狀)과 치안의 유지를 중심으로 하는 군정을 실시할 것임을 밝히고, 이에 대한 인도네시아 측의 깊은 이해와 협력을 구했다.

제7방면군 사령관 이타가키 대장이 자바군 사령관 나가노(長野) 중장에게 내린, 일본이 항복한 사실과 일본군으로서 앞으로 인도네시아의 독립 문제에 관해서는 일체 협력할 수 없게 되었음을 정식으로 독립준비위원회에 통보해야 한다는 취지의 명령은 19일에 수령하고, 이는 곧 수카르노, 하타 정·부위원장에게 통보되었다.

이상과 같은 상황이었으나, 수카르노를 비롯한 인도네시아의 요인들은 일본군으로부터 정식 통보를 받고도 아무런 동요도 없이 매우 평온했다. 그것은 국제 라디오방송의 도청이나 사이공, 다랏 및 싱가포르의 각지에서 견문한 사실과 종합하여 그들로서도 상당히 정확하게 전쟁의 전망을 세우고 있었기 때문이다.

인도네시아 측에 의한 독립정부 기구 등의 정비

인도네시아 측으로서는 무엇보다도 우선 연합군의 진주까지 독립의 기성사실을 확립해 두지 않으면 인도네시아 독립의 실현은 매우 곤란하다고 인정되는 정세에 있었으므로 8월 18일부터 독립정부 기구의 정비 등 독립 실시의 업무가 밤낮으로 급속히 진행되었다.

우선 일본군이 설치한 독립준비위원회를 중앙국민위원회로 개조하고, 위원을 늘려 곧바로 본회의를 열어 만장일치로 이하의 결의를 가결, 결정했다.

(1) 인도네시아공화국 헌법의 채택 결정
(2) 정·부대통령의 선거
    대통령 당선 : 수카르노
    부대통령 당선 : 모하마드 하타
(3) 대통령의 임무 보좌기관으로서 당분간 중앙국민위원회를 지정
(4) 독립 인도네시아공화국의 성립에 관해 국민에 대한 포고의 결정
    나아가 다음 날 19일에는 중앙 행정기관과 지방 행정구역을 다음과 같이 결정했다.
    ① 중앙 행정기관인 내각을 다음의 12성(省)으로 한다.
      내무, 외무, 법무, 산업, 재무, 문교, 보건, 사회, 정보, 교통, 공공사업, 치안
    ② 지방 행정구역
      지방 행정단위를 다음의 8주(州, 프로빈스)로 나눈다.
      수마트라, 서부자바, 중부자바, 동부자바, 소순다, 마르크, 술라웨시, 칼리만탄

또한 독립혁명의 수호와 국내 치안유지를 위해 후의 국방군의 전신인 국민보안대를 편성하고 전국에 배치했다. 이어서 9월 5일에는 제1차 대통령 내각의 조각과 지방장관의 임명을 종료했다. 이처럼 독립정부의 중앙·지방 기구는 밤낮으로 쉬지 않고 일해 강행되었는데, 그간의 사정에 대해 하타는 수기에서 다음과 같이 적고 있다.

인도네시아의 독립은 가능한 한 급속히 완료할 필요가 있었다. 헌법은 별로 논의하지 않고 채결하고, 중앙정부 및 지방행정기구를 수일 안에 조직할 필요가 있었다. 자바 이외로부터 모여 있는 준비위원들은 독립정부의 명령을 가지고 가능한 한 빨리 출신지로 귀환시킬 필요가 있었고, 우물쭈물하다가는 그들의 귀로는 일본군에 의해 방해 차단당할 위험이 있었다. 일본군은 항복 이후 연합군의 명령 집행자에 불과했기 때문이다. 일본이 인도네시아의 독립을 용인한 것은 사실이지만, 항복 후는 연합군으로부터 독립 인도네시아를 압박하여 해산시키도록 명령을 받는 것도 있을 수 있는 일이라고 생각되었다. 또한 연합군이 인도네시아에 네덜란드 정권의 부활을 기도하는 것도 고려해야 했다. 따라서 조직적인 혁명의 실행이 필요하고, 이를 위해서는 우선 전 인도네시아 민족을 하나로 뭉치게 하는 투쟁에 의해 독립을 사수하지 않으면 안 되었다.

3. 임팔작전

영국령 인도군과 영국군을 격퇴하기 위해 일본군과 인도국민군이 인도의 임팔을 공략하려고 한 것이 이른바 '임팔작전' 또는 '임팔-코히마작전'이다. 그러나 인도 진격을 위해서는 친드윈강을 건너고 아라칸산을 넘어야 했기 때문에 제공권을 빼앗겨 공중보급을 기대할 수 없는 일본군에게는 본래 무리였다. 그러나 1944년 3월에 작전 허가를 받은 일본군은 쌀과 탄약을 실은 소떼를 이끌고 무리한 작전을 감행하여 소 대부분이 친드윈강에서 익사하고 남은 소들도 아라칸산을 넘지 못했다. 보급로를 차단당한 가운데 우기를 맞은 일본군은 참가자의 80%에 달하는 5~6만의 희생자를 남기고 1944년 7월 퇴각했다.

방위연구소에 소장되어 있는 임팔작전 관련 사료로는 「버마방면군에서 본 임팔작전(그 1)」과 「버마방면군에서 본 임팔작전(그 2)」가 있다. 내용은 거의 동일하며, 「버마방면군에서 본 임팔작전(그 2)」는 「버마방면군에서 본 임팔작전(그 1)」의 내용을 원고지에 정서하고 문장을 다듬은 다음 '가와베(河邊)상주문'을 추가한 것이다. 따라서 이 책에서는 보다 내용이 정돈되고 자세한 「버마방면군에서 본 임팔작전(그 2)」를 번역했다.

본문에 표시된 각주는 원문 그대로이며, (中)은 당시 버마방면군 참모장이었던 나카 에이타로(中永太郞)가, (河邊)은 버마 방면군 사령관 가와베 마사카즈(河邊正三)가 붙인 각주이다.

1944년 9월
버마방면군 참모부

방면군에서 본 임팔작전

당시 작전 실패의 감촉이 아직 새로운 동안에 거짓 없는 감상을 기록해두도록 가나토미

(金富) 참모에게 명하여 기고(起稿)케 하고, 소관(小官) 및 참모장 나카 에이타로(中永太郞)가 가필한 것이다. 문서 중 나오는 '中'은 나카 에이타로이다.

[목차]

제1. 서언
제2. '임팔'작전 개시의 경위
제3. '임팔'작전 필요 여부에 관한 소견
제4. '임팔'작전의 규모에 관한 소견
제5. 작전의 성격에 관한 사상의 차이
제6. 작전 준비
제7. 작전의 실행
제8. 작전의 종말
제9. 결언
부기: 가와베 마사카즈(河邊正三) 상주문

제1. 서언

본 기록은 방면군의 견지에서 '임팔'작전을 회고 관찰하여 기탄없는 소견을 기록한 것으로, 장래에 참고가 되고자 하는 것이다.

논하는 바는 자연히 결과론적인 것이 많고, 일부러 당시의 경위에 눈을 가리고 냉정한 객관적 비판적 태도에 기초하여 연구한 것일 뿐만 아니라 때로는 판단의 적정성을 결여한 점도 없지 않으나, 기억이 생생할 때 우선 방면군의 독자적인 소회를 기록했다.

제2. '임팔'작전 개시의 경위

앞서 제18사단장인 무타구치(牟田口) 중장은 버마 진정(鎭定)작전의 경험에 기초하여 '지뷰'산계(山系) 서쪽 '친드윈' 강변에 이르는 지역은 풍토병과 불모의 땅이어서 대부대의 작전이 지극히 곤란하므로[1] 해당 방면의 적에 대해서는 큰 고려를 할 필요가 없을 것으로 판단하고 있었는데, 1943년 2월 '윈게이트'가 지휘하는 인도 제77여단은 이 판단을 저버리고[2] '탐' 부근에서 인도·버마 국경을 돌파, '카사'현을 여과해서 '바모' 방면으로 진출해 왔다.

이는 다행히 제18사단, 제33사단, 제56사단의 과감한 공격으로 그 주력을 포착, 궤멸시킬 수가 있었으나, 머지않아 제15군 사령관이 된 무타구치 중장은 '지뷰'산계 이서(以西) 지구에 대한 종래의 판단은 공중보급을 수반하고 정진(挺進)해오는 적에 대해서는 적응할 수 없음을 통감했다.[3]

이에 해당 방면의 적의 진격을 봉쇄하기 위해서는 적어도 '탐' 부근 '아라칸'산맥의 일각을 점령하고, '임팔'-'탐'도(道)를 제압하여 적의 '친드윈' 강변으로의 전개를 방해하는 것 이외에 적은 병력으로 할 수 있는 방어 대책은 없다고 확신하게 되었다. 이 고찰은[4] 마침내 해당 방면 적의 책원지(策源地)인 '임팔' 부근 진정작전으로까지 진전했다.

---

1   대작전이 곤란하다고 판단한 것은 대밀림지대가 주된 이유였다. (中)
2   모략부대가 다수의 종대(1종대가 200~300)가 되어 밀림지대를 우리의 틈을 비집으면서 깊이 잠입했던 것이다. (中)
3   오히려 당시의 이유는 건기(乾期)에 광대한 밀림지대의 방어는 병력상 매우 어렵다는 점이다. (中)
4   무타구치 중장의 의견이었음은 사실이나, 구 제15군은 본래 총군에서도 1942년 가을 이후 인도작전을 수행하고 있었다. 중앙에서도 당시 일본군은 육해군 모두 전면적으로 수세에 있고, 화려한 볼만한 전과(戰果)가 없었던 때이니만큼 국민의 사기 앙양을 위해서라도 할 수 있다면 어느 정도의 진격작전을 하기를 희망하고 있었다. 어쨌든 작전 규모, 작전 목표, 작전 지도 등에는 당시부터 상당한 문제가 있기는 했으나, 본 작전을 전면적으로 시인하고 강력하게 이를 실행할 것을 기도한 것은 방면군이다. 따라서 무타구치 중장의 발의에 의한 것이라는 판단은 적절하지 않다. 단, 총군 특히 대본영이 주로 후방 관계에서 오히려 방면군 이상으로 신중한 태도였음은 사실이다. (中)

제3. '임팔'작전 필요 여부에 관한 소견

버마방면군의 기본 임무 및 존재 가치를 고찰하건대, 그 첫째는 적의 인도·중국연결로의 차단이며, 둘째는 대동아 서부 변경의 확보에 있음이 명료하다. 즉, 어떤 방면에서 생각하더라도 전반적으로는 방위 주체이며, 적극적 공세 임무는 생각할 수 없다.[5]

방위를 위해 '임팔'[6]의 적의 근거를 복멸할 수 있다면 최선인 것이 당연하나, 당시의 재버마 병력량, 특히 후방적 견지에서 보면 '임팔'작전은 실시하지 말고, 오로지 방위의 목적을 가지고 해당 방면의 적의 반격 기도를 봉쇄하기 위해 토지를 목적으로 할 것이 아니라 적 전력(戰力)의 소모를 노려 필요한 요선(要線)을 확보하면서 수시로 도처에 계획적으로 출격하고, 소기의 목적을 달성하면 우리의 근거로 복귀한다는 작전방침에 기초하여 지도하는 것이 적당하지 않았을까 생각된다.

제4. '임팔'작전의 규모에 관한 소견

위에 서술한 바와 같이 순전략적으로 고찰하면 '우(ウ)'호작전과 같은 규모의 '임팔'작전을 감행할 필요는 적었다고 성찰되나, 제반의 정세, 특히 정략적 환경을 감안한 위에 이를 실시해야 했던 것으로,[7] 여기에 그 규모를 어떻게 하면 좋았을 지에 대해 검토해 본다.

(1) 작전 목표에 대하여

작전 개시의 경위에서 고찰하면 그 작전 목표는 '마니푸르' 요역(要域)의 토지에 있었음이

---

5 광대한 지역의 방위목적을 달성하기 위해서는 필요한 공세를 행하는 것 또한 당연하다. (中)
6 一. '코히마'의 가치에도 언급할 필요가 있다. 二. '버마' 방위의 견지에서 본 임팔 및 코히마의 가치. 이것을 우리가 장악할 수 있다면 다음의 이익이 있다. 1.지형상(산지) 방위가 용이. 2.인도·중국 연결에 대한 위협, 국경공작에 편리(인도·중국 차단의 전략적 효과). 3.버마의 중요부, 특히 철도에 대한 적기(敵機)의 활동 제압. 4.열세 병력으로 실시하는 항공작전을 유리하게 만든다. 5.정략상의 의의(주로 인도 독립의 촉진). 단, 이를 위해서는 보급의 확보를 전제로 한다. 훗날의 고찰에서 보면 병력, 특히 보급의 관점에서 임팔공략에 한정하는 것이 옳았다고 생각된다. (中)
7 이런 관찰은 작전 실행 결정 당시의 사상과 배치된다. 정략은 어디까지나 부차적인 것이다. 단, 인도군의 참가 및 작전 초기의 호조로 인해 河邊의 정략적 색채가 갑자기 농후해진 것은 사실이다. (中)

명확한 것 같으나, 적은 병력에다 당시 전반적으로는 추격 말기 태세에 있던[8] 버마방면군이 방위를 위해 과연 토지를 목적으로 하는 것이 옳았는가에 대해 생각해볼 필요가 있다.[9]

오히려 이미 서술한 바와 같이 적의 전력을 목표로 삼아 적의 반격을 사전에 봉쇄하여 방위 목적을 달성하든가, 아니면 적으로 하여금 우리의 쐐기꼴 대형(隊形) 전력의 첨단에 가급적 다수의 병력을 집중시키게 하여 자주적으로 우리가 요구하는 전장에서 결전을 치르게 하고, 전력을 소모시킴으로써 타방면에서의 적의 자주적 작전을 우리가 원하는 지역에서 견제하는 등의 방책으로 나가는 것이 좋지 않았을까 반성하고 있다.[10]

결과적으로 '우'호작전을 보면 위와 같은 모습이 없지 않으나, 근본 관념은 토지에 있었음이 명료하며, 더욱이 후술하는 정략관계는 이에 박차를 가해 작전 종말과 토지(목표이다)의 교착이 풀리지 않고, 작전의 연기에 따라 우기가 도래한 영향도 있어서 막대한 전력을 소모한 것은 참으로 유감이었다. 만일 작전 발기 시에 전술한 바와 같이 적의 전력을 목표로 했다면 외견상으로는 '우'호작전과 같은 양상의 작전 경과를 밟았겠지만, 항상 주동(主動)을 장악할 수가 있어 자주적으로 작전을 지도하고, 우리 전력의 소모 또한 이처럼은 되지 않았을 것이라고 생각된다.[11]

(2) 작전 실시의 단계

이번에 '우'호작전과 같은 임팔 공략을 감행해야 할 경우, 작전 실시에 단계를 구분하여 제1단계에서는 기습작전으로 대개 국경선 부근에 주력을 추진하여 정돈 및 보급, 집적을 꾀하고, 2개월에서 4개월(작전 발기 1월의 경우는 2, 3월 사이에, 이번과 같이 3월 이후 발기가 불가피한

---

8 추격 태세에서 방위 태세로 전환했던 시기이다. (中)
9 토지 영유에 무게를 둔 것은 사실이나, 방면군 당초의 생각은 이와 거의 같은 중요성을 가지고 국경 부근에서 적의 주력을 복멸하는 것도 희망하고 있었다. (中)
10 우선 적의 주력을 격멸하는 것은 크게 고려된 바이나, 이 방면으로부터 적의 진격이 없을 경우는 우리의 공세는 이듬해로 연기하지 않을 수 없다. 따라서 적이 어떻게 나오느냐와 상관없이 자주적으로 공세로 나가기로 결정되었다(제15군 및 각 병단의 무형적 지도라는 면에서도 자주 공세를 필요로 했다). (中)
11 '우'호와 같은 양상의 작전 경과를 밟았다고 하면 설령 목표를 적의 전력에 둔 경우라도 결과에 큰 차이가 없었을 것이다. 논술의 취지가 작전의 종말을 더 자유롭게 선정할 수 있었음을 말하려는 데 있다면, 작전 양상과 경과의 차이를 시인하고 동시에 목표인 적의 전력의 격멸도 '우'호의 실제 경과보다 작았음을 아울러 인정해야 한다. 요컨대 작전 목표를 달리 하는 작전 구상, 따라서 그 경과는 크게 차이를 낳았으리라고 생각한다. (河邊)

경우는 우기 4개월간) 동안 제2단계로서 실력으로 '임팔' 공략을 감행했다면, 기습 효과는 감쇄되겠지만 준비에 만전을 기할 수 있어 확실성을 보유하는 책략이라고 할 수 있으며, 특히 후방적으로 작전 중지가 불가피해지는 사태는 발생하지 않았을 것이다. 상황에 따라서는 전반적 관계상 국경선 부근에서 '임팔' 공략을 중지할 정세가 발생한 경우까지도 고찰되어, 버마 전반의 작전을 견실하고 유리하게 지도할 수 있었을 것이라고 반성하고 있다.[12]

(3) 병력량의 문제

이번과 같은 '우'호작전을 실시할 경우의 소요 병력량을 검토하면 다음과 같다.

1. 각 방면의 작전, 특히 '우'호작전의 경과에서 판단하면, 중점을 '친드윈'강 서방지구에 유지하면서 일반방향을 '임팔'로 지향하고, 제일선 사단 4, 제15군 전략예비사단 1의 병력량(소요 후방병력을 동반)으로써 했다면 무리 없이 신속하게 작전 목적을 달성할 수 있지 않았을까라고 판단되나, 작전 개시 당시의 실정은 적을 경시하고 있었으므로 후술하는 바와 같이 제15군은 3사단으로 '임팔' 공략과 같은 것은 매우 용이하다고 생각하고 있었을 뿐만 아니라 그 밖에 제15군에 늘릴만한 병단도 없는 상황이었다.[13]

---

12 대체로 그러하지만, 공세부서에서도 크게 반성할 필요가 있다. (1)병력의 중점 사용, (2)종장배치(縱長配置, 군 사력을 세로로 길게 배치하는 것-옮긴이), (3)화력 전투 및 기갑전(機甲戰) 대비 준비. 즉, 종심(縱深, 전선에 배치된 부대의 최전선에서 후방 부대까지의 세로의 선-옮긴이) 돌파의 사상으로 실행하는 견실한 근대전(近代戰) 준비가 필요했다. (中)
 一. 4월 초에 점할 수 있었던 유리한 전략태세는 전적으로 기습과 당시 병력부서가 적당했음에 기인함을 인정해야 한다.
 二. 다만 위의 부서는 '진지공격'에는 적당하지 않다. 이것은 제15군도 충분히 알고 있었기 때문에 '진지공격'에 빠지지 않도록 하고 작전을 끝내는 책략으로 나온 것이다.
 三. 마침내 '진지공격'을 강제 당한 것은 적의 공중 수송력에 기초한 전력 차이가 날이 갈수록 특히 불리해졌기 때문이다.
 四. 더욱이 그 시기에 이르러 '중점 구성'을 아무리 애태워도 수중에 갖고 있는 게 없고, 좌우의 이동은 지형이 허락하지 않는 궁지에 빠져 전황의 교착을 초래했던 것이다.
 五. 따라서 방면군도 제15군도 적의 저항력(공중수송의 검토를 포함하여)을 경시한 점에 애당초 근본적 과오가 있었다. (河邊)
13 후방적으로는 병력뿐만 아니라 시설(철도, 도로, 소형선박)의 정비가 없었고, 당시의 실정에서는 도저히 이 병력의 운용은 불가능했음도 반성된다. (河邊)

2. 위 판단의 기초는 다음과 같다.

① '아키야브' 방면의 작전 및 '임팔' 주변의 작전에서 판단하면, 영국령인도군(英印軍) 사단 대 일본군 사단의 전력 비율은 대체로 2:1로 판단한다.[14]

② 공세에 있어서는 중점을 '카바우' 골짜기에서 '파렐' 방면을 향하여 강화된 1사단을 전진시키고, 나머지는 대개 '우'호작전에서 진격했던 각 병단의 진로에 1사단씩을 을 투입한다. 이 사이 제15군은 전략예비 1사단을 장악하고 있으면서 병단 수에 따른 후방전력(육상, 수상)을 증강할 필요가 있다.

③ '임팔' 포위에 있어서는 실력 3사단을 이에 충당하고, 나아가 결전 시 전략예비 1사단을 중점을 향해 투입하여 신속하게 해당 평지의 적을 섬멸한다. 이 사이 1사단으로 '코히마'를 확보한다.[15]

(4) 인도국민군과의 관련

1. 이번 '우'호작전에서는 후술하는 바와 같이 색채가 점차 정략적인 것이 농후해지고, 당초부터 유명무실한 인도국민군을 협동작전군으로서 취급하여 정략적으로 '보스'의 임시정부, 인도독립연맹 등을 선전전의 제일선에 활약시켰는데, 이를 순전략적으로 보면 그 구상이 매우 불순한 것이 많다. 물론 인도에 대해 진격할 경우, 인도 국민성의 특질에서 어느 정도 이런 종류의 공작은 중요하여 빼놓을 수 없음은 분명하지만, 본 작전을 반성하면 오히려 스스로 행한(주로 중앙 시책) 정략 사항 및 선전, 모략적 사항에 의해 작전을 혼탁하게 만든 감이 없다고는 할 수 없다.

2. 지금 인도국민군과의 관련을 어떻게 하는 것이 적당했는지를 성찰하면 다음과 같다.

---

14 당시는 3:1로 생각했다. (中)

15 이 병력은 지형을 고려한 각 병단의 기동력, 특히 보급과 큰 관련이 있다. 따라서 건기 작전을 연기하여 후방, 특히 보급 교통을 정비한 후가 아니면 (병단의 전개와 군수품의 수송 집적이 이번의 작전에서는 중첩되었다) 5개 사단으로 하는 견실한 공격은 곤란할 것이다. 이상과 같이 처치해서 작전이 예정대로 진행되어 우기까지 상당한 여유를 가지고 병력을 종장(縱長)에 둘 수 있었다고 해도 사용 병력은 보급상의 견지에서 우선 4개 사단이 한도일 것이다. 또한 공격 방법은 앞의 연구와 같이 착실하고 적절하다면 그것으로 족했다고 생각된다. (中)

① 임시정부, 독립연맹은 선전적으로만 이용하는 것은 '우'호작전과 같다.
② 국민군은 적어도 '임팔' 탈취까지는 사용하지 않고, 필요로 하는 지역에서 집결, 훈련한 후 '마니푸르' 요역 탈취 후의 유격전에 활용한다.
③ 공작반, 정보반 등은 일본군 내 특종 공작기관으로서 국민군에서 분리해서 활용한다.

제5. 작전의 성격에 관한 사상의 차이

전술한 바와 같은 작전 개시의 경위에 기초하여 착착 작전 준비를 진행하는 동안에 제15군은 점차 그 구상을 대담하게 하여, 견실안(案)을 갖고 있던 오바타 노부요시(小畑信良) 참모장을 교체한 무렵부터 '임팔' 공략 따위는 매우 용이하다고 생각하게 된 것 같다. 1944년 2월 26일 구노무라(久野村) 참모장이 랑군에 와서 작전 준비의 구성을 보고했을 때에도 '아삼'주 진격의 의견을 상신했다.

원래 방면군은 본 작전을 방위를 위한 필수 작전이라고 생각하고, 그 한도도 보급 확보의 견지에서 '마니푸르' 분지 서쪽 경계를 극한으로 삼아 지도해와, 제15군의 다분히 관념적인 대규모 작전의 사상을 우려하여 누차 그 주의 환기에 노력했을 것이다. 그러나 이 근본 관념의 차이는 작전 발기 이전은 물론 작전 수행 중에도 항상 나타난 바로서, 제31사단이 '코히마'를 탈취했을 때의 제15군의 '디마푸르' 진격 명령에서도 이런 예를 볼 수 있다.

총군 및 대본영의 본 작전에 대한 태도는 당초 매우 신중했으며 그 완수에 관해서는 약간 위구심을 갖고 있었던 듯, 특히 보급의 성사 여부를 의심했으나 '확신이 있다'는 뜻을 방면군으로부터 상신하기에 이르러 1944년 1월 9일 마침내 '우'호작전 인가의 전보(電報) 지령을 받은 상황이었다.

한편, 중앙에서는 '보스'의 도일(渡日)에 따라 1944년 초두의 의회에서 제국의 인도에 대한 태도를 천명하고, 또한 인도국민군을 편성하여 본 작전에 협력시키는 등을 한 결과, 본 작전의 성격에 점차 정략적인 경향이 더해지고,[16] 1944년 3월 작전 발기 시 이후의 세계 및

---

16   이 점에 관해서는 제3에 대해 서술했다. (中)

대동아 전황과도 관련하여 본 작전의 정략적 선전 가치가 중시되기에 이르렀다.[17]

즉, 지금에 와서 대국적 견지에서 본 작전을 회고하면, 오히려 실력에 상응하지 않는 정략적 색채가 매우 농후한 것으로 되었기 때문에 부지불식간에 순수한 전략, 전술적 판단을 초월한 무리한 지도를 방면군으로서도 자각하면서 굳이 한 흔적을 간과할 수 없을 것이다.

제6. 작전 준비

(1) 작전 준비의 심도

전술한 제15군의 관념에 기초하여 작전 준비를 진척시킨 관계상 '임팔' 공략은 매우 용이하다고 생각하고(건기 중에는 당연히 종말 태세로 전이할 수 있다고 생각했다), 필승의 확신으로 성공했을 때만을 기초에 두고 작전이 여의치 않을 경우에 대한 상정은 상하 모두 불철저했던 아쉬움이 다분히 있다. 특히 '임팔' 평지에서의 섬멸전은 제15군의 도상(圖上)연습에서조차 연구하지 않았다. 실제의 경과에서 나타난 진지 공격과 같은 것은 발생시키지 않는 것으로 전제하고 오로지 돌진작전으로만 일관했다.

(2) 작전계획 책정의 경위와 중점 지향 방면

1. 방면군은 총군의 '버마 방면 작전준비요강'에 기초하여 '중점을 친드윈강 서방 지구로 유지하면서 일반방향을 임팔을 향해 공세를 취한다'와 같이 '우'호작전 준비요강을 가지고 명시했다.

제15군도 또한 위의 취지에 기초하여 당초 2개 사단으로 '친드윈'강 이서 지구로부터, 1사단으로 '호마린' 방면으로부터 각기 일반방향을 '임팔' 평지로 지향하여 공세를 취하도록 계획하고 있었는데, 그 후 중점을 위의 방향에 유지하고 2개 사단으로 '친드윈'강을 건너 진격하여 '코히마'-'임팔'의 경로를 차단하도록 계획을 변경했다.

---

17 선전이 지나친 것에 관해서는 그 영향이 의외로 큼이 파악된다. 특히 중앙의 취급 방식에 있어서 그러하다. (中)

이는 중대한 변경으로, 방면군의 준비요강의 취지에 배치될 뿐만 아니라 특히 보급의 견지에서 보더라도 '아라칸'산맥을 횡단해서 2개 사단을 돌진시키는 것은 매우 곤란하다는 것이 명확했으므로 해당 계획을 변경시키려고 했다. 그러나 제15군에서는 위의 변경한 계획에 기초하여 도상연습을 행하고, 각 사단은 이미 변경안에 기초하여 착착 작전준비에 착수하고 있었던 관계로 인해 갑자기 그 변경을 명하기가 곤란하여 마침내 방면군은 해당안을 승인했던 것이다.[18]

2. 버마 방면 작전 전반의 정황으로서는 적에 대한 우리 추격의 퇴세(頹勢)는 이미 사라지고, 오히려 적에게 재기의 기회를 주고 있었던 태세였음에도 불구하고[19] 여전히 우회(迂回)로써 적의 퇴로를 차단한 전략적 우월 태세로 승리를 얻을 수 있다는 말라이작전 이래의 작전 관념을 포기할 수 없었다.

'아키야브' 방면의 작전 개시 후 방면군에서는 차차 본 관념의 시정에 노력했으나, 그 말단으로 침투하는 데는 상당한 시일이 필요했다. 제15군 각 사단의 돌진대(突進隊)의 전법 또한 위와 같은 수정되지 않은 사상에 기초한 것이다.[20]

3. 총길이 250km에 걸친 전면(戰面)에 3개 사단을 충당하고, '임팔' 평지를 포위하는 데 있어서는 둘레 160km의 분지를 2개 사단(각 사단은 소위 돌진대 편성으로, 초기와 같은 충실한 전력이 없다)으로 압축하려 했으나, 이후 병력 부족을 통감했던 것이다.

이후 제31사단의 '임팔' 평지로의 퇴각 명령도 이에 기인하는 바가 크다. 물론 해당 방면의 지형적 특수성 등은 당연히 고려되어야 하지만, 작전 준비 이후 전술한 바와 같이 적을

---

18 제15군은 신계획을 각 병단장에 지시하고, 방면군이 그 보고를 받은 것은 그 후였다. 군 통수의 민감함 때문에 방면군으로서는 어쩔 수 없이 이를 승인한 것이다. (中)
방면군과 군의 관계, 특히 군은 방면군의 완전 통수하에 있음은 '대대 내의 중대'와 같다(슈리펜 원수의 말)고까지 하는 인식의 철저함이 상하 모두에 아직 충분하지 않다는 점도 이런 종류의 착오의 간접적인 중요 원인이다. 국군 통수 문제로서 신속히 시정을 요하는 점이다. (河邊)
19 적은 재기했을 뿐만 아니라 영국 본국 등으로부터 상당히 증강되어 있었다. (中)
20 앞에 쓴 바와 같이 이런 사상의 약점만을 비난하는 것은 실제와 맞지 않으며 가혹하다. 이 사상에 기초하여 획득한 전략적 우위에만 신뢰를 둔 점에 결함이 있었던 것이다. (河邊)

경시하고 병력량[21]을 결정한 것은 상하 모두 그 책임을 질 필요가 있다. 더욱 신중하게 검토할 필요가 있는 사항이었다.

4. 각 사단의 작전 준비는 이미 서술한 바와 같이 돌진의 태세뿐으로, 각 돌진대는 매우 경장비를 하고 사단은 물론 군에서도 적의 진지한 저항에 대한 공격의 준비가 전무에 가까웠던 것은 전술한 전략사상에 기초한 것이나, 본건에 관해서도 방면군 이하 그 책임을 져야 한다.[22]

(3) 후방의 문제

1. 위에서 서술한 변경안에서의 보급 대책은 전적으로 각 사단의 돌진전법에 의해 신속히 '임팔' 부근을 탈취하고(제15군에서는 '임팔' 탈취를 작전 발기 후 약 20일간으로 예정했다. 이후는 부득이하면 적의 식량과 자동차에 의지한다는 것으로, 매우 위험한 책략이었다는 비난은 피할 수 없다. 특히 항공 보급으로까지 발전하고 있는 적의 공중수송 능력에 비해 '식량을 적에 의지한다'는 전법을 수립하고 있음에도 불구하고 현지 현물에 대한 조사는 매우 불충분하여 진짜 계획으로서는 성립하지 않은 실정이었다.

본 작전은 무모한 후방 계획에 패한 것이라고 해도 과언이 아닐지 모른다. 후방적으로 진지한 검토는 어떤 경우라도 절대적 요청이다.

2. 작전계획 중 보급로 확보에 대한 복안이 충분하지 않다. 이것의 계개(啓開, 수로, 육로의 장해물, 위험물 등을 제거하여 진행을 가능케 하는 것-역주), 유지, 그 가치 등에 대한 검토에 빈틈이 있었던 것은 방면군 이하 통렬한 책임을 느끼는 바로서, 이런 견지에서도 '카바우' 골짜기에

---

21 병력량뿐만 아니라 전법, 장비도 함께 중시할 필요가 있었다. (中)
22 기갑전에 대한 준비도 추가할 필요가 있었다. (中)
공격의 준비를 갖추면 돌진의 속도가 도저히 실제와 같이는 될 수 없다. 쌍방을 동시에 요구하는 것은 무리이다. 문제는 야마모토지대(山本支隊)와 궁병단(弓兵團)에 공격 위력을 어느 정도 증강하는 것이 가능했을까의 검토로 귀결될 것이다. (河邊)

서 '탐'-'임팔'로 유력한 1사단을 전진시킬 필요가 있었다.

또한 우기, 건기의 실상을 심각하게 조사하여 이에 대응하는 도로, 소형선박의 준비는 철저하게 계획할 필요가 매우 큰 것으로, 이 점에 관한 각 방면의 인식 또한 불충분했다는 비난도 피할 수 없을 것이다.[23]

(4) 작전 개시 지연의 문제

1. 새로 본 작전에 참가하게 된 제15사단은 총군의 명에 따라 태국·버마 간 도로를 구축하면서 전진(총군에서는 태국의 치안에 미치는 영향도 고려한 것 같다)했기 때문에 그 진출이 늦어져 3월 3일 가까스로 '친드윈'강 강변에 집결했으나, 그 후방 부대는 여전히 굽이굽이 길게 이어져 태국령에 이르렀다. 때문에 작전 개시는 복안보다 약 2개월 가까이 지연이 불가피한 상황이 되었고, 작전 후반기를 우기 중에 속행하여 후방적 고전(苦戰)을 수행해야 만 하는 한 원인을 조성했다.

본건은 결과적으로 관찰하면 중대사로서, 당시 제15사단으로 하여금 모든 경위를 버리고 태면(泰緬)철도선 병행로를 전진케 함으로써 작전 개시를 신속하게 하는 것이 지당한 방책이었다. 즉, 방면군으로서는 더 강경한 의견 상신이 필요하고, 총군에서는 한층 더 결단을 요한 사항이었다고 인정된다. 당시 다른 병단(예를 들면 근위 또는 제2사단)으로 제15사단을 대체하려는 안도 일단 고려할 필요가 있었으나, 병단 전력의 문제 및 연안(沿岸)에 대한 고려에서 모두 채용되지 않았다.

---

23 본년도의 강우량은 각별히 많아 예상 이상의 장애였음은 사실이다. (中)
요컨대 후방적 준비 및 계획의 관념적, 탁상론적, 위안적인 것이 얼마나 위험한가를 혹렬하게 예시한 것이다. 그렇다면 왜 후방을 이런 상태에 있게 했는지는 더 소급하여 심각하게 검토를 요하는 통수상의 민감함이나, 그것을 초월해서 등장해 온 새로운 현상은 공중수송을 보통의 방식으로 하는 적의 보급 능력과 불완전한 지상 후방 장비시설에 의존하는 우리 보급력의 격차가 너무나 크다는 점이다. 여기에다 공중전투 위력의 차등을 가산하면 입체적으로 작전하는 자와 지상에서 기는 자의 대비가 되며, 작전 기간의 지연에 따라 마침내 그 차이는 구제할 수 없는 것이 된다. 이런 실상을 방면군 등 상급 통수에서 어느 정도까지 탐지하고 예견하여 대응할 준비가 있었는가. (河邊)

2. 위에서 서술한 바와 같이 작전 개시가 약 2개월 지연되었기 때문에 우리의 작전 개시에 3일 앞서, 즉 3월 5일 적은 북버마 탈환, 인도차이나 지상 공로(公路) 계개작전을 위한 공정(空挺, 항공기를 이용하여 지상 부대가 적진으로 진출하는 것-역주)작전에 착수했다.

결과적으로 이것을 보면 '우'호작전 개시 지연은 적으로 하여금 북버마에서의 공정작전에 그 주력 항공 전력을 충당케 한 관계로 우리 작전 초동(初動)을 용이하게 하고, 비교적 이후의 작전 진전에서도 대공(對空)은 우리에게 불리하게 작용하지 않았으나, 전술한 바와 같이 건기의 작전 기간을 단축시키고 해당 방면에 병력의 할양을 불가피하게 만든 불리함은 부정할 수 없다.

지금 만일 우리 작전 개시를 약 1개월 내지 2개월 적의 공정작전 개시 이전에 선행시킬 수 있었다면, 적은 북버마에서의 해당 작전을 중지하고 '우'호작전의 방해에 이를 사용할 공산이 있으므로, '우'호작전은 자연히 그 양상을 달리 하여 초기의 주동(主動)은 우리 수중에 있겠지만, 상황에 따라서는 적의 공지(空地)로부터의 방해 때문에 이번 작전보다도 더 곤란성을 증가시켰을지도 모른다.

제7. 작전 실행

(1) 작전 사상의 문제

제15군의 근본 사상은 분진합격(分進合擊)으로 산계를 돌진, 답파하여 '임팔' 평지에서 적의 3개 사단 전력을 포위 섬멸(오히려 포위하면 항복하리라고 생각하고 있었다)하려는 데 있었다. 이에 관해서는

1. 산계 중의 도처에서 적을 각개로 격멸하면서 전진하는 것이 맞지 않는가.
2. '아키야브' 방면에서 체험한 전훈(戰訓)에 기초하여 포위 후의 긴축력이 충분한가.
3. 분진합격 사상, 특히 중점에 철저하지 않은 막연한 포위사상은 적절한가.

등에 대해 재검토를 해야 했다. 특히 상공에 보급로를 갖고 사람도 물자도 이를 통해 보

충,보급하는 적에 대해서는 더욱더 그럴 필요가 있었다.[24]

　제15군은 '임팔' 평지 주변으로 진출한 이후에도 여전히 위의 사상을 벗어나지 못하고 무턱대고 병력을 분산 사용한 아쉬움이 있다. 포위 후는 한동안 중점을 철저하게 구성하여 한 점에 대해 격멸을 기도해야 했던 것이다.

(2) 사령부 상호 간의 문제

　1. 제15군과 예하 각 사단 사이에는 특히 장수 상호의 성격과 관련하여 정신적 연계가 충분했다고는 할 수 없는 점이 있다. 특히 제33사단장은 작전 준비 동안부터 이미 사상적으로 뜻이 맞지 않았다고 얼핏 들었다.

　2. 방면군으로서의 제15군에 대한 지도는 당시의 개개 문제에 관해서는 여러 경위도 있고 해서 대체로 제15군안(案)을 용인했으나, 이후의 경과 및 제15군의 통수력 저하 등에서 관찰했다면 다음 각 건에 관해서는 더 강력하게 방면군의 의지를 관철시켜야 했다고 반성한다.

　① 전술한 바와 같이 제15군은 2개 사단으로 '친드윈'강을 건너게 하는 안을 채용했으나, 방면군의 원안대로 2개 사단으로 '친드윈'강 이서 지구에서 전진하게 했어야 했다는 점.
　② 작전 경과 중 제15군은 '임팔' 공격의 중점에 관한 결심을 수차에 걸쳐 변경하여 마침내 중점을 제33사단 정면에 유지하고 부대의 전용(轉用), 병참 각 부대의 이동을 수행했지만,[25] 이 또한 방면군의 원안대로 병력의 중점 사용과 장래의 보급을 고려하여 '탐'-'임팔'도(道)로 중점을 지향해야 했다는 점.
　③ 특히 후방 지도에서는 제15군에 일임하는 형식을 취해 작전계획 시부터 이미 전면적

24　적의 후방이 공중 보급에 의거하리라는 착상은 방면군에서도 거의 고려되지 않았다. (中)
25　이 결심 변경이 교통로의 정비, 군수품의 수송 등 후방 전력에 미친 영향은 간과할 수 없다. (中)
　　당시의 실정에서는 실제의 경과 이상으로 방면군의 의사를 강요하는 것은 무리이다. 대개 이 이상의 강행에는 적어도 현지군과 같은 정도로 현지의 실정을 파악하고 있을 필요가 있다. 그런데 당시는 유감이지만 거기까지 이르지 않았던 것이다. 거기에 방면군으로서의 지휘기구 정비에 결함이 있었던 점이야말로 반성할 필요가 있다. (河邊)

승인의 양상을 띠고, 작전수행 중에도 아무런 강구할 수단이 없었다는 것은 매우 부적당했던 점.

3. 상사(上司)와 방면군의 연계는 충분히 노력했지만 이미 서술한 바와 같이 정략과 전략의 견해에 약간의 차이가 있었던 것 같으며, 방면군에서 직감하고 있던 사항과 상사의 관념은 전황 인식에 있어서 항상 후자에 한 주파(周波) '늦었던 것'이 있었음을 간과해서는 안 된다.

(3) 작전 추진 문제

1. 병력량의 부족에 따라 방면군은 북버마에서의 대(對)공정작전의 정세도 감안하여 순차적으로 병력을 투입하여 당시에는 가능한 최대한을 주입했다고 생각하고 있었으나, 냉정히 회고하면 병력 증강을 처음으로 결심한 시기(제28군에서 일부 병력을 전용했을 때)에 단호하게 제2사단 주력을 투입하는 것은 불가능하지 않았을 것이다.[26]

2. '임팔' 평지로 포위권 완성 직후 타방면으로부터의 전용 등에 의해 일시적으로 강력한 항공전력(약 2개 사단)을 해당 방면으로 집결 사용하고, 동시에 1개 연대 정도의 낙하산부대를 병용했다면 혹 '임팔' 공략에 성공하지 않았을까 하고 생각된다.

방면군의 간청에 의해 총군 및 중앙에서도 이런 고려가 이루어져, 5월이 되어 전투 1전대(戰隊)를 '팔렘방'에서 전용하여 '임팔'작전에 참가시켰으나, 시기적으로 다소 너무 늦었고, 또한 기대한 바의 전력에는 부족했을 뿐 아니라 인양 시기도 너무 빨랐던 아쉬움이 있다.

(4) 후방의 문제

1. 작전 기간의 연장에 따라 후방적 우기 대책의 준비와 능력이 모두 부족하여 마침내 그

---

26 분명 그러하다. 이 점은 초지(初志)를 관철하지 못한 어리석음을 부끄럽게 생각한다. 다만 그 결과가 어느 정도로 경과를 개선할 수 있었을지, 또는 역으로 손상 사단의 증가를 초래하게 되었을지는 결과적으로 보아 상당히 의문이다. (河邊)

착수가 늦어지고, 결국 우기가 도래함으로써 후방적으로 작전을 궁지에 몰리게 한 것은 방면군 이하가 통렬한 책임을 느끼는 바이다.

물론 작전계획에 따른 우기의 후방 시책이 계획되어 있기는 했으나, 작전이 뜻대로 진척되지 않을 경우의 후방적 우기 시책은 상술한 제15군의 전략사상의 영향도 있어 전혀 무계획 상태였다. 이 시기에 후방[특히 수상(水上)] 전력을 증가시켰다면 이후의 참사를 경감할 수 있었을 것이다.

2. 후방의 운용에 있어서는 제15군의 후방 지휘 능력을 과신하여 자재(資財)적, 병력적 후방 실전력의 주력을 모두 제15군에 배속시키고 전면적 위임의 형식을 채용했기 때문에 이후 방면군이 후방 상황을 보완 수정하거나 증강할 여력이 없었던 것으로, 적의 제공(制空)하의 장기 작전에서는 종장(縱長) 전력의 유지는 후방기관에도 절대로 필요했다.[27]

3. 병력의 순차적 증가에 따라 그 수송에 자동차를 사용했기 때문에 전장 보급의 곤란성을 배가시켰다.[28]

기획자는 당시의 물자와 인력의 중요성을 감안하고, 부대는 장거리 행군도 불사하는 기백을 양성하는 것이 필요하다.

4. 전반적으로 버마에 대한 제일선 병력의 투입에 따른 후방 병력이 적고, 그로 인해 각 방면 모두 후방 면에 곤란을 느끼는 점이 많았다. 특히 900기의 수송기를 가지고 자유자재로 공중 병참을 운용하여 도처에 강하 정진(挺進)하고, 신속히 병력을 전용하는 적에 대해서는 우리 또한 이에 대응하는 기동력을 포함한 후방기관이 절대로 필요하다. 본건은 방면군으로서도 상사에 대한 신청이 적당하지 않았지만, 일반적으로 제일선 편중의 전군적 결함으

---

27 한정된 후방 전력을 가장 유효하게 운용하기 위해서는 '만달레이' 이북을 제15군의 한손에 맡기는 것이 가장 적당하다. 후방 지휘 능력도 그렇지만 병단부서의 무리(無理)가 후방의 운용을 핍박하고 경직시킨 것을 오히려 주된 요인으로 보아야 한다. (中)

28 이로 인해 가장 중요한 시기에 군수품의 수송을 중단하는 결과가 되었고, 이후의 보급에 고전하는 큰 원인을 이루었다. 이것은 병사 한 명이라도 빨리 전장에 초치하려는 초조함과 양립하지 않는 것이며, 병력의 순차 사용, 건제(建制, 편제표에 정해진 조직을 유지함-옮긴이) 분할도 감안하여 더 검토할 필요가 있다. (中)

로도 생각되므로 감히 한마디 한다.

제8. 작전의 종말

(1) 작전 중지에 이르는 경위

'임팔' 작전의 성패는 전적으로 돌진전법의 성패에 달려 있었다. 본 전법에 의해 신속히 '임팔' 주변의 적을 격파하고 '탐'-'임팔'-'코히마' 경로에 의한 보급체계를 확립할 수 없다면 작전 목적의 달성은 극히 곤란해질 것이다. 제31사단 방면에서 특히 곤란해지는 것은 당초부터 방면군 및 제15군 모두 충분히 인식하고 있었다. 특히 작전이 우기에 이른다면 보급이 불가능해질 것임은 당연히 예상한 바이다.

불행히도 작전은 가장 우려했던 전술한 양상으로 전이(轉移)했다. 즉, 급습적으로 공세를 발기하고 적진을 여과 돌진하여 제31사단이 '코히마' 부근을 탈취하기까지의 경과는 매우 순조로웠고, 전술한 바와 같이 제15군은 여세를 몰아 '디마푸르'까지 돌진을 명할 정도였으나, 제15사단, 야마모토지대, 제33사단이 '임팔' 평지의 외곽 진지에서 저지당하기에 이르러 마침내 돌진전법을 포기하고 견진(堅陣) 공격전법으로의 변경이 불가피한 상황이 되었다. 그러나 경장비를 가지고 오로지 한 마음으로 돌진해 온 병단이 갑자기 힘으로 밀어붙이는 전법으로 전환하기 어려움은 분명한 것으로, 대본영 및 총군으로부터 급히 근접 전투병기, 그중에서도 대(對)전차 자재를 보급 받았지만, 제일선 부대에 도착해서 적절히 이것을 운용하기까지는 상당한 시일을 요하므로 작전의 수행은 매우 곤란하게 되었다.

그 후 다시 순차적으로 경미한 병력의 증가에 의해 '임팔' 전투의 성공을 기했지만 전황의 추이가 뜻처럼은 되지 않았다. 각 병단의 손해가 갑자기 증대하고, 보급의 곤란과 더불어 전력은 급격히 저하했다.

방면군으로서는 돌진전법의 좌절을 보자 제15군으로 하여금 견진공격의 신중전법으로 전환하게 하는 동시에 이때 이미 최악의 경우를 고려하고 있었지만 총군 명령에 기초하여 개시한 본 작전을 방면군만으로 자주적으로 중지할 수 없음은 물론, 제일선의 상황도 결코 절망적이라고 생각하지 않았다. 게다가 그 후 대본영 및 총군으로부터 종종 "온갖 어려움을 물리치고서 어디까지나 본 작전을 수행해야 한다"는 취지의 독려를 받고, 또 적병에도 지쳐

고단한 모습이 관찰되었으므로 방면군은 성공에 대한 희망을 이어가 본 작전의 완수를 기하고, 설령 우기에 들어가도 이것을 속행하도록 결의했던 것이다.

이 사이에 제15군은 가장 강경한 태도로 공세의 신속한 발전을 바라면서 작전 지도에, 그리고 이와 관련한 인사 처리에 일체의 수단을 동원하여 맹진하고 노력했다. 때문에 소위 무리를 한 점도 적지 않았으나, 방면군은 위에 언급한 결의에 기초하여 이에 협조하는 방침으로 나아갔던 것이다.

그러나 보급의 어려움은 나날이 더해져 마침내 제31사단장은 "본관(本官)은 적 앞에서 양식과 탄약이 없으면 그 임무를 달성할 수 없다"는 격렬한 의견을 상신하기에 이르렀다. 그 외의 병단도 대체로 같은 상태에 빠져 있음을 인정했다. 사태가 마침내 이에 이르렀다. 임무는 무겁고, 우리의 전력은 이미 한계에 달했다.

특히 제31사단 주력을 '코히마' 부근에서 '임팔' 평지 방면으로 전용하기 위해 미야자키지대(宮崎支隊)를 남겨 두고 이동을 개시할 무렵부터 해당 사단의 곤궁은 마침내 극한에 달하고, 피로와 영양실조, '말라리아', 각기병 등으로 인해 전력이 극도로 줄었다.

미야자키지대는 군 명령대로 겨우 보병 2대대로 '코히마'-'임팔' 가도를 차단하려고 최후의 노력을 기울였지만 어떻게 하든 적의 밀어내는 힘이 강대하여 제15사단 우익(右翼)의 파탄과 더불어 마침내 돌파당하고 말았다. '임팔' 전투의 필승이라는 희망은 이것으로 소멸했던 것이다. 7월 2일, 총군 명령에 의해 '임팔' 작전을 중지했다.

(2) 작전 종말에 관한 관찰

작전 종말기에는 정략적 희망이 전략적 실상을 지배한 느낌이 매우 강하다. 그러나 순전략적 종말기에 대해 고찰해 보면 다음과 같다.

1. 작전이 우기에 들어가리라고 판단한 5월 초순(대본영에서 참모차장이 랑군에 왔을 때[29])에 중지를 결의하는 것이 지당하다는 것은 전술한 제 조건에서 볼 때 명백하다.

단, 당시는 제일선의 군도 총군, 대본영도 모두 이러한 기색을 보이지 않았다. 오직 방면

---

29 랑군에 온 참모차장 이하는 본 작전의 전망에 상당한 위구심을 품고 있었던 것 같다. (中)

군만이 크게 고심하고 있었다. 더욱이 온갖 방책은 바닥이 났지만, 희망이 전혀 없다고는 할 수 없는 시기였다.

2. 작전 중지를 결심한 '코히마'-'임팔'도 관통 시기는 바로 결의의 최후 단계였다. 아니 이미 전략적으로는 너무 늦은 것이 명백(이후의 퇴각 상태에 의해 증명된다)하나, 이런 극한까지 참아야 했던 점에 방면군 통수의 고심이 있었다. 즉, 하나는 상사의 변함없는 기대가 있었다. 또한 제일선의 군에 잔존해 있던 공세 의지를 다소라도 해치지 않고 이를 조장하려는 희망적 초조함도 있었다. 그리고 마지막으로는 임무가 명하는 바에 따라 눈을 감고 매진한 것이다. 당시는 이에 의해 승운을 거둘 수 있으리라고 믿고 있었다. 지금에 와서는 결과에 있어서 비판을 달게 받아야 하겠지만, 아직 당시의 결심을 오류라고는 자성하고 있지 않다.

그러나 제일선의 군, 사단의 보고가 진상을 전하지 않아 상급 사령부로 하여금 혹 오판케 하거나 희망적 판단에 빠지게 한 것은 종말기를 지연시킨 한 요인이다. 상사에 대한 보고는 진상의 보고와 소위 푸념을 혼동하지 않는 것이 중요하다.[30]

제9. 결언

본 작전은 그 성과가 좋지 않았다. 특히 인도에 대해서는 정략상 오히려 역효과를 미친 점이 적지 않다. 결과적으로 볼 때 특히 그 종말기는 소위 '정략이 전략을 지배'한 나쁜 사례를 남겼다고 할 수 있다. 그러나 본 작전을 다른 관점에서 본다면 저 소위 도쿄(東京)로의 길인 '임팔'-'탐'도 방면으로부터의 적의 공세를 미연에 봉쇄하여 연안 방면에 예상했던 적의 상륙 작전을 적어도 반년 내지 1년 연기시킨 것으로, 물론 막대한 희생에 비해서는 만족할 만한 효

---

30 '코히마'-'임팔' 가도가 적에 의해 관통된 직후의 상황에 기초하여 방면군이 특히 막료를 파견해서 총군에 보고하자 곧바로 공격 중지를 결의(대본영의 양해를 얻어)한 총군의 영단에 경의를 표한다. 그러나 그 약 1개월 전에 총군은 늦어도 우기가 끝나기 전에는 '임팔'을 공격해야 한다고 명령했고, 반달 전에는 총군으로부터 제15군에 파견된 한 참모가 7월 상순에는 '임팔' 공략이 가능하리라는 전망을 보고했다. 이것으로 상사가 얼마나 실정 파악이 어려운지를 알 수 있다.
또한 방면군의 입장에서 예하 군의 사정을 잘 파악하고 그 진상을 다시 상사에게 전하는 것에 관해 크게 반성을 요한다. (河邊)

과라고 할 수 없겠지만, 이후의 작전 지도에 기여한 바가 결코 적지 않았다고 할 수 있다.

[부기] 가와베 마사카즈(河邊正三) 상주문

상주

신(臣) 마사카즈
삼가 버마방면군 사령관 재직 시의 상황에 대해 상주한다.

1944년 9월 29일
전 버마방면군 사령관
가와베 마사카즈

신 마사카즈

작년 3월 18일 버마방면군 사령관에 보임되어 4월 3일 '랑군'에서 사령부의 편성을 완료하고, 우선 당시 '아키야브' 정면에서 반격하고 있던 적에 대해 제55사단을 직할하여 그 작전을 지도하고, 예하 제15군으로써 북버마 방면으로 진입한 영국령인도군의 일부를 소탕하게 하였습니다.

이후 정세의 진전에 따라 올해 1월에는 제28군을, 이어서 4월에는 제33군을 편성하여 현재 방면군은 3개군 8개 사단 및 지휘 하 2개 사단을 통솔하고, 영미군 및 중경군(重慶軍)에 대해 버마 육지 정면의 요선(要線) 및 해안지대의 방위를 주 임무로 하여 작전을 수행중입니다.

작년 봄 '아키야브' 정면에서의 적은 곧바로 분쇄할 수 있었으나, 각 정면에서의 적의 반격 기도는 여전히 그치지 않았습니다. 이에 방면군은 작년 가을 10월, 제15군으로 하여금 노서(怒西)지구의 중경군을 소탕하고, 이어서 북버마 국경으로부터 침투한 재인도 중경군을 격멸케 하였습니다. 올해 2월에는 제28군으로 하여금 '아키야브' 정면에 재차 공격해 온 영국령인도군을 반격케 하고, 이어서 서부 인도·버마 국경 방면 '임팔' 공략의 주 작전에 들어갔습니다.

동 작전은 방면군의 기획에 기초하여 주로 제15군이 이를 담당하도록 하고, 일찍이 작년 여름 이후 그 준비를 진행하여 올해 3월 초 명에 의해 공격을 발기하였습니다. 4월 초에 제31사단은 이미 '코히마'를 공략하고, 제15사단, 제33사단 또한 '임팔' 분지 남북으로 쇄도하여 유리한 포위 태세를 확립하였습니다. 그러나 점차 조직화한 적 공지(空地)의 저항을 만나 전세의 정돈(停頓)을 초래하고, 제일선 군의 온갖 수단을 동원한 공세의 강행, 각 부대의 부단한 감투(敢鬪)도 효과가 적은 데다 우기에 접어들면서 보급이 점점 더 곤란을 더하여 7월 초 마침내 본 작전의 중지를 명받았습니다.

이후 제15군은 신태세로의 전이, 차기 작전 준비를 향해 예의 노력 중입니다.

한편, 북버마 및 운남(雲南) 방면 충칭군은 공지로부터의 강력한 영미군의 지원하에 서로 호응하여 인도·중국연결로의 타개를 향해 집요한 반격을 멈추지 않습니다. 이에 대해 방면군은 북버마에 지구전을 획책하여 우선 신속히 운남 원정군의 격파를 기도하고, 제33군 사령관이 지휘하는 제2사단, 제56사단으로 노서 방면에 작전 중이며, 전황은 대체로 예상한 바와 같이 진전하고 있습니다.

이리하여 방면군은 이제 노서지구의 공세작전에 그 중점을 지향하는 한편, 우기가 끝난 후 해안 정면의 적의 반격에 대비하고, 서부 인도·버마 국경 방면 작전의 뒤처리와 관련하여 극력 그 시책을 서두르고 있습니다.

이 사이 이전에 황공하게도 시종무관(侍從武官)을 파견하시고 누차에 걸쳐 작전 제대(諸隊)에 대해 극진한 칭찬을 해주시어 장병 일동은 그저 황공하고 감격하여 완승의 한길로 매진해 왔습니다. 전후를 통해 각급 상사의 지도 및 우군, 그중에서도 항공부대의 협력 모두 매우 컸다. 부하 장병 또한 시종 결사감투(決死敢鬪)로 황군의 위무(威武)를 발휘했음에도 불구하고, 인마(人馬)와 병기의 소모만 많고 작전의 성과가 여의치 않아 맡겨주신 소임에 부응할 수 없었음은 오로지 신 마사카즈가 미력하여 방면군 통솔이 두루 미치지 못함에서 기인합니다. 이에 두려워서 몸 둘 바를 모르는 바입니다.

한편, 버마국 일반의 정정(政情)을 보건대, 전황이 날로 격화함에도 불구하고 관민의 황국에 대한 신뢰는 두텁고 협력은 대개 양호합니다. 특히 국가 대표를 비롯하여 정부 당국자는 많은 융숭한 취급을 받아 특별히 감격하며 일에 임하고 있으며, 그 국가의 기초가 점차 잡혀가고 있어 향후 한층 더 적절한 지도를 통해 건전한 발전과 강력한 전쟁 협력을 기대하고 있습니다.

버마 국군 또한 점차 강화의 길에 있으며, 방면군 사령관의 지휘하에서 주로 방위의 임무를 담당하고 있습니다. 또한 자유인도 임시정부 수석을 최고지휘관으로 하는 인도국민군은 독립 달성의 의식이 왕성하며, 그 약 1사단은 방면군 사령관의 지휘하에서 이번 인도·버마 국경 방면 작전에 참가해서 황군에 협력하여 상당한 전과를 올렸습니다.

생각건대 버마 방면은 대동아 서부 변경의 요소(要所)로서 매우 중요한 지위를 차지합니다. 장병 일동 깊이 이를 자각하고, 과감하고 강인하게 반드시 임무를 완수하겠다는 확고한 각오로 그 사기가 더욱더 왕성하니, 능위(稜威) 아래 성전(聖戰)의 필승을 확신하며 맹세코 성지(聖旨)에 부응할 것을 기하고 있습니다.

동북아역사재단 자료총서 74

일본의 동남아시아 점령과 지배

초판 1쇄 발행 2024년 12월 30일

엮은이 | 김영숙
펴낸이 | 박지향
펴낸곳 | 동북아역사재단

등록 | 제312-2004-050호(2004년 10월 18일)
주소 | 서울시 서대문구 통일로 81 NH농협생명빌딩
전화 | 02-2012-6065
홈페이지 | www.nahf.or.kr
제작·인쇄 | 청아출판사

ISBN 979-11-7161-162-1 93910

- 이 책은 저작권법으로 보호를 받는 저작물이므로 어떤 형태나 어떤 방법으로도 무단전재와 무단복제를 금합니다.
- 책값은 뒤표지에 있습니다. 잘못된 책은 바꾸어 드립니다.